中國現代教育社團史

周谷城題

"中国现代教育社团史"丛书编委会

丛书主编： 储朝晖

丛书编委会：（按姓氏笔画排序）

于书娟　马立武　王　玮　王文岭　王洪见
王聪颖　白　欣　刘小红　刘树勇　刘羡冰
刘嘉恒　孙邦华　苏东来　李永春　李英杰
李高峰　杨思信　吴冬梅　吴擎华　宋业春
汪昊宇　张礼永　张睦楚　陈克胜　陈梦越
周志平　周雪敏　钱　江　徐莹晖　曹天忠
梁尔铭　葛仁考　韩　星　储朝晖　楼世洲

审读委员会：（按姓氏笔画排序）

王　雷　王建梁　巴　杰　曲铁华　朱镜人
刘秀峰　刘继华　牟映雪　张　弛　张　剑
邵晓枫　范铁权　周　勇　赵国壮　徐　勇
徐卫红　黄书光　谢长法

"中国现代教育社团史"丛书书目

《中国现代教育社团发展史论》
《中华教育改进社史》
《中华平民教育促进会史》
《生活教育社史》
《中华职业教育社史》
《江苏教育会史》
《全国教育会联合会史》
《中国教育学会史》
《无锡教育会史》
《中国社会教育社史》
《中国民生教育学会史》
《中国教育电影协会史》
《中国科学社史》
《通俗教育研究会史》
《国家教育协会史》
《中华图书馆协会史》
《少年中国学会史》
《中华儿童教育社史》
《新安旅行团史》
《留美中国学生联合会史》
《中华学艺社史》
《道德学社史》
《中华教育文化基金会史》
《中华基督教教育会史》
《华法教育会史》
《中华自然科学社史》
《寰球中国学生会史》
《华美协进社史》
《中国数学会史》
《澳门中华教育会史》

推进教育治理体系和治理能力现代化……推动社会参与教育治理常态化，建立健全社会参与学校管理和教育评价监管机制。

——《中国教育现代化2035》

当前，我国改革开放正在逐步地深入和扩大，激发社会组织活力，在整个社会治理体系建设中具有重要作用。现代教育治理体系的建设，也迫切需要发挥专业的教育社团的积极作用。在这个大背景下，依据可靠的历史资料，回溯和评价历史上著名教育社团的产生、发展、组织方式和活动方式等，具有现实意义和社会价值。总的来说，这个项目设计视角独特，基础良好，具有较高的学术价值、实践价值和出版价值。

——石中英

教育社团组织与中国教育早期现代化，既是一个有丰富内涵的历史课题，更是一个极具现实意义的重大课题。由中国教育科学研究院储朝晖研究员领衔的学术团队，多年来在近代教育史这块园地上努力耕耘，多有创获，取得了可喜的成果，积累了深厚的知识储备。现在，他们选择一批有代表性、典型性、产生过重大影响的教育社团组织，列为专题，分头进行深入的研究，以期在丰富中国教育早期现代化研究和为当代中国教育改革服务两个方面做出贡献，我觉得他们的设想很好。

——田正平

国家出版基金项目
NATIONAL PUBLICATION FOUNDATION

中国现代教育社团史　丛书主编/储朝晖

中华平民教育促进会史

孙邦华　王聪颖　汪昊宇　著

西南大学出版社
国家一级出版社　全国百佳图书出版单位

图书在版编目(CIP)数据

中华平民教育促进会史/孙邦华，王聪颖，汪昊宇著. -- 重庆：西南大学出版社，2022.3
（中国现代教育社团史）
ISBN 978-7-5697-1339-8

Ⅰ.①中… Ⅱ.①孙… ②王… ③汪… Ⅲ.①平民教育-教育组织机构-教育史-中国-民国 Ⅳ.①G529.6

中国版本图书馆CIP数据核字(2022)第047015号

本书为国家社科基金项目"晏阳初平民教育史研究"（项目批准号：14BZS090）结题成果之一。

中华平民教育促进会史
ZHONGHUA PINGMIN JIAOYU CUJINHUI SHI

孙邦华　王聪颖　汪昊宇 著

策划组稿：	尹清强　伯古娟
责任编辑：	曹园妹
责任校对：	尹清强
装帧设计：	观止堂_朱璇
排　　版：	杜霖森
出版发行：	西南大学出版社（原西南师范大学出版社） 重庆·北碚　邮编：400715
印　　刷：	重庆升光电力印务有限公司
幅面尺寸：	170mm×240mm
印　　张：	23
插　　页：	16
字　　数：	410千字
版　　次：	2022年3月 第1版
印　　次：	2022年3月 第1次
书　　号：	ISBN 978-7-5697-1339-8
定　　价：	98.00元

HAPPY DRAGON FESTIVAL AND FAREWELL MEETING GIVEN IN HONOR OF DR. DEWEY AND HIS FAMILY BY THE SOCIETY "DEMOCRACY AND EDUCATION"
北京高師平民教育雜誌社於民國十年端節日歡送杜威博士与具家屬返國紀念

1921年6月平民教育社欢送美国著名教育家杜威回国时合影，右五为杜威、右二为邓萃英、右　为李建勋

平民教育

Democracy and Education

第十四號

- 各國男女合教之概況　黃公覺
- 男女共同教育談　導之
- 男女學生的差別　陳兆衛
- 婦女之教育　郭威白
- 男女合教之衛生學　黃公覺
- 美國男女同校的歷史　曾作忠
- 男女合教所根據的理由　黃公覺
- 北高招取女生的經過及感想　曹配音

一九二一年十月二十五日出版

編輯兼發行者　平民教育雜誌社

北京高等師範學校

中華郵務管理局特准掛號爲新聞紙類

《平民教育》雜誌封面

"一战"法国战场上做苦力的华工们

1918年,在"一战"法国战场上为华工服务时的晏阳初(右)

駐法華工週報 第一期

主後一千九百十九年一月十五號禮拜三

本報特告

本報是特為開通華工的知識、輔助華工的道德、聯絡華工的感情辦的。知我駐法同胞以無論在青年會碼頭作偹工、或在工營中當譯人，必願擔任義務為本報謀進步。以觀成敗置之於不顧、諸先生的贊助萬難辦得成、非得同胞諸先生的贊助萬難辦得有成、急於用白話為合宜、題論不拘長短、但文字以淺顯的為主、不歡迎艱深的著作。投稿巴黎 MR. Y. C. JAMES YEN ％ Y.M.C.A. 12 Rue d'Aguesseau, Paris 則本報感激無涯矣。

恭賀新年

三喜三思 初

各位華工同胞阿、據鄙見看來、各位此次

年有三件特別的喜事也有三種特別的思想。今先論三喜興論公一聽我們中國致千年以來固守舊章、無論鐵路輪船無一不是靠外國人就是郵政電線交通亦雖不便旅行艱難、有冒險性的也是很少很少的、但各公深見遠志、雖家別鄉梯山航海迢迢四萬餘里聞並且可以遨遊列國興家立業強種強國各位想到法國來這豈不是一件大喜事嗎、各位自己想想有種種的磨難到人的騰邦作工不是勞而不獲不是勤苦不熟悉的語言出力的為我國聯邦做工作不極口稱讚、雖回國興家立業強種強國作工不但自己增廣見聞並且可以遨遊列國興家立業強種強國、我國增光不特是同胞佩服的軍官兵士每談及華工沒有不稱讚、你們自顧臉也、是為我國有這樣的好名譽、不特是同胞佩服的軍官兵士每談及華工沒有不稱讚、你們自顧臉也、是為我國有這樣的好名譽、這豈不是一件大喜事嗎、各位自己想想你們在外國有這樣的好名譽、這豈不是一件大喜事嗎、又不是一件大喜事嗎、

自你們祖國青島威海衞之後、過海又有飛艇炸彈的危險、登岸之後又有德國潛水艇的危險停戰以來再有瘟疫的危險千千萬萬的人陣亡了毒害病死了各位不是這樣的災難不是那樣的毒害全無恙、便是那禿的庇佑、祖宗的大德得以身安體全無恙、的顧佑、祖宗的大德得以身安體全無恙、危險請問各位這豈不算是喜上之喜嗎、

未完

晏陽初創辦的「駐法華工週報」第一期

1919年1月15日，晏陽初在法國巴黎創辦的《華工週報》第1期第1版

晏阳初1920年8月回国时护照上的照片

1930年代晏阳初在定县骑毛驴下乡

烟台平民学校第一次毕业大会会场盛况

《平民千字课》（封面）

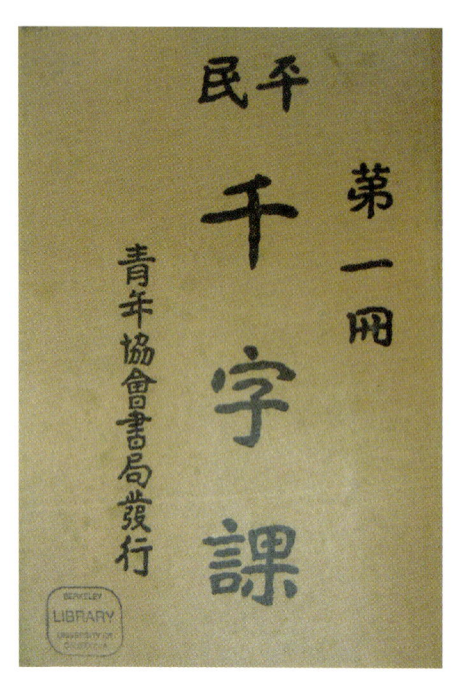

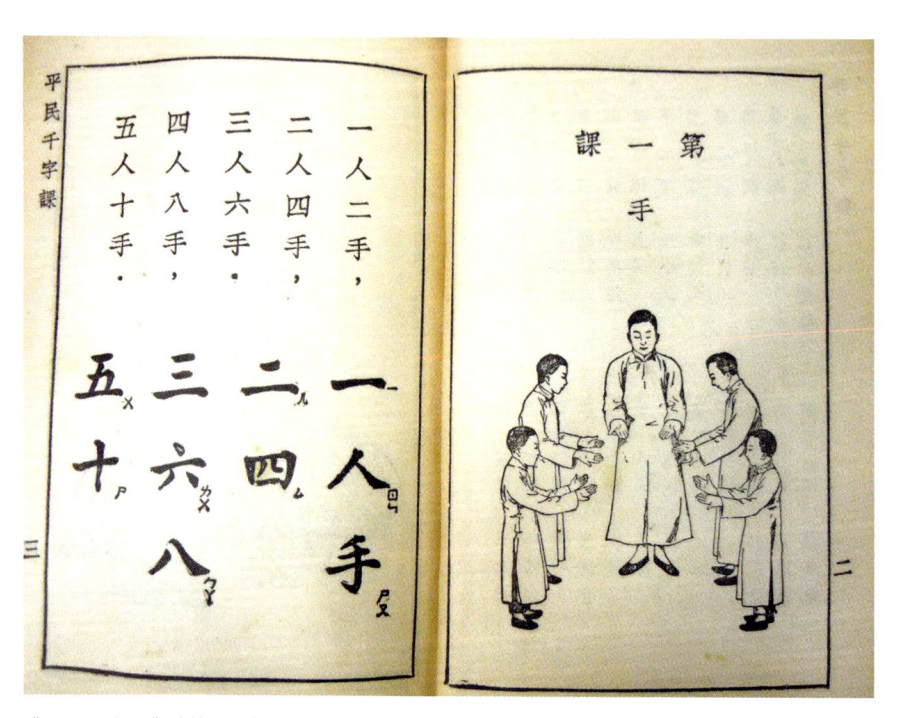

《平民千字课》（第一课）

中华平民教育促进会总会第一届董事会董事长朱其慧像

中华平民教育促进会万县分会成立大会

中华平民教育促进会徽章

中华平民教育促进会出版的各种千字课本

瞎眼同胞，其苦無比，開眼妙藥是什麼？平民教育

中華平民教育促進會總會

平民教育畫之二

中华平民教育促进会推行平民教育宣传图

1925年8月，中华平民教育促进会职员于北京石附马大街办公处门口合影，前排左六为傅葆琛，左七为晏阳初，左八为陈筑山

中华平民教育促进会总会首届执行董事、最后一届董事会董事长张伯苓像

中华平民教育促进会总会乡村教育部主任傅葆琛像

平民教育是救國良藥

你有錢嗎？快辦學！
你認得字嗎？快教人！
他不認得字嗎？快勸他讀書！

為什麼要辦平民教育？
一、辦平民教育是要使人人識字讀書
二、辦平民教育是要使人人獨立自助
三、辦平民教育是要使人人作好國民
四、辦平民教育是要使人人抵禦外侮

中华平民教育促进会开展平民教育的宣传口号

定县翟城村的中华平民教育促进会试验农场（1930年代）

中华平民教育促进会主要负责人在定县办公室（定县考棚）前合影，后排中间为晏阳初，后排右为陈筑山，前排左二为瞿菊农

中华平民教育促进会定县试验区社会调查部成员（前排中坐者为负责人李景汉）

1933年，陈筑山和甘博（美国社会学家）在定县

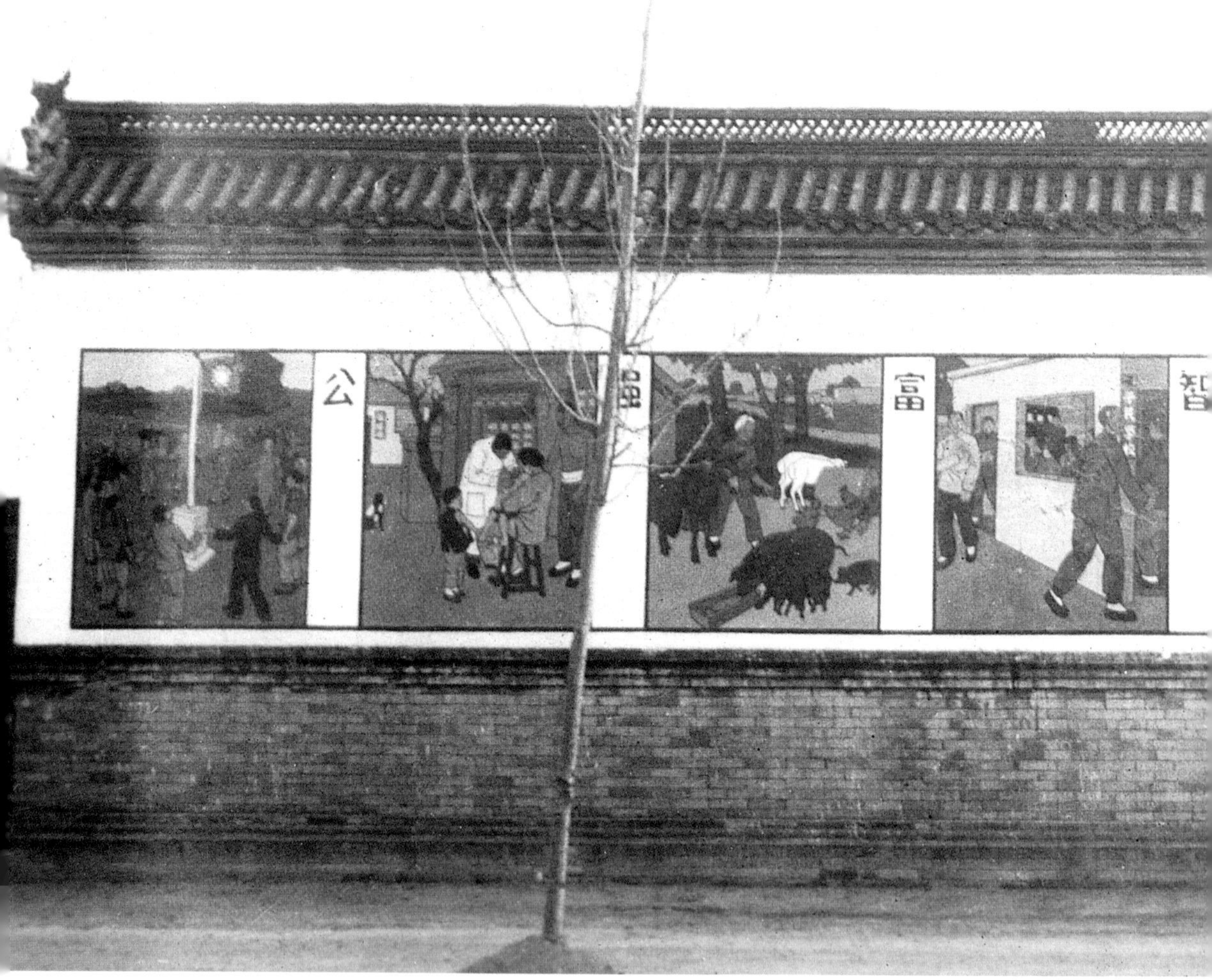
公
富
智

中华平民教育促进会的宣传画

中华平民教育促进会在定县开办的女子平民学校学生正在上课

中华平民教育促进会在定县建立的农村家庭合作社全体社员合影（1936年3月）

定县卫生员在给农民检查身体

中华平民教育促进会在定县开设的平民学校露天课堂（1931年）

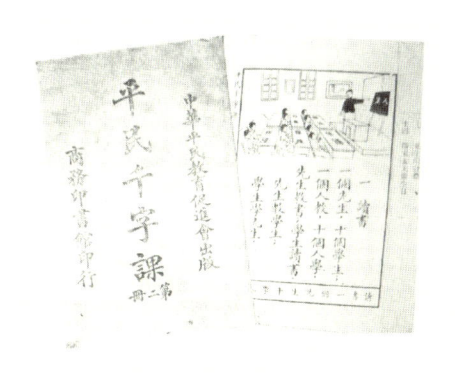

中华平民教育促进会为接受识字教育并通过考试之学员所发合格证书（样品）

中华平民教育促进会出版的平民读物（部分）

中华平民教育促进会艺术教育部工作人员在定县实验区

定县卫生教育实验中对儿童进行的个人卫生训练

到定县实验区参观的各地学者、官员在火车站合影

中华平民教育促进会主要工作人员在定县合影，前排左三为晏阳初，左二为陈筑山，右二为晏夫人许雅丽，第二排正中为李景汉

1937年，中华平民教育促进会干部在长沙农民抗战教育团进行抗日宣传

位于重庆市北碚歇马场乡的私立乡村建设学院校园全景

院长晏阳初在私立乡村建设学院的周会上发表讲话

私立乡村建设学院师生合影（1947年）

私立乡村建设学院农田水利系1949届同学毕业合影（1949年）

私立乡村建设学院部分教职工及特邀嘉宾在校庆典礼上（1949年），左六为卢作孚，左七为晏阳初

农学系45级学生在实验区田间实习

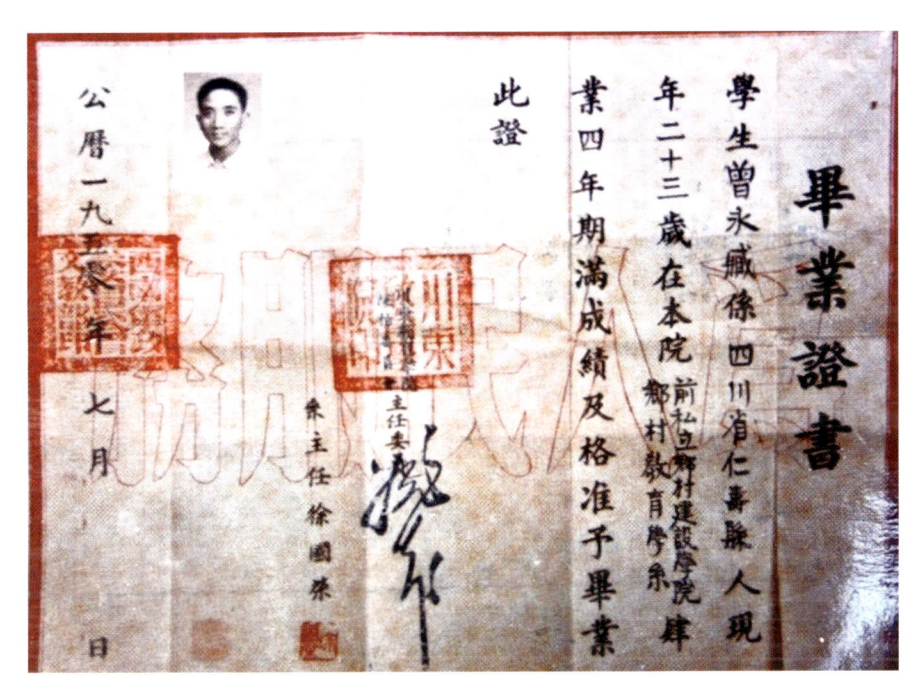

私立乡村建设学院曾永臧的毕业证书（1950年）

私立乡村建设学院乡村教育系50届毕业生与部分教师合影，中排从左到右：张向初、高振业、李建勋、代院长魏永清、系主任徐国启、何志汉

晏阳初给菲律宾乡村工作培训班学员讲课

总序

在中国教育早期现代化的历史进程中,无论是清末,还是北洋政府和国民政府时期,在整个20世纪前期传统教育变革和现代教育推进波澜壮阔的历史舞台上,活跃着这样一批人的身影,他们既不是清王朝的封疆大吏、朝廷重臣,也不是民国政府的议长部长、军政要员,从张謇、袁希涛、沈恩孚、黄炎培,到晏阳初、陶行知、陈鹤琴、廖世承,有晚清的状元、举人,有海外学成归来的博士、硕士,他们不居庙堂之上,却念念不忘国家民族的百年大计;他们不拿政府的分文津贴,却时时心系中国教育的改革与发展。是"研究学理,介绍新知,发展教育,开通民智"这样一个共同理想和愿景,将这些年龄悬殊、经历迥异、分散在天南海北的传统士人、新型知识分子凝聚在一起,此呼彼应、同气相求,结成团体,组织会社。于是,从晚清最后十年的江苏学务总会、安徽全省教育总会、河南全省教育总会,到民国时期的全国教育会联合会;从中华职业教育社、中华新教育共进社、中华教育改进社,到中华平民教育促进会、生活教育社、中国社会教育社、中华儿童教育社、中国教育学会……在短短的半个世纪里,仅省级以上的和全国性的教育会社团体就先后有数十个,至于以县、市地区命名,以高等学校命名或以某种特定目标命名的各式各样的教育会社团体,更是难以计数。所有这些遍布全国各地的教育会社团体,通过持续不断的努力,从不同的层面,以不同的方式,冲刷着传统封建教育的根基,孕育和滋养着现代教育的因素。可以毫不夸张地说,在传统教育变革和现代教育推进的历史进程中,从宏观到微观,到处都留下这些教育会社团体的深深印记,它们对中国教育早期现代化的贡献可谓功莫大焉!

大约从20世纪90年代开始，中国近代教育会社团体的研究，渐渐进入人们的学术视野，20多年过去了，如今关于这一领域的研究，已经风生水起，渐成气候，取得了相当的成果，并且有着很好的发展势头。说到底，这是当代中国教育改革的需要和呼唤。教育是中华民族振兴的根基和依托，改革和发展中国教育，让中国教育努力赶上世界先进水平，既是中央政府和各级政府义不容辞的职责，也必须依靠广大教育工作者的自觉参与和担当。从这个意义上讲，中国近代教育会社团体与中国教育早期现代化研究，既是一个有丰富内涵的历史课题，更是一个极具现实意义的重大问题。中国教育科学研究院储朝晖研究员，多年来在关注现实教育改革的诸多问题的同时，对中国近代教育史有着特殊的感情，并在这块园地上努力耕耘，多有创获，取得了可喜的成果，积累了深厚的知识储备。现在，他率领一批志同道合的中青年学者，完成了"中国现代教育社团史"的课题，从近代以来数十上百个教育社团中精心选择一批有代表性、典型性、产生过重大影响的教育社团，列为专题，分头进行了深入的研究。我相信，读者诸君在阅读这些成果后所收获的不仅仅是对教育社团的深入理解和崇高敬意，也可能从中引发出一些关于当代中国教育改革的更深层次的思考。

是为序。

田正平

丁酉暮春于浙江大学西溪校区

目录

总　序（田正平）
导　论　/1

第一章　中华平民教育促进会的成立
一、平民教育产生的社会背景　/23
二、平民教育思潮的涌现　/40
三、平民教育实践的兴起　/58
四、中华平民教育促进会的诞生　/84

第二章　中华平民教育促进会的组织与运行
一、中华平民教育促进会的行事规则　/99
二、中华平民教育促进会的组织结构　/107

第三章　中华平民教育促进会与定县实验区（上）
一、定县实验区的设立　/127
二、定县实验区从社会调查入手　/141
三、社会调查与定县实验的奠基（1926—1929）　/151

第四章　中华平民教育促进会与定县实验区（下）
一、彻底的集中的乡村平民教育实验　/163
二、社会调查与定县实验的展开（1930—1936）　/175
三、社会调查与定县实验的改进　/190

第五章　　　　中华平民教育促进会与华中华西实验
　　　　　　一、中华平民教育促进会与湖南衡山实验县　/211
　　　　　　二、中华平民教育促进会与四川新都实验县　/236
　　　　　　三、中华平民教育促进会与私立乡村建设学院　/242
　　　　　　四、中华平民教育促进会与四川华西实验区　/261

第六章　　　　中华平民教育促进会的尾声与历史意义
　　　　　　一、中华平民教育促进会的终结　/287
　　　　　　二、晏阳初及平教事业的历史意义　/295

附　录　/309

主要参考文献　/333

后　记　/349

丛书跋（储朝晖）　/353

导　论

一、本书的价值和意义

中国是一个具有悠久历史的国度,中华民族更是一个在世界民族中少有的长期重视文化教育的民族。中国历史上古老的学校教育几乎与奴隶制社会同步,"夏后氏养国老于东序,养庶老于西序。殷人养国老于右学,养庶老于左学。周人养国老于东胶,养庶老于虞庠,虞庠在国之西郊"[1]。"天子命之教,然后为学,小学在公宫南之左,大学在郊。天子曰辟雍,诸侯曰頖宫。"[2]夏、商、周时期,奴隶主贵族先后创办序、学、校、辟雍、頖宫(泮宫)等官学培养贵族子弟。春秋战国以降,奴隶制度"礼崩乐坏","天子失官,学在四夷",诸子百家私学并起。自汉代起,政府所办的中央官学(太学)、地方官学(郡国学)逐渐建立和发展,"四海之内,学校如林,庠序盈门"[3]。民间私人所办家馆、精舍(精庐)更加繁荣,"若乃经生所处,不远万里之路,精庐暂建,赢粮动有千百,其著名高义开门受徒者,编牒不下万人"[4]。官学与私学相竞,相辅相成。唐宋时期,文化教育更加繁荣,达到中国古代文化教育的顶峰。明清时期,由于文化专制主义的禁锢和科举制度对学校教育的控制,学校日渐衰朽和形式主义化,特别是鸦片战争之后,在与传入的西式教育、西方文化的竞争中,传统文化教育渐渐式微。清末民国

---

[1] 钱玄等注译,《礼记·王制》,岳麓书社,2001年,第189页。
[2] 钱玄等注译,《礼记·王制》,岳麓书社,2001年,第170页。
[3] 范晔:《后汉书·班固传》(卷四十下),中华书局,1965年,第1368页。
[4] 范晔:《后汉书·儒林列传论》(卷七十九下),中华书局,1965年,第2588页。

时期,中央政府或被迫或主动求变,相继颁布一系列教育法,不断进行学制改革,确立起初等教育、中等教育、高等教育(包括师范教育、职业教育)等现代三级学校教育体制,并且以现代知识体系为学校教育内容,以班级授课制代替传统个别教育模式。

毋庸置疑,中国社会历代大多数政府和教育家都重视教育对国家强盛、社会稳定、文化传承的重要意义,《学记》曰:"玉不琢,不成器;人不学,不知道。"① 北宋政治家、教育家范仲淹认为:"夫善国者,莫先育材。育材之方,莫先劝学。"② 北宋改革家、教育家王安石提出:"天下不可一日而无政教,故学不可一日而亡于天下。"③ "是故古之王者,建国君民,教学为先。""君子如欲化民成俗,其必由学乎!"④ 前者指培养治国之才(官员)和治学之才(学术人才)的学校教育——狭义的教育;后者指对整个民众的社会教化——广义的教育。中国古代的教育,无论是夏商周奴隶时代,还是汉唐宋元明清的君主专制统治时代,都包括了学校教育和社会教化两种形式。但是,自从中国进入文明时代,在文字、学校产生之后,受学校教育的人一般都是官宦子弟等少数人,"此时能够受教育的只限于少数人,教育权操在更少数人的手中——统治阶级的手中"⑤。"唯官有书","唯官有器","唯官有学",即使科举制度——特别是在宋代之后,在理论上向社会下层民众开放,科举考试和学校教育仍基本上被少数地主阶级子弟所垄断,广大农民基本被排除在学校大门之外。清末民初引入西方现代教育制度,新式学校教育陆续建立和发展。但是,新式教育的春风仅仅沐浴了少数城镇子弟,人数众多的乡村成了"阳光"照射不到的角落。清末民初西方强迫教育(义务教育)思想也被接受,并载入教育法令之中,但是,人数众多的乡村农民子弟仍然难以享受现代文明的成果,亿万成年农民成为"无教"的文盲。

新文化运动之后,在民主思想的影响下,仁人志士提出必须打破中国几千年来少数人受教育的旧传统,无分阶层,无分城乡,无分男女,人人都有受教育

---

① 钱玄等注译,《礼记·学记》,岳麓书社,2001年,第483页。
② 范仲淹:《上时相议制举书》,《范仲淹全集》(上册),李勇先、王蓉贵校点,四川大学出版社,2002年,第237页。
③ 王安石:《慈溪县学记》,王安石:《王临川全集》,世界书局,1935年,第527页。
④ 钱玄等注译,《礼记·学记》,岳麓书社,2001年,第483页。
⑤ 陈青之:《中国教育史》,东方出版社,2008年,第2页。

的权利与机会,平民教育思潮与运动由此应运而生。20世纪20年代,由朱其慧、陶行知、晏阳初等人发起成立,晏阳初担任总干事的中华平民教育促进总会,把平民教育运动推向高潮,并且把平民教育运动的中心从城镇引到乡村。

晏阳初批评中国近代新式学校教育抄袭欧美,没有与中国社会实际情况结合,广大平民,尤其是乡村农民仍旧不能接受教育,真正的教育必须来自实践,并解决现实问题。"一战"期间,晏阳初应征前往法国参加美国基督教青年会战地服务社主持的华工服务工作,为不识字的"苦力"即华工进行识字教育,发现了这一平凡而伟大的事业,并立志终生服务于民众的教育。1920年回国之后,他先在城市开展城市平民识字教育。随后,他发现中国的文盲绝大多数在乡村,于是决定把平民教育的中心转移到乡村,以定县作为"社会改造实验室",开展平民教育和乡村建设实验。并号召知识分子"走出象牙塔",到社会最底层的农民中去,从而掀起了"博士下乡"运动。"定县实验"前后十年时间,晏阳初试图通过社会实验,探索出一套适合当时中国国情的乡村教育与乡村改造制度。20世纪40年代,他在重庆创建了"华西实验区",推广"定县实验"的经验。20世纪50年代以降,他在菲律宾创办国际乡村改造学院(IIRR),以他在定县实验的平民教育的经验培养来自亚、非、拉发展中国家的乡村建设人才,并在这些国家成立乡村改造组织,指导平民教育与乡村建设实验,并荣获"世界平民教育之父"的赞誉。

历史是一面镜子。社会无论如何发生变化,历史遗产对当下社会仍将产生各种影响。改革开放四十多年来,中国的现代化建设在各方面都取得了举世瞩目的成就,农村全面脱贫的目标实现之后,城乡之间的差距仍然很大。农村(特别是中西部)的教育、经济、卫生、文化、政治等还有与民众需求不相适应的诸多问题,乡村基层的民主建设、社会建设任重道远。新农村建设和乡村振兴战略既需要更多的人脚踏实地进行实践探索和理论总结,也需要向历史取经,向先贤学习,晏阳初平民教育与乡村建设可以给当代新型农村建设和乡村振兴战略的实施提供宝贵的可资借鉴的经验。

本书通过对晏阳初平民教育与乡村建设第一手文献进行梳理,以中华平民教育促进会史为中心的平民教育史研究,可以总结晏阳初在中国(兼及世界)平民教育与乡村建设的历史经验和方法,为探索当代中国乡村振兴及乡村教育和建设的相关问题的思路提供有益的启示。

二、海内外研究现状及评述

薛伟强曾经将1930—2005年近八十年学术界对晏阳初研究史划分为初步研讨(1930—1949)、批判沉寂(1950—1984)、艰难复兴(1985—1992)、快速发展(1993—2005)四个时期,[①]从学术史的角度具体分析该学术问题的兴起与演变趋势,梳理各个时期的代表性学者与成果及其主要观点。这里,笔者不准备去梳理学术界对晏阳初的研究评价及其平民教育史的全貌,仅仅以代表性成果为例,评述海内外学术界研究的成就,把握学术研究的趋势,从而找准学术研究的方向。

(一)海外学者研究成果简述

海外学者对晏阳初平民教育史的研究起步早。诺贝尔文学奖获得者、美国作家赛珍珠(Pearl S. Buck)于1945年根据晏阳初口述,撰成 Tell the People(《告语人民》)。该小册子一经出版,立即在国际学术界、教育界产生了很大影响,并长期以来成为美国和加拿大不少大学里人文社会科学的本科、研究生教育的指定必读之书。赛珍珠称赞晏阳初及其平民教育运动时说:"出生于书香世家的中国人民的儿子和世界的公民——晏阳初。……你却无私地把毕生精力奉献给自己祖国成千上万的地位低下的人民——他们从未进过校门,由于贫穷和目不识丁而任人摆布。……然而,你的工作却终于使祖国几百万人民受益……如今,你已准备了一整套不但能为中国,而且能为世界任何地方平民改善生活,并被证明为行之有效的办法。你在世界之黑暗处点燃了一盏明灯。"[②]美籍华裔学者、晏阳初的朋友姜逸樵(John C. K. King)于1976年所编英文图书 Y. C. James Yen: His Movement for Mass Education and Rural Reconstruction(《晏阳初先生及其平民教育与乡村建设运动》),汇集了自1927至1973年之间中美人士对晏阳初及其平民教育活动的介绍与评论的文章,计18篇文章,并收入晏阳初早年所写文章《中国平民教育运动》(1925年)、《定县实验》(1934年)及《国际乡村改造学院》(1974年)作为附录。美国著名的中国问题研究专家、哈佛大学教授费正清(John King Fairbank)在

[①] 薛伟强:《晏阳初研究八十年》,《河北学刊》2006年第2期,第123—127页。
[②] 赛珍珠、威廉·O.道格拉斯:《东西方协会主席和董事会的奖辞》,晏振东译,宋恩荣编《晏阳初文集》,教育科学出版社,1989年,第351页。

《观察中国》一书中,认为晏阳初在20世纪20年代深入中国北方乡村,开展识字教育、公共卫生以及农业科学的乡村运动,取得了巨大成功。[1]

1949年,美国堪萨斯大学萨拉·韦策尔(Sara Janet Weitzer)的教育学硕士论文 The Mass Education Movement of James Yen in China: a Program for Peace(《晏阳初的中国平民教育运动:一项为了和平的事业》),是目前发现的最早以晏阳初平民教育运动为研究课题的学位论文。1970年,美国俄亥俄州立大学李向波(Hsiang-po Lee)的博士学位论文 Rural-mass Education Movement in China(1923—1937)(《中国乡村平民教育运动(1923—1937)》)则是以晏阳初的"定县实验"为主要研究对象。哈佛大学费正清指导的博士研究生海福德(Charles W. Hayford)撰写的博士学位论文 To the People: James Yen and Village China(《走向民间:晏阳初与中国农村》)[2],分析了晏阳初在中国的平民教育与乡村建设,把晏阳初描绘为一个自由主义者。这是目前为止对20世纪20—40年代晏阳初领导下的乡村教育运动研究最系统的英文论著。

日本学术界自20世纪40年代即有人研究晏阳初的平民教育运动史,至今较为代表性的成果主要有:小林善文的《平民教育运动小史》[3],新保敦子的《中华平民教育促进会与乡村教育运动——定县实验与抗战力量的形成》[4],镰田文彦的《中国的乡村教育者·晏阳初——事迹与资料》[5]。日本学界对晏阳初平民教育史的评论,呈现多元化的特点。

晏阳初开展的平民教育和乡村建设活动初期得到了旧金山、檀香山等地的华人华侨的支持——包括经费和舆论。从20世纪30年代起,他又不断到美国纽约、华盛顿、芝加哥、旧金山、洛杉矶等地游说、演说,争取到了美国工商界及一些基金会的捐助。晏阳初的平民教育事业在美国学者、新闻界产生了比较大的影响,因此,学界对其研究早、持续时间长。

---

[1] 译者在书中把晏阳初的英文名(Y. C. James Yen)音译成了"詹姆斯·古恩""古米·古恩"。费正清.《观察中国》,傅光明译本,世界知识出版社,2001年,第36—44页。

[2] Charles W. Hayford, To the people: James Yen and Village China. New York: Columbia University press, 1990.

[3] 株式会社同朋舍出版,1985年。

[4] 日本现代中国学会:《现代中国》第59号,1985年7月。

[5]《参考书志研究》第42号,1992年11月。

(二)中国学者研究成果简述

1.从政治大批判到逐渐转入真正的学术研究

中华人民共和国成立后,国际上出现了以苏联为首的社会主义阵营与以美国为首的资本主义阵营,中国实行"一边倒"的外交政策,倒向苏联一边。与美国关系紧密的中华平民教育促进会及其所开展的平民教育或乡村建设活动不仅走到了历史尽头,而且长时间处于大批判的境地,被戴上极具时代烙印的各种政治帽子。

1950年10月,抗美援朝战争爆发后,晏阳初领导的中华平民教育促进会被重庆市军管会指责为美帝国主义服务的"反动组织"而宣布解散,所属的私立乡村建设学院被接管,晏阳初当时在美国,代理院长魏永清被逮捕。1950年12月28日,甘泉在重庆《新华日报》发表的文章称晏阳初是"打起'学者'招牌,披上'改良主义'外衣的'江湖客'",是为美帝国主义服务的"文化汉奸",是"文化战犯"。[①]随后,参加晏阳初乡村建设的人先后撰写文章"揭露"晏阳初及其教育罪行。孙则让[②]于1951年7月30日在重庆《新民报日刊》发文,指认"平教会"是"站在地主阶级立场的一个反动组织""一向作着美国主义的侵略工具""在具体的工作上是与反动政权相互勾结利用的",批评晏阳初是"文化买办"。[③]1957年,刘又辛在《人民教育》发表文章,开宗明义地批判晏阳初是"一个披着'教育

[①] 甘泉:《撕破改良主义外衣看晏阳初的真面目》,《新华日报》(重庆),1950年12月28日,第2版。

[②] 孙则让,字廉泉,山东鄄城人。曾留学日本研究农业经济。1931年,梁漱溟在山东省政府主席韩复榘的支持下在山东邹平设乡村建设实验区,创立乡村建设研究院,梁耀祖担任院长,孙则让任副院长。1933年,山东菏泽被山东省长韩复榘批准为乡村建设第二实验区,孙则让担任菏泽实验县县长、乡村建设研究院菏泽分院院长。1936年8月25日,被国民政府委派为山东省第二行政督察区专员。1937年,山东被日军侵占后,孙则让带领属下青壮年500余人从菏泽转移到湖南省,受到省主席张治中的欢迎,被委任为湖南省第二行政督察区(衡阳)专员,在当地开展乡村建设实验。1946年,被中华平民教育促进会干事长晏阳初派遣担任四川省第三行政督察区公署(又叫第三专区,中国乡村建设学院所在地——重庆市巴县)专员。1946年7月,经四川省政府批准,把第三行政督察区内的巴县、璧山、永川、铜梁、合川、大足、荣昌、江津、江北、綦江等10县和北碚管理局划作中华平民教育促进会的综合性乡村建设实验区,名叫"华西实验区"。11月12日,华西实验区总办事处在璧山县成立,孙则让兼任总办事处主任。1950年12月1日,华西实验区被重庆市军管会解散。1952年,被打成反革命分子后自杀身亡。

[③] 孙则让:《从自我批判认识反动组织平教会及文化买办晏阳初》,《重庆新民报日刊》1951年7月30日,第3版和第4版。

家'外衣从事反共卖国活动的文化买办,是美帝国主义者的忠实奴才"。[1]自1938年起即参加晏阳初在湖南、四川等地的乡村建设活动的赵冕,于1964年发表回忆性文章,批评晏阳初的教育理论与实践,"他的一套所谓'理论',说来说去,几乎数十年如一日,叫人听了作呕"。并且把晏阳初描绘成与国民党蒋介石的"反动政府"和美帝国主义相勾结,包藏让美帝控制全中国的野心。[2]

这种政治批判的模式也体现在当时编写的相关大学教科书中。20世纪60年代至80年代的中国现代史、中国现代教育史等大学教材中都无一例外地全盘否定晏阳初及其平民教育运动。如陈元晖于1962年所编高等师范院校的交流讲义《中国现代教育史》,1979年重新出版时,"全书内容基本未动",该书称晏阳初主持的中华平民教育促进会,"这种以促进平民教育为名的教育团体,实际上是一个买办阶级知识分子的教育活动机关,这种'平民教育'事业,实际上是一个美帝国主义在中国的宣传教育机关",晏阳初的"平民教育"理论与梁漱溟的"乡农教育"理论"同恶相济","都是为反革命的文化'围剿'服务",以及他们所创办的教育,"都是麻痹农民革命意识的一种手段,都是为法西斯政权奴役人民的精神方面的工具"。[3]魏宏运主编的《中国现代史稿》,与陈元晖的《中国现代教育史》对晏阳初及其平民教育的观点相一致,称"晏阳初是美帝国主义豢养的买办文人",其"平民教育理论"连同梁漱溟的"乡农理论"及所创办的教育,"都是麻痹农民革命意识的一种手段,都是为反革命的文化'围剿'服务的"[4]。华东师范大学教育系所写的讲义,即1983年修改后出版的《中国现代教育史》教材认为晏阳初的平民教育理论把愚、穷、弱、私看成社会问题的根源,"掩盖了半封建半殖民地社会的本质,替统治阶级开脱罪责,而对人民大加诬蔑",并且"这便为国民党施行'管教养卫'加强法西斯统治提供了根据"。进而指出,晏阳初的"四大教育"内容,是"改良主义的教育救国论","它的本质是反共反人民反对革命"的。因此,该教材认为晏阳初"已经不是一个改良主义'教育家',而实

---

[1] 刘又辛:《晏阳初的真面目》,《人民教育》1957年第6期。
[2] 赵冕:《晏阳初和抗日战争时期的平教会》,中国人民政治协商会议全国委员会文史资料研究委员会编《文史资料选辑》(第四十三辑),中华书局,1963年,第174—185页。
[3] 陈元晖:《中国现代教育史》,人民教育出版社,1979年,第154,159页。
[4] 魏宏运:《中国现代史稿》,黑龙江人民出版社,1980年,第370,372页。

在是大资产阶级文化买办",是"美帝国主义和中国买办资产阶级在教育界的代理人"。[①]

1985年9月,应中华人民共和国全国人大常委会副委员长周谷城的邀请,晏阳初在阔别30多年后首次回国考察访问,受到国家领导人邓颖超、万里、周谷城的接见、会见,并且回到定县、成都考察。由此促进了中国学术界对晏阳初及其平民教育运动的重新审视、评价。首先冲破禁区重新评价晏阳初的是教育史界。1988年3月出版的中国教育史大型著作《中国教育通史》,由宋恩荣执笔的《晏阳初的教育思想》被认为是中国教育史著作中第一次以平和的心态客观地介绍晏阳初理论与实践的著作。也正是从这本书开始,中国教育史界才开始逐步对旧时代教育家丢弃了简单粗暴的"革命大批判"式的态度,转为实事求是地研究与评价。

2. 大陆学界对晏阳初及平民教育史研究的论文情况分析

对晏阳初及其平民教育史的研究在大陆学者中尽管起步晚,但近些年日益受到历史学、社会学、教育学(教育史)、政治学等学科学者的重视。不仅不断有档案、报刊资料等文献整理出版的基础性成果问世,研究著作不断诞生,学术研究论文层出不穷,数量惊人,甚至有越来越多的研究生学位论文以晏阳初的平民教育、乡村改造为选题。

通过学术期刊网——知网(CNKI)检索(截至2020年4月),以"晏阳初"为关键词,查询到的期刊论文、报纸文章、会议论文有786篇,收录的硕博论文有61篇;以"平民教育史"为关键词的期刊论文、报纸文章、会议论文达1504篇,收录的硕博论文有78篇。知网上还有不少期刊未被收录,有些被收录的期刊还有不少年份的论文未收录,以"晏阳初"为专题研究和涉及"晏阳初平民教育史"研究的相关论文(期刊、报纸、会议论文)估计不下5000篇。仅以目前知网收录的有关"晏阳初"研究的近800篇论文来看,进行主题分类,可得到以下可视化构成图:

[①] 华东师范大学教育系、教科所编:《中国现代教育史》,华东师范大学出版社,1983年,第223—230页。

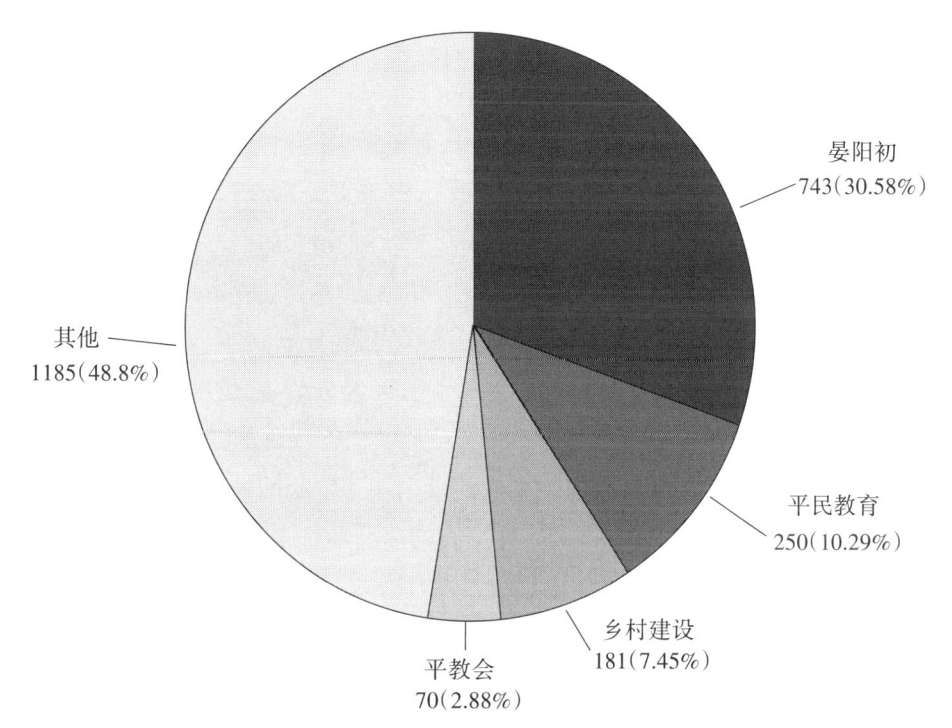

图1-1 晏阳初研究论文的可视化分析

从上图来看,"晏阳初""平民教育"的主题超过了40%的比例,"平教会"主题占2.88%,可见从中华平民教育史角度研究晏阳初平民教育史的论文尚不多见。

3.大陆学界研究晏阳初及平民教育史的著作和文献整理

专门研究晏阳初平民教育思想和实践方面的著作数量不多。其中的代表性著作主要有:宋恩荣、熊贤君合撰的《晏阳初教育思想研究》,内容包括晏阳初平民教育的历史发展与民本思想、基督精神、科学民主等基本信念及其历史地位与局限,[①]该书为大陆学者出版的第一部研究晏阳初的专著。《一项为和平与发展奠基工程——平民教育之父晏阳初评介》[②]的作者詹一之乃晏阳初创办的私立乡村建设学院的学生,该书主要论述晏阳初平民教育在中国与世界的历史

---

① 宋恩荣、熊贤君:《晏阳初教育思想研究》,辽宁教育出版社,1994年。
② 詹一之、李国音:《一项为和平与发展奠基工程——平民教育之父晏阳初评介》,四川教育出版社,1994年。

与意义。晏阳初的侄孙晏鸿国的《晏阳初传略》[1],为大陆第一部比较全面记述晏阳初百年生平与平教活动的传记史著作。

最近二三十年,教育学(中国教育史)、历史学、社会学、政治学等学科的硕士和博士研究生,选择以晏阳初平民教育思想与实践为选题者甚众。目前所见,以博士学位论文为基础而出版的专著有2部:张颖夫的《晏阳初"平民教育"理论与实践研究——基于当代中国社会转型期的视角》[2],主要阐述晏阳初平民教育思想产生的背景与缘起、晏阳初平民教育实践(分成1920—1926年以扫盲为中心的识字教育;1926—1937年以乡村教育为经、以乡村建设为纬的河北定县实验;1937—1940年以抗战教育为核心的县政、省政改革;1941—1949年创办中国乡村建设学院,以培养中国乡村建设人才为中心的大学教育改革;1950—1990年以培养国际乡村改造人才为中心的国际乡村改造等五个阶段)、晏阳初平民教育理论(包括教育主体论、教育价值论、教育目的论、教育公平论、教育道德论、课程教学论)以及晏阳初思想的现代价值,教育学研究的色彩很浓。孙诗锦的《启蒙与重建——晏阳初乡村文化建设事业研究》[3],论述晏阳初的平民教育理念、乡村建设实践的定县实验、以戏剧改良为例的实验区乡土文化改造、实验区卫生、政府与启蒙者同乡土社会的关系,并评述了晏阳初的乡村建设理想与现实之间的矛盾。另外,还有杜学元、郭明蓉等编著的《晏阳初年谱长编》[4],以宋恩荣总主编的新版《晏阳初全集》为主要资料,再参考其他相关书籍,在很大程度上反映了当时国内学术界对晏阳初生平与活动资料的掌握状况和研究水平。陈廷湘教授近年来对重庆璧山档案馆档案资料进行整理,并且利用这些档案主编了一套《中华平民教育促进会华西实验区乡村建设实验研究》丛书[5]。近二十年来,学术界兴起研究民国乡村建设运动史热,出版了一系列著

---

[1] 晏鸿国:《晏阳初传略》,天地出版社,2005年。
[2] 张颖夫:《晏阳初"平民教育"理论与实践研究——基于当代中国社会转型期的视角》,云南民族出版社,2011年。
[3] 孙诗锦:《启蒙与重建——晏阳初乡村文化建设事业研究》,商务印书馆,2012年。
[4] 杜学元、郭明蓉、彭雪明编著:《晏阳初年谱长编》(上、下册),上海交通大学出版社,2017年。
[5] 该套丛书共三部:《华西实验区农业生产实验合作社研究》(王莉敏、杨钧期等撰)、《华西实验区导生传习实验研究》(周忆霖、李辉源等撰)、《华西实验区乡村工业建设实验》(刘云昊、刘明琴等撰),四川大学出版社,2015年。

作,①把晏阳初平民教育实践作为民国乡村建设史的一部分进行比较分析。

有关晏阳初的文献整理也取得丰硕成果。宋恩荣编的《晏阳初文集》②和詹一之的《晏阳初文集》③与马秋帆等人的《晏阳初教育论著选》④主要收集和选编晏阳初的平民教育暨乡村建设的文章。宋恩荣主编的三卷本《晏阳初全集》⑤于1992年出版,极大地推动了学术界对晏阳初的研究,2013年以前国内学术界对晏阳初的研究基本以该套全集为文献基础。2012年和2013年宋恩荣总主编的四卷本《晏阳初全集》出版,既修正了旧版全集中的不少错误,又增加了从中国第二历史档案馆、菲律宾国际乡村改造学院和美国哥伦比亚大学图书馆等收藏的档案以及民国时期的报刊资料。近年从重庆璧山档案馆发现了20世纪40年代晏阳初开展的华西实验区档案,已经影印出版和整理出版了一批档案丛书⑥。这些新版全集和档案资料的陆续出版,对学术界的意义不可估量。

4. 大陆学界对中华平民教育促进会史的研究

学界已有一些论文研究中华平民教育促进会所开展的扫盲教育、定县实验中的平民教育、全面抗战时期的平民教育、华西实验区的平民教育等教育实践

---

① 这类著作主要有:郑大华:《民国乡村建设运动》(社会科学文献出版社,1999年);李伟中:《20世纪30年代县政建设实验研究》(人民出版社,2009年);祝彦:《"救活农村"——民国乡村建设运动回眸》(福建人民出版社,2009年);王景新、鲁可荣等:《民国乡村建设思想研究》(中国社会科学出版社,2013年);王先明:《走近乡村——20世纪以来中国乡村发展论争的历史追索》(山西人民出版社,2012年);吴星云:《乡村建设思潮与民国社会改造》(南开大学出版社,2013年);任金帅:《聚同道于乡野:华北乡村建设工作者群体研究(1926—1937)》(山西人民出版社,2013年);李金铮:《传统与变迁:近代华北乡村的经济与社会》(人民出版社,2014年);王先明:《乡路漫漫:20世纪之中国乡村(1901—1949)》(上、下册)(社会科学文献出版社,2017年)等。
② 宋恩荣编《晏阳初文集》,教育科学出版社,1989年。
③ 詹一之编《晏阳初文集》,四川教育出版社,1990年。
④ 马秋帆、熊明安编《晏阳初教育论著选》,人民教育出版社,1993年。
⑤ 宋荣恩主编《晏阳初全集》(1—3卷),湖南教育出版社,1992年。
⑥ 重庆市璧山区档案馆、四川大学中国西南文献中心编《民国乡村建设·晏阳初华西实验区档案选编·综合》、《民国乡村建设:晏阳初华西实验区档案选编·教育建设实验》、《民国乡村建设:晏阳初华西实验区档案选编·经济建设实验》、《民国乡村建设:晏阳初华西实验区档案选编·社会调查》、《民国乡村建设:晏阳初华西实验区档案选编·卫生建设实验与编辑宣传》(西南师范大学出版社,2017年—2018年);傅应明主编《中华平民教育促进会华西实验区档案史料选录》,国家图书馆出版社,2019年;璧山县(区)档案馆编《晏阳初与华西实验区档案史料丛刊》(1—17辑),璧山县(区)档案馆印,2012—2016年。

活动。定县实验是中华平民教育促进会在晏阳初领导下建立的第一个乡村平民教育实验区，自然为学界所重视。1988年，王志祥发表《中华平民教育促进会的定县平民教育实验》①，首先叙述了1929至1937年间中华平民教育促进会在定县实验时的工作机构（平民文学部、视听教育部、生计教育部、卫生教育部、社会调查部、城市教育部、乡村工艺部）的负责人员及其所开展的平民教育实验简要情况。2002年徐秀丽发表《中华平民教育促进会扫盲运动的历史考察》②，考察20世纪二三十年代平教会在定县开展的扫盲教育——识字教育的缘起、扫盲读物的演变、扫盲成效，论文认为平教会乃至其他组织实施的扫盲教育并没有达到预期的目标，并较为深入地探讨了其扫盲未能取得预期目标的原因，这是该文的重点，也是其学术价值之所在。但基本没有对中华平民教育促进会这一组织情况及其识字教育以外的其他重要活动进行论述。2013年，孙诗锦发表《现代卫生观念在乡村的移植——以20世纪20、30年代平教会的定县卫生实验为例》③，论述了平教会于20世纪二三十年代在定县实验区引入预防与治疗相结合的现代卫生观念并建立三级保健体系，认为平教会与县政府、士绅、旧从业人员以及农民等各类群体纠葛在一起，新旧观念、新旧势力之间发生了较为激烈的碰撞，使得现代卫生观念在乡村的移植过程呈现出极为纷繁复杂的面相，从而直接影响了植入的深度与广度。不过论文也没有论及平教会组织在定县卫生实验中扮演的角色与作用。2014年，高宁发表《论平教会在定县的生计教育》④，论述了平教会在定县实验中所开展的改良动植物品种、建立合作组织等生计教育措施及其成就。

定县实验区因日本的入侵而被迫停办，随后中华平民教育促进会以继续在南方开展平民教育和乡村建设实验的方式参与抗日救亡运动，一些学者对此也有所研究。1996年，蒋伟国发表《抗战时期平教会的农民抗战教育》⑤，以第二历史档案馆里珍贵的平教会档案为基础，主要论述晏阳初领导平教会在湖南开展

---

① 王志祥：《中华平民教育促进会的定县平民教育实验》，《教育研究与实验》1988年第1期。
② 徐秀丽：《中华平民教育促进会扫盲运动的历史考察》，《近代史研究》2002年第6期。
③ 孙诗锦：《现代卫生观念在乡村的移植——以20世纪20、30年代平教会的定县卫生实验为例》，《广东社会科学》2013年第6期。
④ 高宁：《论平教会在定县的生计教育》，《河北北方学院学报》2014年第4期。
⑤ 蒋伟国：《抗战时期平教会的农民抗战教育》，《民国档案》1996年第1期。

的抗战教育活动。一是平教会于1937年11月在湖南长沙举办农民抗战教育团第一届训练团讲习会,这些农民经过两周的短期训练后,被分成6队,在平教会带领下奔赴湖南湘潭等12个县实施国防精神教育、战时经济指导、救护训练等工作,激发农民、中小学师生积极参加抗战的自觉性。二是平教会组织编写并出版了百余种"农民抗战丛书",包括人物传记、抗战史实、农民经济、国内现状、国际关系、政治军事常识、地理常识、救护常识、剧本、诗歌散文等十大类。论文认为平教会大张旗鼓地为抗战做宣传,为发动民众参加抗战做积极动员,与晏阳初等人视民众为救亡图存的重要力量有至大关系。2006年,李在全发表《抗战时期湖南的乡村建设运动——以平教会为中心》[①],提出平教会建立衡山实验县、衡山乡村师范学校、农民抗战教育和训练地方行政干部等一系列乡村建设活动,既促进了当地社会经济文化的发展和政治的改良,同时也使平教会操持的超然于政治之外的独立理念与抗战中逐渐被纳入国民党政治运作轨道的实践产生了某种紧张,从而使平教会的乡村建设陷入两难的境地。2006年,李在全发表《国难中的乡村事业:抗战时期四川的乡村建设运动——以平教会为中心的考察》[②],通过对平教会在全面抗战时期在四川参与设立四川设计委员会,进行全省社会调查,创办新都实验县,实施新县制实验,创办中国乡村建设育才院等史实的叙述,考察平教会在全面抗战时期在四川开展的乡村建设运动。2008年,李在全、游海华发表《抗战时期的乡村建设运动——以平教会为中心的考察》[③],论述了晏阳初主持的平教会在全面抗战期间转移到南方,并选择湖南、四川两省继续开展乡村建设运动的原因,并通过论述创办衡山实验县、衡山乡村师范学校、农民抗战教育、新都实验县、中国乡村建设育才院,训练地方行政干部和参与四川设计委员会,协助四川"新县制"和"行政督察区"实验等平教会开展的乡村建设活动,分析乡村建设运动如何与地方社会、经济、文化、政治产生互动与影响,并探讨抗战时期民间社团与政府的关系及对双方的影响。李在

[①] 李在全:《抗战时期湖南的乡村建设运动——以平教会为中心》,《湖南师范大学学报》(教育科学版)2006年第2期。

[②] 李在全:《国难中的乡村事业:抗战时期四川的乡村建设运动——以平教会为中心的考察》,《天府新论》2006年第2期。

[③] 李在全、游海华:《抗战时期的乡村建设运动——以平教会为中心的考察》,《抗日战争研究》2008年第3期。

全所发表的三篇论文都是论述全面抗战时期的平教会在湖南、四川进行的乡村建设运动,相互间在内容上有一些重复、交叉。2018年,张艺英、李军发表《外来主体与近代乡土社会——以中华平民教育促进会的"新都实验"为例》①,论述了平教会于1937年4月建立的新都实验县,以县政改革和乡村建设为目标所开展的工作。晏阳初推荐陈开泗担任新都县长,陈开泗在新都实施具体的实验,但实验不足两年,发生"新都围城事件"(1938年11月),实验县被取消。该文重点以交易成本与制度成本为理论着重分析新都实验失败的深层原因。

华西实验区(当时四川省、现重庆市部分区域)是抗战后期"平教会"所创建的一个重要实验区,也是继定县实验区后,晏阳初设立的又一个"社会实验室"。1994年,谭重威发表《中华平民教育促进会华西实验区的乡村建设实验》②,在学界首次以论文的形式第一次较为详细地论述了"平教会"创立华西实验区的过程、"平教会"在华西实验区的工作目标和原则、"平教会"在华西实验区的组织机构和人员、"平教会"在华西实验区的建设计划和对美援的利用、教育建设、农村经济建设和合作组织、卫生建设及其他工作、"平教会"和华西实验区的结束等历史。2013年,谢健发表《中华平民教育促进会在华西实验区的乡村建设实验》③和《华西实验区乡村建设运动述论》④等论文,前文论述了华西实验区的成立和建设计划的拟定、华西实验区的乡村建设情形及其总结,认为华西实验区是民国时期乡村建设运动的顶峰。后文论述了华西实验区的建立与结束、实验区的组织和规划、实验区两项主要乡村建设活动(成人教育与农村经济恢复)等历史。2016年,谢健又发表《抗战后的平民教育运动——以平教会华西实验区为中心》⑤和《国家政策与社团实践——平教会华西实验区农地减租问题考察》⑥

---

① 张艺英、李军:《外来主体与近代乡土社会——以中华平民教育促进会的"新都实验"为例》,《上海大学学报》(社会科学版)2018年第1期。
② 谭重威:《中华平民教育促进会华西实验区的乡村建设实验》,《四川师范大学学报》(社会科学版)1994年第1期。
③ 谢健:《中华平民教育促进会在华西实验区的乡村建设实验》,《重庆交通大学学报》(社科版)2013年第6期。
④ 谢健:《华西实验区乡村建设运动述论》,《北京教育学院学报》2013年第6期。
⑤ 谢健:《抗战后的平民教育运动——以平教会华西实验区为中心》,《西华师范大学学报》(哲学社会科学版)2016年第4期。
⑥ 谢健:《国家政策与社团实践——平教会华西实验区农地减租问题考察》,《史学月刊》2016年第5期。

两篇论文,充分利用了重庆市和璧山县所存十分珍贵的历史档案。前文研究了"平教会"在华西实验区开展的平民教育活动情况,且把华西实验区与定县实验区进行对比,认为华西实验区尽管在一定程度上继承了定县实验时期的教材、思想、形式,但在一些方面又有很多发展和变化,同时以经济为中心的建设活动受重视程度已明显超过了平民教育活动。后文论述了"平教会"和农复会在华西实验区实施"农地减租"的具体情况和成果,并肯定了实验区"农地减租"的积极作用。

个别研究晏阳初平民教育史的著作也对中华平民教育促进会的活动有所涉及,譬如:张颖夫的《晏阳初"平民教育"理论与实践研究——基于当代中国社会转型期的视角》[1],非常简单地介绍了中华平民教育促进总会在北京成立以及根据"组织大纲"成立的董事会成员。孙诗锦的《启蒙与重建——晏阳初乡村文化建设事业研究(1926—1937)》[2],介绍了"平教会"成立的经过、成立最初两年在各地城市的识字教育活动、选择定县为平民教育实验区的原因、平教会成立初期的组织系统图、下到定县的"平教会"精英情况简表。

5.中国台湾地区学者研究概况

台湾地区学者对晏阳初的研究起步较晚,但坚持从史料入手、以史实为基础的学术原则。

1979年,台湾大学历史学研究所李孝悌的硕士学位论文《中华平民教育促进总会与河北定县的乡村建设运动(1926年至1936年)》,对晏阳初"定县实验"的教育运动("四大教育""三大方式")进行了初步研究。台湾地区民国史大家吴相湘的著作《晏阳初传:为全球乡村改造奋斗六十年》[3],根据晏阳初和国际乡村改造学院(IIRR)在纽约办事处的原始档案、在美国各大学图书馆收集的资料与晏氏口述等大量第一手珍贵文献撰写而成,在学术界首次全面系统地论述了晏阳初在中国与国际的乡村改造运动的历史,具有很高的学术价值,至今都是

---

[1] 张颖夫:《晏阳初"平民教育"理论与实践研究——基于当代中国社会转型期的视角》,云南民族出版社,第72—74页。
[2] 孙诗锦:《启蒙与重建——晏阳初乡村文化建设事业研究(1926—1937)》,商务印书馆,第119—130页。
[3] 吴相湘:《晏阳初传:为全球乡村改造奋斗六十年》,岳麓书社,2001年。

研究晏阳初平民教育史最为系统、最具权威的著作。台湾地区著名学者韦政通于1981年撰写的《农村改造的实践者：晏阳初——读晏阳初传》，论述晏阳初的乡村改造实践如何为史无前例的运动及其所表现的精神。在《儒家与现代中国》①一书中专文讨论了晏阳初的乡村改造思想，并称赞其为"杰出的思想家""科学布道人"，晏阳初及其事业"是为儒家优良传统的现代化提供的一个动人的例证"。1990年撰写的《"创造转化"与"自我实践"——论晏阳初的思想与人格》②，分析晏阳初的思想和人格特征。吴相湘的弟子、旅美华人学者李又宁于1987年根据晏阳初的口述整理而成的《九十自述》③，详细讲述了晏阳初的童年生活及早期教育、到香港求学、留学耶鲁大学（本科）和普林斯顿大学（硕士研究生）、"一战"赴法国战场服务华工时的识字教育、1920年回国后在上海基督教青年会开展城市平民教育、与许雅丽结婚等史事，颇有价值。但是，1923年中华平民教育促进总会成立后的史实没有继续讲述，甚为遗憾！④如果能够对晏阳初在中国和世界开展的平民教育与乡村改造活动的历史进行完整的总结和反思，将留给学界一份非常有价值的资料。

（三）海内外学术研究简评

如前所述，目前海内外学者（以中国大陆学者为主）发表的成果数量相当可观，但存在的问题也很突出：

---

①韦政通：《儒家与现代中国》，东大图书股份有限公司，1984年，第275—292页。上海人民出版社于1990年以同一书名出版简体版时，与台版收录文章有多篇不同，其中就舍弃了台版书的2篇关于晏阳初的论文和1篇关于梁漱溟的论文，不明其因。

②宋恩荣总主编《教育与社会发展——晏阳初国际学术研讨会论文集》，湖南教育出版社，1991年，第250—265页。

③晏阳初：《九十自述》，李又宁整理，宋恩荣总主编，本卷执行主编孙邦华：《晏阳初全集》（第3卷），天津教育出版社，2012年，第529—588页。

④李又宁整理的晏阳初《九十自述》仅仅只讲述了晏阳初前三十年的生平与活动，是晏阳初自己没有再对李又宁讲述后面的活动，还是李又宁没有整理晏阳初的后续讲述？情况不明。从现存于美国哥伦比亚大学图书馆里的晏阳初和IIRR档案中发现，晏阳初与李又宁之间后来出现了矛盾，也许是这项有意义的活动不能继续下去的主要原因。关于晏阳初与李又宁之间为什么发生矛盾以及什么矛盾，我于2012年4月在哥大查阅资料时，曾向与晏阳初有密切交往的秦宝雄老先生（晏阳初的秘书、曾任菲律宾国际乡村改造学院副院长的颜彬生的丈夫）当面请教该问题，秦先生只是简单地说主要是晏阳初先生个性强之故，而未述其详。

第一,对中华平民教育促进会的研究严重不足。目前仅有少量论文对"平教会"定县实验、衡山实验县、新都实验县、华西实验区的平民教育或乡村建设实践中的一些活动进行初步研究,但是,已有的研究明显存在碎片化的问题,缺乏整体性、系统性、全局性的研究,即对有关"平教会"总会与分会的成立与活动情况、"平教会"的经费来源与支出情况、"平教会"主要成员及其关系、"平教会"所开展的平民教育及乡村建设实验等问题缺乏综合、整体研究。

第二,历史档案是史学研究最重要的基础,绝大多数成果对档案资料的挖掘与利用很不够,特别是现藏于美国哥伦比亚大学的晏阳初和IIRR档案,由于客观条件的限制,比较难以收集、整理和利用。重庆市璧山县(区)档案馆的"华西实验区"档案为近年新发现的保存比较完整的珍贵档案,开始为学界关注和利用,但有待更进一步的利用。

第三,民国时期的报刊资料,如《大公报》《申报》《中央日报》《独立评论》《晨报》《民国日报》《益世报》《教育杂志》《中华教育界》《新教育》等当时影响比较大的报刊,对晏阳初在定县、四川等地区的平民教育实验有不少报道与评论,更有《新闻报》《京报》《前线日报》《华工周报》《民间》《农民》《民间》《农村经济》《华西乡建》《知识与生活》(北平)《万象周刊》《华北合作》《全民抗战》《战教周刊》《农村建设协进会会务纪要》《生活与时代》等百余种地区性、专业性及影响较小的报刊,也不乏对晏阳初平民教育和乡村建设的报道与评论,此前学界对当时报刊资料少有利用,因而既有的研究难有深入、全面的分析。

第四,既有对晏阳初及其中华平民教育促进会史的研究存在着不平衡性,学界已有的研究成果过多地集中在"定县实验",对定县实验前与定县实验后的平民教育(特别是华西实验区)、20世纪50至80年代的世界平民教育运动等研究还比较薄弱,更缺少把晏阳初在各阶段、各区域的平民教育运动与世界平民教育运动作为一个整体的考察。

第一章 中华平民教育促进会的成立

五四时期,随着西方民主思想在中国的传播,越来越多的有志之士开始认识到教育民众对提高民智、反对专制统治、救亡图存的重要性。于是在欧风美雨(以杜威的平民主义教育思想为主)的背景下,这种教育民众的意识渐成思潮。平民教育思潮作为一股对五四运动的兴起影响很大的教育思潮,是民主(平民主义)思想在教育领域中的反映,其核心是人人都可以受教育、人人都应该受教育,并且以养成具有独立、自由、合作、责任等人格的共和国公民为教育宗旨,教育与生活、学校与社会合一。并且在这一教育思潮的影响下,大中学生、私人和民间组织纷纷创办平民学校,加之从事海外识字教育的晏阳初等人回归国内,从而形成了影响全国的平民教育运动。在这一背景之下,朱其慧、陶行知、晏阳初等人发起成立了平民教育的全国性教育社团——中华平民教育促进会总会。

一、平民教育产生的社会背景

　　社会是由政治、经济、文化教育等诸多因素相互作用而构成的一个整体,一种新思想或新的社会运动不可能偶然发生,而是当时社会相互联系的各种因素共同影响的结果。平民教育思想在民国初期的产生即与当时的政治、经济、文化思潮、西学东渐等因素密切相关。

(一)民主观念经过民初政治的洗礼而深入人心

1911年,孙中山领导的辛亥革命促使清政府倒台,两千多年的君主专制制度终于寿终正寝。但是,篡夺革命胜利果实的袁世凯接连上演大总统终身制、帝制复辟的丑剧,孙中山、蔡锷等领导的各方力量发动反袁斗争,北洋集团内部严重分裂,1916年6月6日,袁世凯在众叛亲离之中死去。袁世凯死后,北洋政府内部立即分化,各个军阀、官僚、政客之间矛盾重重,明争暗斗,甚至形成了军阀割据与连年混战的局面。

孙中山发动革命的目的不仅是要推翻清政府,而且是为了彻底废除君主专制制度,建立以美国为模式的民主共和制度。辛亥革命之后,君主专制的阴魂挥之不去,仍附体于袁世凯们之身。去袁后的北洋政府,"民国"只存一个空招牌,名实不符。

辛亥革命党人蔡济民《书愤》中云:"无量金钱无量血,可怜换得假共和。"从1912年北洋政府开始,甚至到1928年建立的国民政府,实质上都是一种"军绅政权","1912年以后,军人的势力壮大,中国的行政机构从上到下,却变成了军队领导绅士的政权"。[1]在"军绅政权"体制下,军队首领及其所代表的利益集团在国家政治生活中起着主导作用,政治集团和政客(所谓"绅")不过是军事利益集团的附庸、工具罢了。[2]

从民国成立之后的变幻的政治风云来看,民主政治尽管历经曲折,但是,终于结束了中国漫长而落后的君主专制统治,民主制度和民主观念逐渐深入人心,"敢有帝制自为者,天下共击之"(孙中山语),任何一个独夫民贼、军阀、政客都无法阻挡民主共和发展的历史潮流。民主政治不可逆转,无疑为中国学习西方现代教育提供了有利的社会环境,譬如,西方资产阶级的自由、平等、博爱等思想取代了传统的忠君、尊孔思想,"中学为体,西学为用"的思想成为历史,培养具有民主精神、独立思想、健全人格的共和国公民成为教育目标(教育方针),教育民主化已势不可挡,教育不再为少数地主阶级子弟所专有,男女教育平等,平民教育、义务教育等思想成为时代的潮流。

---

[1] 陈志让:《军绅政权——近代中国的军阀时期》,生活·读书·新知三联书店,1980年,第4页。
[2] 许纪霖,陈达凯主编《中国现代化史 1800-1949 第1卷》,上海三联书店,1995年,第380页。

(二)资本主义工商业快速发展

中国的资本主义是在外国资本主义的入侵——把中国变成外国商品的倾销市场和原材料与劳动力的掠夺基地之后,中国传统的自然经济结构解体(即外因的破坏),于19世纪70年代(洋务运动中期)产生的。中国民族资本工商业产生的初期,既面临国内封建专制统治和外国资本主义的双重束缚和阻碍,又对封建势力(保护)和外国资本势力(从资本到技术)具有很大的依附性,处于一种两难的境地,因而发展得相当艰难、缓慢。[①]甲午战争之后,外国资本主义除了继续向中国倾销商品之外,又加强对中国输出资本,或直接投资,扩大在中国沿海、沿江通商口岸设立工矿运输企业,或间接投资,向中国政府与企业发放巨额贷款。以直接投资为例,据吴承明的研究,甲午战争前,资本主义列强在中国的投资总额仅2.3亿美元,1902年激增至15.903亿美元,至1914年,则增至22.557亿美元。[②]

清末新政时期(1902—1911),外受外国资本主义侵略加深的刺激,内受清政府在清末"新政"时期推行奖励工商、振兴实业的经济及政治改革的积极影响,以及1905年起相继发生拒俄运动、抵制美货运动、抵制日货运动、收回利权运动等爱国运动,中国民族工商业得到了初步发展。清政府在"新政"时期对资本主义工商业采取积极的经济保护政策,譬如,建立从中央到地方的工商管理机构(先后在中央设立商部、邮传部,在各省设劝业道),颁布一系列奖励工商业发展的经济法律法规(据不完全统计,1902—1911年间,清政府先后制定和颁布的各类经济法律法规达62项),颁布奖励工商业的若干章程。[③]"从1902年起,中国近代工矿业投资规模以前所未有的速度发展起来,形成清季投资规模最大、持续时间最长的投资热潮。"[④]民间商人投资热潮的出现和私人资本主义的较快发展是清末新政时期中国经济"引人注目的变化",以民间商人投资设厂数量和资本额的较大增加为表现形式。据统计,1902—1911的十年间,全国共设立创办资本额在1万元以上的本国民用工矿企业有642家,创办资本额共计

[①] 吴申元主编《中国近代经济史》,上海人民出版社,2003年,第92页。
[②] 吴承明:《帝国主义在旧中国的投资》,人民出版社1955年,第45页。
[③] 杜恂诚主编《中国近代经济史概论》,上海财经大学出版社,2011年,第50—52页。
[④] 杜恂诚主编《中国近代经济史概论》,上海财经大学出版社,2011年,第52页。

13848.2万元,企业数量占清季工矿企业设立总数的67.4%,投资额占68%。其中,完全商办性质的企业共558家,资本额10158.6万元,占新设企业资本总额的73.4%;官办、官商合办、中外合办企业共计84家,资本额3689.6万元,占新设企业资本总额的26.6%。民间商办企业占绝对优势。[1]

1912年,孙中山领导的中华民国南京临时政府确立了大力发展资本主义经济的总目标,颁布了振兴实业的法规。袁世凯上台之后,北洋政府继续制定和推行发展资本主义工商业的政策。南京临时政府成立后,中央政府经济管理机构主要有财政部、实业部、交通部。[2]北洋政府成立之初,中央经济管理机构设有财政部、农林部、工商部、交通部,将原实业部分为农林部、工商部。1913年12月,又将农林、工商两部合并为农商部。北洋政府时期,先后制定和颁布的经济政策法规约有100余项,涉及工商、农林、矿冶、金融、利用外资等方面。[3]在政府对工商业发展采取一系列激励、保护政策的同时,1914—1918年之间,西方帝国主义列强——特别是英、德、法、俄——忙于在欧洲进行第一次世界大战,欧洲列强无力向中国进行大规模的商品倾销,中国的进出口贸易明显发生转变。特别是棉纱、棉织品、化学染料等消费品,进口额下降;出口品除丝、茶外,大都增加,出口值持续增长,从而改变了自甲午战争以来的入超增长局面。据学者研究,1915年比1913年的外贸进口额减少了20%;从物量指数来说,从1913年到1915年,进口货物量减少了近30%,到1918年更比1913年减少了34%。[4]外国进口商品的减少,为民族资本主义工商业的发展提供了十分有利的条件。第一次世界大战期间及战后几年(1914—1921),出现了一个私人资本主义发展的"黄金时期",新厂不断开设,产品销路大增,企业利润丰厚。据统计,1920年同1913年相比,厂矿数从698家增至1759家,资本额从33082.4万元增至50062万元。从发展速度来看,1912至1920年,棉纺、面粉、缫丝、卷烟、火柴、电力、水泥、矿冶8个主要工矿行业年平均增长率高达13.8%。[5]从1922年起,随着西方资本主义势力卷土重来,中国私人资本主义的发展由"黄金时代"

---

[1]杜恂诚主编《中国近代经济史概论》,上海财经大学出版社,2011年,第53页。
[2]虞和平:《20世纪的中国——走向现代化的历程(经济卷1901—1949)》,人民出版社,2010年,第96页。
[3]杜恂诚主编《中国近代经济史概论》,上海财经大学出版社,2011年,第70—71页。
[4]许涤新、吴承明主编《中国资本主义发展史》(第2卷),人民出版社,2003年,第718页。
[5]杜恂诚主编《中国近代经济史概论》,上海财经大学出版社,2011年,第74—75页。

转入衰退。然而总体上还是继续发展,1921—1926年中国新兴工业的增长率为8%,尽管低于1912—1921年的11.7%,发展速度仍然较快。[①]

民国初年、特别是"一战"期间是中国私人资本主义工商业快速发展时期,但是国家财政经济状况十分糟糕。"谁能弄到钱,谁就能当国务总理",这是北洋政府时期财政拮据与政治动荡的真实写照。主要由于北洋军阀和地方军阀成天忙于混战,一方面,军费支出浩繁;另一方面,财政收入的主要税源,或被地方军阀截留,或作为抵偿外债或赔款,收入所剩无几,财政赤字连年上升,财政枯竭。北洋政府为了维持其统治,对外主要依靠不断借巨额外债[②](以主权换取外债),对内滥发公债,造成财政恶性循环。[③]这些债务最后统统转嫁到普通老百姓头上,民众的生活变得更加困难。

(三)农村经济残破与农民生活日益贫困化

中国社会的百姓日益贫困化,以乡村农民最甚。辛亥革命是一场没有农民参与的民主革命,这场革命之后,乡村社会结构没有实质性变化,"所谓地方事业,不操之于官,即操之于绅;等而下之,又操之于棍痞。生杀欺夺,民之所能自存者几希,民之所能自主者几希,民之所能以自致其治者亦几希矣"[④]。帝国主义的经济侵略、公债(内外债)、高利贷、天灾(水灾、旱灾、风灾、雹灾、虫灾、疫患等)人祸(战祸、匪灾等)频发[⑤]、人多地少、军阀政府和土豪劣绅的盘剥、农村教育落后、农民自身生产力的低下等原因,导致乡村经济崩溃、农民不断贫困。民

[①] 杜恂诚主编《中国近代经济史概论》,上海财经大学出版社,2011年,第75页。
[②] 自1912年起,北洋政府在其统治期间没有一年不借外债的,旧债未还,又举新债,北洋政府及其所属地方各省举借外债总额达12.8亿元,绝大多数的外债都用于军费。徐义生:《中国近代外债史统计资料(1863—1927)》,中华书局,1962年,第240页。
[③] 黄逸平、虞宝棠:《北洋政府时期经济》,上海社会科学院出版社,1995年,第51页。
[④] 闻钧天:《中国保甲制度》,商务印书馆,1935年,第451页。
[⑤] 民国时期,无年不发生严重灾害。据记载,1928年,除湖南、湖北、江苏、贵州、四川、福建、热河、江西8省未报告,黑龙江、吉林、奉天3省未列入,陕西、广东2省报告不完全外,全国受灾21个省、1093个县,受灾人口达65622500人。1930年发生中原大战,战祸,加上水灾、旱灾、匪灾、蝗灾等,全国受灾人口不下1亿。朱其华:《中国农村经济的透视》,中国研究书店,1936年,第5,13页。

国以降，外国农产品倾销中国，中国农产品出口萎缩，严重的入超①对中国经济造成严重破坏，直接摧残着中国的乡村经济，"这是我国农产物恐慌与农村破产的铁证"②。中央政府主要靠借外债和发行公债维持统治，地方军阀为了与其他军阀进行抢夺地盘的战争，维持其庞大的军费和生活上的挥霍，不断地对农民进行肆无忌惮的掠夺式征税和摊派。

捐税是农民的主要负担。民国时期农民的捐税，从征收者的角度而言，约分三种：国税（中央政府征收）、省税（省政府征收）、县捐（县政府征收）。国税包括盐税、关税、统税（棉纱、卷烟、矿税、火柴等）、烟酒税、印花税等，省税包括田赋及附加税、盐款附加税、契税（房地产交易税）、牙税（货物交易税）、营业税、牲畜和棉花交易税、屠宰税等，县捐包括各类附捐（田赋带征地方用款附捐、牙税附捐、花生木植捐、牲畜花税附捐、屠宰税附捐、田房中佣）及各种临时摊派等。③

田赋及其附加徭役——从古代到民国时期一直是农民的最主要负担。对农民征收的田赋，北洋政府时期，基本上承袭清代旧制，田赋正税，包括地丁、漕粮、租课、杂赋四大类共九种④，其中前两种为主要税目。农民除了应纳田赋正税外，还有名目繁多的田赋附加税、摊派及其他苛捐杂税。1914年，北洋政府财政部为了统一币制，改良田赋征收，通令田赋一律改征银圆，规定纳银一两，折

---

①1912年入超102576627两（海关两，下同），1914年入超212014554两，1916年入超34609629两，1922年入超390257717两，1924年入超246426207两，1928年入超310000000两，1930年入超415304742两，1932年入超556000000两。除了"一战"期间入超量少一些外，其他年份入超量都很大。郑季楷：《对外贸易入超与农村破产及复兴条件》，《农村经济》1935年第2卷第4期。

②陈谦若：《各国在华势力与中国农村概观》，《农村经济》1934年第1卷第11期。

③李景汉：《定县民众负担之分析》，《民间》（北平）1935年第1卷第18期。

④地丁，指田赋和丁赋及其附加税；漕粮，原本是征收本色（实物），漕运京师，单独列项，清末民国已改征银钱，与地丁无异。租课，指清代官田出租给农民耕种，国家收取地租，名叫租课，民国初年对租课进行整顿，归并到地丁项下征收，一般列作地方收入。南京国民政府时期对田赋进行整顿，到1935年时，田赋统一规定为地丁、漕粮、串票捐、补助捐四项。北洋政府时，田赋为国税，财政总长为督征官，各省财政厅长为经征官，县政府财政科掌理田赋征收事务。南京国民政府成立后，田赋改为地方税，各省财政厅长为督征官，县长及财政局长为经征官，财政局下设总务、经征、会计三课，经征课执掌所有税收事务。刘五书：《二十世纪二三十年代中原农民负担研究》，中国财政经济出版社，2003年，第52—54页；赵兴胜、高纯淑、徐畅、杨明哲：《中华民国专题史·第八卷 地方政治与乡村变迁》，南京大学出版社，2015年，第184—185页。

合银圆1元5角。各省银两、银圆折合率参差不齐,结果使得农民在改折中又加重了田赋的负担。据上海《时事新报》报道:"闻自改折以来,各省田赋收入之数,据民国三年度概算所载,直隶增收一百二十万元,山东增收一百五十万元,江西、江苏两省,或增收一百三十余万元,或增收一百七十余万元,其他各省除浙江增收五百余万元外,均增收四五十万元至八九十万元不等,均较前清旧额增收倍蓰云。"[①]地方军阀为了其军费和挥霍,自北洋政府开始,田赋正税普遍不断增加。河北省昌黎县,1912年的田赋正税率为每亩0.015洋元,1928年上升到0.023洋元,增幅达53.3%。山东省莱州县1912年的田赋正税率为每亩0.072洋元,1928年上升到0.106洋元,增幅为47.2%。江苏省江宁县,1912年的田赋正税率为每亩0.150洋元,1928年上升到0.205洋元,增幅为36.6%。浙江省嘉善县,1912年的田赋正税率为每亩0.247洋元,1928年上升到0.297洋元,增幅为20.2%。[②]1925年,四川省田赋正税收入为710万元,到1934年,约计达7000万元以上,十年之间竟然扩大了近10倍。[③]自1918年开始,一些地方军阀采用田赋预征,随后,被其他地方军阀或地方政府所仿效,国民政府时期,河北、山西、山东、河南、福建、湖南、安徽、广东、陕西、四川等省都有不同程度的田赋预征的情况出现。田赋预征以四川省最严重,1933年起,四川一些小军阀在自己占据的地盘上多次预征田赋,少则预征30多年,多则达到骇人听闻的80多年,已预征到21世纪了。[④]

　　田赋附加税的征收在中国古已有之,它是中国历代统治者增加财政收入的主要手段,随同田赋正税一起征收。清代的耗羡、平余、漕耗、漕项、润耗、公费等都是含有田赋附加税性质的收入。各州县在征收正附税之外,再征收若干,一部分作为征收办公费,大部分则由官吏朋比分肥。此种陋规在各县大体都有"一定之规"。[⑤]北洋政府统治时期的田赋附加税始于1914年的直隶、山东两

[①] 郑学檬主编《中国赋役制度史》,厦门大学出版社,1994年,第673—674页。
[②] 陈翰笙:《陈翰笙文集》,复旦大学出版社,1985年,第17页。
[③] 曹幸穗、孙金荣主编《近代以来中国农村变迁史论(第二卷1911—1949)》,清华大学出版社,2019年,第75页。
[④] 赵兴胜、高纯淑、徐畅、杨明哲:《中华民国专题史·第八卷 地方政治与乡村变迁》,南京大学出版社,2015年,第197—198页。
[⑤] 从翰香主编《近代冀鲁豫乡村》,中国社会科学出版社,1995年,第486页。

省,当年黄河决口,两省呈请中央政府随正税代征10%的附加税,"作为中央专以充河工之用"。次年,北洋政府电令各省依照两省成例加征田赋附加税,以补收入之不足,于是各省陆续征收附加税。田赋附加的名目有车马费、学费或教育附加、建设费或建设附加、警费或政治警察附捐、公安附捐、保卫团费、自治附捐、河工附税、河工特捐、地方公款附捐、赈济特捐、补助捐、亩捐等,为了征收田赋附加捐,地方政府甚至可以随意设立名目。

北洋政府时期,中央政府在下达允许地方政府加征田赋附加税令时,同时做了有限征收的限制令,"但当时参议院以田赋为国税,各省代征转解中央,地方政府虽有征收附加之权,但不得超百分之三十,并附加说明理由"①。但是,一些地方政府或军阀实际征收附加税时根本不听中央的限制令。以河南为例,田赋附加征收没有统一的标准和规定,各县可以随意而征,并且不需要理由。②河南省的附加税年均在1400余万元,约为正税的2倍,河北省于1927年度的田赋附加税为1300余万元,为正税的2倍多,山东省1926年度的附加税高达5000万元,超过正税4倍。③与正税情况相似,有的地方(特别是地方军阀)对附加税也进行预征。譬如,1925年,樊钟秀的建国军在临颍驻扎时对附加税一直加征到了1934年,"一切饷项全由地方负担,只好在田赋上打主意,每亩加征差徭一百二十文。一次不够,再征,一而再,再而三,当时是民国十四年一直加征到民国二十三年"④。

南京国民政府建立时,各省的田赋附加税、其他苛捐杂税多至数十种甚至一百多种,"种类复杂,名目新奇,其征收数目超过正税,由四五倍至二三十倍之多,非严加制止,无以整理田赋"⑤。1928年,南京国民政府财政会议决定田赋收入划归地方的同时,又颁布《限制田赋附加税办法》八条,严令:"田赋正税附加捐之总额,不得超过现时地价百分之一。其已超过此数之各县,不得再增。并须陆续设法核减,适合地价百分之一限度";"田赋附捐之总额,不得超过旧有正

---

① 刘世仁:《中国田赋问题》,商务印书馆,1935年,第163页。
② 黄正林、张艳、宿志刚:《近代河南经济史》(下册),河南大学出版社,2012年,第70页。
③ 从翰香主编《近代冀鲁豫乡村》,中国社会科学出版社,1995年,第492页。
④ 阎理之:《民国时期临颍县田赋和摊派》,中国人民政治协商会议漯河市委员会文史资料委员会编印《漯河文史资料》第2辑,1988年12月,第129页。
⑤ 刘世仁:《中国田赋问题》,商务印书馆,1935年,第163页。

税之数。已经超过之各县,不得再加附捐。并须陆续设法核减,至多与正税同数为止。[①]该规定看似很严厉,但是,正税、附加税总额"不得超过现时地价百分之一"之规定最易发生流弊,不仅标准过高,而且在地价清丈报价以前各县地方政府在确定现时标准上可以"上下得手"[②]。实际上,各省的田赋正税和附加税因为战争("剿共"、剿匪、军阀内战等)、教育、自治、治安等经费的不断增加,对附加费的加征名目增多,叠床架屋,变本加厉。据统计,江苏省田赋附加达147种,为全国之冠。其次为浙江省,达73种,江西、湖北两省并列第三位,为61种,河北省为48种,河南省为42种。[③]由此造成各地的田赋大都超过规定比率,并且附加税超过正税,政府罔顾民力。如江苏省海门县省县正税不过征银为28810元,而专税附税征银为754034元,附税竟超过正税达25倍以上。[④]湖北省甚至有附税超过正税80余倍者。[⑤]当时曾有学者直言不讳地指出:"地方政府之财源靠田赋,其实特别是靠田赋附加。田赋附加实是中国农民最重要的负担。"[⑥]

关于清末民国时期农民的赋税负担沉重与否,中外学者们存在完全对立的两种观点。对此,有学者分析说,在考察农民的赋税税率时,要注意名义赋税与实际赋税、不同农民的不同赋税、不同地区的不同赋税、不同时段的不同赋税、不同考察者眼中的不同赋税等问题,但无论如何,赋税确实是农民生产和生活的一个沉重负担。[⑦]这一分析以具体的史料为依据,结论令人信服。

表1-1 20世纪20年代中国一般农户收入状况表(单位:元)[⑧]

省份	无地者	3亩以下者	3—5亩者	6—10亩者	11—25亩者	26—50亩者	50亩以上者
浙江	63	96	151	210	151	383	924
江苏	28	40	141	341	141	539	1535

---

① 刘世仁:《中国田赋问题》,商务印书馆,1935年,第164页。
② 刘世仁:《中国田赋问题》,商务印书馆,1935年,第164页。
③ 邹枋:《中国田赋附加的种类》,《东方杂志》1934年第31卷第14号。
④ 刘世仁:《中国田赋问题》,商务印书馆,1935年,第165页。
⑤ 赵兴胜、高纯淑、徐畅、杨明哲:《中华民国专题史·第八卷 地方政治与乡村变迁》,中国社会科学出版社,1995年,第206页。
⑥ 东方평:《田赋附加税之总检讨》,汗血月刊社编《田赋问题研究》(上),汗血书店,1936年,第170页。
⑦ 赵兴胜、高纯淑、徐畅、杨明哲:《中华民国专题史·第八卷 地方政治与乡村变迁》,中国社会科学出版社,1995年,第223—224,230—235页。
⑧ 罗克典:《中国农村经济概论》,民智书局,1934年,第291页。

(续表)

省份	无地者	3亩以下者	3-5亩者	6-10亩者	11-25亩者	26-50亩者	50亩以上者
安徽	111	60	90	131	90	160	800
河北	18	14	38	71	38	185	383
平均	55	52	105	163	105	314	1022

该表是据华洋义赈会20世纪20年代的调查统计所得。调查范围包括南北方4省6306村,无地者931户,3亩以下者669户,3—5亩者1238户,6—10亩者1170户,11—25亩者1170户,26—50亩者564户,50亩以上者655户。综合4省农户的收入情况,平均每户的年收入是218元。①1922年,金陵大学对河北、山西、安徽、江苏、福建等5省作调查,不同地区、占有土地的量不同(自耕农、半自耕农、佃农)的情况下,平均每户的年收入也有非常大的差异,综合5省农户的情况,平均每户的年收入是334元,如果扣除平均每户的年生产成本138元,平均每户年净收入为196元。②华洋义赈会与金陵大学的调查数据比较接近,因此,我们可以得出这样的结论,华北和江南地区的农户年平均收入在200元上下,乃是20世纪20年代中国农民的实际收入水平。据李景汉在20世纪20年代末30年代初对河北定县的调查,当地平均每家耕种田地约合23亩,完全自耕农占63%,自耕兼租种他人田地之农家占24%。③由对34家农户的调查可知,其耕种盈余是家庭的主要收入来源,全年农业收入总计6740.49元,平均每家为198.25元。其中,收入最少之家为66元,收入最多之家为325元,大多数在200元左右。此外,各种副业或经商收入,34家共计1052.15元,平均每家为30.95元。如果加上出售牲畜及副产品、田租、房租等收入,34家全年总收入为9558.89元,平均每家为281.14元,收入最少之家为89元,最多之家为486元。34家一年内生活总支出8249.72元,平均每家支出242.64元,最少之家为107元,最多之家为360元。一年的收支平均盈余38.50元。④如果是在平安的岁月,没有苛捐杂税,没有天灾、虫灾、疫灾,没有兵灾战祸,没有大病,没有高利贷剥削,农民的基本生活能够勉强维持。但是,民国时期各种天灾、人祸、沉重的

---

①罗克典:《中国农村经济概况》,民智书局,1934年,第291—292页。
②罗克典:《中国农村经济概况》,民智书局,1934年,第292页。
③李景汉:《定县农村经济现状》,《民间》(北平)1934年第1卷第1期。
④李景汉编著:《定县社会概况调查》,洪大用、黄家亮编《李景汉文集》(第2卷),中国人民大学出版社,2019年,第249—256页。

赋税和摊派乱征等总是与民众的生活相伴而随,下层农民的生活必然难以为继,不得不借高利贷,高利贷盘剥又加剧了农民生活的贫困化。1930年以降,这种情况日趋严重。"民国二十年内在定县因债务破产而为债主没收一切家产之家数不过五十左右,二十一年内增至三百家左右,二十二年内竟达二千家之多。破产之主要原因为重利盘剥者超过破产家数总数之半。此外之破产原因为人口众多而收入不足、经商赔累、养蜂赔钱、兵匪抢劫、婚丧耗费、不良嗜好、疾病等项。……目下定县欠债之家数占全县总家数百分之六十七,约四万六千家,不欠债之家数占百分之三十三。"①与河北相邻的河南情形也差不多,"民国九年,没有得着一天安居乐业的幸福,小百姓们所度的生活就是逃死不暇的生活。兵祸、匪祸、重税、苛敛、公债、军饷纷踏杂来,竭岁之所入,不足应付官府的需索;尽人生活的智识,不能幸免污吏暴兵悍匪(这三种人其实是一样的东西)的诛求。良善之民十室九空,生活财产掠夺殆尽"②。

总之,生活在社会底层的民众——尤其是占人口85%以上的农民,不仅没有随着帝制的结束而使自己的生活状况得到改善,而且自北洋军阀到国民政府时期的生活越来越贫困化。及至20世纪30年代,"乡村破产""乡村崩溃"之说纷纷出现在当时的各种报纸和学者们的论文或著作之中,如何救济乡村、改善农民生计成为许多人思考、研究的问题。有的主张工业化,有的主张农业现代化,有的主张乡村建设或乡村改造,有的主张社会革命,有的主张平民教育。20世纪20年代兴起的平民教育思想和实践主要是以城市市民为对象,20年代末,晏阳初、傅葆琛、冯锐、瞿菊农等人下移到乡村,开展以农民为主要对象的乡村平民教育实验。

(四)在民主和科学的大潮中孕育教育平民化趋势

"驱逐鞑虏,恢复中华,创立民国,平均地权"③,孙中山把民族、民权、民生"三民主义"作为领导革命党人发动推翻清王朝统治的政纲。按照孙中山的设

---

① 李景汉:《定县农村经济现状》,《民间》1934年第1卷第1期。
② 《晨报》,1920年5月1日,引自刘五书:《二十世纪二三十年代中原农民负担研究》,中国财政经济出版社,2003年,第4页。
③ 广东省社会科学院历史研究室等编《孙中山全集》(第1卷),中华书局,1981年,第284页。

计,民主革命运动的目的是"为众生谋幸福",必须举民族革命、政治革命、社会革命"毕其功于一役","因不愿少数满洲人专利,故要民族革命;不愿君主一人专利,故要政治革命;不愿少数富人专利,故要社会革命"。[1]尽管孙中山的三民主义在理论上难免存有自相矛盾和缺陷的问题,且对民主革命实践的复杂性、艰巨性缺乏应有的估计和准备[2],"唤起风雨惊残梦,扫落皇冠旷代功"[3],孙中山有时把三民主义比附为法国资产阶级革命的自由、平等、博爱与美国总统林肯提出的民有、民治、民享等思想。因此,孙中山等革命党人掀起的"共和革命思潮"[4]无疑在20世纪初对国人进行了一次亘古未有的民主共和思想的洗礼或思想启蒙运动,它为随后的新文化运动和西方文化教育思想的涌入奠定了坚实的基础。

民国初立,教育总长蔡元培于1912年2月在《教育杂志》上发表《新教育意见》一文,针对清末教育宗旨中的"忠君""尊孔"问题,明确提出:"忠君与共和政体不合,尊孔与信教自由相违"[5],应予以取消。而对"尚公""尚实""尚武"三项原则进行改造,使其符合民主主义的要求。经蔡元培倡导,9月2日由教育部公布实施的教育方针为"注重道德教育,以实利教育、军国民教育辅之,更以美感教育完成其道德"[6]。这一教育方针以道德教育为核心,将培养受教育者具有共和国国民的健全人格作为首要任务。与此适应,蔡元培主持颁布《普通教育暂行办法》《普通教育暂行课程之标准》,明令废除中小学尊孔读经。

为了配合袁世凯复辟帝制的需要,一些人很快掀起尊孔读经的逆流。康有为、陈焕章等文人于1912年10月建立孔教会,大肆鼓吹:"宗祀孔子以配上帝,诵读经传以学圣人。"[7]并一再要求国会明定孔教为国教,尊奉孔子为教主。主张恢复专制帝王祀天的传统,并且"祀天以孔子配"[8],祭天祀孔并行,以便继续

---

[1]广东省社会科学院历史研究室等编《孙中山全集》(第1卷),中华书局,1981年,第329页。
[2]孙中山在进行民主革命动员时反复强调"知难行易",意思是说他已经把最难的革命理论设计好了,只要大家积极行动起来,参加到他领导的民主革命运动中,革命的目标就不难达到。
[3]刘学照:《话语与观念:近代中国思想文化的演进》,商务印书馆,2016年,第702页。
[4]刘学照:《话语与观念:近代中国思想文化的演进》,商务印书馆,2016年,第367—368页。
[5]蔡元培:《新教育意见》,《教育杂志》1912年第3卷第11期。
[6]教育部:《教育部公布教育宗旨令》,《教育杂志》1912年第4卷第7期。
[7]陈焕章:《孔教会序》,《孔教会杂志》1913年第1卷第1号。
[8]陈焕章:《祀天以孔子配议》,《孔教会杂志》1913年第1卷第4号。

用孔孟之道来统治民众。1912年12月,袁世凯下令恢复祭天制度。1913年6月22日,袁世凯颁令全国学校恢复祀孔,[1]1913年12月,袁世凯又颁发《大总统祭孔命令》,宣布正式恢复历代帝王祭孔典礼旧制,由大总统主祭。[2]1914年9月25日,颁布《祭孔令》,宣布全国恢复清朝祀孔礼制。袁世凯试图在宪法中定孔教为国教。1915年1月,在颁布的《特定教育纲要》中明令在全国中小学恢复"尊孔读经","尊孔以端其基,尚孟以致其用"。[3]袁世凯复辟帝制失败后,一些尊孔复古的条例得以废除,但是,尊孔复古的文化政策并没有完全消亡,尤其是复古主义的文化思想仍然在一些文人、官僚、政客、军阀心中根深蒂固。对此,陈独秀、李大钊、胡适、钱玄同、刘半农、鲁迅等人掀起了一场声势浩大的新文化运动。

1915年9月5日,陈独秀在上海创刊《青年杂志》(自第二卷起改名为《新青年》),并发表《敬告青年》一文,号召青年"以科学与人权并重",要求明辨是非之"六义":自主的而非奴隶的;进步的而非保守的;进取的而非退隐的;世界的而非锁国的;实利的而非虚文的;科学的而非想象的。他鼓励新时代的中国青年遵循新陈代谢的规律,敢于与旧时代的旧思想决裂,"奋其智能,力排陈腐朽者以去","利刃断铁,快刀理麻","自觉其新鲜活泼之价值与责任"。[4]陈独秀作为主将,率先打出以民主和科学为主题的新文化运动的大旗。陈独秀尊称民主为"德先生",科学为"赛先生",呼吁国人只有用这两位"先生"去破坏我们的旧政治(特权人治)、旧伦理(忠、孝、节)、旧宗教(鬼神)、旧文学、孔教、礼法、国粹,才能把中国从黑暗引向光明。"我们现在认定只有这两位先生,可以救治中国政治上道德上学术上思想上一切的黑暗。"[5]

随后,李大钊、胡适、钱玄同、刘半农、鲁迅、吴虞等人陆续加入进来,以《新青年》为主要阵地,发表一系列文章,以民主、科学为武器,反对专制主义和蒙昧主义,反对尊孔读经,反对旧礼教、旧道德,反对专制,反对迷信,反对文言文,提倡白话文。

陈独秀、李大钊等人称赞西方自由、平等、博爱思想,提倡人的解放。陈独秀称赞法兰西人民通过流血革命破坏君主专制制度,确立自由、平等、博爱的

---

[1] 袁世凯:《大总统复学校祀孔命令》,《孔教会杂志》1913年第1卷第6号。
[2] 袁世凯:《大总统祭孔命令》,《孔教会杂志》1914年第1卷第12号。
[3] 舒新城编:《近代中国教育史料》,中国人民大学出版社,2012年,第218页。
[4] 《陈独秀文章选编》(上册),读书·生活·新知三联书店,1984年,第73—78页。
[5] 陈独秀:《本志罪案之答辩书》,《新青年》1919年第6卷第1号。

"人权说",乃是"近世文明"的灵魂。①破坏"君权",就是人的解放,"解放云者,脱离夫奴隶之羁绊,以完其自主自由之人格之谓也"。人人"各有自主之权",成为独立、自由、平等的"国民"。②陈独秀认为中国要想保存于20世纪的世界,就必须真正破除几千年来官僚的、专制的个人政治,易为自由的、自治的"国民政治""立宪政体"。③李大钊认为专制制度与民主制度水火不容,"盖民与君不两立,自由与专制不并存,是故君主生则国民死,专制活则自由亡"④。陈独秀、李大钊等人反对尊孔读经、反对孔教入宪,是因为他们看到了孔教与帝制、尊孔与复辟之间的必然联系。陈独秀指出"孔教与帝制有不可离散之因缘"⑤,李大钊指出孔子是"历代帝王专制之护符","专制不能容于自由,即孔子不当存于宪法"⑥。易白沙于1916年2月在《新青年》发表《孔子评议》,批评"孔子尊君权漫无限制,易演成独夫专制之弊"⑦。不过,李大钊等人申明他们旗帜鲜明地反孔并不是反对孔子本人,而是为了否定为君主专制服务的学说,"非掊击孔子,乃掊击专制政治之灵魂也",孔子的学说"已不适于今日之时代精神"⑧。

"新青年派"认为辛亥革命之后民主共和不能真正建立的根本原因在于多数国民"脑子里实在装满了帝制时代的旧思想","如今巩固共和,非先将国民脑子里所有反对共和的旧思想,一一洗刷干净不可"⑨。这场思想革命的当务之急是清洗中国的旧伦理、旧道德,因为孔教之礼教"为吾国伦理政治之根本"。"伦理问题不解决,则政治学术皆枝叶问题。"⑩因此,陈独秀、李大钊、吴虞、鲁迅等

---

① 陈独秀:《法兰西人与近世文明》,《青年杂志》1915年第1卷第1号。
② 陈独秀:《敬告青年》,《青年杂志》1915年第1卷第1号。
③ 陈独秀:《吾人最后之觉悟》,《青年杂志》1916年第1卷第6号。
④ 李大钊:《民彝与政治》,朱文通等编《李大钊全集》(第2卷),河北教育出版社,1999年,第358页。
⑤ 陈独秀:《驳康有为致总统总理书》,《新青年》1916年第2卷第2号。
⑥ 李大钊:《孔子与宪法》,朱文通等编《李大钊全集》(第2卷),河北教育出版社,1999年,第449页。
⑦ 易白沙:《孔子评议(上)》,《青年杂志》1916年第1卷第6号。
⑧ 李大钊:《自然的伦理观与孔子》,朱文通等编《李大钊全集》(第2卷),河北教育出版社,1999年,第454页。
⑨ 陈独秀:《旧思想与国体问题》,《新青年》1917年第3卷第3号。
⑩ 陈独秀:《宪法与孔教》,《新青年》1916年第2卷第3号,此处原文为"技",引入本书作了改正。本书原文引用的原则是:原文中用字与现代不同的,在符合现代文字用法的前提下,尽量照录原文(明显为排版错误的除外),原文无标点的,依据句意加了标点,原文标点与现代使用习惯明显不符的,依据现行标准进行了调整。

人集中对以三纲五常为核心的旧礼教进行了批判。陈独秀认为"儒者三纲之说为一切道德政治之大原","三纲"思想"率天下男女""无独立自主之人格",①别尊卑、明贵贱的实质,与独立、平等、自由的宪法精神相违。②李大钊把"孔子主义"建立起的三纲思想看成维持专制制度的理论支柱,必须推翻,"孔门的道德是与治者以绝对的权力,责被治者以片面的义务的道德"③。吴虞称赞鲁迅在小说《狂人日记》中把封建礼教怒斥为"吃人"的说法,呼吁:"到了如今,我们应该觉悟:我们不是为君主而生的! 不是为圣贤而生的! 也不是为纲常礼教而生的!"④这无异于喊出了打倒吃人的礼教! 他们还对封建礼教(夫权、贞节)对于妇女的压迫而造成男女不平等问题进行了揭露,如陈独秀指出:"夫为妻纲,则妻于夫为附属品。"⑤

"新青年派"不仅揭露君主政治之害,而且批判维系君主制度的封建礼教,釜底抽薪,从深层次的思想观念上清除帝制思想、以输入西洋式社会国家之基础——"平等人权之新信仰",以最终建设"西洋式之新国家组织""西洋式之新社会",⑥如果"敢播专制之余烬、起君主之篝火者",无论何人,"一律认为国家之叛逆、国民之公敌,而诛其人,火其书,殄灭其丑类,摧拉其根株,无所姑息,不稍优容,永绝其萌,勿使滋蔓"⑦。陈独秀等人称颂西洋文明代表的是"近世文明","思想言论之自由,谋个性之发展也。法律之前,个人平等也。个人之自由权利,载诸宪章,国法不得而剥夺之,所谓人权是也"。中国的宗法社会造成了"损坏个人独立自尊之人格""窒碍个人意思之自由""剥夺个人法律上平等之权利""养成依赖性,戕贼个人之生产力"等四大恶果,⑧每一种社会,每一个时代必有其与之相适应的一种学说,"若夫文明进化之社会,其学说之兴废,恒时时视其社会之生活状态为变迁"。"无论何种学派,均不能定为一尊,以阻碍思想文

---

① 陈独秀:《一九一六年》,《青年杂志》1916年第1卷第5号。
② 陈独秀:《宪法与孔教》,《新青年》1916年第2卷第3号。
③ 李大钊:《由经济上解释中国近代思想变动的原因》,《新青年》1920年第7卷第2号。
④ 吴虞:《吃人与礼教》,《新青年》1912年第6卷第6号。
⑤ 陈独秀:《一九一六年》,《青年杂志》1916年第1卷第5号。
⑥ 陈独秀:《宪法与孔教》,《新青年》1916年第2卷第3号。
⑦ 李大钊:《民彝与政治》,朱文通等编《李大钊全集》(第2卷),河北教育出版社,1999年,第358页。
⑧ 陈独秀:《东西民族根本思想之差异》,《青年杂志》1915年第1卷第4号。

化之自由发展",儒教孔道"尤与近世文明社会绝不相容"。①

这场新文化运动是继洋务思潮、维新思潮、共和革命思潮之后又一场思想启蒙运动、思想解放运动,其思想之深广、持续时间之长、影响之广,远远超过了此前的几次思想运动,特别是与洋务思潮试图从形下之器——科学技术层面——学习西方文化,到维新思潮和共和革命思潮试图从形上之道——君主立宪或民主立宪——制度层面学习西方文化等相比,新文化运动则是近代中国第一次真正深入文化的深层结构——文化心理层面——用西方近代新观念、新道德改造中国旧观念、旧伦理。他们批判君主、孔学,在于"破","把批孔上升到对孔学内在缺陷及其实质的解剖和批判,从而不但在更深的层次上揭穿了历代封建统治者尊孔和加强专制统治的内在联系,而且从孔学对人性压抑的角度剖析了孔学的实质"②。陈独秀警告国人破除以孔学为核心的旧伦理而产生的"觉悟"为吾人"最后之觉悟"③。他们批判君主制度、孔学时,借用西方的进化史观、民主和科学思想,其目的在于"立",为了中国现代价值观的重建。"用近代科学理性反对传统的实用理性,用近代人文主义反对传统的仁礼禁忌,力图建立以自我为价值主体的宇宙观与人生观。"④

新文化运动给中国社会的知识阶层带来前所未有的思想冲击,并通过这些知识阶层的进一步宣传、教育等活动,逐渐影响到中国的普通国民。陈独秀、李大钊明确指出民主制度不需要什么"善良政府""贤人政治""哲人政治""新英雄主义",因为那是官僚、政客欺骗民众的宣传口号,既与"独立自主之人格"的国民政治根本相违,⑤本质上仍然是少数人对多数国民的统治,"国民政治"是以国民"自觉其居于主人的主动的地位为唯一根本之条件"。⑥"唯民主义乃立宪之本"⑦这些新思想、新观念对国人起到了振聋发聩的作用。

---

① 陈独秀:《孔子之道与现代生活》,《新青年》1916第2卷第4号。
② 黄见德:《20世纪西方哲学东渐史导论》,首都师范大学出版社,2002年,第79页。
③ 陈独秀:《吾人最后之觉悟》,《青年杂志》1916年第1卷第6号。
④ 黄见德:《20世纪西方哲学东渐史导论》,首都师范大学出版社,2002年,第80页。
⑤ 陈独秀:《吾人最后之觉悟》,《青年杂志》1916年第1卷第6号,第3页;李大钊:《俄国大革命之影响》,朱文通等编《李大钊全集》(第2卷),河北教育出版社,1999年,第560页。
⑥ 陈独秀:《吾人最后之觉悟》,《青年杂志》1916年第1卷第6号。
⑦ 李大钊:《民彝与政治》,朱文通等编《李大钊全集》(第2卷),河北教育出版社,1999年,第350页。

新文化运动极大地促进了西方文化思想在中国的传播,越来越多的中国人自觉地向西方寻求救国救民之道,一时间,中国社会兴起了学习和引进西方各种先进文化思想的高潮,西方各种新思想、新学说如潮水般涌入中国。其中,形形色色的无政府主义思想、社会主义思想、欧美各种哲学流派、国家主义思想、马克思恩格斯的科学社会主义等思想的传入,在中国社会进一步起到了思想解放的作用。

经过陈独秀等人的宣传,西方近代民主与科学观念进一步深入国人的内心之中,"民主"渗透到现代社会生活的每一领域,"现代生活的种种方面,都带着Democracy的颜色,都沿着Democracy的轨辙。政治上有他,经济上也有他;社会上有他,伦理上也有他;教育上有他,宗教上也有他;乃至文学上、艺术上,凡在人类生活中占一部位的东西,靡有不受他支配的。简单一句话,Democracy就是现代唯一的权威,现在的时代就是Democracy的时代"[1]。对于科学,不仅要学习科学的内容,还要重视科学的方法、科学的态度,"我们要改去从前的错误,不但应该提倡自然科学,并且研究、说明一切学问(国故也包含在内),都应该严守科学方法,才免得昏天黑地乌烟瘴气的妄想、胡说"[2]。有的学者认为经过新文化运动的洗礼,"再没有人敢公开非难和反对民主与科学"[3]。新文化运动促使中国教育观念发生了巨大变化,[4]并推动了随后教育制度、教育内容、教育方法、教育实验等诸方面的教育改革运动。民主、科学观念极大地促进了中国教育的平民化运动、科学化运动。随后,越来越多的进步知识分子、教育家主张无论男女老少,无论是城市市民、工厂的工人,还是乡村农民,无论是穷人,还是富人,一律都具有平等的教育权。1922年11月,政府颁行"壬戌学制",在法律上确立了男女青少年在学校教育制度上的平等,一些进步知识分子、青年学子走入民间,为市民、难民、流民、人力车夫、工人、士兵、妇女开办补习学校(平民学校、夜校),或者到乡村开展乡村教育实验。白话文改革运动使语言文字更接近民众生活,为教育下移、平民教育运动的开展提供了十分有利的条件。

---

[1] 李大钊:《劳动教育问题》,朱文通等编《李大钊全集》(第3卷),河北教育出版社,1999年,第161页。
[2] 陈独秀:《新文化运动是什么》,《新青年》1920年第7卷第5号。
[3] 郑大华:《民国思想史论》,社会科学文献出版社,2006年,第9页。
[4] 杜成宪:《新文化运动与现代中国教育观念的变革》,《河北师范大学学报》(教育科学版)1999年第4期。

二、平民教育思潮的涌现

平民教育思潮萌生于民国初年,形成于新文化运动期间,五四运动之后达到高潮,它是民主思想在教育领域里的直接体现和重要组成部分,是现代中国影响比较大的一种新兴的教育思潮。

民国元年(1912),教育总长蔡元培提出教育方针应该是"养成共和国民健全之人格"和从受教育者的本体着想注意个性之发展,[①]这可以看成是平民教育思潮的萌芽。1919年,教育调查会正式提出以"养成健全人格,发展共和精神"为教育宗旨的思想,并且以"发挥平民主义,俾人人知民治为立国根本"为"共和精神"的内容,正式提出"平民主义"的教育思想。五四运动初兴之时,美国著名教育家、哲学家杜威来华讲学,宣讲他的民主与教育学说,以及五四运动后期马克思主义思想的传播,对平民教育思潮的产生与扩大起到了重要的推动作用。鼓吹平民教育思想,参与平民教育运动的人员,有资产阶级知识分子、小资产阶级知识分子和具有初步共产主义思想的知识分子,尽管他们在有关平民教育的目的、内容、方法等问题上存在着较大的分歧,但是,都认为社会的每一个人——不分阶级、贫富、性别——都应该享有受教育的权利,批判传统贵族式的有差别的等级教育,这是平民主义教育思想的共同之处。

(一)杜威来华讲学与平民主义教育思想的传入

1.杜威来华讲学及其轰动性影响

杜威(John Dewey,1859—1952),美国著名教育家、哲学家。生于美国佛蒙特州伯灵顿市的一个村庄里的杂货店商人之家。1875年,他进入佛蒙特大学,开始接受进化论思想。四年后毕业,获得文学学士学位,先后在中学和乡村学校任教。1882年,进入约翰·霍普金斯大学攻读哲学专业的研究生,1884年以《康德的心理学》论文获得哲学博士学位。随后,在密歇根大学执教,先后担任哲学讲师、助理教授、教授,并曾兼任哲学系主任,他的哲学思想从黑格尔主义

[①] 舒新城:《近代中国教育思想史》,河南人民出版社,2017年,第235—236页。

开始转向实用主义。十年后,转入芝加哥大学哲学系,并曾担任哲学系、教育系主任,教育学院院长。1905年,转入哥伦比亚大学(哲学系、师范学院)执教,直到1930年荣休为止。先后担任美国心理学联合会会长、哲学学会会长、美国进步教育协会名誉会长,1915年创立美国大学教授联合会,并担任首任会长。杜威一生出版了40种著作,发表了800多篇论文,内容涉及哲学、社会学、教育学、伦理学、心理学、政治学、逻辑学、文化、艺术、宗教等众多学科领域或知识体系,主要论著有:《学校与社会》(1899年)(The School and Society)、《儿童与课程》(1902年)(The Child and The Curriculum)、《我们怎样思维》(又译为《思维术》,1910年)(How We Think)、《民主与教育》(1916年)(Democracy and Education)、《哲学的改造》(1920年)(Reconstruction in Philosophy)、《人性与行为》(1922年)(Human Nature and Conduct)、《经验与自然》(1925年)(Experience and Nature)、《教育科学的资源》(1929年)(The Sources of a Science of Education)、《新旧个人主义》(1930年)(Individualism Old and New)、《自由与文化》(1939年)(Freedom and Culture)、《人的问题》(1946年)(Problem of Men)等,教育思想方面的代表作是《民主与教育》(Democracy and Education,又译为《民主主义与教育》《民本主义与教育》)。杜威被认为是"美国思想史上最具影响的学者,甚至被认为是美国的精神象征;在整个西方世界,他也被公认是20世纪少数几个最伟大的思想家之一",[1]他也是世界教育史中的一位"里程碑式的人物",[2]更是自新文化运动以后来华讲学的西方思想家、教育家中影响中国教育现代化(教育思想、教育制度、教育方法、教育实验等)最大的人,平民教育思想和实践在20世纪20年代的兴起,与杜威来华讲学——把平民主义教育思想传入——有直接关系。

经胡适、陶行知等人的提议,并经郭秉文、蒋梦麟等人促动,1919年4月上旬,蔡元培以北京大学校长名义致电哥伦比亚大学,敦聘该校哲学系和师范学院双聘教授杜威到北京大学讲学。征得哥大同意后,北京大学联合江苏省教育会、南京高等师范学校(随后浙江省教育会、尚志学会、新学会又加入)等教育机

---

[1] 刘放桐:《杜威全集·中文版序》,俞吾金、孔慧译:《民主与教育》,[美]乔·安·博伊兹顿主编《杜威全集 中期著作(第9卷)》,华东师范大学出版社,2012年,第1页。
[2] 姜文闵:《杜威与实用主义教育学说评介》,约翰·杜威:《我们怎样思维·经验与教育》,姜文闵译,人民教育出版社,2005年,第1页。

构和社团向正在日本讲学的杜威发出正式邀请。①4月28日,杜威偕夫人(Alice C. Dewey)搭乘"熊野丸"号邮轮离开日本,30日,驶抵上海,胡适、陶行知、蒋梦麟分别代表北京大学、南京高师、江苏省教育会到码头迎接。②杜威是以学术休假方式而被哥伦比亚大学批准来华的,原计划在中国一年,"后来因为对中国发生了很好的感情",③于是接受"中国朋友们的敦劝",④决定延期一年,至1921年8月2日自青岛乘船离华,⑤在中国实际停留了两年四个月有余。他在华讲学遍及11个省和北京、天津、上海三大城市,讲演场次逾200次。杜威所到之处,每场讲演,"听讲者非常踊跃,无不座为之满"⑥。他深受教师、学生及其他知识阶层代表的欢迎,⑦也有政府和社会领袖以及一般民众,⑧甚至银行家也加入崇拜者行列,"杜威先生在中国的行程是非常成功的。从他抵达中国到现在,所到之处都受到了热烈的欢迎。一些银行家和编辑经常去他的住处拜访;一些教师和学生则集聚在他的教室里;一些社团竞相接待他,听他的讲演;一些报纸竞相翻译并刊登他的最新言论。他的发言和讲演被竞相阅读,他的传记被精心撰写。人们认真地评论他的哲学,并毫不费力地记住他的名字"⑨。一方面,中国社会给杜威本人留下十分深刻、美好的印象和持久的影响。⑩另一方面,杜威夫妇的演讲、访问,在当时和此后相当长时间对中国教育思想和教育实践所产生的影

---

① 王剑:《胡适与杜威的中国之行》,《社会科学研究》2003年第1期。
② 《美国杜威博士到沪》,《时报》1919年5月1日第9版。
③ 胡适:《杜威哲学》,沈益洪编《杜威谈中国》,浙江文艺出版社,2001年,第341页。
④ 吴俊升:《杜威在华演讲及其影响》,吴俊升:《教育与文化论文选集》,(台北)商务印书馆,1972年,第336页。
⑤ 杜威离华时间因胡适回忆文章说是"7月11日"而广为学界接受,今有学者依据当时长沙《大公报》的报道而更正为"8月2日",参见王剑:《胡适与杜威的中国之行》,《社会科学研究》2003年第1期,第123—124页。
⑥ 黎洁华:《杜威在华活动年表(1919年4月30日—1921年7月11日)》,沈益洪:《杜威谈中国》,浙江文艺出版社,2001年,第372页。
⑦ [美]杜威等著:《杜威传》(修订版),单中惠编译,安徽教育出版社,2009年,第41页。
⑧ 吴俊升:《杜威在华演讲及其影响》,吴俊升:《教育与文化论文选集》,(台北)商务印书馆,1972年,第336页。
⑨ B. Keenam, The Dewey's Experiment in China. 引自单中惠、王凤玉编《杜威在华教育讲演·前言》,教育科学出版社,2014年,第6页。
⑩ [美]杜威等著:《杜威传》(修订版),单中惠编译,安徽教育出版社,2009年,第42页。

响,在来华讲学或传播异域文化思想的外人中,可谓是前无古人,后无来者。①中国现代教育学者吴俊升在评论杜威对民国时期教育的影响时说:"中国教育所受外国学者影响之广泛与深远,以杜氏为第一人。杜氏所及予国外教育之影响之巨大,亦以中国为第一国。"②

  杜威的讲演在中国的反应空前热烈,当时国人"对其学说景仰颇深",③这并不是因为杜威是一个出色的演说家,演讲的口才多么好、多么动听!讲演的效果多么富有煽动性!相反,即使杜威被公认为一个思想深邃、极具批判性的大学者,然而,他并不擅长演讲,"他的演讲不流利和文字的艰涩,是闻名的"。美国一个作家是这样描绘杜威枯燥乏味的演讲情形:"他以冷淡的态度讲话,声音低弱而平板;他的视线常向着空无一物的讲桌或是向着窗外。有时他觉察坐在课堂后边的学生听不见,随即将下一句话或下一个字特别着重的讲。他的讲演,时有顿挫,但并不能助了解,……有时他想不起一个适合的字,他不随便说出任何一个现成的,他宁可停下来想,直到得到一个适当的字为止。他极想避免误解,以致有时反不获了解。"民国时期的教育学者吴俊升证明了这种说法的可信度:"凡是有听过杜威讲演的经验的人,都可证实这描述是正确的。"④因此,杜威在华讲学,无论是做公开讲演,还是在北京高师、北京大学对学生讲课,每次都做充分准备,把讲演的主要内容以书面的形式事先交给口译员,⑤"每次上堂,都用打字机印好本章所讨论的重要问题以及本章的大纲(outline)"⑥。

---

  ①梁启超在1921年6月30日于北京五团体为杜威举行的饯行会上,把杜威来华讲学的意义与千余年前西域高僧来华传佛的影响相比,"今日我因饯送杜威博士而联想到中国学术史上一件大事,就是十余年前印度学者鸠摩罗什的来华"。(曹伯言整理:《胡适日记全编3(1919—1922)》,安徽教育出版社,2001年,第342页)1921年7月11日,杜威即将离华时,弟子胡适已断言:"自从中国与西洋文化接触以来,没有一个外国学者在中国思想界的影响有杜威先生这样大的。"(胡适:《杜威先生与中国》,欧阳哲生编《胡适文集2》,北京大学出版社,1998年,第279页)尽管梁启超当面对杜威的赞扬和胡适作为弟子对老师的评论都难免有溢美之处,但历史证明,梁、胡的评判是准确的,是很有预见性的。

  ②吴俊升:《约翰·杜威教授年谱》,吴俊升:《教育与文化论文选集》,(台北)商务印书馆,1972年,第449页。

  ③郑晓沧:《杜威博士教育学说的应用》(1930年),王承绪、越端瑛编《郑晓沧教育论著选》,人民教育出版社,1993年,第138页。

  ④吴俊升:《敬悼杜威教授》,吴俊升:《教育与文化论文选集》,(台北)商务印书馆,1972年,第399页。

  ⑤沈益洪:《杜威与中国(代序)》,沈益洪编《杜威谈中国》,浙江文艺出版社,2001年,第2页。

  ⑥导之:《我们不应当如此吗》,《平民教育》1921年第29期。

2.杜威在华讲学反响热烈的原因分析

一个演说枯燥乏味的外国学者第一次来华演讲就能引起当时中国人的热烈反响,甚至很快被不少人顶礼膜拜,并不是一种偶然的现象,而是多种因素共同作用的结果。

首先,在杜威接受来华讲学邀请之后,他的中国弟子胡适、陶行知、郑晓沧分别编写(译)《实验主义》《杜威哲学的根本观念》《杜威论思想》《杜威的教育哲学》《杜威之道德教育》《介绍杜威的教育学说》《杜威氏之教育主义》等在教育期刊或报纸上发表,另一名弟子蒋梦麟除了个人撰写《杜威之伦理学》等文章外,还组织了介绍杜威思想的系列文章在其主编的《新教育》月刊上发表,并且把《新教育》第一卷第三期变成"杜威专号",集中介绍杜威的学说。胡适、陶行知、蒋梦麟、刘伯明等当时已是有一定社会影响的文人,他们对老师杜威及其思想的介绍为其来华讲学后很快形成"杜威热"做了必要的思想和舆论准备。胡适、陶行知、郑晓沧、蒋梦麟、刘伯明等众弟子又先后为老师在各地的讲演担任口译员,能够流利、准确、即时译出老师所讲的内容,从而弥补了杜威枯燥乏味的英语讲演可能带给中国听众的不利影响——反正一般听众又听不懂英文。

其次,杜威在各地巡回讲学期间,当时的各种报纸《申报》《时报》《新闻报》《大公报》《民国日报》《晨报》《时事新报》《北京大学日刊》《晶报》《南京高等师范日刊》及时进行报道,或者发表杜威的讲演文章,《教育杂志》《东方杂志》《中华教育界》《新教育》《教育部公报》《平民教育》《教育潮》《教育界》《广东省教育会杂志》《福建教育行政月刊》《江西省教育会会务录》《尚志》《江苏省教育会月报》《新青年》《民心周报》《京师学务局教育行政月刊》《安徽教育月刊》《浙江教育》《云南教育杂志》《北大生活》《北京高师教育丛刊》《北京女子高等师范文艺会刊》《史地丛刊》《复旦》《尚贤堂纪事》《新中国》《中国与南洋》《少年中国》《法政学报》《妇女杂志》《新妇女》《安徽实业杂志》《银行周报》《唯是》《新潮》《兴华》《江苏省立第三师范校友会丛刊》《民心周报》《留美学生季报》《学生杂志》《小学教育界》《南通杂志》《新陇》《宜兴县教育会汇刊》等都刊载了杜威讲演的文章,有全国性杂志,也有省、市、县等地方性杂志,有大中小学所办的杂志,有综合性杂志,也有教育、经济金融等专业类杂志。一些著名的讲演内容很快被汇编成集而刊印，①并且在短时间内多次再版，一时间呈现洛阳纸贵之势。报刊、出版机构的积极配合，在大江南北形成了一个强大的舆论潮、思想流，对全国"杜威热"的形成起到了推波助澜的作用。

再次，杜威的人格魅力和对中国及中国人表现出的友好感情也是杜威受欢迎的重要原因。北京高等师范学校教育研究科学员常道直除了听杜威在北京的公开讲演外，还学习了杜威在该科讲授两个学期的两门课程，深深地为杜威的学识和人品所折服。他认为世界上有不少大思想家、大科学家，品性上带有瑕疵。但是，"杜威博士之品性、之学问，为我国人所共敬仰"。学问、人品不愧为"我们的模范"，②北京高师校长邓萃英曾陪同杜威从北京南下厦门、广州讲演，其间与杜威密切接触，深切感受到杜威先生的"人格的感化"的魅力：南下出发前，还细心照料同时在北京讲学而生病的英国大哲学家罗素，认真对待每一场讲演，一丝不苟地准备，一有空闲就抓紧时间投入研究之中，而不顾劳累疲惫或途中颠沛。"由上海至厦门水道历时几两日，在此期中虽有波浪之颠播，颇令人不适，但博士却未尝少示懈怠也。""有时伴随杜威博士者，已觉非常疲困，然杜威博士以六十以上之年岁，独能精神充足，不以为苦，晚间又需预备次日之演稿。此种'自然不息'的精神，实为常人所不及。""我以为中国今日需要者，不仅是杜威博士的学术，尤其要紧的，乃是此种'自强不息'的精神。"③吴俊升认为杜威在华深受当时中国知识分子、社会领袖和普通民众的欢迎，其中的一个重要原因正是杜威的"伟大的人格"，"他的知识的真诚，他的热心，他的单纯的本性，他对于中国人的友好态度以及具有了解的同情——所有他的性格都博取了中国智识分子以及一般民众的敬爱"④。杜威的女儿简·杜威认为其父在中国时"不仅对同他密切交往过的那些学者，而且对中国人民，表达了深切的同情和由

---

① 杜威讲学期间和离华后不久，汇集刊印的讲演集主要有《杜威五大讲演》《杜威三大讲演》《现代教育的趋势——杜威讲演录》《杜威在华演讲集》《杜威罗素演讲录合刊》《杜威教育哲学》《思维术》《平民主义与教育》等出版物。
② 导之：《杜威博士我们的模范》，《平民教育》1921年第36期。
③ 导之：《杜威博士我们的模范》，《平民教育》1921年第36期。
④ 吴俊升：《杜威在华演讲及其影响》，吴俊升：《教育与文化论文选集》，(台北)商务印书馆，1972年，第344页。

衷的敬佩。中国仍然是杜威所深切关心的国家,仅次于他自己的国家"[1]。杜威在五四前夕踏入中国,对随后爱国师生发动的轰轰烈烈的五四运动抱有很大的热忱,他很乐见这场运动带给中国的新气象、新变化。杜威于1920年撰文评论五四运动的意义时说:"在这个国家的学校里,在这次学生运动中,现在培育出了政治上的自我意识。这将是开创一个崭新的未来政治的力量。"[2]"1919年5月4日将是标志着新时代黎明的一天。"[3]他甚至赞赏中国学生反对外国列强瓜分中国运动,称赞中国拒签《巴黎和约》所具有的重大的意义,把它看成是"属于公众舆论的胜利"[4]。他亲眼看到新文化运动、五四运动带给中国在思想、观念、科学、教育、政治上的变化,"并受到它的鼓舞",由此预言:"它将会继续下去,并且在带着它自己的问题继续下去的同时,给这个世界带来具有新的永久价值的事物",断言新文化运动"将提供中国正迫切需要的引导",[5]称赞发动五四运动的学生运动"将是开创一个崭新的未来政治的力量"。[6]

最后,杜威讲演的科学、民主、公民教育等思想内容与新文化运动的思想潮流相契合,是"杜威热"形成的最根本的原因。杜威在中国所作的200多场讲演和在北京高师、北京大学等的讲学,内容很广,但主要集中到科学、民主、教育哲学、平民主义与教育、社会哲学与政治哲学、伦理学等方面。从社会哲学上来说,杜威的实用主义是一种"具有科学性质的民主主义哲学","科学与民主"从而被视为实用主义的"根本特性"。[7]胡适把杜威哲学的核心"实用主义"译为"实验主义"(experimentalism),并且概括科学试验室的态度(又称实验的方法)与历史的态度(又称历史的方法)两个方面,"这两个基本观念都是19世纪科学

---

[1] [美]杜威等著:《杜威传》(修订版),单中惠编译,安徽教育出版社,2009年,第42页。
[2] [美]杜威:《中国政治中的新催化剂》,杜威:《杜威全集·中期著作1899—1924(第12卷)》,刘华初、马荣、郑国玉译,华东师范大学出版社,2012年,第40页。
[3] [美]杜威:《中国的学生反抗》,杜威:《杜威全集·中期著作(第11卷)》,马迅译,华东师范大学出版社,2012年,第160页。
[4] [美]杜威:《中国真正的觉醒》,顾红亮编《中国心灵的转化——杜威论中国》,华东师范大学出版社,2017年,第163页。
[5] [美]杜威:《中国的新文化》,杜威:《杜威全集·中期著作(第13卷)》,赵协真译,华东师范大学出版社,2012年,第106页。
[6] [美]杜威:《中国政治中的新催化剂》,杜威:《杜威全集·中期著作(第12卷)》,刘华初、马荣、郑国玉译,华东师范大学出版社,2012年,第40页。
[7] 刘放桐主编《杜威哲学的现代意义》,复旦大学出版社,2017年,第335页。

的影响。所以,我们可以说:实验主义不过是科学方法在哲学上的应用"[1]。陶行知在介绍杜威的教育学说时,也做了类似的概括:"杜威先生素来所主张的,是要拿平民主义做教育目的,实验主义做教育方法。"[2]杜威把民主社会视为人类的理想社会,"民主制度在观念上是最接近所有社会组织理想的;在民主制度中,个体与社会形成互相的有机联系。由于这个原因,真正的民主制度是最稳定而不是最不安全的政体"[3]。杜威非常重视民主、自由、平等、博爱、公正等传统自由主义价值观念,认为"民主制度是一种伦理观念,是一种带有真正无穷能力、内存于每个人个性的理念"[4]。随杜威带入的实用主义文化具有以下特性:关注现实的经验世界,崇尚现实的、具体的行为,鄙视保守,恣意创新,藐视绝对权威、传统,提倡个人奋斗和个性的自由,反对专制,要求民主,反对盲从和迷信,鼓吹理智和科学等。这种特性正好与陈独秀、李大钊、胡适等人揭橥的新文化运动主题相契合,特别是它"所宣扬的科学和民主精神正好适应了五四时期中国先进分子倡导科学和民主的潮流"[5]。

3.杜威宣讲的平民主义教育思想

杜威在中国讲演的思想内容十分丰富,不过对中国所产生的影响,学术界公认对中国教育的影响远大于对中国哲学的影响。科学、民主和公民教育构成杜威政治哲学的三大论题[6],三者互为表里、相互促进[7]。杜威在中国所讲的民主与教育的思想主要来自于他来华前三年所出版的 Democracy and Education (《民主与教育》)一书,对于杜威的民主与教育思想初次传入时,国人普遍翻译成"平民主义""平民教育""平民主义与教育"。陶行知为杜威来华讲学预热,于

---

[1] 胡适:《实验主义》,欧阳哲生编《胡适文集2》,北京大学出版社,1998年,第212—213页。
[2] 陶行知:《介绍杜威先生的教育学说》,《时报·教育周刊·世界教育新思潮》,1919年3月31日。
[3] [美]杜威:《民主伦理学》,张国清编《民主之为自由——杜威政治哲学与法哲学》,华东师范大学出版社,2017年,第325页。
[4] [美]杜威:《民主伦理学》,张国清编《民主之为自由——杜威政治哲学与法哲学》,华东师范大学出版社,2017年,第333页。
[5] 刘放桐主编《杜威哲学的现代意义》,复旦大学出版社,2017年,第336—338页。
[6] 张国清:《民主之为自由——杜威政治哲学与法哲学》,华东师范大学出版社,2017年,编者序,第3页。
[7] 田光远:《科学与人问题——论约翰·杜威的科学观及其意义》,复旦大学出版社,2006年,第169—170页。

1919年3月31日在《时报·教育周刊·世界教育新思潮栏》发表《介绍杜威先生的教育学说》时较早称杜威的教育学说为"拿平民主义做教育目的",并翻译1916年出版的教育学代表作 Democracy and Education 为《平民主义的教育》。①杜威来华后,5月初在上海、南京、杭州三地开始讲演"民主与教育"问题时,分别由蒋梦麟、郑宗海等弟子担任口译,由潘公展、朱公振、朱毓魁、扶国泰、陈文等笔录而见诸报刊的文字均翻译为"平民主义的教育""平民教育"。②1920年夏至1921年秋,杜威为北京高等师范学校教育研究科教授"教育哲学"课程,采用 Democracy and Education 一书为教材,研究科学生常道直笔录并翻译杜威的讲稿在《平民教育》杂志上发表,且于1922年9月结集后,由商务印书馆出版,定名为《平民主义与教育》。前述郑宗海担任杜威的讲演口译时,把 Democracy and Education 译为"平民教育",但是,稍早前(1919年3月)在《新教育》杂志发表《杜威氏之教育主义》时,则将杜威的代表作译为《民本主义教育》,借用中国传统的"民本"概念表达英文"Democracy","民本主义"概念随后被邹恩润所采纳,且译本经过陶行知"详加校阅"。③"平民教育""平民主义与教育""民本主义与教育"等译名在民国时期都存在,但以"平民教育""平民主义与教育"最流行。胡适认为杜威的教育学说就是"平民主义的教育"。④

杜威在中国讲演时讲述了何为平民主义(民主)、平民主义(民主)与教育的关系、平民主义教育(平民教育)的特质、平民教育的方法等问题。"民主共同体"是杜威设计的理想社会。⑤在杜威看来,"民主共同体"中的"民主"绝不只是一种"治理形式","它首先是一种联合生存的模式、一种共同沟通经验的模式"。⑥"民主共同体"是由共同生活、共同交流、共同合作的个体所组织的社会有机体,有机体中的每一个个体,是具有自由、平等、博爱、独立、互助、个性、责任等价值

---

①陶行知:《介绍杜威先生的教育学说》,《时报·教育周刊·世界教育新思潮》1919年3月31日。
②单中惠、王凤玉编《杜威在华教育讲演》,教育科学出版社,2014年,第167—179页。
③邹恩润:《译者序言》,杜威:《民本主义与教育》,邹恩润译,商务印书馆,1928年,第1页。
④胡适:《杜威的教育哲学》,白吉庵、刘燕云编《胡适教育论著选》,人民教育出版社,1994年,第84页。
⑤张国清:《编者序》,张国清编《民主之为自由——杜威政治哲学与法哲学》,华东师范大学出版社,2017年,第2页。
⑥[美]杜威:《民主与教育》,乔·安·博伊兹顿主编《杜威全集·中期著作(第9卷)》,俞吾金、孔慧译,华东师范大学出版社,2012年,第74页。

观念或精神特质的公民,用五四时期的流行语说就是"平民"。因此,杜威认为"共和的国家,就是要实行平民主义的国家"[①],即民主共和国家是由独立平等自由的平民(公民)所组成。平民主义的国家必须有与之相适应的"平民主义的教育","共和国者,则必须实行平民之政治;欲实行平民之政治,非有平民主义之教育不可"[②]。民主与教育互为因果、相互依存,杜威认为:"没有教育,自由和平等机会的理想就只是空洞的幻想;自由发展最可靠、最有效的保障就是教育。"[③]他在北京高等师范学校讲学时指明了教育对平民主义(民主)的作用,"教育于化除不平等上,比法律还要有力。在纯然的平民主义的社会中,使人人能有自由活动之机会者,即是教育"[④]。

何谓平民主义的教育?杜威认为:第一,共和国的国民能够且必须享受同等的教育。平民主义教育的真谛就是"公共之教育,国民人人所应享受者也","凡全国国民,无论男女贵贱,必须受同等之教育"[⑤]。教育事业必须为全体人民着想,"不成为少数贵族阶级或者有特殊势力的人的教育"[⑥],也不能"偏重男子,轻视女子"[⑦]。杜威又把共和国民人人都受同等的教育称为"普及的教育",一方面要求政府及机关实施强迫教育,"抽地方税以建设学校";另一方面,"社会全体皆当知教育之重要也","务使知教育为社会组织所必要之事业"。[⑧]第二,实

---

① [美]杜威:《平民主义之教育》,袁刚、孙家祥、任丙强编《民治主义与现代社会——杜威在华讲演集》,北京大学出版社,2004年,第354页。
② [美]杜威:《平民主义之教育》,袁刚、孙家祥、任丙强编《民治主义与现代社会——杜威在华讲演集》,北京大学出版社,2004年,第366页。
③ [美]杜威:《自由》,张国清编《民主之为自由——杜威政治哲学与法哲学》,华东师范大学出版社,2017年,第310页。
④ [美]杜威讲述:《平民主义与教育》,常道直编译,商务印书馆,1922年,第78页。
⑤ [美]杜威:《平民主义之教育》,袁刚、孙家祥、任丙强编《民治主义与现代社会——杜威在华讲演集》,北京大学出版社,2004年,第366页。
⑥ [美]杜威:《平民主义的教育》,袁刚、孙家祥、任丙强编《民治主义与现代社会——杜威在华讲演集》,北京大学出版社,2004年,第354页。
⑦ [美]杜威:《平民主义之教育》,袁刚、孙家祥、任丙强编《民治主义与现代社会——杜威在华讲演集》,北京大学出版社,2004年,第366页。
⑧ [美]杜威:《平民教育之真谛》,袁刚、孙家祥、任丙强编《民治主义与现代社会——杜威在华讲演集》,北京大学出版社,2004年,第360页。

施平民教育的两个重要条件:"发展个性的知能""养成共业的习惯"。①共和的两大精神"自立""自助"决定了平民必须具有"自动之能力"与"互助之能力"。②注重个性的教育所养成的人才将具有自动的、独立的、活泼的、创造力的、判断力的精神,"发展个性和共同作业,的确是平民主义的精髓,的确是共和国家的要素",唯其如此,"造就的国民是真正共和国的国民,是真正平民主义国家的国民"。③第三,平民教育的方法就是要让平民受社会生活的教育,学校的生活就是社会的生活。杜威反对教育是为人的未来生活做准备的教育理论和学校与社会分离的教育实践,在所著《民主与教育》一书中明确主张教育即生长、教育即生活、学校即社会、在活动中学习等教育思想,在中国讲学时又不厌其烦地对听众阐述这些思想。"教育就是生活,生活就是教育"④,因此,"平民教育""不可不顾大多数平民的生活",也就是说,"我们须把教育普及到大多数的平民身上去,使得他们觉得这种生活有乐趣"。"实施平民教育的方法,是要使学校的生活真正是社会的生活。""平民教育的宗旨,是要个个平民受着求社会生活的真实学问,不是受那一般机械的智识。"⑤

杜威来华前夕,胡适即把杜威的教育学说或新教育理论概括为"平民主义的教育","千言万语,只是要打破从前的阶级教育"。⑥杜威来华后用浅显的话语反复告诉中国的听众、读者,平民主义教育的实质就是共和国民都能接受教育、人人须受教育。换言之,就是公共教育、普及教育、国民教育,以造就具有独立、自主、个性、合作、创造力的公民(国民)。他告诫中国的教育家、政府必须改变只注重于上流社会,培养官吏人才的旧教育,"此后新教育,宜在培养多数人

---

① [美]杜威:《平民主义的教育》,袁刚、孙家祥、任丙强编《民治主义与现代社会——杜威在华讲演集》,北京大学出版社,2004年,第355页。
② [美]杜威:《平民主义之精义》,袁刚、孙家祥、任丙强编《民治主义与现代社会——杜威在华讲演集》,北京大学出版社,2004年,第24—25页。
③ [美]杜威:《平民主义的教育》,袁刚、孙家祥、任丙强编《民治主义与现代社会——杜威在华讲演集》,北京大学出版社,2004年,第356页。
④ [美]杜威:《教育与学校的几个关键问题》,单中惠、王凤玉编《杜威在华教育讲演》,教育科学出版社,2016年,第63页。
⑤ [美]杜威:《平民主义的教育》,袁刚、孙家祥、任丙强编《民治主义与现代社会——杜威在华讲演集》北京大学出版社,2004年,,第359页。
⑥ 胡适:《杜威的教育哲学》,白吉庵、刘燕云编《胡适教育论著选》,人民教育出版社,1994年,第84—85页。

才,是为国民教育所必要"①,与旧教育相比,平民教育就是一种新的教育。他鼓励中国的教育家们立即行动,坚持不懈,"只要努力去做,那么一代二代三代之后,终有达到平民教育的目的"②。正是在杜威思想的影响下,不少学者、教育家、青年学生接受了平民主义教育思想,平民教育思潮在五四运动时期兴起。

陈独秀、李大钊等一批早期共产主义者在五四运动时期发表了不少文章,阐述或评论平民教育,或参与平民教育活动,对平民教育思潮的兴起、发展,也起到了重要作用。1915年,陈独秀在《今日之教育方针》中提出了"惟民主义"的教育方针,呼吁以广大民众为教育对象。③李大钊强调现代民主主义精神就是要求社会中的每一个人都应该享有平等受教育的机会,"无论他是什么种族、什么属性、什么阶级、什么地域,都能在政治上、社会上、经济上、教育上得一个均等的机会,去发展他们的个性,享有他们的权利"④。但是,他认为只有对社会进行根本改造,也就是彻底打破"政治上、经济上、社会上一切特权阶级",才可能实现"纯正的平民主义"的教育。

(二)北京高师的平民教育思想

北京高等师范学校⑤虽然不是杜威来华讲学的发起或邀请单位,但它是杜威教育思想在当时中国受影响最大、做出反应最快的机构之一。⑥

---

① [美]杜威:《国民教育与国家之关系》,袁刚、孙家祥、任丙强编《民治主义与现代社会——杜威在华讲演集》,北京大学出版社,2004年,第406页。
② [美]杜威:《平民主义的教育》,袁刚、孙家祥、任丙强编《民治主义与现代社会——杜威在华讲演集》,北京大学出版社,2004年,第359页。
③ 《陈独秀文章选编》(上),生活·读书·新知三联书店,1984年,第87页。
④ 李大钊:《战后之妇人问题》,《李大钊全集》(第3卷),河北教育出版社,1999年,第164页。
⑤ 北京高等师范学校于1923年7月受令改组为北京师范大学。学校的源头追溯至清政府于1902年12月在京师大学堂设立的师范馆,1904年,该馆更名为优级师范科。1908年6月,而从京师大学堂独立,改组为京师优级师范学堂,以造就"初级师范学堂及中学堂之教员、管理人员"为办学宗旨。1912年5月,因中华民国教育部令,学校再改名为国立北京高等师范学校。
⑥ 学术界一般认为五四时期受杜威思想影响较大的中国高校主要有北京大学、南京高等师范学校、北京高等师范学校等,前两所高校是杜威来华讲学的发起和邀请单位,且有胡适、蒋梦麟、陶行知、陈鹤琴、郑晓沧等弟子当推手,北京高等师范学校作为当时中国高等师范教育的龙头,学校师生对杜威的教育学说产生了浓厚的兴趣,特别是立即接受了其平民教育思想。

1. 北京高等师范学校的平民教育社

平民教育社是五四运动时期由北京高等师范学校的学生联合组织的、主张通过普及教育改造社会和救国图强的一个典型社团，它成立的直接原因正是杜威来华讲学所宣讲的平民主义教育思想的影响，并怀抱以平民教育"促进我国教育之改造为目的"。

"本社成立于民国八年双十节以前，恰当杜威博士来华之后。至本社之所以成立，直可谓由于受杜威学说之影响和感动。"[1]

"民国八年，杜威博士来华讲演，同人因鉴于中国教育之不良，急待改善，乃组织平民教育社，并发行平民教育杂志，以改（原文有此字）促进我国教育之改造为目的。是年双十节，为本志创刊号与读者诸君见面纪念日。"[2]

平民教育社由北京高等师范学校学生发起成立，是完全由学生自发的组织的，设于1919年10月。该社的经费主来自于学校每月40元的拨款，此外，发售《平民教育》杂志的收入也是其经费来源之一。如遇款项不济时，由社员分摊，如若仍不足时，再设法向学校教职员募捐。[3]1924年因北洋政府各军阀之间不断进行混战，教育经费被挤占，学校的财政拨款大都不能兑现，已不能支持平民教育社的活动。1924年下半年，平民教育社及《平民教育》杂志被迫停止活动。

北京高等师范学校于1915年设置教育专攻科，招收师范学校和中学校毕业生及具有同等学力者，以养成师范学校教育教员为目标，修业期为4年。当年招收第一届学生，且只招收了这一届学生，于1919年毕业。所习课程以讲授德国的教育学说为主要内容，并聘请外教以德语讲授教育学、心理学等主课。教育专攻科是北京高等师范学校独立设置教育学科的开始，不仅培养了教育学专门人才，而且烘托了学校的教育学术氛围，并促使高师学生关注中国教育的实际问题，为接受杜威的教育思想、发起成立平民教育社做了必要的人员和思想上的准备。

1918年，北京高等师范学校教授、教务主任邓萃英被派往美国哥伦比亚大学师范学院留学，研习教育学类课程，师从著名学者杜威、孟禄、克伯屈等教授。

---

[1] 姚以齐：《本社四年来的回顾》，《平民教育》1923年第68—69合期。
[2] 任熙烈：《平民教育发行情形四年之回顾》，《平民教育》1923年第68—69合期。
[3] 姚以齐：《本社四年来之回顾》，《平民教育》1923年第68—69合期。

留学期间,邓萃英与北京高等师范学校校长陈宝泉通信讨论在学校设立教育研究科问题,以引进美国教育学说,培养中国的教育学研究专门人才。1919年冬,学校正式创立教育研究科,招收高师和专门学校毕业生与大学三年级以上肄业生,学制2年,以教授教育学术、养成教育专门人才为宗旨,成绩合格者发给教育学士学位。这是中国教育学研究生教育的开始。[1]1920年1月,经过考试,从北京高等师范学校、北京大学、金陵大学、北洋大学等几所高校、高师毕业生或肄业生中招收的第一届学生有32名。杜威来华后曾经为教育研究科授课一年,蔡元培、陈大齐、胡适、刘廷芳、李建勋、杨荫庆、陶孟和、邓萃英等中国著名学者、教育名人分别担任课程主讲。至1927年,教育研究科共培养毕业生122人。自1920年初起,历届教育研究科的学生成为平民教育社的骨干分子,也就是宣传平民教育思想的主将。平民教育社是由"高师学生及教职员自动所组织研究教育的团体"[2],最初由北京高师的学生发起成立,随后有一些教师加入,但社员始终以学生为主、教师为辅。1923年3月社员大会修改后的"简章"提出,"凡本校同学教职员及校外人士热心平民教育者,经本社社员三人之介绍,得为本社社员"[3]。因此,后来校外人士的热心加入,不分教职员和学生,无论校内还是校外,以热心平民教育为唯一的条件。因此,平民教育社社员"都是热心研究宣传并实施平民教育的人",1919年初创时的社员为24人,1920年时有24名新社员加入,1921年有14名新社员加入,1922年加入的新社员达63人。到1922年10月,会员总数为125人。[4]

平民教育社"以研究宣传及实施平民教育为宗旨"。[5]该社的组织简单,第一届职员会设经理、编辑、发行三组,主要活动是编辑发行《平民教育》杂志。为"研究宣传及实施平民教育",创办杂志《平民教育》(*Democracy and Education*),至1924年停办,共计出版了73期。《平民教育》杂志社的成立,"自然是由于受杜威博士的学说影响和感动","老实说一句,差不多各篇文字,都是本着杜威博士

---

[1] 1919年,中国大学学位制度还没有正式建立,规定教育研究科毕业生所给的"教育学士"学位,实际上相当于后来的硕士学位。
[2]《〈实际教育〉同〈平民教育〉合并的声明》,《平民教育》1922年第51期。
[3] 姚以齐:《本社四年来之回顾》,《平民教育》1923年第68—69合期。
[4] 姚以齐:《本社四年来之回顾》,《平民教育》1923年第68—69合期。
[5] 姚以齐:《本社四年来之回顾》,《平民教育》1923年第68—69合期。

的思想,换句话说,我们杂志中的多数字文[文字]的材料,皆是杜威博士所供给的"。①

2.《平民教育》杂志与平民教育思想

《平民教育》杂志从内容上看,大致可划分为两个阶段。第一阶段:从成立到1920年10月出版至23期,均为周刊;第二阶段:自24期起改为半月刊。第一阶段"偏重宣传的功夫和破坏方面的批评",第二阶段"兼重研究教育学理和问题"。②进而言之,前期的宗旨在于介绍杜威的"民主与教育"的教育学说,并以之为理论指导,主张通过教育的革新和改良来改造社会,把教育看成是社会改造的根本。后期的主要任务则是在介绍以杜威、孟禄、麦柯尔、推士等为代表的西方现代教育思想的同时,使研究和讨论的问题越来越趋向教育本身的问题。《平民教育》编辑在第五期阐明刊物的宗旨时说:

"第一,提倡'德谟克拉西'教育的学说;第二,研究'德谟克拉西'教育实施的方法;第三,批评旧式的教育、思想和社会——改造环境。这三种是并行的,是相互发展的,并不是从那一方面着手,便就忽略别的方面的。"③

综合来看,73期《平民教育》的内容,基本上围绕着以上三个方面的宗旨。具体而言,《平民教育》所阐述的平民教育思想包括如下几个方面:

第一,批判过去的教育是由少数人独占独霸的教育。平民主义的精神就是不承认人类有什么"阶级""差别""特殊权利"的存在,人人都"平等"。中国旧式教育只有一班"贵族""官僚""富翁""缙绅先生"们的子弟享受,这种类型的教育是"少数人"的教育、"贵族式"的教育、"特殊阶级"的教育,其实质是与"'平民主义'的精神根本不相容的"。④"从前的教育,不是平民的教育;受过从前的教育的人,就不成平民(因他已爬至平民之上);从前平民,未曾受过教育。"教育的根本改造是社会改造的根本和前提,因而主张把几千年来遗传下来的偏颇的教育根本毁弃,再拿平民社会的组织作标准,从新施设一番平民的教育,这是改造新

---

① 导之:《杜威博士与我国教育界》,《平民教育》1921年第36期。
② 常道直:《"平民教育"之新解释》,《平民教育》1921年第29期。
③ 假工:《复曼支》,《平民教育》1919年第5期。
④ 光舞:《平民主义和普及教育》,《平民教育》1919年第12期。

世界的第一步"。①平民教育也是庶民的教育(popular education),与贵族的教育相对应。②"'平民主义'的'教育'就是:要个个人都受着教育,再进一层,还要个个人都受着程度相等的教育。"③平民教育的要旨,包括两个方面。首先,"教育是属于人民的,为人民而设的,由人民自办的";其次,"人人有受教育之均等机会"。④

第二,平民教育是实现平民政治的基础。平民教育社认为当时中国社会种种的不平等是教育不平等所致,因此,教育的平等是实现平民政治的工具和基础。"不先有了平民教育,那能行平民政治?那能使用平民政治的工具?就说我们中华民国罢,挂了八年平民政治的招牌,那平民政治的工具还不会使呢。所以,我们要来细谈根本改造的教育,不愿去高论'空中楼阁'的政治。"⑤"教育是造成文明的最大工具。"⑥"平民教育,实在是共和国家的基础。"⑦"若那大伙儿的'真正平民'都既受着教育,而且都既受着程度相等的教育了,平民主义的基础方才稳固,平民主义的社会才能完全实现。"⑧"求理想的自由、平等社会实现,总得有个根本的办法,这根本的办法就是平民教育,平民教育就是'德谟克拉西'的教育。用这种教育去破坏旧的社会才能从根本上破坏,建设新的社会,才能从根本上建设。""教育里的'德谟克拉西'问题纯是个社会改造问题。"⑨平民教育是"平民化的教育",即"化除社会阶级的教育","我们在教育上应当使人人明白人类互助的真义,明白个人在社会应做的事,那时官阀自然不能存立,社会阶级自然可以化除。这就是'平民教育'之最后目的"⑩。

第三,平民教育就是要人人成为具有独立、平等、自由品格的公民。平民教

---

① 伊真:《教育——平民——改造》,《平民教育》1919年第2期。
② 常道直:《"平民教育"之新解释》,《平民教育》1921年第29期。
③ 光舞:《平民主义和普及教育》,《平民教育》1919年第12期。
④ 黄公觉:《实施平民教育之根本计划》,《平民教育》1921年第38期。
⑤ 记者:《平民教育发刊词》,《平民教育》1919年第1期。
⑥ 伊真:《教育——平民——改造》,《平民教育》1919年第2期。
⑦ 宏图:《平民教育谈》,《平民教育》1919年第4期。
⑧ 光舞:《平民主义和普及教育》,《平民教育》1919年第12期。
⑨ 汤茂如:《平民教育》,《平民教育》1920年第24期。
⑩ 常道直:《'平民教育'之新解释》,《平民教育》1921年第29期。

育绝不再是培养"四体不勤,五谷不分"的"无用而又不安生"的"蠢民"①,或者"家臣"之类的官吏的旧式教育。②平民主义教育的宗旨是"养成平等的个人",彻底否定"造就特殊的阶级以统御其余的人"的旧式的"领袖教育"。③"共和国的人民,要人人身心尽量发达,有健全人格,成为良好的公民。"④平民教育社相信人人平等、独立、自由,共和国的真精神,就是人人都有独立的人格,人人都有平等的思想。如果人民没有独立的人格与平等的思想,那么所谓的共和国家也只不过算是挂了一个共和的空招牌。"教国民人人都有独立人格的与平等思想的教育,就叫作平民教育。"⑤"平民教育的真精神,就是在求得社会中各分子的真正平等和真正自由。"只要社会中的每一个人不能得到真正平等、真正自由,就不能达到平民教育真正的目的。⑥平民教育是平等主义的教育,与旧式的阶级教育相对。把人人造就为一般公民的教育,与旧式的造就少数贵族式有特殊势力人的教育绝然不同。⑦建设的平民教育,包括个人、社会、教育三个方面,就是"用'德谟克拉西'的教育去发达个人,'尽其性以止于至善',务使他作完全自治、享真自由,有高尚人格的"⑧。

第四,实施平民教育的条件、途径与方法。关于实施平民教育的条件,有人提出为达到使教育属于人民、为人民而办、且由人民自办的目的,必须具备制定平民主义教育的法律、教育行政长官由人民选出两个原则。为了实现人人受教育的均等机会,需要学校开放、学校不收学费、学生不限年龄、学生无论智慧如何皆应受教育。⑨也有人提出:取消中小学、公立大学和专门学校的学费,供给中小学生教科书课业用品,供给中小学生相当的食宿,遍设儿童图书馆,扩充并增加学校和公立图书馆等。⑩关于实施平民教育的途径与方法,主要包括:学校

---

① 德:《教育的错误》,《平民教育》1919年第9期。
② 导之:《北京国立学校教职员罢工的感言》,《平民教育》1921年第31期。
③ 黄骏:《平民教育和领袖教育》,《平民教育》1920年第25期。
④ 姚以齐:《实施平民教育之先决问题》,《平民教育》1922年第59期。
⑤ 宏图:《平民教育谈》,《平民教育》1919年第4期。
⑥ 迟明:《平民教育的真精神》,《平民教育》1919年第2期。
⑦ 宏图:《平民教育谈》,《平民教育》1919年第4期。
⑧ 汤茂如:《平民教育》,《平民教育》1920年第24期。
⑨ 黄公觉:《实施平民教育之根本计划》,《平民教育》1921年第38期。
⑩ 姚以齐:《实施平民教育之先决问题》,《平民教育》1922年第59期。

为学生而设立,教师在教育活动中必须尊重学生的个性、适合学生的需要,在合理的范围内须给学生以充分的自由。[1]改革汉字,使用简化汉字和白话文;教育经费与机关独立;男女教育平等;平民教育不能仅限于学校教育,"我们要谈的平民教育,不限在学校范围里,社会上种种事情都是教育的材料,可以提举,可以批评,说之不离了平民者便是"[2]。"'平民教育'的领域,是包括学校教育和学校以外的教育(即社会教育)"[3];实行教学方法的改革,提倡"自动""启发"的教育。"没有自动,即不能有真正的教育。""所谓'自动',即是由'自我'所发起之活动。"[4]"儿童自己有自动的本能,教育不过引起这种本能使能够完全发展自己的本性。"[5]挽救从前"有用的分子都没有受过教育,受过教育的都是无用的人"的弊病的办法就是提倡工学合一的教育,"是要使教育就是学做工——学做有用的人。凡是受过教育的,都是有用的,这是工学合一的办法。work and study 的学校是根据于这个理想组织的,我们应当着实提倡"[6]。教育就是生活,学校就是社会,社会也化为学校,平民教育与生活合一,去破坏旧的社会,建设新的社会制度,造就社会化的学校。"平民教育的最终问题,是根据心理及社会两种科学的方法,本着平民主义,在教育里发达个人同时建设新社会。"[7]

由北京高等师范学校学生和教职员为主体组成的平民教育社及《平民教育》杂志鼓吹平民教育思想的目的是在批判只有少数人受教育、以造就"特殊阶级"为目的的中国旧式教育的基础上,提出为了庶民的教育,使人人都可以受教育,以养成平等、自由、身心发达、人格健全的共和国良好公民。在思想内容上,它们基本上没有超出杜威在华讲学的教育思想内容,或者是体现了学习杜威关于"平民主义教育"思想的心得。不过,由此形成了五四运动后的中国平民教育思潮,并且为随后中国的平民教育实践活动起到了理论和舆论引导的作用。诚如时人所言:"平民教育在社会上的声浪,现在已经很高了,并有好多开通的省

---

[1] 常道直:《'平民教育'之新解释》,《平民教育》1921年第29期。
[2] 记者:《发刊词》,《平民教育》1919年第1期。
[3] 常道直:《'平民教育'之新解释》,《平民教育》1921年第29期。
[4] 常道直:《自动教育略说》,《平民教育》第1921年33期。
[5] 盛叙功:《自动主义的根本思想及其发展方法》,《平民教育》1921年第33期。
[6] 德:《教育的错误》,《平民教育》1919年第9期。
[7] 汤茂如:《平民教育》,《平民教育》1920年第24期。

会和有名的市镇里头也已经举办多[不]少,再加近来新闻纸上,各种杂志上,竭力鼓吹,热心教育的人竭力提倡,料想稍为有点知识的人的脑筋上,定有那平民教育四个字在他脑里循环。"①

三、平民教育实践的兴起

平民教育在五四时期并不只是停留于青年学生、学者们的口头和文字上,而是已经转化为他们的教育实践活动。这一时期的平民教育实践有两个源头:一是青年学生、知识分子在国内举办平民教育讲演,开办平民学校、劳动补习学校;二是晏阳初、傅葆琛、傅若愚在法国对参加第一次世界大战的中国劳工举办识字教育。

(一)北京大学平民教育讲演团的平民教育活动

北京大学平民教育讲演团是五四运动时期由北京大学学生中热心平民教育者发起组织的,以普及教育与平等为目的、以露天讲演(分定期与不定期两种)为方法的教育社团,以"增进平民智识,唤起平民之自觉心为宗旨"。它的发起人为北京大学学生邓康(邓中夏)、廖书仓、许德珩、罗家伦、黄日葵、周炳琳、康白情、朱一鹗、周长宪、夏镜澄、易克嶷、陈宝锷、陈兴霸、陈云程等14人。②

北京大学平民教育讲演团于1919年3月23日在北京大学马神庙理科校长室成立,邓康、廖书仓当选为总务干事,罗家伦、康白情当选为编辑干事,周炳琳为文牍干事。③入会团员39人,除14名发起者外,加入者还有王光祈、丁肇青等人。该社团由北京大学的学生发起,最初的成员也都是北京大学学生,之后又欢迎赞成该社团宗旨的教职员加入,随后陆续有朱自清、俞平伯、高尚德、段锡

---

①黄震川:《平民教育谭》,《沈阳高等师范学校周刊》1921年第58期。
②《平民教育讲演团征集团员》,《北京大学日刊》1919年3月7日,张允侯、殷叙彝等编《五四时期的社团》(二),生活·新知·读书三联书店,1979年,第135—136页。
③《平民教育讲演团纪事》,《北京大学日刊》1919年3月26日,张允侯、殷叙彝等编《五四时期的社团》(二),生活·新知·读书三联书店,1979年,第137—138页。

朋、李钟秀、宋金桂、朱务善等学生加入。①成员最多时达到六七十人,由具有初步共产主义知识分子、小资产阶级知识分子、资产阶级知识分子所组成,邓康作为发起人之一,先后担任总务干事和编辑干事,长期负责实际领导工作,时任北京大学图书馆馆长李大钊对平民教育讲演团进行了思想指导。

平民教育讲演团认为社会上存在着两种根本不同的教育,"一曰以人就学之教育,学校教育是也;一曰以学就人之教育,露天演讲、刊发出版物是也"②。"以人就学"者,就是使人进入到正规的制度机构——学校——接受教育,"以学就人"者,就是通过露天演讲、出版报刊等——学校以外的社会教育形式——宣传知识、思想,以达到教育广大民众的目的。共和国家的学校教育应该实行平民教育、普及教育,但是,现在的学校教育由"资产者之子弟"所享受,"寒畯之子弟及迫于生计而中途失学者不与焉"。学校教育由"资产者之子弟"享受的局面一时无法进行根本改变,因此,要实现平民教育的目的,他们想到了一个补助学校教育不及的办法,就是进行露天演讲、刊布出版物,且以演讲为主要办法。他们认为:"顾以吾国平民识字者少,能阅印刷品出版物者只限于少数人,欲期教育之普及与平等,自非从事演讲不为功。"③因此,该教育社团始终以露天讲演为主要活动,把它视为实施平民主义教育的主要方式,后来增加在街头发放所印刷的讲演稿的办法,配合露天讲演。成立时的"简章"规定,所有团员都有轮流举行讲演的义务,团员当轮流出席讲演,"除婚丧疾病不能出席外,不得任意推诿"。④1921年2月4日,该讲演团团员大会讨论修改后的"简章"进一步规定,团员每学期至少参加二次以上的讲演活动,否则,即被认为与讲演团脱离关系。⑤

在活动初期,讲演团心目中的"平民",主要是指城市小资产阶级及其他市

---

① 《平民教育讲演团团员名单》,张允侯、殷叙彝等编《五四时期的社团》(二),生活·新知·读书三联书店,1979年,第140—141页。

② 《平民教育讲演团征集团员》,《北京大学日刊》1919年3月7日,张允侯、殷叙彝等编《五四时期的社团》(二),生活·新知·读书三联书店,1979年,第135页。

③ 《平民教育讲演团征集团员》,《北京大学日刊》1919年3月7日,张允侯、殷叙彝等编《五四时期的社团》(二),生活·新知·读书三联书店,1979年,第135页。

④ 《修正之简章》,《北京大学日刊》,1919年3月27日。张允侯、殷叙彝等编《五四时期的社团》(二),生活·新知·读书三联书店,1979年,第139页。

⑤ 《北京大学平民教育讲演团简章》,《北京大学日刊》,1921年2月17日,张允侯、殷叙彝等编《五四时期的社团》(二),生活·新知·读书三联书店,1979年,第196页。

民,所以讲演团的活动局限于城内,在街头或利用一些有庙会的寺院举办不定期的讲演。从1920年4月起,讲演团除了继续在北京城里开展露天讲演外,经与京师学务局商议,假京师公立第一讲演所(又名京师模范讲演所)(南城前门外珠市口南路东)、京师公立第四讲演所(东城东安门外丁字街路南)、京师公立第五讲演所(西城西单牌楼南路西教育街)、京师公立第十讲演所(地安门外大街路西)等东西南北四城举办定期定点讲演。①1921年3月7日,又在学校附近马神庙东口创设讲演所,设一名干事住所常任办事,每周一、三、五晚讲演,并在此附设有书报阅览处,备有书报,供市民、校内同学自由阅览。②学校附近所建讲演所作为常期(平常)讲演举办场,东南北三城公立讲演所则作为星期日讲演场。③因此,自1921年4月起学校附近常期讲演所设立后,讲演团的定点讲演活动以此地为主。1925年12月,再得京师学务局的帮助,平民教育讲演团向其借到五个场地,在北京城区,除保留南城第一讲演所、东安门外丁字街第四讲演所、地安门外大街设第十讲演所外,新设两个定点讲演场所:京师公立第二讲演所(东四十条胡同)、京师第三讲演所(西直门新街口),④继续举办定点定期讲演活动。

自1920年3月起,讲演团成员奔赴卢沟桥、长辛店、丰台、海淀、罗道庄、七里庄、大井村、赵辛店等地农村、工厂,对农民、工人进行讲演,⑤举办劳动补习学校,尝试接近工农群众,开展平民教育活动。

北京大学平民教育讲演团为什么始终热衷于讲演活动,该教育社团发起人

---

①《平民教育讲演团至团员函》,《北京大学日刊》,1919年4月28日,《城市讲演地点和时间通告》,《北京大学日刊》,1920年4月23日,张允侯、殷叙彝等编《五四时期的社团》(二),生活·新知·读书三联书店,1979年,第146页。

②《平民教育讲演团讲演所开幕日报告》,《北京大学日刊》,1921年3月9日,晓坡:《北大平民教育讲演团常年大会》,《晨报》1922年3月24日,张允侯、殷叙彝等编《五四时期的社团》(二),生活·新知·读书三联书店,1979年,第197、213页。

③《秋季全体大会纪事》,《北京大学日刊》,1920年10月12日,张允侯、殷叙彝等编《五四时期的社团》(二),生活·新知·读书三联书店,1979年,第187页。

④《讲演地点和时间通告》,《北京大学日刊》,1925年12月14日,张允侯、殷叙彝等编《五四时期的社团》(二),生活·新知·读书三联书店,1979年,第251页。

⑤《乡村讲演办法》,《北京大学日刊》,1921年3月30日,《平民教育讲演团农村讲演的报告》,《北京大学日刊》,1919年4月10日,《长辛店讲演组的报告》,《北京大学日刊》,1919年4月13日,张允侯、殷叙彝等编《五四时期的社团》(二),生活·新知·读书三联书店,1979年,第163、164、167页。

第一章 中华平民教育促进会的成立

之一许德珩在当时这样说道:

> 等到我们这个讲演团出世,那官僚的社会中居然也有了平民的影子了。原来社会的不进步,只是一般人的知识不进步;那知识不进步的原因,固然是在教育不普及,但是少数有知识的人,从来保守他那阶级的制度,不肯拿他的知识灌输人民,这是极大的病根。我们现在想要改革社会,自然要从灌输人民知识上入手,但是灌输人民知识的利器,是新闻和学校教育,中国劳动阶级的人,识字的不多,所以现在第一步的方法,就在乎讲演了。①

由此可见,平民教育讲演团认为之前社会中存在着少数受教育的特权阶层与多数不受教育的平民阶层(劳动阶级),特权阶层对知识、教育的垄断是中国社会难以进步的病根,要想改革中国社会,使之趋于进步,就必须从灌输知识到平民之中入手,讲演就是对基本不识字的平民阶层进行教育的第一步的方法。

平民教育讲演团的讲演活动对平民灌输了哪些知识呢?试举北京大学平民教育讲演团团员分别在城区露天和定点开展讲演与在乡村举办讲演的题目,可以窥见该教育社团讲演的内容,见表1-2。

表1-2 北京大学平民教育讲演团团员在北京城区开展露天讲演的题目例表

时间	地点	题目	演讲人
1919年4月3日	东便门内蟠桃宫	平民教育讲演之意义、如何求幸福、勤劳与知识、大家都受教育、赌博之害、做一件事当一件事、勤劳、改良家庭、公德、念书的利益、人生之要素、空气、我和大家的关系	廖书仓、易克嶷、许德珩、丁肇青、周长宪、高绍珠、罗家伦、陈兴霸、周长宪、朱一鹗、罗运磷、李秀龙
1919年4月4日	东便门内蟠桃宫	国民常识、什么是善、平民教育、妇女教育、家庭教育、信用、蟠桃宫、迷信、是逛庙还是来听讲呢、我的慈善事业、慈善事业之批评、什么是我、结果的树、职业与息争、家庭与社会	王凌震、王光祈、杨真江、倪振华、邓康、朱鹗、张国焘、丁肇青、许德珩、陈宝锷、廖书仓、高绍珠、刘炽昌、常惠
1919年4月5日	东便门内蟠桃宫	现在的皇帝倒霉了、迷信、世界的国家、都市人民当注重工商业、爱国、衣食住、国民应尽之责任、利己与利他、平民教育、劝勤	邓康、康白情、易克嶷、边振声、杨真江、张国焘、陈中立、王凌震、鲁士毅、尉松涛

---

① 《讲演团开第二次大会并欢送会纪事》,《北京大学日刊》,1919年10月14—15日,张允侯、殷叙彝等编《五四时期的社团》(二),生活·新知·读书三联书店,1979年,第155页。

(续表)

时间	地点	题目	演讲人
1919年4月27日	护国寺	互相帮助、头彩十万元、国家思想、戒烟、交友之益、权利、天赋与人造、平民、判别事情的常识、植物对于人生之利益、什么是国家、寄生虫、为什么女子要守节	李秀龙、康白情、王凌震、高绍珠、杨真江、丁肇青、罗运磷、刘炽昌、严建章、许宝驹、陈云程、周炳琳、陈宝锷

（资料来源：《平民教育讲演团纪事（在蟠桃宫连三日）》，《北京大学日刊》1919年4月11日；《平民教育讲演团纪事（在护国寺开讲演会）》，《北京大学日刊》1919年4月29日；张允侯、殷叙彝等编《五四时期的社团》（二），生活·新知·读书三联书店，1979年，第142—145页）

表1-3　北京大学平民教育讲演团团员在北京城区开展定点讲演的题目

时间	地点	题目	讲演人
1919年5月11日	京师公立第一、第四、第五、第十讲演所	实地作去、知识与快乐、青岛问题、自尊、痛史、团体、慎交、朝鲜独立、青岛交涉失败的原因、争回青岛、国民自决、进取、报告学生团的义举究竟为什么、中国现在的形势是什么、国民现时应持之态度	杨真江、张国焘、陈泮藻、李荟棠、严建章、倪振华、陈云程、刘炽昌、王光祈、罗运磷、李秀龙、吴继奎、常惠、高绍珠、丁肇青
1919年5月18日	京师公立第一、第四、第五、第十讲演所	山东与全国之关系、青岛交涉失败史、我们的功、国民快醒、国民与民国的关系、警察、青岛关系我国之将来、欧洲和会与世界平和、政府为什么要抽税、盐税之批评、人力万能、什么叫做法律	周炳琳、邓康、丁肇青、李秀龙、廖书仓、严建章、张国焘、刘炽昌
1919年5月25日	京师公立第一、第四、第五、第十讲演所	维持国货、国家和我们、礼义廉耻、国民的责任、李完用与朝鲜、自卫、解放、禁烟之关系、良心、经济侵略之抵御、抵抗强权、真正民气、争回青岛	倪源泉、严建章、朱一鹗、黄耀华、张国焘、杨真江、刘正经、邹传先、易克嶷、李秀龙、罗运磷
1919年6月1日	京师公立第一、第四、第五、第十讲演所	工作、为什么爱国、民与国的关系、日本的野心和中国救亡的法子、民国与专制性质之区别、报酬之解释、社会、五月四日、亡国之痛苦及救国之方法	钮家洛、周显政、田奇瓃、周长宪、倪品真、刘炽昌、潘元耿、潘宗翰、黄耀华
1919年11月2日	京师公立第一、第四、第五、第十讲演所	势力是什么造成的、中国银行的票子、国事真不可谈吗、没有"命"、平民教育的意义、打破空想、"人"——人怎么活着	张毅、丁肇青、邓康、周炳琳、李钟秀、俞平伯、许宝驹

（资料来源：《讲演报告》，《北京大学日刊》1919年5月14日；《讲演报告》，《北京大学日刊》1919年5月21日；《讲演报告》，《北京大学日刊》1919年5月28日；《讲演报告》，《北京大学日刊》1919年

6月5日;《讲演报告》,《北京大学日刊》1919年11月6日;《讲演报告》,《北京大学日刊》1920年4月20日;《讲演报告》,《北京大学日刊》1922年4月24日;张允侯、殷叙彝等编《五四时期的社团》(二),生活·新知·读书三联书店,1979年,第148,150,151,152,157,170,215,216页)

表1-4　北京大学平民教育讲演团团员举行乡村讲演的题目

时间	地点	题目	讲演人
1920年4月2日	丰台、七里庄、大井村	北大平民夜校与七里庄国民学校的比较、女子应当和男子同样的读书、缠足的害处、平民教育的重要、为什么要读书、人生与工作、同业联合与儿童教育	汤炳荣、刘炽昌、王星汉、李荟棠、郭衍盈
1920年4月8日	通县	平民教育是什么、中华民国、皇帝和总统、我住在此地应管此地事、怎么做家长、破除迷信、做人的道理、共和国民应有的精神、靠自己、平等与自由	朱自清、杨钟健、汤炳荣、田奇璠、陈兴霸、周长宪

(资料来源:《平民教育讲演团农村讲演的报告(丰台讲演组的报告)》,《北京大学日刊》1920年4月10日;《通县讲演组报告》,《北京大学日刊》1920年4月13日;张允侯、殷叙彝等《五四时期的社团》(二),生活·新知·读书三联书店,1979年,第164,168,169页))

从以上几例讲演表来看,平民教育讲演团的讲演内容包括平民教育、妇女教育、反日爱国、民主自治、国民责任、家族制度、科学知识等,无论是在城市讲演,还是在乡村、工厂的讲演,基本上可以划分为两大类:一是普通常识、科学知识等知识教育;二是关于反对日本侵略、反对旧制度旧道德等方面的爱国民主思想的启蒙教育,且以后一类为主。

平民教育讲演团存在了六年多(1919—1925),对于城区、乡村、工厂的平民(市民、农民、工人)举办的讲演活动不少,影响如何?平民教育讲演团在成立三年和六年时在《北京大学日刊》公开发布的征求团员启事中,对自己社团举办的讲演活动的成绩是这样描述的:

> 本团自成立以来已经三年,效果如何,虽不能说有十分的伟大,然对于一般劳苦的兄弟姐妹们,至少总不无一点儿功劳。[1]

[1]《平民教育讲演团募款启事》,《北京大学日刊》,1921年10月14日,张允侯、殷叙彝等《五四时期的社团》(二),生活·新知·读书三联书店,1979年,第200页。

> 本团成立已有六年了。他的性质是同人等自由组织；他的宗旨是普及平民教育增进平民知识；他的成绩虽不敢说有如何的伟大，但使一般劳苦贫寒的兄弟姐妹们能稍识文字，能略知世事，能得着一点常识，能觉悟自己的地位和社会的病源，起而作积极的活动，同人的努力总算有点代价。①

前后两份公开招集新团员的资料都没有明言所开展的活动的成绩，或者说"至少总不无一点作功劳"，或者说"同人的努力总算有点代价"，这并不是他们过分自谦。当年积极参加城区和乡村讲演的团员朱务善在近四十年后回忆道：

> 讲演的内容，除一些关于时事问题的宣传外，主要是关于普通常识的问题。经过一个时期的活动，我们都感到这项工作虽有一些成绩，但因为听众较少，收效不大，特别是在郊区农村或北京附近各车站。如在长辛店、丰台等地的露天讲演，我们所说的虽是普通常识，但是，他们多半听不懂，与他们的生活又没有关系，所以他们对之不感兴趣。……据我们当时的想法，认为这样的乡村讲演不能得到多大效果，因为一则他们不感兴趣，即有时听者不少，可是拿郊区全部农民数字衡量，简直是沧海一粟；二则讲演者不知道农民生活状况，这种讲演没有和他们切身实际结合起来，讲与不讲，和他们没有多大关系，而且这一星期在这个村讲，下星期又到别的村讲，听者对之犹如耳边风一吹而过，没有什么用处，所以有一个时期我们停止了农村露天讲演。②

亲身参与者朱务善不仅说听众少，收效不大，尤其是在乡村和北京附近车站，而且揭示了收效不大的原因有三：一是对于青年大学生所讲演的内容，平民多半听不懂；二是青年大学生在讲演前不了解农民生活状况，因而所讲内容根本不切合农民生活实际，因而不能引起农民的兴趣；三是流动式的讲演，随风而逝，不可能产生实际作用。晏阳初在20—30年代创办定县实验区开展乡村平民教育时，在实验之初即着手乡村调查，了解乡村农民的真实情况和问题，以便有针对性地提出解决问题的办法，并且强调知识分子下乡教育农民，自己先"农民化"，与农民生活在一起，向农民学习。尽管我们不能说晏阳初直接吸收了北

---

① 《北京大学平民教育讲演团征求团员启》，《北京大学日刊》，1925年11月7日，张允侯、殷叙彝等编《五四时期的社团》（二），生活·新知·读书三联书店，1979年，第248页。

② 朱务善：《北大平民教育讲演团在"五四"前后所起的作用》，张允侯、殷叙彝等编《五四时期的社团》（二），生活·新知·读书三联书店，1979年，第253—254页。

大平民教育讲演团的教训,但是,我们可以认为后者是对前者的超越和进步。

北京大学平民教育讲演团开展的乡村讲演尽管不能取得多大的成效,但是,它使一些青年学生初步了解到乡村的教育状况,正如亲历者李荟棠所说:"我来京这次是第一回考察乡间的情形,不料丰台一个大镇,离北京城才几十里路,教育一途就糟糕到这步田地,其他的地方就可想而知了!这样看来,中国还能算一个有教育的国家吗?……这个事情还要靠我们的努力!"[①]随后,北京大学平民教育讲演团的一部分团员,以邓康为代表的共产主义知识分子深入乡村、工厂,走上了与工农相结合的道路。

(二)平民学校在各地的涌现

1.全国各地学生会、私人和民间组织纷纷创办平民学校

受杜威教育思想的影响,平民教育成为一时之社会思潮,"众人所趋,势之所归"。当时主张平民教育的人普遍接受杜威的思想,认为中国过去的教育为少数贵族阶级、特权势力所垄断,现代的教育是平民教育,就是人人都可以受教育、人人皆须受教育,而且是使受教育者都培养成"人",而不是造就新的"治人"的特权阶层。平民主义的教育具有两个重要条件:"发展个性的智能"与"养成共业的习惯"。平民教育所养成的人是自动的、独立的人,活泼的、创造的、有发展思想的人,人人共同作业,同心协力,互相帮助,有社会责任感,有平民主义精神。平民教育的实施者包括政府、民间组织和个人(特别是学者、教育家、青年学生),当时中国的平民教育能寄望于军阀政府吗?当时有论者这样评论:

> 但在中国现在还没真正民治的政府。他们筹军饷办借款还来不及,那里有功夫顾到什么教育不教育,可是要四千多年历史的中国民族继续能立足于二十世纪的世界不致为帝国主义的列强所渔利,那么普及教育运动便不容或缓。但政府既不来顾问,民众又这样静寂,那么究叫谁来负这个责任呢?[②]

[①] 李荟棠:《丰台讲演组活动的详细报告》,张允侯、殷叙彝等编《五四时期的社团》(二),生活·新知·读书三联书店,1979年,第167页。

[②] 高尔松:《智识阶级应尽的责任——平民教育运动》,《南洋周刊》1922年"南洋义务学校特刊"。

清醒者认为军阀掌握的政府关注点在军事而不在教育,在此情况下,只能寄望于"智识阶级"——民间组织、知识分子、青年学生,特别是青年学生。"学生团有服务社会促进文化的天则","学生团若服务社会,则平民教育不能不精极设施,若思促进文化,平民教育,更不能不加倍注意"。①五四运动时期,一些具有新思想的知识分子和青年学生,既继承和发挥以天下为己任的传统思想,又激发起新时代的社会责任意识,不只是坐而论道,大力宣扬平民主义教育思想,而是积极投身于平民教育实践。一时间平民学校在大江南北纷纷涌现。

正在学校接受教育的大中学生是创办平民学校的主力,北京是高等教育机构比较集中和中学教育领先的地方,大中学生人数多,也是平民教育运动的"策源地"。据1922年9月的统计,北京一地的平民学校已达20余所,接受教育的学生有数万人。"他们的做法是:一不收学费;二发给书籍文具;三教职员纯尽义务"②。北京高等师范学校学生杜元载汇集的资料也证明了这种说法,北京平民学校分别由大学学生会、中学学生会、师范学校学生会设立,均以"增进平民知识"为宗旨,办学经费主要来自各校的教职员及学生的自由捐助,每月市政公所也补贴每校10元至50元,平民学校的教员纯系义务,有时还自己出钱,诠释了为平民服务的精神。③

表1-5　1923年北京的平民学校情况表

校名	教员数（人）	男生数（人）	女生数（人）	常年经费(元)
北大学生会第一平民学校	56	292	101	1000
北大学生会第二平民学校	26	80	30	400
北京高师校友会德育部平民学校	112	209	212	1000
民国大学学生会平民学校	19	35	78	400
中国大学学生会平民学校	46	132	90	1500
平民大学学生会平民学校	17	22	20	350
燕大女校附设平民学校	5	24	26	250
北京女大学生会平民学校	40	14	66	400
法大平校	25	70	50	600

①关瞧祥:《平民教育的设施》,《北京女子高等师范文艺会刊》1919年第3期。
②《北京的平民学校》,《中华教育界》1922年第12卷第3期。
③杜元载:《五四以后中国的平民教育运动》,《平民教育》1923年第68—69合期。

(续表)

校名	教员数（人）	男生数（人）	女生数（人）	常年经费(元)
工大平校	58	152	18	1200
医大平校	287	76	81	700
京师第一中学校平校	30	90	40	600
北京师范学校自治会平校	30	110	104	840
培华附属平校	23		51	300
崇德中学平校	16	16	15	15
北京高师附中平校	15	26	26	240
总计	536	1357	903	9795

（资料来源：杜元载：《五四以后中国的平民教育运动》，《平民教育》，第68—69合期，1923年10月30日）

杜元载统计了北京16所平民学校，尽管尚不完整（清华平民学校、陈垣创办的平民中学等没有统计在内），但基本上能反映当时的平民学校概况。在校学生总计2260人[1]，其中，男生60%，女生40%。各校基本都是男女皆收，唯有培华附属平校例外，只招女生。"培华"全名培华女子中学，于1914年在北京创立[2]，专收女生，所设附属平民学校自然也只招女生。平民学校平均每名学生所费约4.4元，杜元载因此评论道，"这是何等的经济！假使全国的学生，都愿意牺牲精神，替社会服务，我敢说平民教育必易普及！"[3]

1922年中华教育改进社年会提出《中等以上学校得兼办平民教育案》与1923年陶行知、朱其慧、晏阳初等人发起中华平民教育促进会总会后，平民学校在全国各地陆续创立起来。北迄沈阳，南及广东，东起上海、浙江、江苏，西至四川、云南、陕西，中含两湖、安徽、河南，各地大中学校创办平民学校。所有的平民学校都在当地的教育机关、警察厅（局）申请立案，因而都制定了简章，包括办学宗旨、编制、学制、招生对象与办法、课程计划、经费筹集与使用、管理制度等。除大中学校学生创办的平民学校外，还有大量私人和团体所设立的平民学校，

---

[1]另一份资料说接受教育的学生有数万人，这应该是包括教育过和正在接受教育的学生数。《北京的平民学校》，《中华教育界》1922年第12卷第3期。

[2]培华女子中学由英国著名新教传教士苏慧廉(William Edward Soothill)之女谢福芸(Dorothea Soothill Hosie)女士创办，中国现代著名建筑学家、诗人林徽因于1916年入该校就读。

[3]杜元载：《五四以后中国的平民教育运动》，《平民教育》1923年第68—69合期。

据杜元载对北京和上海两城私人和团体所设立的平民学校（包括补习学校、半日学校、贫农学校）的不完全统计，至1923年10月，两地这类平民学校至少有145所，其中，公立补习学校5所，模范讲演所补习学校2所，京都市立平民学校6所。警署半日学校51所，私立平民学校6所，平民职业学校1所，地方服务团学校9所，慈善家设立的各学校18所，教会小学校31所，贫儿教养机关6所，提署四郊贫儿学校8所。其目的都是救助失学的平民，以传授国民必要的知识。所收学生大都是家境贫寒者，不仅一律免收学费，甚至供给教学用具和食宿。从教的男女教员有490名，接受男女学生达10707名，常年经费共达123181元。①

北京高等师范学校作为国立高等师范学校的龙头与平民教育思潮的中心，学生与教职员（以学生为主，教职员为辅）在平民教育实践上起步早，且创办的平民学校数量多。所办平民学校的学生，既有高师学生，也有高师附中学生。高师学生一共办有6个平民教育性质的学校，其中，除普通平民学校外，还包括了其他几类平民学校。这些平民学校均利用了北京高师及其附中的现成教室为课堂。如：北京高等师范学校乐群预备学校，为专升中学以上学校学生预备课程而立②；北京高等师范学校数理化补习学社，本着服务精神，专招中学毕业或修业生、高小毕业生，男女皆收，补习数学、物理、化学三科，补习时间为7月1日至9月10日，不收学费，但收杂费1.5元③；暑期预备学校，设高中甲、乙两班与高小一班，高中班补习中学课程，其中高甲班为升入专门以上学校服务。初级班补习高小课程，为升入中学服务。1922年7—8两月的暑期预备学校共招收补习学生220人，其中高中甲班学生70人，参与服务的高师学生24人（包括理学、博物学、史学、英语等学科），截至8月27日结束时，高甲班考入北京大学者4人，初级班考入北京高师附中者11人。④

下面介绍3所有影响、有特色的平民学校。

2. 北京高等师范学校平民学校

北京高等师范学校平民学校，既是北京地区高校学生在五四运动时期为服务社

---

① 杜元载：《五四以后中国的平民教育运动》，《平民教育》1923年第68—69合期。
② 《北京高师乐群预备学校校章》，《北京高师周刊》1922年9月10日，第6版。
③ 《北京高等师范学校数理化补习学社第十期招生简章》，《北京高师周刊》1922年9月10日，第8版。
④ 《暑期预备学校——两个月之经过及最近之改组》，《北京高师周刊》1922年9月10日，第6版。

会而创立的第一个平民教育机构,也是当时全国大中学生创办平民教育的示范学校。

早在1919年3月,北京高等师范学校学生即有创设平民学校的想法,并且很快由北京高师校友会德育部推选出几个人进行筹划。高师同学经过两周十余次的充分讨论,最终决定取名为"平民学校",以"实施平民教育,养成健全国民"为宗旨。4月份开始招生,4月20日,正式成立,并举行开学仪式。首届男女学生158人,被分成甲、乙、丙、丁、戊五个班。平民学校校长由北京高等师范学校校长兼任。创校经费以北京高等师范学校新剧团演出所募集的约400元为主,加上私人的捐助,共计500元基本金。北京高等师范学校每月补助20元,以上经费作为办学的常年经费。因所有学生大多来自贫寒家庭,不仅不收学费,且书籍、文具等概由平民学校供给。初招百余名学生,每月大约花费二三十元。随着招生人数的不断增加,初筹的常年经费已不敷用。京师学务局派员调查北京各平民学校办理状况后,综合评定该校校务最优,遂每月补助大洋50元。从1922年秋季起,北京高师对该校的每月补助金增加到25元。补助金增加后,平民学校于是扩充班次。

及至1923年4月,平民学校设有小学、补习(成人)两部,小学部分为初级(国民科)、高级(高小科)两科。还计划于1923年暑假后添设中学部或师范班。借用北京高师、高师附中、高师附小三处教室。其中,普通教室26间,手工教室3间,事务所5间,礼堂5间,操场2个。修业年限,初建时,国民科为三年制,高小科与成人部均为两年制。小学部学制比国家颁布的法定学制所定的小学修业年限少一年,寒暑假缩短,不仅部定课程能够修完,且可以学习一些自编课本。高小科的课程设有国语、英语、算术、历史、地理、理科、修身、图画、手工、唱歌、作文等。初小科(国民科)的课程设有实物观察、修身、图画、国语、算术、谈话、珠算、游戏、手工、唱歌、缀法[①]等。补习部(成人部)的课程设有国民常识、国语、算术、英语、尺牍、历史、地理、理科、簿记、作文等。学校教学方法,部分课程采用设计教学法,小学、补习内部皆注重学生自动学习。

[①] 缀法,一种传统连接断裂组织的方法。其方法是:乱发若干,放置瓦罐内,盐泥密闭罐口,以火煅使发成灰备用。处理时可乘新伤急蘸发灰于创口内,对好断裂组织,以消毒纱布敷盖,外以绷带包扎。该法古时原用于耳鼻等处撕裂或断离伤,现在已很少使用。详见清代吴谦所编医书《医宗金鉴》第八十八卷,乾隆七年(1742年)刊行。

北京高师平民学校是北京高校学生服务社会所创办的第一所平民教育机构。随后,北京学生联合会也效仿之,既创办同类教育机构,且采用"平民学校"名称。自北京高师平民学校创办时起,几乎每天都有外省市来函索要"简章","前些日子,刚印出来两千份简章,没到十天,就分散净了",由此而影响到了全国各地。"她实在是北高同学最宏大、最完善、最有声誉的一个组织"。[①]

3. 北京平民职业女学校

北京平民职业女学校是带着教育救国的理想而创立的一所平民女子职业学校。创立者认为中国穷弱的病症,要用外表内补兼治的方法,即运动(猛药)与教育(调养药)兼用,才能起死回生。开办平民职业女学校是对中国贫弱病症下的一剂调养药,而且是常用药。中国贫弱的原因固然很多,一大半起于女界——女子被剥夺受教育的权利。中国政治不良、学术不发达的一个很大原因即根源于此。因此,治疗中国的法子,当先要从女子身上医起,达到女子自重、自立的目的。先办女子职业教育,是想用最短时间让女子走自谋生活的路,再慢慢想法子养成高深的技术。"平民"二字,一是区别于贵族,因为平民女子相较于贵族女子的教育目前更为急迫;二是为了洗刷一般人中的阶级头脑,培养起平民的精神。

学校由北京女学界联合创立,筹办始于1919年6月。胡学恒、胡侠、钱中慧、李静一、王宗瑶、孙雅平、陶玄等七人被公举为筹办员。7月,为了筹集开办费,筹办人借北京东城基督教青年会会场开办了三天游艺会。8月,租赁南城珠巢街六号镇江会馆公房作为校舍。9月,公举凌淑浩、王绪贞为正副董事长,陶玄为暂任校长,分别向北京劝学所、京师警察厅呈请立案,获得批准。10月20日,举行开学仪式,首批学生60名。12月,聘欧淑贞为校长。

学校设知识科与技能科。知识科的课程有国文、珠算、书法三门,目的在于使学生认识粗浅的文字,明了简便的算法,作为技能的基础。技能科初设织巾、织袜、织带、缝纫、刺绣五门。知识科根据学生的学力分为四组授课,每日学时2小时,校长兼任知识课教师,技能科的学习门类由学生选择。学生毕业后,仍来校作工,学校依照各人的优劣,酌给工资。生产品分别由北京市东安市场第一国货店、北京高师国货店、北京女高师贩卖所等代销。

[①] 渭川:《北高的平民学校》,《学生杂志》1923年第10卷第9期。

学校创办人计划毕业学生达到一定数量时，创立一个女工厂和一个商店，由毕业的女学员作工人，既可以为在读商业科学员提供实习场所和工厂产品销售场所，所得收入又能为学校筹得办学经费，女工个人也有了收入。更重要的是，让受教育的女工获得知识和技能后有了用武之地，"不但使一般妇女有独立的技能，……并且要使他们有应用的地方"，这正是平民职业女学校的办学目标。[1]专招平民女子，知识与技能兼顾，且以职业技能为主，此乃该所平民学校区别于当时大多数普通平民学校的特色。

4.北京私立平民中学

著名历史学家、教育家陈垣[2]于1921年2月向京师学务局呈递《北京私立平民中学立案申请》，申请书说平民教育为一般有志无力之向学儿童而设，京师一隅平民学校尽管已有数十所，可惜只限于国民（初小）、高小等小学程度，中学部分尚无所闻，"致使高小毕业，家贫无力升学者有向隅之感，而人才掩没尤为可惜。垣默查斯意，特约合同志创设平民中学，专收此项贫苦学生，不收学费。所有学科及教授时间均遵照部章办理"。京师学务局派人考察后，再呈请教育部，由教育部鉴核立案。[3]9月，北京私立平民中学在西四北二条胡同创立，发起人陈垣担任首任校长。1924年后，陈宝泉、张清源、马蔚青、常玉森等人相继担任校长，均对平民中学校务认真负责。首批学生招收了初中一年级两个班，大部分学生为来自河北灾区的青年，小部分为北京市小学毕业生。校长陈垣亲自担任国文、历史和中国文学史等课程的教学任务。1923年时，已有初中学生三个班，共120余人，学费、宿费、讲义费概不收取，并为学生提供勤工俭学岗，学校发给奖学金。教职员19人，大都是欧美留学生与中国的大学毕业生。[4]与大多数私立学校、平民学校的教员以兼任为主不同，该校教员大都是专任，校长和教员都重视对学生的人格教育。[5]自1923年秋季学期起，每周六下午请名人、学

---

[1] 陶玄：《北京平民职业女学校纪略》，《北京女子高等师范文艺会刊》1919年第3期。

[2] 陈垣（1880—1971），广东省新会县人，字援庵，又字星藩、援国、圆庵，别号圆庵居士，详细内容参见孙邦华所著《身等国宝 志存辅仁——北京辅仁大学校长陈垣》一书相关章节，山东教育出版社，2014年。

[3]《呈教育部：呈为转报北京私立平民中学校立案事表册请予立案事》，《京师学务局教育行政月刊》1922年第2卷第8期。

[4]《北京平民中学之进行》，《通俗旬报》1923年第4期。

[5] 赵迺传：《我对于北京平民中学的希望》，《新教育评论》1926年第1卷第25期。

者到校讲演,除陈垣亲自讲演外,还先后邀请梁启超讲"清初五大师"(连续五讲)、胡适讲"新文学"和"学生与社会"、徐志摩讲新诗、张君劢讲"学生自治",还有吴稚晖、余天休以及英国学者和印度诗人等。请著名音乐教育家萧友梅任音乐教师。①从1924年起,学校又添设高中部和师范、商业科。平民中学以功课好、纪律严而闻名于北京市,且一直坚持不懈地创办了下来。

  杜元载认为五四运动时期的一些大中学校学生所办平民学校所开设的课程互相抄袭,因而存在明显的弊病:不合平民的需要、不察社会的背景、不鉴别个性和平民的心理、教科书不分年级把商务印书馆和中华书局出版的教材拿来就用、教学法不管教学对象。私人和团体所办的平民学校有一个共同的弊病:只知道办学校,不知道怎么办,更坏的就是有了别种利用的意思,因而成绩不佳。②晏阳初主持下的中华平民教育促进总会开展的平民教育活动,在1923年后不仅发展迅猛,而且自编了适合平民识字教育的教材《平民千字课》《市民千字课》《妇女千字课》《士兵千字课》。故此,杜元载认为全国学生会所办的平民学校、全国私人和团体设立的平民学校,"最好加入中华平民教育促进会,共同讨论,共同进行,携手向你们同一的目标前进,作一个空前大规模的平民教育运动。如此四五年,中国教育不普及,我不相信!"③当然,杜元载把教育普及看得太容易了,他主张由中华平民教育促进会来统领中国的平民教育,表明他对刚刚由中华平民教育促进会主持的平民教育实践的极大信任和肯定。不过,五四运动时期的平民教育运动,无论是全国学生会所创办的平民学校,私人和团体兴办的平民学校,还是中华平民教育促进会主持的平民学校,基本上都分布在大中城市,人数占绝大多数的广大乡村,平民教育尚付阙如。乡村平民教育的任务,留给了晏阳初、陶行知等教育家去做。

  晏阳初主持的平民教育运动,既不照搬国外模式,也不抄袭国内其他既有教育模式,在调查研究的基础上,在实践、实验中不断地求索,力图找出解决中国实际问题的平民教育方案。

---

① 孙邦华:《身等国宝 志存辅仁——北京辅仁大学校长陈垣》,山东教育出版社,2014年,第36页。
② 杜元载:《五四以后中国的平民教育运动》,《平民教育》1923年第68—69合期。
③ 杜元载:《五四以后中国的平民教育运动》,《平民教育》1923年第68—69合期。

(三)晏阳初等人在法国对华工的识字教育

1914年第一次世界大战发生后,法国因其青年壮丁奔赴疆场,国内劳工缺乏,极需补充。法国陆军部经过比较研究,认为中国北方各省的气候、水土与法国大体相同,劳工勤奋,工资又低廉,于是1916年春与中国惠民公司签订协约招募劳工赴法。英国随后也在中国山东威海卫、江苏浦口和上海等地进行自由招募。先后应征前往欧洲的中国劳工,共计20万以上。[1]其中被运往法国战场和后方各军需工厂的华工,计有15万余人。[2]这些华工以河北、山东等地的农民为主,到达异国他乡完全陌生的环境,处处感到不适应。加之整天挖战壕、运机械,或在工厂紧张劳动,非常劳累。生病后,又因医生不通中国话,华工不通西语,无法正常交流沟通,发生诊疗错误是常有的事。如此等等,时间一长,华工们产生了种种不满情绪。尤其英、法、美等国军官把他们视为贱民,轻蔑性地呼为"苦力"(英语 Coolie,来自于19世纪初英国人习用的对中国劳工的歧视性称呼),更增加了华工们的反感和愤怒。1916年底和1917年里,在法国境内各华工队曾连续发生罢工、暴动以及斗殴等事件。英国基督教青年会全国协会认为:"这是由于语言不通、习惯不同、双方缺乏了解而产生的问题,必须减少或解决这些困难,才能维持华工的精神与体力,以增加工作效率。"[3]因此,1917年底,英国基督教青年会开始在英军雇用的华工中开展娱乐活动,建立青年会服务中心,收到了较好效果。1918年3月,英军总部正式邀请青年会扩大推广此类活动。之后,北美基督教青年会开始组织战地服务团在法军和美军的华工队中也开展类似活动。参加战地服务团的都是美国一些大学的学生,其中近半是中国在美的留学生,晏阳初即为其中一员。他的职责是到法国的军队中开展相应的服务工作。

---

[1] 晏阳初:《关于平民教育精神的讲话》,宋恩荣总主编《晏阳初全集》(第1卷),天津教育出版社,2013年,第56页。

[2] 詹一之、李国音:《一项为和平与发展奠基工程——平民教育之父晏阳初评介》,四川教育出版社,1994年,第58页。

[3] 吴相湘:《晏阳初传——为全球乡村改造奋斗六十年》,岳麓书社,2001年,第20页。

晏阳初，四川巴中县(今巴中市巴州区)人，1890年10月30日[①]出生于巴中县城西街的一个书香世家。父亲晏乐全，字美堂，在西街一家塾馆做塾师，母亲吴氏。出生后，派名兴复，又名遇春，家人呼称云霖。在家中排行第四(前有两兄一姐)，小儿在当地称"老幺"。[②]幼年在父亲的悉心教导下，在塾馆用心学习《三字经》《百家姓》《千字文》《千家诗》《论语》《孟子》《大学》《中庸》《书经》《诗经》等中国传统经典，由此埋下了儒家民本思想和天下一家的种子。[③]1903年离开巴中县，赴邻县保宁府阆中县一所由基督教中国内地会(China Inland Mission)创设的西学堂求学，次年受洗礼入教。17岁，进入省城成都美国美以美会设立的华美高等学校——当时四川省讲求西学的最高学府——进修，因不满该校不注重道德教育的校风，两年后退学。随后帮助英国传教士史梯瓦特(James Stewaet)在成都筹设类似基督教青年会的辅仁学社，并为其取了一个中文名"史文轩"。经由好友的介绍和护送，于1913年1月入香港圣史梯芬孙学院(St. Stephens College)补习，同年秋，考入香港大学。1916年夏，远涉重洋，入美国常春藤大学耶鲁大学留学。1918年6月，晏阳初从耶鲁大学政治经济学专业本科毕业后，"一方面深感世界正在激烈变化，为了认识中国，还须了解欧洲；另一方面鉴于在法国战场上10万华工迫切需人服务，因此于毕业后二日，即与一批中国

[①]关于晏阳初出生的时间有三种说法。第一种说法是吴相湘所著《晏阳初传——为全球乡村改造奋斗六十年》一书上说是1893年10月26日，美国哥伦比亚大学图书馆收藏的晏阳初和IIRR档案的文献显示晏阳初生年也与此书相同。因此，这种说法流传颇广。第二种说法是晏阳初的侄子晏升东的考证，他的父亲晏海如(晏阳初的二哥)于1934年记载晏阳初实际生于光绪十六年庚寅农历九月十七日，即1890年10月30日(见晏升东、孙怒潮：《晏阳初与平民教育》，全国政协文史资料研究委员会编《文史资料选辑》第95辑，文史资料出版社，1984年，第143页)；第三种说法是晏阳初侄孙晏鸿国根据晏升东在《四川师大报》(晏鸿国误写为《四川师范大学学报》了)的考证文章，认为晏阳初出生于1890年10月26日(晏鸿国：《晏阳初传略》，天地出版社，2005年，第341—342页)。晏升东与晏鸿国二人所言晏阳初出生的农历相同，但换算为公历后的日期有异。实际上，光绪十六年(1890年)庚寅农历九月十七日，即1890年10月30日，晏升东的说法正确，晏鸿国误把1890年农历九月十七日与1893年农历九月十七日当成同一天公历了，只简单地改了年份，没有进行农历与公历的换算。因此，依晏升东的考证，晏阳初的出生日期应该是1890年10月30日。晏阳初为何长期对外称自己生于1893年？晏阳初晚年对李又宁教授口述时，接受亲人来信更正其出生年为1890年的说法(详见晏阳初：《九十自述》，李又宁编，宋恩荣总主编《晏阳初全集》(第3卷)，天津教育出版社，2012年，第531页)。

[②]晏鸿国：《晏阳初传略》，天地出版社，2005年，第4页。

[③]晏阳初：《九十自述》，李又宁编，宋恩荣总主编《晏阳初全集》(第3卷)，天津教育出版社，2012年，第531页。

同学一起参加了美国青年会战时工作,应募去法国战场开展为华工服务的工作"[1]。

1918年夏,晏阳初"到达法国白朗(Boulogne)设立服务中心,当地有5000华工。晏阳初开始的第一件工作,是为他们写、读家信。第一天晚上有4个同胞前来,第二天晚上就增至50多人,第3天多达100余人。此后,几乎每晚都有成百人前来要求代写、读家信"[2]。晏阳初很乐意做这项工作,并且与他们相处的过程中,晏阳初了解到这些华工们不但聪明勇敢,吃苦耐劳,而且许多人在战地工作中还获得了各种奖章,有人甚至因特别英勇顽强,还获得了连外国将军也不易得到的最高荣誉"铁十字勋章"。[3]这也使晏阳初体悟到华工们的"体力固在吾人之上,而智力亦不在吾人之下,所不同者,只在教育机会"[4]。

由于请晏阳初代写家信的华工太多,实在忙不过来,因而促使晏阳初考虑变通:如果能教他们识字并逐渐学会写简单家信,比代他们写、读家信更有长远意义。于是,晏阳初进而思考采用什么办法来教他们识字。在中国民间习惯用作儿童启蒙教育的《千字文》《三字经》,对于这些成年人自然不能有学了立即应用的功能,而且当时国内已开始白话文运动,更不宜再袭用那类文言文字。因此,晏阳初认为采用口语与文字合一的办法,是最便捷的方法。晏阳初从中文字典和国内最近的报纸杂志常见文字中,选取若干单字语句,再与华工日常习用的口语综合比较,最后选定一千余字作为教读的基本字句。同时,又向华工宣讲识字读书的重要性,鼓励他们来学习。华工们起初因为没有自信心而不敢来学。后来才有了40个人愿意参加,他们约在20至40岁之间。每日工余饭后上课一小时。这就是晏阳初在法国白朗试办的第一个华工识字班。4个月后,有35人完成了课业,并能够应用刚学会的字写家信。未参加学习的华工们对

---

[1] 詹一之、李国音:《一项为和平与发展奠基工程——平民教育之父晏阳初评介》,四川教育出版社,1994年,第59页。

[2] 詹一之、李国音:《一项为和平与发展奠基工程——平民教育之父晏阳初评介》,四川教育出版社,1994年,第59页。

[3] 詹一之、李国音:《一项为和平与发展奠基工程——平民教育之父晏阳初评介》,四川教育出版社,1994年,第59页。

[4] 晏阳初:《关于平民教育精神的讲话》,宋恩荣总主编《晏阳初全集》(第1卷),天津教育出版社2012年,第57页。

之大感意外,从此很多人都愿意来学了。晏阳初因一人精力、时间很难调配,于是又试行了一种新方式,由已能识字、写字的华工来教不识字的华工。结果试行效果良好,许多识字班由此陆续设立,且都由已识字的华工来任教。能识字写字的华工一天天增多起来后,又负起教其余不识字者的任务。当时其他各服务中心仿效此法,也有很好成绩。①

1918年11月,第一次世界大战结束,但华工与英法军的工作合同多未期满,加之交通工具不足,一时尚难回国。晏阳初既已发现华工们对识字读书的浓厚兴趣与巨大潜力,为使他们回国后能够发挥新力量,并影响社会,因而又积极推行另一计划,创办适合华工阅读的周报。比识字课本内容更丰富,又能广泛流传,对增加华工的知识,作用更大。

1919年1月15日,《华工周报》在法国巴黎创刊。其创刊号上刊发的《本报特告》表明该报的办报目的为:"本报是特为开通华工的知识、辅助华工的道德、联络华工的感情而办的。"②"内容分:《论说》《祖国消息》《欧美近闻》《华工近况》《欧战小史》《名人传略》《世界奇闻》各栏。并举行'华工征文比赛',先后以《华工在法与祖国的损益》《甚么叫中华民国》《中国衰弱的原故》《民国若要教育普及,你看应当怎样办才好》各题征文。"③晏阳初创办的这一手写石印小报,很快在15万余华工中广为传播,形成了很大影响,既广泛开通了华工的知识,更极大地激发和增强了广大华工的强烈爱国心。同时华工们为表示对《华工周报》的喜爱和支持,还经常自动地写信,甚至捐款给《华工周报》。有一位华工就曾为防止《华工周报》因定价过低而不能长久,特意捐款资助。他给晏阳初来信写道:"自读贵报以后,我已知天下事,惟贵报定价太低,恐赔本过多,不能维持下去,我有积金五十法郎,愿以奉助。"④晏阳初接信后大为感动。

1919年4月1日,驻法华工青年会干事大会在巴黎举行,有在英、法、美军队服务中心的干事50余人参加。会议讨论的主题是华工善后及平民教育。晏阳

---

① 詹一之、李国音:《一项为和平与发展奠基工程——平民教育之父晏阳初评介》,四川教育出版社,1994年,第60页。
② 《〈华工周报〉创刊特告》,宋恩荣总主编《晏阳初全集》(第1卷),天津教育出版社,2012年,第1页。
③ 吴相湘:《晏阳初传——为全球乡村改造奋斗六十年》,岳麓书社,2001年,第23页。
④ 晏阳初:《关于平民教育精神的讲话》,宋恩荣总主编《晏阳初全集》(第1卷),天津教育出版社,2012年,第57页。

初倡议的基本中国字汇和集体教授法被公认为这次会议的主要成就。会议后，在15万余华工中形成了一个集体教育运动。许多地方的服务中心都采用《华工周报》作夜间读书课本，有的采用晏阳初编写的《千字课》《六百字课》或注音字母作教材，以适应各种不同文化程度华工的需要。

晏阳初在法对华工的识字教育获得超出意料的成功，由此有了"两大发现"，第一个发现是包括自己在内的知识分子的无知：

> 少数知识阶级的人，往往以"上流"自命，无暇或不屑顾及一般平民。多数的人民，因社会的习惯及知识的缘故，亦不得不甘以"下流"自居，因此就把世上一个文明最古，人民最多，天然物产最富的中华大国，无形无影、不知不觉地弄成一个下流国了！吾人不愿中国上流则已，如愿中国上流，那惟一着手的办法，就是把这许多目不识丁的男女同胞，设法上流起来。如要达到这个目的，非各省教育家一面拼命地提倡，一面下死工夫去研究平民教育不可。①

晏阳初认为"真正无知的人正是我们自己，而不是劳工，不是苦力。总之，我发现了我们自身的无知"②。

晏阳初的第二个发现、而且是更重要的发现，是苦力自身所具有的巨大"潜能"。他说："更为重要的，就是这些苦力、贫民、农民们的潜能。"③他第一次"深切认识'苦力之苦与苦力之力'，于是对于中国一向被人忽视之平民，发生一种新信仰、新希望"④。"我发现'苦力'一词蕴含着一层全新的、能动的、富有挑战性的含义。"⑤

晏阳初从华工识字教育中得到这两大发现，于是开始立志办下层民众的教育，以开发民众的"脑矿"为终身使命。"当我回到中国时，我有一个强烈的感情，

---

① 晏阳初：《平民教育新运动》，宋恩荣总主编《晏阳初全集》（第1卷），天津教育出版社，2012年，第5页。
② 晏阳初：《发现民众的潜能和知识分子的无知是我在法国的华工教育所得的经验》，宋恩荣总主编《晏阳初全集》（第3卷），天津教育出版社，2012年，第43页。
③ 晏阳初：《发现民众的潜能和知识分子的无知是我在法国的华工教育所得的经验》，宋恩荣总主编《晏阳初全集》（第3卷），天津教育出版社，2012年，第43页。
④ 晏阳初：《中华平民教育促进会定县实验工作报告》，宋恩荣总主编《晏阳初全集》（第1卷），天津教育出版社，2012年，第266页。
⑤ 晏阳初：《发现民众的潜能和知识分子的无知是我在法国的华工教育所得的经验》，宋恩荣总主编《晏阳初全集》（第3卷），天津教育出版社，2012年，第44页。

那就是帮助苦力解除他们的'痛苦'。"[①]并且"决定回国后不经商、不从政,而是献身于把这些苦力从他们痛苦的、悲惨的、可怜的生活中解放出来,把我们全能的上帝赋予他们的潜能发挥出来。"[②]"一切高官厚禄,当视之若屣,惟致予毕生之力于平民教育,一息尚存,此志不渝。"[③]晏阳初认定解除民众不识字的痛苦、开发他们的潜力是他们这些受到良好教育的知识分子应当肩负的任务,是为中华民族服务的方向。晏阳初后来确实以自己的行动践行了自己的心志,没有丝毫动摇。

晏阳初在法服务一年期满后,于1919年6月9日离法赴美继续求学。就在晏阳初矢志从事平民教育事业的同时,中国国内的有志之士也开始了相关的平民教育活动。在美国教育哲学家杜威博士来华演讲"平民主义与教育"的影响下,平民主义教育思想在国内形成。与此相适应,全国各地高校成立的学生会行动起来,把平民教育付诸实践,创设平民学校、通俗学校和试办工读学校等。平民教育运动在全国展开,与晏阳初对在法华工的识字教育遥相呼应,随着晏阳初于1920年自美国留学归来,国内外两股平民教育活动汇集在一起,促成了平民教育运动的高潮。

(四)晏阳初回国之初开展的平民教育

1920年夏,晏阳初自普林斯顿大学毕业,获得政治学硕士学位。旋接家书,知悉母亲"体弱多病",决定提前回国。[④]临行前,他向北美基督教青年会协会副总干事巴乐满(Fletcher S.Brockman)辞行,并谈其回国后矢志平民教育的志向,"有生之年献身为最贫苦的文盲同胞服务"[⑤]。巴乐满向其介绍中华基督教青年

[①] 晏阳初:《国际乡村改造学院的历史和理念》,宋恩荣总主编《晏阳初全集》(第3卷),天津教育出版社,2012年,第210页。

[②] 晏阳初:《发现民众的潜能和知识分子的无知是我在法国的华工教育所得的经验》,宋恩荣总主编《晏阳初全集》(第3卷),天津教育出版社,2012年,第44页。

[③] 晏阳初:《关于平民教育精神的讲话》,宋恩荣总主编《晏阳初全集》(第1卷),天津教育出版社,2012年,第58页。

[④] 晏阳初口述,李又宁撰写:《九十自述》,宋恩荣总主编《晏阳初全集》(第3卷),天津教育出版社,2012年,第579—580页。

[⑤] 吴相湘:《晏阳初传——为全球乡村改造奋斗六十年》,岳麓书社,2001年,第28—29页。

会全国协会总干事余日章可予协助。8月14日,晏阳初"怀着一颗报国之心"抵达上海。①随后,即与余日章进行多次会晤,力陈进行平民教育的重要性及迫切性。余日章深以为然,积极支持晏阳初的平民教育计划,并建议他以基督教青年会全国协会作为推动这一平民教育运动的机构,在基督教青年会全国协会智育部增设平民教育部,由晏阳初主持。②

晏阳初认为"在法华工教育,所研究的学理,所得来的经验虽好,然非熟悉中国的实体情形,因地制宜地去做,那于我国平民教育断然不能有什么贡献"③。因此,他认定想要做成此事"先要调查,先看病症如何然后发药"④,于是从1920年冬至1922年春,他用了一年多的时间,游历19个省,做平民教育调查研究的工作。其"先调查各地的通俗学校、工读学校和各学校学生自动主办的平民学校;参观学校情形,考察办法,并收集教材教具,同时注意观察各地平民的生活"⑤。经过考察,晏阳初发现,在国内开展平民教育与在法华工教育相比,有四大不同:其一,华工工作时间一定;国内工商人等终日忙碌;其二,华工生活无忧,负担比较轻;国内工人,奔走衣食不暇,又有家庭重负;其三,华工在法国所受刺激甚多,有读书的志愿,国内平民所受刺激不深,不觉有读书的需要;其四,华工人数有限,全是工人,所需要的教材简单,国内失学平民有三亿以上之多,各项职业男女老幼,富贵贫贱都有,所需要的教材复杂。⑥同时,经过调查,晏阳初还总结了国内进行平民教育绝大多数失败的原因在于:一是教员方面,一般热心办义务学校的人,多不注意教员问题,以为随便什么人,只要识字,就可以教别人识字的。所用教员多半是在校学生,缺乏教学经验,多人同授一班学生,教法各不相联络,口音各殊,精神疲惫,不负专责。二是课本方面,国内在平民通俗教育方面出版的书既少,有的又不切实用,多数所用课本不是中学教科书,便是小学教科书,完全不合乎平民的心理、平民的需要、平民的生活。三是组织

---

① 晏阳初:《致巴乐满》,宋恩荣总主编:《晏阳初全集》(第4卷),天津教育出版社,2012年,第6页。
② 晏阳初口述,李又宁撰写:《九十自述》,宋恩荣总主编《晏阳初全集》(第3卷),天津教育出版社,2012年,第581页。
③ 晏阳初:《平民教育新运动》,宋恩荣总主编《晏阳初全集》(第1卷),天津教育出版社,2012年,第6页。
④ 晏阳初:《平民教育》,宋恩荣总主编《晏阳初全集》(第1卷),天津教育出版社,2012年,第24页。
⑤ 汤茂如:《平民教育运动的经过》,《教育杂志》1927年第19卷第9号。
⑥ 汤茂如:《平民教育运动的经过》,《教育杂志》1927年第19卷第9号。

方面,进行平民教育的学校之间"既无相当的组织来联络各校,振起教育的精神,统一办法,又无学会来交换得失的经验,互相研究学理"。[①]

经过上述的调查与分析,晏阳初开始根据民情和国情思考如何在中国开展平民教育。俗话说"工欲善其事,必先利其器",晏阳初首先开始创制平民教育的工具——适合平教用的课本。他聚集同志在法国华工教育用字的基础上,又结合其他各种平民课本及白话书报,从中选出最常用的一千个字,作为"基础字"(或"基本汉字"),以便使学生达到"所学即是所用,不致枉费精神时间空学一个无用的字"[②]。在此之后,为便于学生学习,晏阳初组织同人将此一千字编成三册,定名为《平民千字课读本》。此课本是"特为一班十二岁至二十岁目不识丁少年预备的,共计一百二十二课,字义由浅而深,字数由少而多,每天用一点半钟的工夫,四月之内可以读完"[③]。课本出版之后,受到各界广泛欢迎,仅数月之内,销售之数已达2万余册。晏阳初认为接下来的紧迫工作是做提倡的功夫,来推行平民千字课读本,谋求各界的合作,以推进平民教育的发展。他认为平民教育"非一个学校、一个机关、一个阶级的人,单独做得到的。此种教育,是大家的,是全社会的。能出钱的出钱,能出力的出力,无分阶级,无分贫富,群策群力地执着教育普及的旗帜,奔走呼号,坚持到底,先城市而后乡村"[④]。非如此,平民教育决不能成功。有了工具,又有了办法,然而如无相当的实验,工具与办法是否有实际的价值,则不得而知。因此,选择合适的实验场地进行平民教育"工具与方法"的实验就成为晏阳初着手解决的问题。

晏阳初自美回国之初想要开展平民教育活动时,中华基督教青年会全国协会总干事余日章就曾极力建议他从华东地区开始,实际上就是建议他以上海为实验中心。余日章认为中华基督教青年会全国协会设立在上海,这里"有演讲、智育、体育、宗教各部门,人才甚多,随时就近协助一切,可节省时间金钱"[⑤]。然而晏阳初经过对全国的考察以后将平民教育实验的第一个地点选择在了华中地区的湖南省长沙市。

[①] 晏阳初:《平民教育新运动》,宋恩荣总主编《晏阳初全集》(第1卷),天津教育出版社,2012年,第8页。
[②] 晏阳初:《平民教育新运动》,宋恩荣总主编《晏阳初全集》(第1卷),天津教育出版社,2012年,第8页。
[③] 晏阳初:《平民教育新运动》,宋恩荣总主编《晏阳初全集》(第1卷),天津教育出版社,2012年,第9页。
[④] 晏阳初:《平民教育新运动》,宋恩荣总主编《晏阳初全集》(第1卷),天津教育出版社,2012年,第10页。
[⑤] 吴相湘:《晏阳初传——为全球乡村改造奋斗六十年》,岳麓书社,2001年,第30页。

第一章　中华平民教育促进会的成立

晏阳初如此选择的主要理由有以下六个方面：

第一，上海在全国所处之地理位置"不东不西，无东西之长，不能代表中国城市"①。第二，长沙地理位置优越，但发展相对落后，在中国大部分的城市中具有代表性。长沙是湖南手工业和农矿产品的集散中心，粤汉铁路湘鄂段通车刚三年，机器作业的工厂极少，民间仍保持着朴实强悍的风气。第三，选择相对较小的城市推行，才能达到社会动员共同参加的目的。第四，长沙有进行平民教育的政治需要。1921年10月，湖南时任省长倡言自治，实行省宪法，而这需要以民众识字、有知识为基础。第五，长沙有进行平民教育的基础。长沙城区各中小学均附设平民学校，并由基本平民学校总其成，且有校董会的组织。第六，长沙是湖南的省会，其实验若成功则可对省内的其他地方产生强烈影响。且长沙青年会干事兰安石（Harold Rounds）愿意协助一切。②

1922年2月中旬，晏阳初自上海到达长沙，开始积极推行平民教育实验。首先，成立平民教育组织。长沙基督教青年会联络各界人士，然后由城中各界公举有声望且热心平民教育的人士70人组成总委办，作为在长沙开展平民教育的总机关，下设副委办5人，分工负责经济、地点、教习、学生、新闻事务。接着，进行鼓吹（宣传）。在全城张贴平民教育宣传画，达数千张，如"对症下药""举国皆瞎"等描摹不识字的苦楚与教育之急；省政府发布平民教育告示几百张，并在城市各处张贴宣传画，以劝告家中有不识字的子女和店铺有不识字的学徒来平民教育学校读书；城中各中学及中学以上学生和军乐队分段发送劝学传单，达26000余份；分段召集店主大会，对他们演讲"工人教育的急要"，以动员他们送学徒到平民学校读书；召集全城各界大会，由省长担任大会主席，宣传平民教育；城中各中学及中学以上学生分队到各街道演讲，一面演说教育的紧要，一面报告平民教育新运动办法；举行由各校学生参加的全城游街大会，人人手持旗帜或灯笼，上面写着"不识字就是瞎子""你的学徒是瞎子吗？""救中国的根本方法，是平民教育"等警语。通过以上方式鼓吹和宣传平民教育的重要性，再将长沙全城划分为72个学段，每学段各选派1个劝学队——从中学、师范、高

---

① 晏阳初：《关于平民教育精神的讲话》，宋恩荣总主编《晏阳初全集》（第1卷），天津教育出版社，2012年，第61页。

② 吴相湘：《晏阳初传——为全球乡村改造奋斗六十年》，岳麓书社，2001年，第45页。

校学生中选出人员加以训练,带着报名单和相关印刷物,在各学段挨户劝学。三天后共招得学生1300名,年龄最小的6岁,最大的41岁,其中10至16岁者占总人数的72%。有643名学生填写了职业,以工界最多,达530人,其次是商界,为230人,再次为农界,有53人。平民学校从师范毕业并有三四年教学经验的教师中招募教师,招到的教师有80人,每位教师每星期授课6次,每次1.5小时,不领薪水,每月只补助车马费4元。借公私学校、工会、商会、教会、庙宇、店铺、住宅、男女青年会等80余处场所为课室。平民学校的开办经费主要有三种:一是热心平民教育的个人捐助;二是通过戏剧表演、音乐大会或游艺会筹集;三是商会、教育会、工会等公共机关捐助。1922年3月中旬正式开班,全城分成四大学区,学生分成70余班。以4个月为期,学完《平民千字课》。结果有1200名学生学完千字课,7月15日举行结业考试,有967名及格,通过率达到80%。7月20日,举行"毕课大会",湖南省长到场亲自为及格者颁发"识字国民证书"。[①]当年9月招收第二批平民学校学生,四个月又有千余名学生毕业。"以后长沙组织了一个湖南全省平民教育促进会,把平民教育由长沙推行到各县。先后成立县平民教育促进会和乡村平民教育促进会共百余处。已成立平民学校和平民读书处共1718所,共有学生576612人。"[②]

经过实验,晏阳初托陶行知、朱经农对《平民千字课》进行重新改编,将原本三册改定为四册,每册二十四课,每日授课一小时,每小时授毕一课,每月可授毕一册,四个月即可毕业。之所以做出上述修订,是因为:第一,城市"操业之人终日劳作",每天花费1小时作求学时间,已属勉强,"倘再延长其授课或卒业时间,有妨生计,市民必不能来",因此,对城市平民来说,原定每次上课一个半小时,时间过长;第二,学生于最短一月之内能够修毕一册课本,无形中可以起到鼓舞其努力求学的兴趣,"与心理学原则亦极符合"。[③]

长沙实验后,1923年2月,晏阳初又与基督教青年会会员至山东省烟台市开展实验。实验的方式和长沙实验颇为相似,只是举行的规模比较大。当举行

---

① 晏阳初:《平民教育新运动》,宋恩荣总主编《晏阳初全集》(第1卷),天津教育出版社,2012年,第11—12页。

② 汤茂如:《平民教育运动的经过》,《教育杂志》1927年第19卷第9号。

③ 晏阳初:《平民学校教材问题》,宋恩荣总主编《晏阳初全集》(第1卷),天津教育出版社,2012年,第78页。

全城游街运动时,各学校、各工厂都停工休业一天,全城各界人士都有人参加,计有15000余人。经过宣传,共招到学生2099人,募请到义务教师100人。当年7月举行毕业考试,1600余学生赴考,有1147人通过考试,合格率达71%。其中,男生获得证书者有775名,女生获得证书者372名。学生中最小者年龄为8岁,最老者为52岁。8月1日举行毕业典礼,特邀朱其慧女士向考试及格者颁发"识字国民证书"。之后,烟台成立了平民教育促进会,并进一步推动了当地平民教育的发展,当地除创办初级平民学校以外,还创立了高级平民学校多处。后来,烟台平民教育的毕业生还组织了一个"平民校友会",对当地的公益事业和爱国运动颇多贡献。[1]

晏阳初在烟台进行实验之时,还在浙江省嘉兴进行实验。嘉兴实验的特别之处在于长沙、烟台实验的教学法是单班教学法和挂图教学法,而这里的实验采用幻灯教学法,或称"群众教学法",这种方法的优点在于可用较少的教师教更多的学生。平民学校有2所,分别在城南、城北,皆用幻灯教学法,共招收学生200余人。仅用教师4人,每2人轮流教授1个平民学校。四个月的课程结业后,通过考试的学生有140余人,合格率达到70%,幻灯教学法的效率与对师资的节省效果都得以初步显现。[2]

1923年6月,南京教育界人士王伯秋等邀请朱其慧女士至南京提倡平民教育运动,并于当月20日成立了南京平民教育促进会,该会以"与中华教育改进社合作,用最短时间,最少经济,使南京不识字人民,皆得受共和国民不可少之基本教育"为宗旨[3],并得到了当地各社会团体、教育机关的襄助,江苏省督军齐燮元、省长韩国钧也极力支持。[4]呈现出"群力协作,进行之速,殊有不达南京四十万居民男女老幼人人识字不止之景象","数周中南京实验学校开课者,已有十二班,……凡有席地能招生开课者无不尽力"。[5]随后,晏阳初又到武汉举行大规模平教运动,并为当地的平民学校谱写了校歌以促进平教运动的发展,其内容为:"平民教育,邦国之根,振兴我社会,改造我家庭。莘莘学子,破除黑暗

---

[1] 汤茂如:《平民教育运动的经过》,《教育杂志》1927年第19卷第9号。
[2] 汤茂如:《平民教育运动的经过》,《教育杂志》1927年第19卷第9号。
[3] 孙伏园、甘南引:《第一次平民教育会议纪事》,《新教育》1923年第7卷第2—3期。
[4] 《定县平民教育农村运动考察记》,出版社及出版时间不详,第15页。
[5] 朱君允:《中华平民教育促进会筹备之经过》,《新教育》1923年第7卷第2—3期。

见光明,发扬我中国民族之精神。"①武汉也很快成立了平民教育促进会。

20世纪20年代,平民教育运动兴起之后,萧楚女、恽代英等共产党人对平民教育救国论进行了批判。萧楚女指出:"平民教育是要紧的,但是'起码的生活',不更要紧么?……现制度若不经过一番彻底的'翻砂'工夫,平民教育么?——我恐怕还不止像汉口今天这样,只留下几张纸招牌,做个聋子底耳朵,徒为装饰哩!"②恽代英认为并不是教育了一切的人就可以改造社会,必须把教育改造和社会改造结合起来同时进行,"我们要改造教育,必须同时改造社会。要改造社会,必须同时改造教育。不然,总不能有个理想圆满的成效"③。

当然,早期共产党人并不否认平民教育的意义和价值,且主张联合平民教育家一同做改造社会的工作。恽代英指出:"最好的农村运动,仍是平民教育。讲演与演剧,亦多少可以有功效的;但是,讲演与演剧,只能使农民普泛的在一时得着感动,平民教育却可以在比较长的时期与他们相接触。"④

四、中华平民教育促进会的诞生

自从南京、武汉两个平民教育促进会成立以后,各省闻风而动,纷纷举行大规模的平民教育运动或组织平民教育促进会,仅北京一地不到两个月的时间里就又诞生了四处平民实验学校⑤。在全国一些省市平民教育促进会成立、平民教育运动蓬勃发展的形势下,筹备成立一个全国性的平民教育促进会总会的条件已经成熟。

(一)平教会的筹备活动

对于成立全国性的平民教育促进会总会,以交流经验、互通声气、促进全国平民教育事业发展的想法,热衷于平民教育事业的朱其慧早有此意。1922年

---

① 晏阳初:《平民学校歌》,《教育与人生》1923年第9期。
② 楚女:《陶朱公底"平民教育"》,《中国青年》第18期。
③ 恽代英:《教育改造与社会改造》,《恽代英文集(上卷)》,人民出版社,1984年,第293页。
④ 恽代英:《预备暑假的乡村运动》,《恽代英文集》,人民出版社,1984年,第537页。
⑤ 朱君允:《中华平民教育促进会筹备之经过》,《新教育》1923年第7卷第2—3期。

秋,朱其慧从北京来到上海,从中华教育改进社总干事陶行知处得悉晏阳初在长沙推行平民教育成绩昭著,于是当即决定会晤晏阳初,并请他筹划以后推进平民教育运动之一切事宜。[①] 1923年春末,晏阳初又在嘉兴开展平民教育实验之后,朱其慧与陶行知专程前往参观幻灯教学法,印象颇佳,深信此乃普及民众教育的好方法。随后,朱其慧邀请晏阳初、陶行知、朱经农、袁观澜、傅若愚、胡适在上海沧州旅馆召开会议,商讨成立推进平民教育之总机关事宜。[②] 讨论的结果是推定朱经农与陶行知首先负责改编千字课之事,并组织成立一个筹备委员会,推荐朱其慧为主任,陶行知、晏阳初为干事,约请各省教育厅、教育会派代表于当年8月——中华教育改进社召开年会时——在北京聚集,以组织成立平民教育促进会总会。[③] 计划在一年内,在中国22个省和特别区以及海外侨胞足迹所到之处,普遍推行平民教育。

上海会议后,陶行知与朱经农开始着手改编《平民千字课》。为使识字课本改编工作"有所依皈",使之更切合时代与受教育者的需要,朱其慧、陶行知、晏阳初三人联名向包括胡适在内的社会有关人士发出邀请,敦请其参与研究。其函文主要内容为:

> 日前平民教育促进会筹备会开始,想在十年之内使十二岁以上,二十五岁以下一万万不识字之人民,受一千基础字所代表之共和国民的基础教育。此刻最重要的一件事,就是编辑相当之教科书,未编之前,应有极明了之目标作指针。这许多人受过这种教育之后,对于国家前途应当有何种贡献,对于个人生活应当有何种影响,国民性中固有的,何者应光辉充实,缺少的何者应吸收补足,这都是应当分析出来,做我们具体的目标的。同仁所拟办法,暂定四个月教九十六课,或每课达一目标,或数课合一目标,或一课合数目标。但以全部论,必有百或数十条明确之目标以为依据,才能发生相当之效力。凤仰先生对于国家大事,世界潮流研究有素,必推先生将新世纪中国民应有之精神态度,知识技能条分缕析、赐作南针,并请于一

---

① 孙伏园、甘南引:《第一次平民教育会议纪事》,《新教育》1923年第7卷第2—3期。
②《定县平民教育农村运动考察记》,出版社及出版时间不详,第14页。
③《定县平民教育农村运动考察记》,出版社及出版时间不详,第14页。

星期内开单示知,最为盼切。①

最终他们请到了哲学、史学、政治、科学、教育各科专家刘伯明、任鸿隽、王云五、卫挺生、郑宗海等会商并厘订目标。先由中华教育改进社、东南大学教育科合请陈鹤琴及十余位助理编订常用字,然后再开始编撰工作。另有3人襄助编辑、2人图画、3人整理每课常用字,朱其慧、晏阳初、王伯秋、陆志韦、朱君毅等对"千字课"的文字和图画也提出过一些批评意见。

1923年8月初,新编《平民千字课》出版第一册,9月出版第二、三册,11月出版第四册,全套出齐,内容共九十六课。每日每课学习1小时,整套《平民千字课》学完共需96天或16周(以每周6天计算)。

《平民千字课》每册扉页刊载"目的"三项:

(一)培养人生与共和国民必不可少之精神和态度。
(二)训练处理家常信札、账目和别的应用文件的能力。
(三)培养继续读书看报和领略优良教育之基本能力。

又特别说明该书是"根据一千多个常用字和平民目标编的",是"为十二岁以上不识字之人民编的,于年岁太小儿童,不甚合用。稍微认识字的,要读这部书,也是能够得益的"。②

1923年8月21日,中华教育改进社在北京西郊清华学校举行年会。当晚七时半,晏阳初应邀演讲"平民教育",现身说法,报告在法国华工队、国内各地推行平民教育实验的情况,呼吁全体社员"当立志必于五年内使中国人人能识字","中国不必亡,亡不亡全在教育界!教育界可以支配中国、支配前途、改造社会,有史可证。事在人为,望诸君勉力,兄弟也勉力"。③

22日上午10时,中华平民教育促进会筹备会议在清华学校大礼堂举行。

---

①储朝晖:《晏阳初·陶行知——相切与相离》,储朝晖:《多维陶行知》,北京大学出版社,2016年,第41页。
②陶知行、朱经农主编:《平民千字课》,商务印书馆,1923年,封面内页"本书注意事项"。
③晏阳初:《平民教育》,宋恩荣总主编《晏阳初全集》(第1卷),天津教育出版社,2013年,第26页。

参会者有朱其慧女士、陶玄女士、陶行知、晏阳初、各省区代表以及中华教育改进社全体社员。开幕前,晏阳初率领大家齐唱《会场风景》《代表运气》《尽力中华》等歌。[①]礼毕后,陶行知登台宣布此次大会需由到会者推举出一位主席、一位副主席、一位书记。随即大家公推朱其慧及晏阳初为这次会议正、副主席,陶行知为书记。旋由朱其慧致辞,报告开会志趣。次由晏阳初登台报告举办平民教育的几种要素,并强调:"我们须知此项事业,不仅是中华民国的教育事业,且系全人类四分之一的平民教育事业,我们此后须抱着如孟子所说富贵不能淫,贫贱不能移,威武不能屈的精神做去。"[②]接着,吉斌俊报告南京平民教育促进会成立的经过,陶玄女士报告北京试验学校成立的经过,李忍涛报告清华平民学校办学情形,姚金绅报告北京平民教育的情形,陶知行报告《平民千字课》的编辑经过,与会者推举陶行知、晏阳初、姚金绅负责起草中华平民教育促进会总会简章。

1923年8月23日20时,筹备会议在清华学校工字厅继续举行,讨论并通过了《中华平民教育促进会总会简章》。

(二)平教会的正式创立

1923年8月26日,中华平民教育促进会总会成立大会在北京西城帝王庙中华教育改进社事务所内举行,[③]宣告全国平民教育社团正式创立。各省赴会代表公推本省教育界领袖2人作为总会董事,共计选出20个省区40名董事,再由省区董事选举总会驻京执行董事9人,组成中华平民教育促进会总会执行董事会。根据1923年颁布的中华平民教育促进会章程,平教会董事名额以35人为最高额,董事会以执行董事7人组织。第一届董事会的实际董事名额、执行董事名额都超过了章程中规定的名额。

[①]孙伏园、甘南引记:《第一次平民教育会议纪事》,《新教育》1923年第7卷第2—3期。
[②]孙伏园、甘南引记:《第一次平民教育会议纪事》,《新教育》1923年第7卷第2—3期。
[③]《中华平民教育促进会成立经过组织情形工作计划等及有关文书·中华平民教育促进会成立经过、组织情形、工作计划、经费收支概况、会员名单》,中国第二历史档案馆藏中华平民教育促进会档案:全宗号:11,案卷号:7340。

表1-6 中华平民教育促进会总会各省区董事一览表①

省区	董事	省区	董事
京兆	段茂森、王凤翰	江苏	袁观澜、王伯秋
奉天	张恩明、方永蒸	安徽	王星拱、陶知行
吉林	孙炜鄂、孙翰声	广东	许崇清、金湘帆
黑龙江	姚翰卿、邓振元	广西	谢起文、雷荣甲
直隶	张伯苓、张敬虞	福建	邓萃英、李圣述
山东	熊梦宾、鞠承颖	四川	晏阳初、张廷福
河南	袁世传、陶怀琳	云南	董泽、龚自如
江西	吴树枂、熊恢	陕西	于右任、李宜之
湖北	王大祺、鄢从龙	察哈尔	郑钦、张杰
湖南	方克刚、曾葆荪	绥远	赵允义、吴棣华

以上20个省区,遍及东西南北中,边远省区的黑龙江、云南、绥远都分别设立了2名董事,文化教育和经济领先、教育家众多的浙江省,并且晏阳初在该省的杭州、嘉兴已经开展了一二年的平民教育,却没有选出董事,实出意料之外。尽管没有选出省区代表,但是,总会执行董事会中又有来自浙江省、时任北京大学教授的蒋梦麟。

总会首届董事会的董事名单及其职务如下:

表1-7 中华平民教育促进会总会董事会执行董事名单②

姓名	职务	社会职务
朱其慧	董事长	中国女界红十字会会长、全国妇女联合会会长
周作民	董事、会计	北京金城银行总经理
陶知行	董事、书记	中华教育改进社主任干事
张伯苓	董事	南开大学校长
蔡廷干	董事	外交部前总长、全国税务督办
蒋梦麟	董事	国立北京大学教授,代理校务

---

① 中国第二历史档案馆编:《中华民国档案资料汇编·第三辑教育》,江苏古籍出版社,1991年,第814—815页;中华平民教育促进会总会编:《中华平民教育促进会总会第一次报告》,在"中华平民教育促进会总会的组织及事业"一章,内言参加筹备会的人有全国22个省的代表,推选的各省区董事有42人,与前述文献有所不同,但未具体列出董事人名。

② 《中华平民教育促进会总会董事会董事名单》,宋恩荣总主编《晏阳初全集》(第1卷),天津教育出版社,2013年,第437页。

(续表)

姓名	职务	社会职务
陈宝泉	董事	教育部前次长、国立北京高等师范学校前校长,现任教育部普通教育司司长
周贻春	董事	清华学校前校长、现任北京中孚银行总经理、财政整理会秘书长
张训钦	董事	财政部前次长

第二历史档案馆中的"中央大学档案"保存的另一份"中华平民教育促进会总会董事会执行董事一览表"(时间为1923年12月23日),[1]《新教育》杂志第7卷第5期(1923年12月15日)刊登的"执行董事一览表",两份名单完全一样,周贻春、蔡廷干2人已不在名单上,换成了孙学仕、刘芳二人,两份材料的时间都在12月。中华平民教育促进会总会于1925年8月出版的"报告书",在谈到执行董事名单时,[2]与前述两表完全相同,而且说它是在1923年8月在北京的总会成立大会上选出的执行董事,其中把孙学仕、刘芳排在第二、三位,排在董事长朱其慧之后。为什么流出两份执行董事不一样的名单?为什么更换了其中的2个人?此时晏阳初还没有在中华平民教育促进会总会履职,负责总会事务的人主要还是董事长朱其慧和书记陶行知,但这两位人物没有留下说明材料,也没有发现其他人对此事的文字材料。孙学仕、刘芳两人,因3份材料都没有标明他们的身份,不知其详。此孙学仕与清末民国时期在北京经营饭庄(正阳楼和正明斋)、担任过北京商会会长(山东人)之孙学仕同名,尚不清楚是否为同一个人,待考。显然孙学仕、刘芳比周贻春、蔡廷干在全国的影响要小得多。一份中英文对照的《中华平教总会早期人事表》中的执行董事名单表和中华平民教育促进会总会各部主任名单,其中的执行董事名,[3]以及中华平民教育促进会总会于1927年出版的《檀香山华侨与中国平民教育》一书所列总会执行董事名,两份较为原始的资料所显示的执行董事名与表1-7中的名单完全一致。据此可以确信中华平民教育促进会总会首届执行董事是以下9人:朱其慧、陶行知、周作民、张伯苓、蔡廷干、蒋梦麟、陈宝泉、周贻春、张训钦。朱其慧担任董事长,陶

---

[1]《中华平民教育促进会总会执行董事一览表》,中国第二历史档案馆编《中华民国档案资料汇编·第三辑教育》,江苏古籍出版社,1991年,第814页。

[2] 中华平民教育促进会总会:《中华平民教育促进会总会第一次报告》,中华平民教育促进会总会,1925年,第2页。

[3]《中华平教总会早期人事》,宋恩荣总主编《晏阳初全集》(第1卷),天津教育出版社,2013年,第436页。

行知为书记，晏阳初被聘为中华平民教育促进会总会总干事[①]，主持总会一切事宜。依据《中华平民教育促进会章程》，干事长（章程中的正式名称）或总干事（中华平民教育促进会其他文件常称"总干事"）为当然执行董事，但是，实际情况是，晏阳初作为首任总干事，并没有成为首届董事会中的执行董事。

朱其慧（1877—1931），江苏省宝山人（今归属上海市），字淑雅。与中国近代著名实业家、慈善家、曾任北洋政府国务总理熊希龄（字秉三，湖南省凤凰人）结婚后（熊续弦），又称熊朱其慧。她协助夫君创办北京香山慈幼院，独立创办妇女红十字会，并担任会长。她未接受过新式教育，但热心妇婴慈善活动、平民教育事业。参加中华教育改进社，与陶行知、王伯秋等人在南京发起中华平民教育促进会，举办平民学校，与陶行知等人在北京发起成立中华平民教育促进会总会后，被选为董事长。擅于词令，演说滔滔不绝，富有感染力。中华平民教育促进会总会成立之初的活动经费、办公用房主要来自她个人的捐献。惜于1931年8月25日病逝于北京，年仅55岁。这无疑对中国现代平民教育事业、慈善事业来说是不小的损失。[②]

陶行知（1891—1946），安徽省徽州府歙县人。中国现代著名教育家、民主主义者。早年名"陶文濬"，1909年考入南京新教高等学校汇文书院（次年与同类学校宏育书院合并，改称金陵大学堂），次年，受明代教育家王阳明的"知行合一"思想影响，改名为"陶知行"。1914年毕业于金陵大学堂文科，随后相继留学于美国伊利诺伊大学、哥伦比亚大学师范学院，深受著名教育家、哲学家杜威的思想影响。1917年秋回国，后相继担任南京高等师范学校、东南大学教授。随后，积极参与中国教育改革和乡村教育实验，与其他教育家先后发起成立中华教育改进社、中华平民教育促进会总会、中国教育学会、国难教育社等教育社团。20世纪20至40年代，在南京、宝山、重庆相继创办晓庄学校（乡村师范学校）、山海工学团、育才学校，创立了生活教育理论。1934年，在《生活教育》杂志上发表《行知行》一文，认为"行是知之始，知是行之成"，并从此改本名为"陶行知"。1946年7月25日，因劳累过度，突发脑溢血而病逝于上海，享年55岁。

中华平民教育促进会总会的发起人是朱其慧、陶行知，为什么晏阳初被推

[①] 汤茂如：《组织中华平民教育促进总会的经过》，《新教育评论》（北京）1927年第3卷第7期。
[②] 贾逸君：《中华民国名人传》，岳麓书社，1993年，第529页。

选为总干事？一方面，晏阳初已在长沙、烟台、杭州、嘉兴等城镇对市民所开展的识字教育活动，"成绩昭著"，[1]""平民教育从此就引起了我国教育界领袖和热心服务社会人士的注意"。[2]另一方面，除晏阳初外，其他人对新生的平民教育都是"外行"。陶行知认为总干事一职除晏阳初外，"实无相当人才"。[3]但是，晏阳初其时担任中华基督教青年会平民教育部主任，并且以此为平台把各地的平民教育活动搞得风生水起，中华基督教青年会是不愿意晏阳初离职他就的。

陶行知闻知中华基督教青年会不放行晏阳初的消息后，赶忙于10月3日致书朱其慧，商量如何说服中华基督教青年会放人。陶行知说："关于总干事一事，闻青年会已有复信说明该会不能让晏阳初先生应聘之理由。知行觉得此职除晏君外实无相当人才，务请再具恳切之函向青年会交涉。该会对于平民教育如此热心，实堪钦佩，但究属局部之进行。故为国家教育计，为充分运用人才计，晏君应该舍青年会而就总会之职。"[4]在陶行知看来，中华平民教育促进会总会比青年会更具全局性，更有利于晏阳初推进全国平民教育事业。然而，随后朱其慧"再具恳切之函"仍未取得预期效果。青年会不放行，晏阳初继续在青年会开展了近一年的平民教育活动后，向中华基督教青年会提出请假一年的请求，以专务中华平民教育促进会总会的平民教育事业发展，终获青年会的同意。[5]1924年8月初，晏阳初到北京就任中华平民教育促进会总会总干事之职，[6]就任后即改称干事长。[7]中华平民教育促进会总会的会址在成立之初暂设在中华教育改进社所内，不久，董事长朱其慧捐出自家在北京石驸马大街二十二号的房屋，作为中华平民教育促进会总会的日常工作用房，总会办公搬迁至

---

[1] 孙伏园、甘南引：《第一次平民教育会议纪事》，《新教育》（北京）1923年第2—3合期。
[2] 汤茂如：《平教总会的组织和工作》，中华平民教育促进总会，1928年，第11页。
[3] 陶行知：《建议聘晏阳初为总干事——致朱其慧》，华中师范学院教育科学研究所主编《陶行知全集》（第五卷），湖南教育出版社，1985年，第34页。
[4] 陶行知：《建议聘晏阳初为总干事——致朱其慧》，华中师范学院教育科学研究所主编《陶行知全集》（第五卷），湖南教育出版社，1985年，第33—34页。
[5] 《晏阳初请假一年》，《青年进步》1924年3月第71期。
[6] 汤茂如：《平教总会的组织和工作》，中华平民教育促进总会，1928年，第14页。
[7] 《中华平民教育促进会成立经过组织情形工作计划等及有关文书·中华平民教育促进会成立经过、组织情形、工作计划、经费收支概况、会员名单》，中国第二历史档案馆藏中华平民教育促进会档案：全宗号：11，案卷号：7340。

此，①直到1937年7月日本攻占北京后该会被迫南迁。

晏阳初就任之后，即拟具了中华平民教育促进会总会的会徽——一个"平"字，经董事会同意后，正式成为该会的会徽。该会徽的含义是："最上横条代表头脑。一个人必须具备有训练的思想，有规律的理性。如果没有这样头脑，就不能有何成就。横条下两'点'很像两眼：一眼代表平等，一眼代表公正。两点中间是十字架。要想成功，你必须有十字架——心，这心必须同情怜悯受苦难的农民。这正是耶稣基督的心。他牺牲自己，不惜一死以救世人——这就是时时提醒为平民教育运动的人们：用你学术上的头脑；用你两眼，为平等和公正而张望；用你的同情怜悯的心去为受苦难的人去奋斗。农民不是缺乏智慧，只是历代传统不给他们读书的机会。因此，平民教育运动就是为了全国人民教育机会平等。每个人都受过教育，才可以平天下的不平，才可以达到天下太平的理想目标。"②

之后，为了集结同志投身平教事业，以促进其发展，晏阳初请陈筑山创作了《平教同志归去来辞》，其内容为：

> 归去来兮！举世多难胡为归？四海弟兄同性命，奚自了而不悲？悟已往之未救，知来者之可追。幸归去而复来，觉今是而昨非。昔蜷蜷以归藏，今翱翱而奋飞。
>
> 天赋予以重任，恨吾力之轻微；乃环海宇，东走西奔；同志欢迎，知己候门；为德不孤，为道有邻，携手入室，抵掌谈心，输肝胆以相见，披腹心以交欢，愿相依以为命，永生死之相关。
>
> 力愈合而愈巨，心愈结而愈坚；贯古今而无碍，通宇宙而无拦；感神号而鬼泣，召虎拜而龙参；启心灵之有道，改天地亦何难。
>
> 归去来兮！还人间以遨游，世与我不相离，避世去兮何由？后天下以行乐，先天下以担忧。

---

① 《中华平民教育促进会成立经过组织情形工作计划等及有关文书·中华平民教育促进会成立经过、组织情形、工作计划、经费收支概况、会员名单》，中国第二历史档案馆藏中华平民教育促进会档案：全宗号：11，案卷号：7340。

② 吴相湘：《晏阳初传——为全球乡村改造奋斗六十年》，岳麓书社，2001年，第79页。

上天示予以不忍,悲恸满于心头。哀鸿遍野,烽火连州。悲众生之苦难,悯人类之罪尤;穷吾力以拯救,罄吾有以赡赒;竭吾智以开悟,尽吾心以解愁。

速来乎! 一生有为能几时,恨不及时将志酬! 胡为乎汲汲欲去之? 富贵为不义,清闲亦自私。与为人而避世,宁变牛而耕畦。仰天堂而长啸,俯地狱而深思,投狱中以施救,舍我而外更期谁! ①

同时,为鼓舞平教工作者之精神,增强使命意识,晏阳初又请陈筑山撰写了《平教同志歌》,自己利用《苏武牧羊》曲谱,只是将原悲怆之调改编为雄壮之韵,歌声响起显示出万马奔腾的气势。② 其歌词为:

茫茫海宇寻同志,历经了风尘,结合了同仁;共事业,励精神,并肩作长城。力恶不出己,一心为平民;奋斗与牺牲,务把文盲除尽,男男女女老老少少一齐见光明;——一齐见光明。青天无片云,愈努力,愈起劲;勇往向前程,飞渡了黄河,踏过了昆仑,唤醒旧邦人,大家起作新民。意诚心正,身修齐家国治天下平。③

为了促进全国平民教育运动的发展,中华平民教育促进会总会在成立后还发布了《中华平民教育促进会宣言》,其大意谓:中华平民教育促进会所推行的平民教育运动可以为国家"建立普及教育的基础。花六十块钱,可以使一百人受基本的平民教育。花六百块钱,可以使一千人受基本的平民教育。解决生计,消弭乱机,奠定国本。爱国者所应注意,即爱己者所应注意!"④ "民为邦本,本固邦宁"。在大多数人不识字的中国,欲挽救国家不安的景象,除了把平民教

---

① 《平教同志归去来辞》,宋恩荣总主编《晏阳初全集》(第1卷),天津教育出版社,2012年,第581页。
② 晏阳初于1979年5月24日对吴相湘的口述,见吴相湘:《晏阳初传——为全球乡村改造奋斗六十年》,岳麓书社,2001年,第79页。
③ 《平教同志歌》,宋恩荣总主编《晏阳初全集》(第1卷),天津教育出版社,2012年,第580页;吴相湘一书把此歌之名写成《中华平民教育运动歌》,个别词句也略有不同,见吴相湘:《晏阳初传——为全球乡村改造奋斗六十年》,岳麓书社,2001年,第79页。
④ 《中华平民教育促进会宣言》,《新教育》,1923年第7卷第2—3期。

育推行全国之外,别无良法。当时平教会欲用千字课本和影片——这两种教育工具,进行平民教育的实验。96课构成的《平民千字课》(影片也是根据课本而作),平民每天学习1课,进行四个月的基本教育之后,即可掌握日常所需的基本汉字。待平民学会1000个汉字,再提供平民丛书、报纸、杂志,使平民在阅读这些读物的过程中,继续增进学识与技能。平教会呼吁:"国内同志大家出来帮助,使我们的试验能够收效,并且希望大家能够在各地方分头作同样的试验。"[①]

在中华平民教育促进会总会的号召与影响下,各地平民教育实验迅猛发展,其中,最有特色者当属傅若愚1923年9月至1924年1月在杭州进行的实验。当年9月举行大规模平民教育运动时,参加者达万余人。杭州警察厅还特派800名警察作为平民教育招生员参加运动,结果在两日内即招得男女学生2000余名,设立平民学校84所。四个月学习期满后,考试及格的毕业者共有1429人。学生中年龄最低者12岁,最高者60岁。毕业学生中,除329人职业未详外,有606人为艺匠,208人为粗工,135人为商贩,29人为学徒,14人为士兵,其余274人为无业者,其学生来源可谓相当广泛。[②]

各地如火如荼地推行平民教育运动之时,平民教育组织在各省府和其他城市也相应地如雨后春笋般纷纷建立。在总会成立前,南京、上海、长沙、烟台、杭州、武汉等地已率先成立中华平民教育促进会,[③]在总会成立后,各地的中华平民教育促进会即成为总会的分会。随后,各省陆续成立中华平民教育促进会分会(有单独成立的,也有附设于教育厅的),至1927年3月,全国已成立的分会,有19个省分会、3个特别区分会、20余个城市分会。

成立的省分会有:江西、四川、湖南、江苏、安徽、广东、吉林、黑龙江、山西、陕西、云南、贵州、广西、福建、浙江、山东、河南等[④];城市成立的中华平民教育促进会分会有:"吉林哈尔滨[⑤];热河承德;察哈尔张家口;绥远归化、包头;山西汾州;安徽芜湖;江西九江;四川万县;广西梧州;直隶天津;浙江海宁;广东番禺、

---

① 《中华平民教育促进会宣言》,《新教育》1923年第7卷第2—3期。
② 《定县平民教育农村运动考察记》,出版社及出版时间不详,第14—15页。
③ 《中华平教促进会之概况》,《中华教育界》1927年第16卷第10期。
④ 汤茂如:《平民教育运动的经过》,《教育杂志》1927年第19卷第9号。
⑤ 哈尔滨市当时属吉林省管辖。

汕头；山东威海卫、烟台、胶州；湖北汉口、汉阳；江苏吴县、徐州、苏州、上宝"[①]。除了上述的省分会、市分会外，甚至有的县和村也成立了分会，从而极大地促进了平民教育运动在全国各城市的发展。

[①] 汤茂如：《平民教育运动的经过》，《教育杂志》1927年第19卷第9号。

第二章 中华平民教育促进会的组织与运行

社团组织自身的建设无疑是开展实践活动的基本保障。中华平民教育促进会总会的工作者认为一个有目的、有步骤、有方法的平民教育运动,必须有简化、高效的组织系统和精干、乐于奉献的团队,只有这样,一切工作才能有条不紊,并不断发展。中华平民教育促进会总会从成立时起就制定"章程",对总会的宗旨、活动内容、组织机构及其运行原则等做了明确规定,并且根据社会形势的变动与平民教育事业的发展而适时地进行修订、完善。

一、中华平民教育促进会的行事规则

在中华平民教育促进会总会成立之前,其开创者们在筹备会上就曾推举陶行知、晏阳初、姚金绅起草中华平民教育促进会总会简章,对即将成立的中华平民教育促进会总会的行事规则做出规划。

(一)中华平民教育促进会章程之初定

陶行知、晏阳初、姚金绅3人负责起草即将成立的平民教育社团的简章,将该组织定名为中华平民教育促进会总会,并确定以使12岁以上失学之人民皆能领受人生及共和国民必不可少之基本教育为宗旨。

在该宗旨之下,预拟平教总会开展如下活动:

第一,拟定全国平民教育之办法;

第二,研究平民学校组织法、教学法、管理法、指导法以及平民教育推行方法;

第三,为平民学校编辑教材及书报;

第四,研究供平民学校应用的教具;

第五,培养平民教育推行人员、教育运动员、演讲员;

第六,设立试验学校;

第七,实地或通信调查平民教育实施状况;

第八,提倡各地方组织平民教育促进会;

第九,辅助各省区、边疆及华侨所在地推行平民教育;

第十,提倡筹划平民学校学生毕业后的继续教育事业;

第十一,其他关于平民教育事项。

根据共同拟定的章程,中华平民教育促进会总会的目标非常宏大,可以说他们既没有从客观上看清当时国际国内复杂的形势,在主观上对一个民间教育社团自身的局限性也认识不足。在宏大目标之下,对总会初期工作任务的设计也非常宽泛。

为了着力推动全国平民教育事业,该会在全国征集会员,并分甲、乙两类。其中,甲种会员资格包括以下六种类型:各地方平民教育促进会的机关会员担负中华平民教育促进会合组费者;依据中华平民教育促进会设学标准独立创设平民学校一校以上者;赞助中华平民教育促进会经费每年在100元以上者;服务平民教育有成效并年出会费5元者;对于平民教育有贡献并年出会费5元者;总会成立时的基本会员年付会费5元者。凡热心平民教育并年付会费2元者皆可成为乙种会员。另外,凡是特别赞助中华平民教育促进会或特别捐者,可由董事会推为名誉董事或名誉会员。

根据章程,中华平民教育促进会总会的最高权力机构为董事会,其职权如下:第一,规定进行方针;第二,筹募经费;第三,核定计划及预决算;第四,聘请总干事;第五,提出候选执行董事;第六,核定聘员的任免;第七,审定会员、名誉赞助员的资格;第八,委托各地董事在当地提倡平民教育。

董事会的董事名额为每省区及蒙古、西藏、青海各2人,华侨所在地各1人。均由该地会员提名后,再由全体会员公选而产生。凡各省区、边疆或华侨所在地的董事出缺时,则由该出缺之省区、边疆或华侨所在地的最高教育行政机关与省区教育会联合推选继任之人,若无教育机关及教育会的区域则由会员推选后,报告董事会。该会还设立执行董事9人,由会员从在京会员中公推产生。董事、执行董事任期都是三年,每年改选三分之一,但第一次选出的董事任期,一年二年三年者各为三分之一,并且在董事会第一次开会时签订。执行董事的改选则由董事会按照定额的两倍推选候选董事,由各甲种会员从候选董事中,亦可于候选董事以外的会员中,按定额通信选举产生。董事会设董事长1人、文牍1人、会计1人,其人选由董事会在执行董事中推选产生。

董事会之下设总干事(有时称干事长)1人,由董事会聘任,商承董事会主持总会一切事务。具体职权如下:第一,编拟计划;第二,编拟计算、预算;第三,推荐聘员,任免雇员;第四,执行董事会议决的事项;第五,主持全体一切进行事宜。

为了便于各项会务的开展,平教会总会还设置总务科、乡村教育科、研究科、调查科、编辑科、推行科、制造科、训练科等八科。各科人员分为聘员、雇员两种,其中,聘员的聘任办法是由总干事推荐,经董事会认可,雇员的任免权由总干事掌握。

中华平民教育促进会总会每年开大会一次,在暑假期间举行,其地点由前一年大会决定;董事会也是每年开会一次,其日期、地点与年会相同,执行董事开会的日期、地点由执行董事会商定。平教会的经费主要来源于会费、分会合组费、特别捐、补助费、基金利息。①

为了平民教育事业的稳步有序发展,中华平民教育促进会总会成立之初便制定了进行方针与计划。其进行方针有分工的研究、专心的实验、合作的推行三个方面。关于开展平民教育的计划包括方针、研究、实验、编辑、推行、经济(经费)、继续教育事业等七个方面。

关于研究:凡关于平民教育的各种问题,应随时聘请专家分工研究。研究的内容包括:推行方法;平民学校之组织、教学、训育、管理及指导法;教材教具;乡村平民教育;蒙、藏、青海平民教育;边疆平民教育;华侨平民教育;等等。

---

① 中华平民教育促进会总会:《中华平民教育促进会总会的组织及事业》,载《中国平民教育促进会总会第一次报告》,中华平民教育促进会总会,1925年,第3—7页。

关于实验：凡关于平民教育的各种实验，当以全副精神办理。先在北京、南京、广州等处办理平民试验学校，同时培养推行人员，以备在各省区、蒙、藏、青海、边疆及华侨所在地襄助创立平民教育试验学校。

关于编辑：包括平民教育课本、习字帖、教师指南、平民应用字典、平民周报、平民丛书、平民教育画以及平民学校组织法、平民学校管理法、平民学校教学法、平民学校训育法、平民学校指导法等各种平民教育读物、工具书、宣传画，开办平民教育指导用书。

关于平民教育的合作推行：与地方各界充分进行合作，以使平民教育得以推行。推行的方法主要包括：举行平民教育运动；提倡创设平民教育促进会；开演平民教育活动电影；发行平民教育画及劝导平民入学的各种传单；巡回讲演；开办讲演会；特约通信；其他各种宣传方法。

关于经济（经费）：总会拟筹募基金100万元。在此基础上，编辑平民教育丛书、报章、诗歌，创设平民图书馆，筹划第二期平民教育事业，补助优秀平民子弟的升学等，以此来扩大平民教育事业。①

关于继续教育事业：编辑平民书刊；创设平民图书馆；补助优秀平民子弟升学；等等。

为了扩大平民教育事业的影响，中华平民教育促进会总会于1926年开始依据简章第一次公开向社会征集会员。在征集会员的宣言中宣称："本会创办以前，同人即本'除文盲，作新民'的宗旨，作平民教育的运动。及本会成立以后，实际从事于种种的工作，至今已历二年多的辛苦，其收效亦超乎本会所预料。但兹事体大，不难在有始，而难在有终。非集合群策群力，共同奋进，难收美满的结果。……今我民族已蒙羞恶的尘垢，已有垂亡的危险。其中不乏先觉之士，见义勇为之人。特将本会所抱之苦心宏愿，宣告国人，作征集会员之呼号，广传平民教育的福音。愿世之热诚君子，本'力恶不出其身'的精神，力助'作新民'的事业。致他日吾中华民族，人人读书，个个识字，民智大开，匹敌欧美，不但是我民族的光宠，也是全人类的光明。"②并同时公开发布第一次征集会

---

① 《中华平民教育促进会总会之进行方针与计划》，《新教育》第7卷第5期，1923年12月。
② 《中华平教促进会总会第一次征集会员宣言》，《晨报副刊·社会》1926年12月14日第60期，第8版。

员的办法总纲,申明甲、乙两种类型会员的资格、职权、入会手续、会员期限、会员额数、征集会员组织、征集日期等。①

(二)中华平民教育促进会章程之初步修订

随着平民教育运动的开展与平民教育事业的初步发展,为了适应新的需要,1923年底,平教会对简章进行了一些修订。修订的主要内容如下:

首先,该会的名称修订为:中华平民教育促进会。

第二,该会的宗旨完善为:"在适应失学人民的实际生活,研究并实验平民教育学术,协助国家教育民众,培养全民修齐治平的真实能力,发扬中国文化,促进世界大同。"

第三,会务具体归结为六大类。其一,调查事实。举行社会调查、经济调查及教育调查,征集各种事实,作为平民教育研究的根据。其二,研究学术。根据调查所得的结果,按照实际生活的需要,研究有关平民教育的学术问题。其三,实验学术。根据研究所得的结果,实地集中实验,达到产生平民教育效率最大、应用最广的各种材料方法及方案的目标。其四,编制工具。根据研究试验所得的结果,编辑各种教材及其他读物、学术丛书等,制作能够广泛应用的教具。其五,训练人才。集合各种学术专家的调查、研究、实验,编写所得的各种经验与发明(创见),创设平民教育学院,培养有关平民教育的学术与行政方面的各种人才。其六,协助推行。凡政府实施民众教育,社会团体或个人举办平民教育,平教会应汇集各种教育学术专家的经验及平日研究实验所得的结果,随时协助推行。

第四,修订董事会的组成。修订后的章程将董事会董事的资格分为两种。一种是基本董事,一种是被选董事。中华平民教育促进会最初创办人对于该会经济上、学术上继续有实际贡献者,为基本董事。被选董事包括三类人:一是对该会有特殊贡献者,由执行董事2人以上之提议,经董事会同意者;二是该会会员连续5年以上履行会员义务者,由执行董事2人提议,经董事会同意者;三是

---

① 《中华平教促进会总会第一次征集会员办法总纲》,《晨报副刊·社会》1926年12月14日第60期,第8版。

对平民教育有特别学术才能者,由执行董事5人以上之提议,经董事会同意者。同时为了防止董事过多而影响董事会的决策及办事效率,该会还对董事的名额进行限制,以35人为最高额,并且对连续两年不履行董事职权者进行解职。

第五,修订执行董事会组成。修订后的章程规定执行董事会由7人组成,执行董事会每年开会一次,若遇必要时得由董事长召集临时会议。干事长为执行董事会的当然执行董事,其他6人,由董事会就该会所在地的董事中公选产生。公选的执行董事任期为6年,每两年改选三分之一。第一次选出者任期2年、4年、6年者各占三分之一,且在执行董事会召开第一次会议时签订。执行董事的改选,现任执行董事按照定额从董事中推举2倍的候选人,再由董事会按照定额从候选人中选定。执行董事会设董事长1人、会计1人、文牍1人,由执行董事会在执行董事中推选。执行董事会遇必要时可酌设各种委员会。凡执行董事放弃职权一年以上者,视为自行解职。

第六,关于平民教育机构,在干事长之下设五部八科,即:总务部、市民教育部、农民教育部、华侨教育部、士兵教育部;平民文学科、平民艺术科、生计教育科、公民教育科、健康教育科、妇女教育科、教育学术科、社会调查科。各部、各科分别设主任1人,并可酌设副主任、专门干事若干人,由干事长聘任之。必要时还可酌设各种委员会。

第七,增设4种会议制度。主要有行政会议、教务会议、总务会议和学术会议。其中,行政会议由各部科主任参加,议决该会一切重大问题,干事长为当然主席;教务会议由教育方面各部主任参加,议决该会教育行政方面一切问题,由各部主任公推一人为主席;总务会议由总务部所属各主任参加,议决该会总务方面一切事宜,总务主任为当然主席;学术会议由各科主任参加,议决该会学术方面一切问题,由各科主任公推一人为主席。

第八,增设平民教育学院。该院设主任1人主持院务,并可酌设副主任襄助院务。学院正副主任由行政会议在专门干事中推举,由干事长决定聘任。学院重要院务须经行政会议议决办理。

第九,增设实验区。新章程规定该会为实验全部或一部分平民教育学术应当设立实验区。

第十,修订会员资格。凡公私机关团体或个人,赞成该会宗旨、愿尽力维持的责任者,经执行董事会的认可,均可成为会员。并依据不同的资格,将会员分为三类。第一类是机关会员(相当于团体会员),包括:国立机关年出会费100元以上者;公立机关年出会费50元以上者;私立团体机关年出会费20元以上者。第二类是个人会员,包括:赞助该会,年出会费在20元以上者;对于教育卓有贡献,年出会费5元者。第三类是名誉会员,包括:在该会服务5年以上,且成绩显著者;从学术上或经济上赞助该会者;外国个人或团体机关,在学术上或经济上协助该会者。会员有享受平教会定期学术刊物、会务报告的权利。会员续任达5年以上者,有被选为董事之权,但名誉会员除外。会员如有延欠会费长期不交者,会员权责视为自行解除。会员有损坏平教会名誉的行为者,经执行董事会议决后取消其会员资格。

第十一,修订会章的修改程序。新章程规定该会会章有修改必要时,得由董事5人以上之提议,由董事会三分之二以上之出席,出席人三分之二以上之赞成,始可进行。①

平教会此次章程的修订,为该会日后开展平民教育活动打下了较好的制度基础。

(三)中华平民教育促进会章程之再次修订

1937年"七七事变"发生后,抗日战争全面爆发。平教会在华北形势危急之前已迁往湖南省长沙市,1939年,再转移至四川省巴县歇马场。面对新的国内外形势及中国社会的实际状况,1940年,平教会再次对其章程进行修订。

第一,在此次修订中,为凝聚力量,适应抗战的需要,平教会将其原有宗旨中的"协助国家教育民众,培养全民修齐治平的真实能力,发扬中国文化,促进世界大同"修订为"协助国家教育民众,培养全民修齐治平的真实能力,发扬中国文化,完成三民主义的建设"②。同时为贯彻该会宗旨的实施,平教会提出要与国内外有关系之机关团体开展合作。

---

① 《中华平民教育促进会章程》,见中华平民教育促进会:《中华平民教育促进会章则一览》,中华平民教育促进会,1935年,第1—11页。

② 《中华平民教育促进会章程》,1940年,重庆市档案馆,电子档案,档案号:00890001000070000016。

第二,平教会的新章程对其最高立法机关——董事会的构成及开会时间做了调整:一是董事会由9名董事组成,不同于原来以35人为上限的规定,并且取消了原有的执行董事会。二是董事会设董事长、会计、书记各1名,分别由9名董事互选产生。三是董事会具有规定会务方针、选举董事、核定预算决算、筹募平教会常年经费及基金等职责,并且可以聘请名誉董事以及聘任会计、顾问若干人筹划关于该会经费方面的各项事宜。四是董事会每年开会一次,如果有必要时可以召开临时会议,不过须由董事长召集过半以上之董事参加才具有法定效力。

第三,修改后的章程对该会职员的设立、产生或聘任办法、职权等做了一些调整:一是设干事长1人,由董事会的书记兼任,而非之前由执行董事会在董事中推举并由董事会聘任。干事长对内总理会务,对外代表全会。二是设专门干事、干事若干人,由干事长聘任。三是因工作之需要可设特种教育机关或特种委员会。前项特种机关,如有设理事、校董或委员之必要时得由平教会聘请。

第四,新章程规定平教会在有实验或推广工作的地方分别设通信处或实验区。

第五,新章程简化了平教会的会议种类,取消了原设的教务会议、总务会议、学术会议,只保留了行政会议。行政会议每年举行两次,由干事长、专门干事组织召开。行政会议举行时,以干事长为主席,必要时干事们可以列席会议。行政会议议定事项如下:一是关于该会研究实验事项;二是关于该会农村工作的表证、推广事项;三是关于该会训练计划事项;四是与其他机关团体合作事项;五是建议董事会事项;六是内部各种章则的订立、修订事项;七是核准或追认各地办事处陈请、报告事项;八是干事长所提交的各事项。

第六,新章程还规定平教会在各地所设的通信处、附设机关需分别举行会议,其议决案须送请行政会议核准或追认。

第七,新章程对会员所具有的资格、会员年会召开的日期也有了新的规定。在会员资格方面,平教会会员不再区分机关会员、个人会员、名誉会员,而是只要在该会服务1年以上经干事长认可者,即可成为会员。同时,会员中有损坏该会名誉的行为者亦由干事长取消其会员资格,而不必如旧章所定须由执行董事会议决后取消。干事长的权力明显扩大。召开会员年会则是新章程增加的内容。规定会员年会在每年的8月25日,也即该会成立之纪念日举行。

第八,新章程对该会章程的修订及实行也进行了新的规定。在章程修改方面,新章程规定若章程有修改之必要时,可由行政会议决议,并提请董事会核议后修改。在实行方面,新章程规定该会章程要呈报教育部备案后才可实行。[①]

从此之后,直到1949年11月底之前,平教会的章程基本未再变动。20世纪50年代后,为了适应新社会的发展需要,平教会对章程再次做了修订,该会宗旨被修改为:"以服务中国农工大众为目的,并研究平民文教、生产、保健等工作之一切应用学术,供给教材教具及各种读物。"在组织方面则拟定"凡志愿为农工大众服务者均可申请入会为预备会员,确对农工大众有贡献者得为正式会员,凡经本会聘请担任研究、实验、编纂、推行等工作之会员,均为本会干事,其人数视业务需要而定,并依工作性质分部,每部设主任干事一人,本会之代表人为干事长,由本会干事推举之,并负责处理本会事务"。在董事会方面,该会则打算在向军管会登记手续完成后即改组董事会"剔除脱离人民的反动分子"。[②]然而随着抗美援朝战争的爆发,中华平民教育促进会因其在经济上与美国的渊源而被取缔,章程修订后为农工大众服务的活动实际上没有来得及开展。

二、中华平民教育促进会的组织结构

(一)中华平民教育促进会初期的组织结构

1923年平教会成立时,在其制定的章程中,对该会的组织及相互关系就已进行了规定,但平教会事属草创,其"第一年的主要工作,是物色基本人才,讨论进行计划"。章程中所规定的组织多未建立,其"内部行政职务,如研究、调查、

[①]《中华平民教育促进会章程》,1940年,重庆市档案馆,电子档案,档案号:00890001000070000016;《中华平民教育促进会成立经过组织情形工作计划等及有关文书·中华平民教育促进会成立经过、组织情形、工作计划、经费收支概况、会员名单》,中国第二历史档案馆藏中华平民教育促进会档案:全宗号:11,案卷号:7340。

[②]《中华平民教育促进会档案》,重庆市档案馆,电子档案,档案号:00890001000070000099。

推行、制造等等,都得由总干事一人担任"。[1]当时曾由总会函请胡适、钱玄同、熊秉三、林玉堂(林语堂)、赵元任、刘廷芳、陶知行、朱经农、庄泽宣、高仁山等10多位文学界和教育界知名人士,共同组织了一个"平民文学委员会",1924年10月,美国康奈尔大学乡村教育博士傅葆琛被晏阳初邀请回国,担任乡村教育科主任[2]。

及至1925年底,平教会会务在干事长晏阳初的带领下有了较大的发展。首先,总会职员增加。总会职员由原来的6人增加到17人。除总干事晏阳初外,主持乡村平民教育者,有傅葆琛;主持城市平民教育者,有汤茂如;主持乡村平民教育统计调查者,有冯锐。从事平民社会生活研究调查者,已聘请美国社会学家甘博(Sidney D.Gamble)、燕京大学教授李景汉、张鸿钧。此外,聘请了著名教育学家邱椿(邱大年)为平民文学研究员,张友仁为《新民报》主笔,刘德文为平民读物编辑员。其余各部干事和行政职员,除普通书记外,都是专门以上学校毕业生。其次,平教会总会所设机构做了扩充计划。内部组织划分为两大方面:行政与研究。行政方面分为总务、乡村、城市、华侨四部,各部之下设若干股。已经设立者有乡村、城市两部。研究方面分为统计调查、平民文学、视导训练、公民教育、生计教育、妇女教育和健康教育等七科。已经设立者有统计调查科,还有其他附设机关。机构的扩充为平民教育事业的发展奠定了必要的组织基础。[3]第三,平教会刊物增加。平教会认识到在开创的时候,应当多出印刷品,进行广泛宣传,以便让各地热心平民教育的人有所根据,有所采择。当时总会的出版物已达30余种,还增设了两个定期出版的报纸:(1)《农民》旬刊,专为乡村平民学校毕业生和乡村里粗通文字的人而办。(2)《新民》旬刊,特为城市平民学校毕业生和城市里粗通文字的人而办。[4]

平教会会务的发展,离不开其组织系统作为保障。平教会成立后的第二年,着手进行了组织发展规划、设计。经过讨论,平教会制定了编制组织系统的三条原则:"(一)组织系统上,得把总会工作应有的范围都包括在内;一方面得

---

[1] 汤茂如:《平教总会的组织和工作》,中华平民教育促进会总会,1928年,第14—15页。
[2] 汤茂如:《平教总会的组织和工作》,中华平民教育促进会总会,1928年,第15页。
[3] 汤茂如:《平教总会的组织和工作》,中华平民教育促进会总会,1928年,第17—18页。
[4] 汤茂如:《平教总会的组织和工作》,中华平民教育促进会总会,1928年,第18—19页。

有伸缩的余地,一方面得有明确的规划;(二)组织系统上,得把总会各工作性质不同的关系,直接的或间接的,彼此都能连接。一方面使各部分能自由发展,一方面使彼此能均衡的进步,而且分工合作到底;(三)组织系统上,除了把总会内部工作支配平均外,还得直接与会外实际工作发生密切的关系;要使会内的工作与全国进行的工作,一气贯通。"①

根据上述原则,平教会职员拟定了中华平民教育促进会的组织系统图。详图如下:

中华平民教育促进会组织系统图

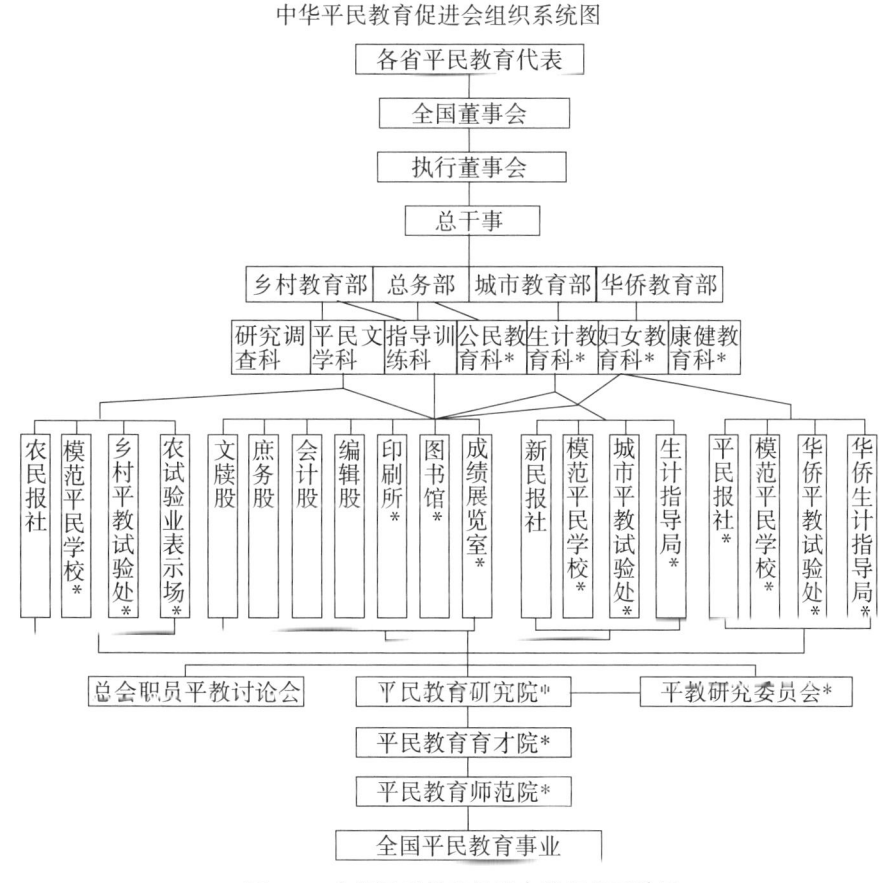

```
各省平民教育代表
      │
   全国董事会
      │
   执行董事会
      │
    总干事
      │
┌──────┬──────┬──────┬──────┐
乡村教育部 总务部 城市教育部 华侨教育部
```

第一层科室:研究调查科、平民文学科、指导训练科、公民教育科*、生计教育科*、妇女教育科*、康健教育科*

下属机构:农民报社、模范平民学校*、乡村平教试验处*、农试验业表示场*、文牍股、庶务股、会计股、编辑股、印刷所*、图书馆、成绩展览室*、新民报社、模范平民学校*、城市平教试验处*、生计指导局*、平民报社*、模范平教学校*、华侨平教试验处*、华侨生计指导局*

底部:总会职员平教讨论会 —— 平民教育研究院* —— 平教研究委员会*
平民教育育才院*
平民教育师范院*
全国平民教育事业

图2-1 中华平民教育促进会的组织系统图

(注:第五、第六层之间,尚有表示互相关系之细线,因线错综复杂,未能排出。带*为筹备中的组织)

---

① 汤茂如:《平教总会的组织和工作》,中华平民教育促进会总会,1928年,第4—5页。

平教会这一组织系统,从一开始便把当时平民教育发起人想要推动、开展的全国平民事业都包罗进来了,并且上(平教总会)下(全国各省市平教会)贯通、左右结合、层级分明(总、科、股的垂直和平行结构明晰)。分而言之,具有以下特点:首先,组织系统有章可循。该组织系统是平教会总会依据其章程第三章而设立,有法律上的根据,但为了事业的发展,又略将章程第三章第七条所列的工作范围进行了适当扩充。其次,有理论上的根据。在这一系统图里,各部、科、股的分布上,大凡平教会认为那些应有的工作范围都包括在内,这是按照章程第一条原则而设计和编制的组织系统。这种分工合作,是按照章程第二条原则而设计和编制的组织系统。在各部、各科、各股与全国平民教育事业的中间,有研究院、育才院及师范院的设计,这是按照章程的第三条原则而编制的组织系统。第三,以社会实践为本。平民教育活动在全国的发展非常迅猛,平民教育实施中的问题也逐渐增多,全国对平民教育人才的需要越来越急切,所以不能不从实践方面对组织系统做通盘的、大规模的规划。①

平教会通过两年的努力,其会务及组织系统日益壮大,可以说为其日后平民教育事业的发展奠定了良好的组织基础。

(二)中华平民教育促进会组织结构的充实与完善

随着平教会的努力和奋斗,尤其是自1926年秋开始,经过干事长晏阳初的积极申请,中华教育文化基金会开始对平教会给予经费资助——这是除首任董事长朱其慧的个人捐助、美国华侨的捐赠之外的又一笔重要经费,平教会获得了必要的经费保障,平民教育实验得以持续开展。有了经费的保障,晏阳初可以邀请更多的热爱平民教育事业的专家、教授加入平教会中,成为平民教育的专职或兼职职员,从而使平教会的人才队伍不断扩大、增强,平教会的组织结构进一步充实。主要表现在:第一,平教会职员进一步增加。平民文学科和公民教育科,晏阳初聘请北京法政专门学校校长陈筑山为主任,诸葛龙、张哲农、赖成骧、殷祖赫等人为城市教材编辑员,聘请夏家驹、金善荣、周德之等人担任乡村教材编辑员。第二,内部组织扩充。设立了平民文学科、公民教育科、生计教

---

①汤茂如:《平教总会的组织和工作》,中华平民教育促进会总会,1928年,第28—31页。

育科和视导训练科。第三,平民教育读物刊物出版增多。平民教育丛书、乡村平教丛刊分别出版了数种,除了编印《农民》《新民》外,还在《新教育评论》和京津的日报上开辟专栏,出版《平民教育特刊》,以扩大平民教育的宣传。

及至1927年,平教会会务进一步发展。首先,所聘职员进一步增加。平教会的职员由各部各科各股所聘请的干事已达到40余人,且大都是高等学校的毕业生,若加上各部各科各股的主任,平教会的职员人数已经50余人,已是平教会成立之初时仅有职员6人的9倍多。当时平教会主要职员如表2-1:

表2-1 1927年中华平民教育促进会主要职员一览表

姓名	字	学历	服务经验	现任职务
晏阳初		香港大学肄习,耶鲁大学政治经济学学士、普林斯顿大学历史学硕士	欧战时驻法《华工周报》创办者及总编辑,上海全国青年协会平民教育科主任	总干事
汤茂如	孟若	金陵大学文科,北京师范大学教育研究科毕业,教育学士,哥伦比亚大学教育硕士,并修毕高等教育行政博士课程	曾任中华教育改进社干事,法政大学教授,民国大学教育行政教授	平教总会城市教育部主任兼代理总务部主任
陈筑山		日本早稻田大学政治科毕业,美国密歇根大学肄业	民初国会众议员,北京法政专门学校校长	平教总会公民教育科主任
傅葆琛	毅生	北京清华学校,美国俄勒冈农业大学、耶鲁大学、康奈尔大学林学、农学、乡村教育学,博士	"一战"时期在法国服务两年又三个月,为驻法华工办理教育,编辑《华工周报》及《醒报》	平教总会乡村教育部主任,北京师范大学乡村教育教授
冯锐	梯霞	美国康奈尔大学科学硕士、农学博士,青年专科留美生,金陵大学农学士	国立东南大学教育科农科教授,乡村生活研究所主任,罗马万国农业研究院研究员	平教总会乡村生计教育科兼调查研究科主任,华北普及农业科学实验场场长
甘博		美国普林斯顿大学毕业	燕京大学社会学教授	平教总会统计调查科干事
瞿世英	菊农	燕京大学学士、硕士,哈佛大学哲学博士	前北京法政大学教授兼教务长,燕京大学、北平大学教员	平教总会平民文学科干事
黄庐隐		北京女高师文科卒业	前师大附中国文教员及女师大国文讲师	平教总会平民文学科干事

(续表)

姓名	字	学历	服务经验	现任职务
熊子涤		日本东京明治大学学士	中孚银行总管理处会计、教育部秘书	平教总会会计股主任兼平民文学科干事
刘拓	泛弛	国立北京高师毕业,美国俄亥俄州之大学工业及农业化学博士	美国俄亥俄州之大学化学工程部研究员、国立北京师范大学教授、国立工业大学讲师	平教总会城市生计教育科主任
郑锦	褧裳	日本京都美术工艺学校、京都绘画专门学校毕业,同志社大学文学士	国立北京美术学校、国立北京美术专门学校创办人及校长、教育部秘书、教育部教科书编纂员	平教总会直观教育科主任
白鹏飞	经天	东京帝国大学法学士	前广东全省教育委员会委员、中俄大学教务主任、国立北京大学兼法政大学法科教授	平教总会公民教育科干事
金耀卿				平教总会事务股主任
杨子衡				平教总会社会股主任
艾一情				平教总会城市平民学校教育股主任
陆燮钧				平教总会华北普及农业科学试验场畜牧技师

其次,内部组织又有了扩充。总务部各股组织就绪,城市教育部增设学校教育股,直观教育科和平民艺术科正式设立,城市生计教育也开始工作。

最后,刊物进一步增加。新编初级平校教材,有市民、农民两种千字课,有珠算、唱歌、体操游戏等教材。并编就城市平教丛刊八种、平民教育丛书十余种。①

会务的发展,促使平教会对其组织系统进行修正。1927年正月,平教会同人通过讨论,决定平教会原组织系统中各部的工作按性质分股,各科的研究按性质分门。到1927年10月,因为要增设平民艺术科,原有8个科变成了9个科。其修正后的组织系统图如下:

---

① 汤茂如:《平教总会的组织和工作》,中华平民教育促进会总会,1928年,第29—30页。

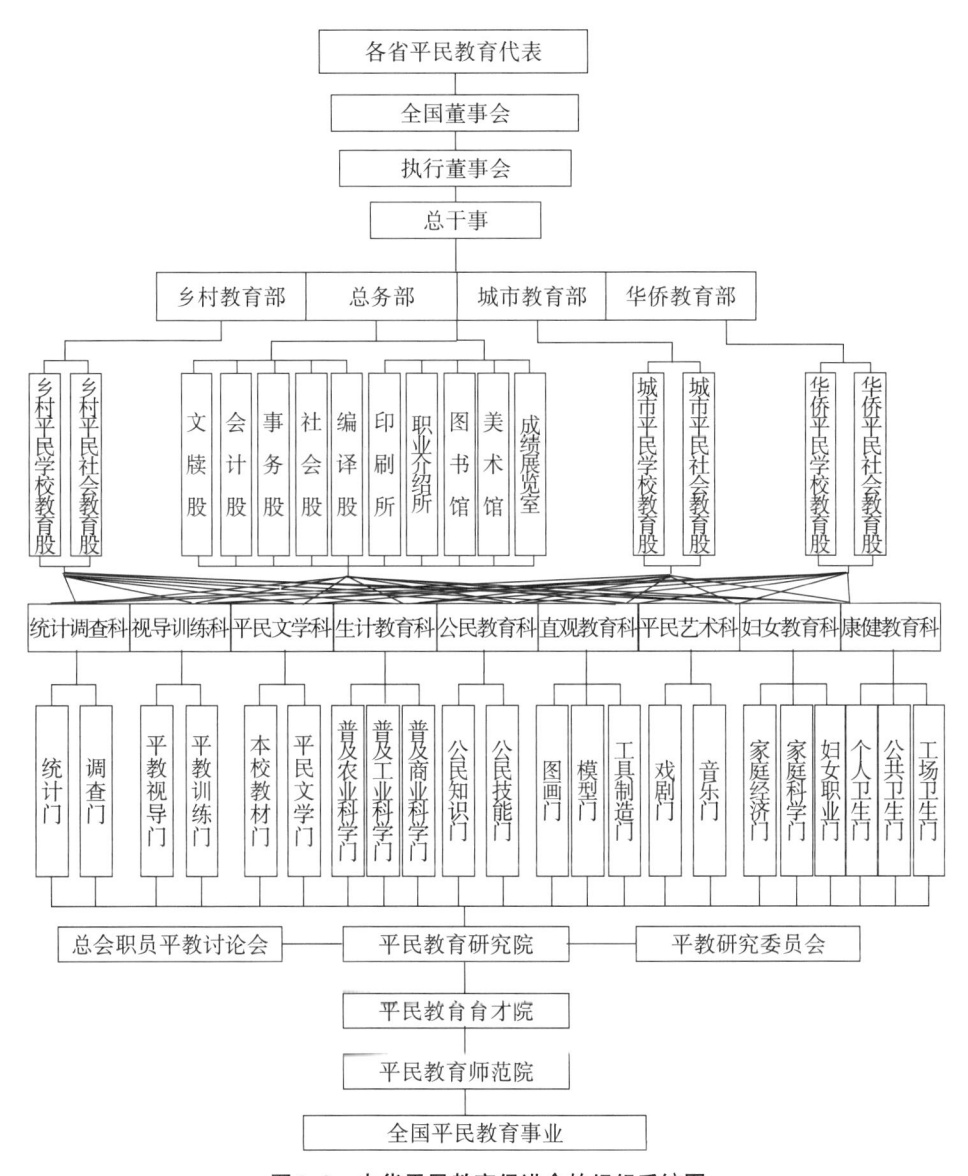

图2-2 中华平民教育促进会的组织系统图

修正后的平教会组织系统在部下设股,股下设科,科下设门,从上到下层级更多,系统更复杂,既是对平民教育向纵深发展在组织上的反映,同时也对平民教育更进一步提供了组织上的保障。

同时，经过此次修正，平教会组织系统的特点更加突出，主要表现在：

第一，本系统表包含了三大制度。其一为行政制度。平教会设有总务、城市、乡村、华侨四部；每部之下直辖若干股。分担一切行政事宜。其二为研究制度。平教会设有研究调查、平民文学、视导训练、公民教育、生计教育、直观教育、平民艺术、妇女教育、康健教育等9科和20余门研究事宜。其三为训练制度。平教会规划建立平民教育师范学院、育才院、研究院，以培养全国平教事业所需要的各种人才。

第二，平教会各部行政职员对各部的工作，都有学术上的研究与专门的训练，所以在行政岗位上，都不偏重个人的经验与机关上的陈例。

第三，平教会各科研究员，随时可以参与行政会议，并分担各部各股的工作。因此，他们的研究都有事实和应用上的根据，不至于出现偏重理想而徒托空言的毛病。

第四，行政和研究两方面遇有需要人才的时候，除了由执行董事会聘请专家外，还采用考试的方法进行遴选，并施以特别的训练，使之有长远的考虑和准备。因此，所任用的职员未曾感觉到有所用非所学的痛苦。[1]

平教会组织系统的完善与发展也促进了会务的进一步发展。总干事之下设有4个部。首先，总务部。它是平教会集中负责事务性行政的部门，下设有文牍股、会计股、事务股、社会股和编译股。平教总会各部各科所有往来文件皆由文牍股办理和保管，并依照欧美通用的文件保管办法编制了平教总会的文件保管制度。平教总会关于购置、保管、发行等一切事务都由事务股办理。会计股则负责平教会的财务，一切入付账项都依照法定手续办理，即：既有预算的根据，又有取付款项的手续，并按照新式簿记格式，每日清理账目，每月报告经济状况。社会股专司平教会职员会员的社交、平民教育宣传和对外联络等事务。编译股专门负责编译平教会重要文件和编辑平教丛刊、平教特刊、平教专号和其他不属于各部各科的文稿。各股都有专人负责。

总务部全部行政事务则由本部主任商同总干事和各部主任办理。总务部自成立后，所承担的事务主要有：

---

[1] 汤茂如：《平教总会的组织和工作》，中华平民教育促进会总会，1928年，第35—37页。

第一,经理全会一切事务。

第二,应付平教会往来各种文电。

第三,收发并保存各项文电。

第四,收支存放总会预算范围内的款项。

第五,购置并保管平教会应用图书和器具。

第六,发行各种平教图书和报章。

第七,展览历年平教成绩。

第八,编制平民教育年报。

该部自成立后已进行的重要工作有:(一)平民教育学术的宣传。编译股已通过北京《晨报》《世界日报》、天津《庸报》出版"平民教育专刊",在《新教育评论》《教育杂志》及其他教育学术杂志出版"平民教育专号""特刊专号",平教会编写出版《平民教育汇刊》《平民教育丛书》等,对平民教育学术进行研究、推广。(二)全国平民教育成绩展览,1926年9月19日在北京举办,北京各大学校教授、中等以上学校学生、各界平民和平民学校的家长参加,展览各省平民学校办学的照片、各省平民教育促进会的印刷品、平民教育历年报告、平民教育消息、平教总会各科工作成绩等。(三)在美国费城举办平教会出版物的展览。1926年,利用费城万国博览会之机,平教会展览了平教会出版的"千字课"、平民教育丛书、各地平民教育报告、各种统计表、图画、照片等,总数达百余种,并被展览会评为头等大奖章。(四)介绍华侨平教状况。1925年7月,总干事晏阳初出席在美国檀香山举行的"太平洋国民会议",并演讲中国平民教育及其所取得的成绩,获得与会者的高度赞扬与当地华侨的热烈响应和支持。在晏阳初的协助下,檀香山建立了华侨平民教育促进会,所开办的华侨平民学校,1926年已有120名学生学完课程,并获得毕业证书,且更多的学生也即将毕业。菲律宾、澳大利亚、日本及其他国家的华侨也闻风而动,也有来函询问平民教育办法的。(五)介绍中国平民教育在国际上产生的影响。晏阳初在檀香山会议演讲中国平民教育之后,菲律宾的参会代表康拉德·贝尼特斯(Conrado Benitez)是该国教育部长的弟弟,听后大受感动,并当面向晏阳初请教平民教育的办法。贝尼特斯回国后,兄弟俩在菲律宾立即着手推行大规模的平民教育运动。美国世界教育会识字教育组负责人司徒尔夫人也开始仿而效之,提倡美国的平民教育运动。《檀香山明星日报》发表文章高度赞扬中国平民教育,并建议美国中等及以上学校开设汉语课,为学习和了解中国文化做准备。(六)第一次征集会员。征集会员的目的在于"结合热心平民教育的同志,共谋普及平教的责任",原计划第一次在北京征集会员500人,结果征集到了700余人,交纳会费者已有496人,大大超过了预期。①

其次是城市教育部,负责在各省分会、特别区分会和城市分会开展平民教育,及至1926年,全国已经成立而属于城市平民教育的分会,有省分会19处,特别区分会3处和城市分会20余处。所研究的问题是各城市分会所有的问题,所编制的教材工具和所训练的人才也都是各城市分会所需用者。该部所进行的工作,具体而言大致有下列八项:(一)研究全国城市平民教育普及的方法;(二)编制城市平民学校教育所需的教材和教具;(三)研究城市平民学校教育和平民社会教育的各项实际问题;(四)调查全国城市平民教育状况;(五)实验城市平民教育各种办法;(六)训练城市平民教育各项人才;(七)视导全国城市平民教育;(八)改良并推广《新民旬报》。城市教育部直辖的机关有1926年秋所创办新民报社和城市平民学校视导科。新民报社出版《新民旬报》,专门针对城市初级平民学校毕业生和城市一般粗通文字的人,设有谈话、新闻、公民、工商、应用文件、娱乐、常识、文艺等8个栏目。第二年改为《市民旬刊》,作为社会式城市平民教育刊物,办报目的在于普及文艺教育、生计教育和公民教育,以增进一般市民的知识力、生产力和公共心。视导科于1926年春所建,是专门研究和实验城市各级平民学校视导法的总机关,并创立了8所初级表演平民学校,作为研究的实验室,1927年9月19日,结束了第一期的实验。②

第三是乡村教育部,负责提倡和推行乡村平民教育工作。1924年秋成立,至1927年已开展的重要工作有以下8个方面:第一,研究全国乡村平民教育的普及方法;第二,编制乡村平民学校教育所需的教材和教具;第三,研究乡村平民学校教育和社会教育的各项实际问题;第四,实验乡村平民教育各种办法;第五,推广《农民》旬刊;第六,调查全国乡村平民教育;第七,改进乡村社会生活;第八,训练乡村平民教育所需各项人才。《农民》旬刊于1924年3月创办,为乡村

---

① 汤茂如:《平教总会的组织和工作》,中华平民教育促进会总会,1928年,第46—55页。
② 汤茂如:《平教总会的组织和工作》,中华平民教育促进会总会,1928年,第56—61页。

教育部直辖机关。它是专门为乡村平民学校毕业生和乡间一般粗通文字的人而编辑的,其内容十分丰富,设有谈话、新闻、书信、故事、游戏、格言、农艺、诗歌、戏剧、问答、卫生等栏。①

"华侨教育部"尚在谋划筹备之中。这四大部和其下属的各股就共同承担起平教会的一切行政事宜。平教会计划建立进行相关学术研究的9科,于1927年时,已设有统计调查科、平民文学科、视导训练科、生计教育科、公民教育科、直观教育科7科,其中,统计调查科、平民文学科在当时表现得最为突出。

统计调查科是平教总会的基本科,所有平教总会的工作都得根据调查而得的事实以作研究的对象。"研究的东西,若不根据事实上的统计调查,则所研究的,必是想像的;所得的结果,必是不适用的",因此,平教总会认为研究一切平教问题一定要以由科学方法而调查得来的事实为依据。1926年至1927年,平教总会所开展的工作以统计调查活动居多,所做调查方法分为通信调查和亲身调查两种,亲身调查又分专门调查和普通调查,这为随后在定县展开大规模的、细致入微的乡村统计调查工作奠定了基础。平教总会认为中国的旧文学和当时的新文学都只有少数人才能欣赏,甚至是学者们装饰门面的,平民文学科的任务是研究出一种适合民众心理的、又为平民所能欣赏而有价值的新文学,以应最大多数民众的需要。该科计划开展两个方面的工作:一方面是整理或改编已经散布在民间的旧文学,另一方面是编译或创作一些陶熔民众思想和培养共和新民的新文学。当时编辑的平民文学读物有几类:平民学校教材、平民读物、定期刊物。②

(三)中华平民教育促进会组织结构的调整与变迁

平教会工作的重心向乡村转移,尤其是设立定县乡村实验区后,为适应新的工作的需要,平教会于1930年制定了《定县实验区暂行章程》,于1934年又公布了《定县实验区组织大纲》等重要章则,建立了相对简化的、适应乡村平民教育实验区模式的新的组织系统。这一新型组织模式如下图所示:

---

① 汤茂如:《平教总会的组织和工作》,中华平民教育促进会总会,1928年,第66—68页。
② 汤茂如:《平教总会的组织和工作》,中华平民教育促进会总会,1928年,第73—78页。

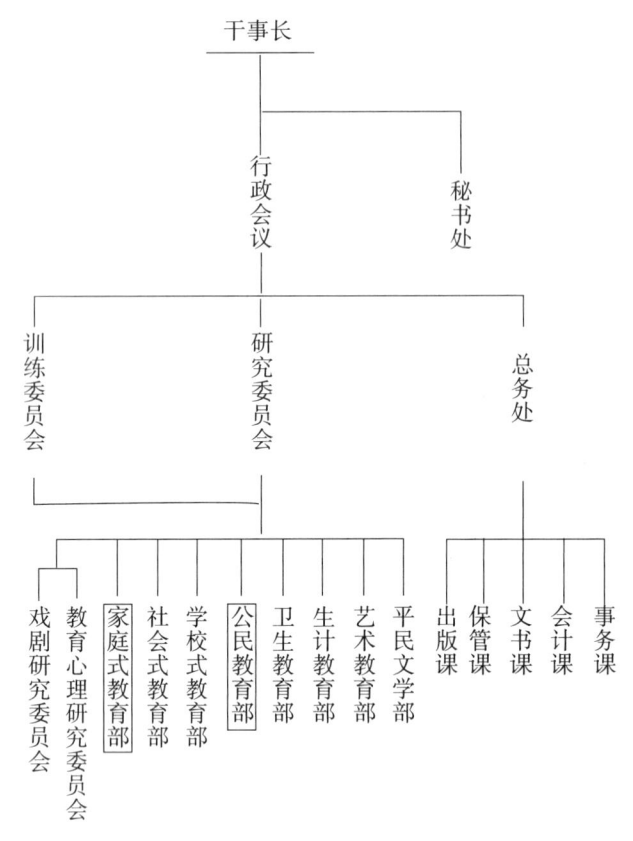

图 2-3 平民教育定县实验区组织系统图（1934年）
（注：图中加方框的部门，表示计划中有，但尚未正式设立）

在这一新型组织系统中，干事长居主导地位，是组织的核心。新设的秘书处是辅佐干事长处理机要事务的机构，行政会议是所有平民教育事务的决策机构。行政会议由干事长、秘书长、研究委员会主任委员、训练委员会主任委员、各部委员会主任、总务处长以及干事长指定之人员所组成，干事长为主席。行政会议的类型包括区务行政会议、学术行政会议、教育行政会议、训练行政会议、事务行政会议以及各种联席会议等六种。区务行政会议负责商定区务的进展计划以及学术、教育、训练等各种行政总方案，制定全区各种规程，审定各部分互相关系的办事细则，以及商定其他关于全区的重要事件。其他五种会议则分别负责商定其所属各部分相关的事件及各部分之间联合开展工作的方法。[①]

区务行政会议每半年之始与终各召开例会一次,具体开会的日期与会期的时长由干事长根据议案之多寡酌定。另外,平时遇有重要事件,经会员5人以上提议,由干事长认可后可随时召集开会。学术、教育、训练、事务各种会议,每两个月开例会一次,遇有必要时可以由主席召集开临时会议。各种联席会议则会期无定,根据需要可随时举行。

行政会议下设总务处、研究委员会、训练委员会。总务处是为平教会日常行政事务处理提供重要保障的机构,设主任一名。其下设事务课、会计课、文书课、保管课和出版课,分别负责各项具体事务。

研究委员会是襄助干事长主持研究实验事务的机构,设主任委员1名,由干事长从专门干事中指派1人担任,并可酌设副主任。其成员由各部主任与教育研究委员会主任、戏剧研究委员会主任、干事长指派的委员组成。主要职责包括研究实验设计事项、各部委员会工作联络事项、研究实验的人员分配及预算审核整理事项、学术团体或机关研究实验合作事项、研究实验结果的预告及审核整理事项、图书管理事项、其他关于研究实验事项。[②]

训练委员会是为襄助干事长主持训练事务而专设的机构,设主任委员1名,由干事长从专门干事中指派1人担任,并可酌设常务委员1至3人,负责教务、实习等事项。主要职责包括训练设计事项、训练实习程序的制定及分配事项、学术团体或机关的训练合作事项、训练结束后的继续辅导事项、其他关于训练及实习事项。

研究委员会与训练委员会下设的平民文学部、艺术教育部、生计教育部、卫生教育部、公民教育部(暂缓设置)、学校式教育部、社会式教育部、家庭式教育部(暂缓设置)、教育心理研究委员会和戏剧研究委员会则是各项平民教育具体事务的执行机构。

通过对组织系统的调整,平教会的工作效率进一步提高,定县实验工作不

[①]《定县实验区暂行章程》,载中华平民教育促进会编《中华平民教育促进会章则一览》,中华平民教育促进会,1935年,第17—20页。

[②]《定县实验区组织大纲》,载中华平民教育促进会编《中华平民教育促进会章则一览》,中华平民教育促进会,1935年,第23—24页。

但得到全面展开,而且成效显著。然而,随着七七事变的爆发,日本开始了对华北的全面进攻,平教会被迫南迁至湖南长沙继续开展工作。随着形势的继续恶化,两年后,平教会不得不再次向大后方转移。1939年平教会终于在四川省重庆市巴县歇马场乡(今重庆市北碚区歇马镇)扎下根。

平教会入川后继续从事平民教育及乡村实验活动。在战时条件下,为适应新形势的发展需要,平教会的组织系统再次进行了调整。如图2-4所示:

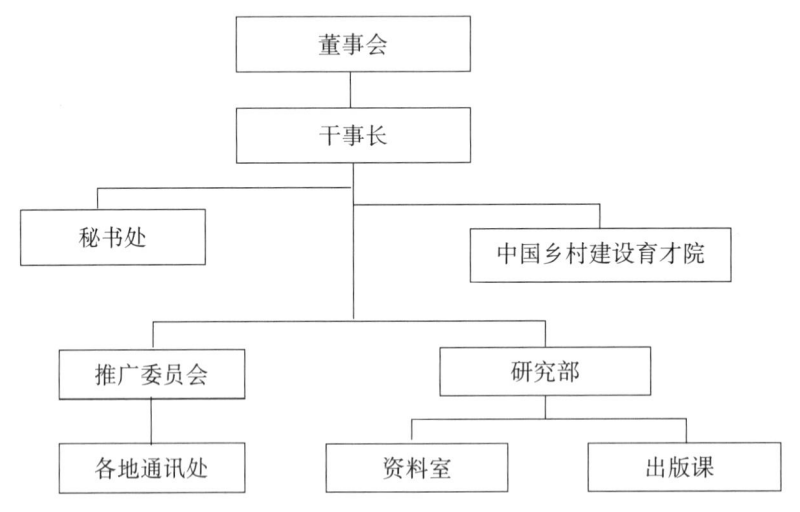

```
                    董事会
                      |
                    干事长
           _____|_____
          |                       |
        秘书处              中国乡村建设育才院
          |
   _____|_____
  |               |
推广委员会       研究部
  |           ____|____
  |          |         |
各地通讯处  资料室    出版课
```

图2-4 中华平民教育促进会组织系统图(1940年)
(注:各地通讯处当时只有成都、定县、长沙、赣县四处)

与定县实验时期相比,抗战中后期的平教会组织系统进一步简化。受战争的影响,物资紧缺,平教会的经费、人员大为减少,乡村实验基地更为集中。与此相关,平教会对其宗旨、董事会的人员构成与职权、干事长的职权也再次进行了调整。首先,平教会将其原有宗旨的最后一句话由"发扬中国文化,促进世界大同"修改为"发扬中国文化,完成三民主义的建设"[①]。这是因为中国正在遭受日本人的侵略与破坏,努力进行统一的民族国家的建设具有迫切性,同时,平教会在此时期在四川省的乡村建设实验得到国民政府及四川省政府的大力支持,因而在宗旨上响应了政府提倡的"三民主义建设"。其次,平教会董事会成员进行了改选。新当选的董事会成员如下表:

[①]《中华平民教育促进会章程》,1940年,重庆市档案馆,电子档案,档案号:00890001000070000016)。

表2-2　中华平民教育促进会1940年当选董事会成员一览表①

姓名	职务	服务经验
张伯苓	董事长	南开大学校长、国民参政会副议长
蒋梦麟	董事	北京大学原校长、西南联大常委会委员
张 群	董事	国民政府行政院原副院长、四川省政府主席
卢作孚	董事、会计	民生公司创始人暨总经理,交通部原常务次长,全国粮食局长
周贻春	董事	清华学校原校长、北京中孚银行总经理、贵州省财政厅长
周作民	董事	金城银行总经理、农产调整委员会主任委员
黄炎培	董事	中华职业教育社创始人并担任第一届董事会董事兼办事部主任,国民参政会参政员
陈光甫	董事	银行家、国民参政会参政员、国立复兴贸易公司董事长,中、美、英平准基金委员会主席
晏阳初	董事、书记	中华平民教育促进会干事长

1940年,中华平民教育促进会新一届董事会组成者,张伯苓、蒋梦麟、周贻春、周作民等人乃平教会董事会首任执行董事,晏阳初、张群、卢作孚、黄炎培、陈光甫等人为新当选董事。张伯苓担任董事长,晏阳初为书记,著名实业家、重庆乡建运动创建人、晏阳初的好友卢作孚担任会计。熊芷②乃首任董事长朱其慧之子,长期致力于慈善教育事业。平教会发起人、首届董事会执行董事、书记陶行知,在20世纪30年代(定县实验期间)与晏阳初发生矛盾而分道扬镳,因而没有续任董事。

伴随着宗旨的调整与董事会成员的变更,董事会的职权也由最初的八项变化为四项,即:规定会务方针、选举董事、核定预算决算、筹募"平教会"常年经费及基金。③再次,干事长改由董事会中的书记兼任,其下设专门干事、干事若干人,并由干事长聘任。干事长对内总理会务,对外代表全会,进一步强化干事长在组织系统中的核心地位。经过组织系统调整后的平教会将工作重心转移到了对中国乡村建设育才院的办理上来,即以中国乡村建设人才的培养为工作

---

①《中华平民教育促进会成立经过组织情形工作计划等及有关文书》,中国第二历史档案馆藏档案,全宗号:11,案卷号:7340。

②原始档案中董事会成员名单中有"熊芷",但又用笔圈掉了。这个圈表示什么,待考。

③《中华平民教育促进会章程》,第1—2页,1940年,重庆市档案馆,电子档案,档案号:00890001000070000016)。

重心。

抗战胜利后,中国乡村建设育才院在其原有的基础上发展成为一所独立的私立大学,更名为私立乡村建设学院。与此同时,平教会干事长晏阳初与四川省政府商议,并经国民政府批准于1946年11月划定巴县和璧山县作为平教会开展综合性的乡村建设工作的实验区,称"巴璧实验区",因后来实验区扩大为四川省第三行政督察区整个区域,因此改称"华西实验区"。为了适应战后乡村建设的需要,平教会的组织系统又一次进行了调整。

平教会在董事会、干事长之下设立三大机构:训练部、实验部、研究部。训练部负责办理私立乡村建设学院,实验部负责华西实验区,研究部设在南京办事处。华西实验区肩负着平教会实际上的乡村建设实验活动,因此,平教会制定《华西实验区组织大纲》,设计了平教会之下的华西实验区组织系统。首先,在璧山设立华西实验区总办事处,内设区主任1名,以综理区内的一切事宜。区主任之下设六组三室(教育组、合作组、农业组、卫生组、编辑组、水利组或水利队、秘书室、会计室、社会调查室),同时设有辅导会议与区务会议。辅导会议由区设辅导委员若干人组成,作为该区的设计检讨机构;区务会议由各组室负责人组成,作为该区业务商讨机构。除此之外,该区所属各县(局)分设若干辅导区,每一辅导区设区主任1名。同时,每一乡镇分设乡镇辅导员1人或2人,负责辅导各该乡的教育、农村建设事宜。每乡镇再划分若干社学区,作为建设农村的基层组织,每个社学区设民教主任1名。每个社学区下又设立若干个传习处、生产合作社、卫生站等,负责教育、经济、农业、卫生等乡村建设的各项具体事务。[①]经过调整与完善,至1949年,中华平民教育促进会在华西实验区形成了如下的组织系统图[②]:

[①]《中华平民教育促进会华西实验区组织大纲》,载璧山县档案局编印《晏阳初与华西实验区档案史料丛刊(第1辑)》,璧山县档案局,2012年,第48—49页。

[②]《中华平民教育促进会工作简述》,载傅应明主编《中华平民教育促进会华西实验区档案史料选录》,国家图书馆出版社,2019年,第81页。

```
                    ┌──────────┐
                    │  董事会   │
                    ├──────────┤
                    │  干事长   │
                    └────┬─────┘
        ┌────────────────┼────────────────┐
   ┌────┴────┐      ┌────┴────┐      ┌────┴────┐
   │ 训练部  │      │ 实验部  │      │ 研究部  │
   └────┬────┘      └────┬────┘      └────┬────┘
   ┌────┴─────┐    ┌────┴─────┐    ┌────┴─────┐
   │乡村建设学院│   │华西实验区 │    │南京办事处 │
   └──────────┘    └────┬─────┘    └──────────┘
              ┌─────────┴─────────┐
          ┌───┴────┐          ┌───┴────┐
          │辅导会议 │          │区务会议 │
          └────────┘          └────────┘
```

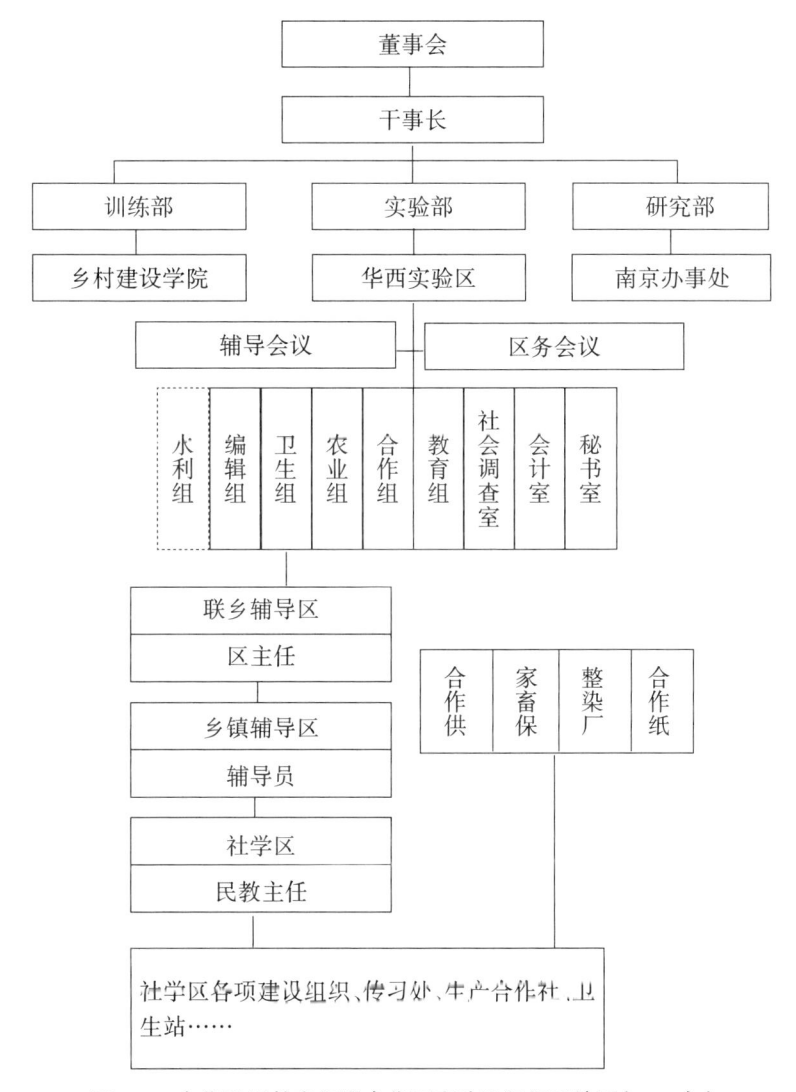

图2-5　中华平民教育促进会华西实验区组织系统图（1949年）

（注：图中虚线的方格表示华西实验区初始时所没有设立的机构）

平教会对华西实验区组织系统的细致规划与设计，既是其对实验与组织工作的重视，同时也是平教会对其工作中应遵循的教育原则和辅导原则的贯彻。平教会希望能够探寻出一套开发广大农民的生产力、知识力、健康力和组织力，以使他们能自觉地、自动地改善其全部生活的方法和工作目标，因而遵循实验、辅导、教育、着重组织的工作原则。因此，平教会认为"一切工作都要由教育入手","要开发和培养农民自觉自发的力量,舍教育方法无他途","乡村建设惟有农民自己的力量才能完成"。[①]

[①]《中华平民教育促进会工作简述》,载傅应明主编《中华平民教育促进会华西实验区档案史料选录》,国家图书馆出版社,2019年,第80页。

第三章 中华平民教育促进会与定县实验区(上)

中华平民教育促进会于1923年成立,至1926年上半年,所从事的平民教育活动都是在城市进行。晏阳初在逐渐发现中国绝大多数平民都生活在乡村之后,认为平民教育不能不以乡村农民为主要对象。于是,从1926年夏在定县翟城村设立中华平民教育促进会办事处起步,1929年建立成以定县为中心的平民教育乡村实验区。定县乡村平民教育实验,没有现成的国外国内的模式、经验借鉴或照搬,也不可能事先在头脑中设计好实验的理论与方法。因此,平教会并不是一到乡村就大张旗鼓地全面展开各种平民教育活动,而是先组织中外社会学专家对定县乡村的土地、人口、经济、健康、风俗、习惯等社会各方面的情况进行实地调查,获得第一手数据后分析乡村农民存在的实际问题,在此基础上提出解决问题的思想和方法。平教会对定县所进行的社会调查既是定县实验的不可分割的组成部分,又是定县实验着手进行的必要条件。

一、定县实验区的设立

晏阳初在主持中华平民教育促进会总会后,将平民教育的重心从城市市民逐渐转到乡村农民,并且通过乡村平民教育实践,最终选择以定县为实验中心。定县的平民教育是从翟城村起步,直到将整个定县作为乡村平民教育的社会实验室,做"彻底的集中的试验",旨在探索中国乡村平民教育之路。

(一)为什么设立乡村建设实验区

为什么设立乡村建设实验区？这包含了两个问题：首先是为什么开展乡村平民教育甚至以乡村平民教育为重点？其次是为什么要设立乡村建设实验区？

晏阳初无论是自1920年8月回国后在中华基督教青年会从事平民教育事业，还是担任中华平民教育促进会总会总干事的最初两年里主持的全国平民教育活动，都是以各地的城镇为据点，以市民为对象。但经过二三年的实践，晏阳初等人逐渐意识到：到乡村去开展平民教育才是其平民教育工作的题中之意，甚至是重心。平教会的乡村平民教育活动是从傅葆琛学成归国后担任乡村教育科（部）主任开始的。

傅葆琛(1893—1984)，四川省成都人。1916年毕业于清华留美预备学校，旋即公派到美国留学。两年后，毕业于俄勒冈州农科大学森林学院（本科）。1918年秋，赴法国为参加"一战"的华工服务，1919年，在巴黎华工青年总会接替因回美国继续学业的晏阳初，编辑《华工周报》。1921年春，回到美国继续留学，先在耶鲁大学森林研究院研读，半年后，转入康乃尔大学农业研究院乡村教育系，1924年夏毕业，获得乡村教育学博士学位。

晏阳初与傅葆琛都曾在法国从事华工服务而且相识相交，二人"志趣和信念早已不谋而合"，"彼此之间已建立起一种特殊的感情和默契"。因此，在晏阳初担任中华平民教育促进会总会总干事后，即写信邀请傅葆琛在博士毕业后回国参加平教会工作。[1]9月，傅葆琛回到国内，到北京拜见朱其慧、晏阳初。晏阳初在平教会专门成立乡村教育科（部），10月，傅葆琛就职乡村教育科主任。[2]乡村平民教育活动得以陆续开展起来。

晏阳初被选为平教会总会干事长后，就急忙致信正在美国研究乡村教育学

---

[1] 傅葆琛：《我与平教会》，陈侠、傅启群编：《傅葆琛教育论著选》，人民教育出版社，1994年，第418页。

[2] 汤茂如编：《平教总会的组织和工作》，中华平民教育促进会总会，1928年，第15页。傅葆琛在1983年回忆《我与平教会》(傅葆琛：《我与平教会》，陈侠、傅启群编：《傅葆琛教育论著选》，人民教育出版社，1994年，第419页)一文中，说自己是1924年底回国，1925年春，平教会成立乡村教育部，他被聘为主任。在傅葆琛回国与担任平教会乡村教育科(部)主任的时间上，汤茂如与傅葆琛的说法不一致。汤茂如的书是当时所编印，傅葆琛是近六十年后的回忆，在时间记忆上有误，该回忆文章多处出现时间错误，因此，汤茂如的说法更为可信。

的傅葆琛,邀请其学成后即回国协助他把平教会的乡村平民教育事业开展起来。晏阳初于1927年写了《乡村平民教育之急需》,傅葆琛到平教会报到后就发表《为什么要办乡村平民教育》的演讲,随后又撰写了一系列文章论述乡村平民教育的理由、方法、范围。晏阳初、傅葆琛两人都论述了当时开展乡村平民教育的根本原因与重要性、紧迫性。两人都从教育的普遍性上论述了乡村平民教育的本质、目的。

晏阳初、傅葆琛二人早期都在国内接受新式教育,青年时又都在美国系统地接受大学本科、研究生教育,民主、平等、自由、博爱等思想深深地植入他们的脑海里。傅葆琛说:"什么叫做'民国'? 就是我们这个国是'民'的国;为'民'而立的国;也是民所立的国;换句话说,就是'民有'的,'民享'的,'民治'的意思。'民'是谁? 就是我们'老百姓'们。"[①]民有、民享、民治直接来自美国前总统林肯在葛底斯堡演说中的思想(government of the people, by the people, for the people),被中国资产阶级民主革命领袖孙中山接受,并第一个翻译成民有、民治、民享,[②]作为其三民主义思想的重要理论基础,因而被民国时期许多人接受,包括晏阳初、傅葆琛等。加上新文化运动、杜威来华讲演平民主义、平民主义教育所产生的思想冲击,民主、平等的观念更加深入人心。因此,傅葆琛说人与人的平等首先就是教育上的平等:"'民国'的人应该平等。平等的人民却不能受平等教育,怎么能算得一个'民国'呢?"[③]晏阳初认为人与人之间的人格本来平等,原无上下高低之分,旧时代教育上的不平等造成了人与人之间存在着智愚、尊卑、贵贱、贫富之别,人格上的不平等,"因为社会制度不良,一部分的人得有受教育的机会,一部分人没有受教育的机会,于是各人的学问、德行显出不同,而人格的上下高低亦即由是而判别"[④]。他认为"平等是人人所有天赋的权利"[⑤]。"要讲

[①] 傅葆琛:《为什么要办乡村平民教育?》,陈侠、傅启群编《傅葆琛教育论著选》,人民教育出版社,1994年,第1页。

[②] 孙中山:《三民主义之具体办法》,三民公司编《孙中山全集》(下册,第三集·第二辑),三民公司,1927年,第40页。

[③] 傅葆琛:《为什么要办乡村平民教育?》,陈侠、傅启群编《傅葆琛教育论著选》,人民教育出版社,1994年,第3页。

[④] 晏阳初:《平民教育概论》,《教育杂志》1927年第19卷第6号。

[⑤] 晏阳初:《"平民"的公民教育之我见》,宋恩荣总主编《晏阳初全集》(第1卷),天津教育出版社,2012年,第39页。

平等,非先求知识上平等不可。"[1]提倡平民教育,"平"者,就是旗帜鲜明地主张"平等"与"公正"[2],"平民"者,包括已过学龄期而不识字的男女,或一般已识字而缺乏常识的男女,平民教育就是不分男女、老幼、贫富、贵贱、智愚和各种职业等,使所有的人都能受教育,"实行'均学'主义",[3]并且在时间、地点、课程、教法、管理,甚至制度上,"以求其能适合他们的需要"。[4]平民政治(民主社会)必须有与此相适应的平民教育,平民教育也是从基础入手实现和建设平民社会不可或缺的手段。诚如很早加入平教会的汤茂如所说:"集中在一切建设的基础上作工夫",简而言之,"就是人的建设或新民的建设"。"所谓人的建设是各个人无分富贵、贫贱、男女、老幼底整个人底心身的发展。所谓新民的建设是中国全民族新人格的建设。"[5]

　　近代教育家大都是抱着"教育救国"的理想而主张振兴教育、从事教育事业,晏阳初、傅葆琛认为要救国莫若以发展乡村平民教育为急。晏阳初认为中国弱就在于中国占人口绝大多数的平民、特别是乡村平民是文盲,"教育不普及,何怪国势之陵夷!""欲挽救今日中国之危亡","舍平民教育莫属"。[6] "要中国有希望,须乡下佬有希望,要乡下佬有希望,须乡下佬识字,受教育。"[7]不注重农民的教育,遑论实现民族再造和国家富强的使命。傅葆琛认为无论个人,还是国家,"'知识'是竞争生存必不可少的东西","'知识'完备的,才能占优胜;'知识'缺乏的,必定遭失败。我们若是要生存,一定要有相当的'知识'"。因此,"中国的前途,还要靠这大多数乡村的人民。他们强,中国也就强;他们富,中国也就富;他们弱,中国也就弱;他们穷,中国也就穷"[8]。中国的富强寓于平

---

[1] 晏阳初:《平民教育原理》,宋恩荣总主编《晏阳初全集》(第1卷),天津教育出版社,2012年,第69页。
[2] 吴相湘:《晏阳初传——为全球乡村改造奋斗六十年》,岳麓书社,2001年,第79页。
[3] 晏阳初:《平民教育的真义》,宋恩荣总主编《晏阳初全集》(第1卷),天津教育出版社,2012年,第99-100页。
[4] 晏阳初:《平民教育原理》,宋恩荣总主编《晏阳初全集》(第1卷),天津教育出版社,2012年,第67页。
[5] 汤茂如主编《定县农民教育》,中华平民教育促进会学校式教育部,1932年,第2页。
[6] 晏阳初:《檀香山华侨与中国平民教育》,中华平民教育促进会总会,1927年,第1—2页。
[7] 晏阳初:《在马家寨区开学典礼上的讲话》,宋恩荣总主编《晏阳初全集》(第1卷),天津教育出版社,2012年,第201页。
[8] 傅葆琛:《为什么要办乡村平民教育?》,陈侠、傅启群编《傅葆琛教育论著选》,人民教育出版社,1994年,第1页。

民、特别是广大的乡村平民之中,只有让广大乡村平民平等地接受教育,中国才有前途,才有富强的希望。

晏阳初、傅葆琛等人不仅从教育平等、教育救国等一般意义(普遍性)上阐述乡村平民教育的本质、功用,而且还从以下几个方面强调了乡村平民教育的紧迫性、重要性:

第一,"乡村平民教育是全国大多数人民之教育"[1]。中国四亿人口的80%即3.2亿都是乡村人民,乡村人民在国内一切事业中无不占有重要地位,"吾人既求普及教育,自不能不首注意于农民"[2]。

第二,乡村人民未受教育者占了90%。乡村只有一部分学龄儿童在接受教育,至少2亿青年、成人均为没有受过教育的文盲。如果不急于举办乡村平民教育,这2亿青年、成人则永无享受教育的机会。"况人数既多,普及匪易。急起直追,犹恐不及。"[3]不能再因循下去了。"号称民国,而全国百分之八十五以上的人民不认识本国文字,没有最低限度的知识,这是一种极危险的现象。"[4]

第三,"乡村平民教育是供给全国衣食住的人之教育"[5]。中国长期以农立国,"今日中国民穷财匮之大原为农业不振,农业不振之大原为农民无知识"[6],"农民缺乏教育,则生产能力不足,而农业必至失败;农业失败,则衣食住原料无所出,而国家危矣"[7]。当今世界是以科学方法改进农业,中国"因为多数农民不识字,不知道各种改良农业的科学方法,到如今还是守着老法子"[8]。因此,"办理农民教育实为今日之要务,而施行失学农民之教育尤为今日之急需","极力增进农民知识,为今日救国惟一之急务"[9]。

---

[1] 傅葆琛:《乡村平民教育大意》,《教育杂志》1927年第19卷第9号。
[2] 晏阳初:《檀香山华侨与中国平民教育》,中华平民教育促进会总会,1927年,第22—23页。
[3] 晏阳初:《檀香山华侨与中国平民教育》,中华平民教育促进会总会,1927年,第23页。
[4] 晏阳初:《关于民众教育的任务》,宋恩荣总主编《晏阳初全集》(第1卷),天津教育出版社,2012年,第308页。
[5] 傅葆琛:《乡村平民教育大意》,《教育杂志》1927年第19卷第9号。
[6] 晏阳初:《檀香山华侨与中国平民教育》,中华平民教育促进会总会,1927年,第23页。
[7] 傅葆琛:《乡村平民教育大意》,《教育杂志》1927年第19卷第9号。
[8] 傅葆琛:《为什么要办乡村平民教育?》,陈侠、傅启群编《傅葆琛教育论著选》,人民教育出版社,1994年,第2页。
[9] 晏阳初:《檀香山华侨与中国平民教育》,中华平民教育促进会总会,1927年,第23页。

第四，目前乡村平民仍然缺少接受新式教育的机会。近代新教育制度建立以来，教育偏重于城市，乡村被漠视，城市失学者日见其少，而乡村失学者愈显其众。这种城乡失衡的畸形教育违背了民治主义（平民主义）的现代精神，"乡村平民教育可以挽救此弊，使乡村失学者均有受教育之机会"①。"故今日欲使城乡享受教育之机会均等，免除历来畸形教育之弊，而适合真正之民治主义，亦不可不尽力于乡村平民教育"②。傅葆琛认为乡村人民的天赋之才智并不弱于城市人民，完全能够接受教育，乡村平民只是缺少受教育的机会，"中外历史均可证明一旦乡村人民受教育之机会与城市人民相等，则人才之产生正未可限量"③。

在中国传统社会，教育总是受到人们的尊崇，但是，劳动者没有受教育的机会，"获得读和写能力被传统地认为是知识阶层的特权，就像掌握医学知识是医生的特权一样"④。中国古代社会形成了士农工商四大阶层，身份固化。科举制度下的教育，其主要目标是为了培养从政的官员，中国人普遍认为"读书为专门事业，士、农、工、商，惟士可以读书"⑤。按照现代社会理念，晏阳初认为"若是只有一小部分人读书，最大多数愚蠢，必致产生许多痛苦羞耻的事"⑥，但是，由于专制统治者历来奉行愚民政治，"自来的士大夫阶级大都利用'不识不知，顺帝之则'的愚民心理，以达其鱼肉剥削之目的"⑦。长此以往，农、工、商自己也认为"自己沦为文盲，并不是一件羞耻或不光彩的事，而是生活当中很自然的事"⑧。晏阳初特别对农民被排除在教育范围之外非常不满，要求"应先将此种观念根本推翻，使人人觉悟读书识字是人类共有的权利，无论什么人都应享受"⑨，"读书的要做工，做工的要读书，这才是整个的新民"⑩。傅葆琛认为中国许多人不

---

① 傅葆琛：《乡村平民教育大意》，《教育杂志》1927年第19卷第9号。
② 晏阳初：《檀香山华侨与中国平民教育》，中华平民教育促进会总会，1927年，第24页。
③ 傅葆琛：《乡村平民教育大意》，《教育杂志》，1927年第19卷第9号。
④ Y.C.James Yen, China's New Scholar-Farmer.The Chinese National Association of the Mass Education Movement,Peping：1929, p10.
⑤ 晏阳初：《平民教育运动术》，宋恩荣总主编《晏阳初全集》（第1卷），天津教育出版社，第51页。
⑥ 晏阳初：《平民教育概论》，《教育杂志》1927年第19卷第6号。
⑦ 席征庸：《欢迎大学生下乡》，《民间》（北平）1937年第4卷第6期。
⑧ Y.C.James Yen, China's New Scholar-Farmer.The Chinese National Association of the Mass Education Movement,Peping：1929, p10.
⑨ 晏阳初：《平民教育概论》，《教育杂志》1927年第19卷第6号。
⑩ 记者：《晏干事长演说纪略》，《农民》（北京）1930年第6卷第18期。

识字不读书,并不是因为他们不知道读书的好处,而是因为这些人没有读书的机会。没有读书的机会,一是因为许多人没钱上不起学:"从前读书的人,专门读书,不做别的事,有时还要靠别人的资助。所以有钱的人,才读得起书;穷苦的人,哪里有读书的机会!可惜许多聪明的人因为没有钱上不起学,不能发展天赋的才能"。二是还有许多人因为"忙",而不读书。三是还有许多人把读书看得太难。[①]

晏阳初把文盲称为"睁眼瞎",傅葆琛把这些不识字的人称为瞎子、聋子、哑子,他们认为治这些瞎、聋、哑病,对症下药的方法,除了"教育"——平民教育——再无其他任何方法。"所以我们要想改造中国,第一步应该做的事,就是要提高民智,普及教育。"[②]晏阳初在法国对参战华工的识字教育的成功经验,给了他教育农民的坚强信心。他坚信"祖国那些没有文化的农民非常需要受教育,而且他们也具有接受教育的可能性和基本能力"[③]。

晏阳初认为"中国的乡下人一直受到过分的忽视,但是,他们也因此比城里人是更加可教的"[④]。而且与城市平民教育相比较,晏阳初认为在乡村开展平民教育也有其独特的优势:其一,"在乡村开展平民教育运动比在城市便利",因为中国农民一向处于受人歧视的地位,"因而比城里人容易受感动,也易于教育"。其二,农村中的外界干扰少。因此,农村学生学习认真,遵守校规,出勤率也高。其三,在乡村的村落中,人们彼此之间十分了解,并存在着一种互助精神,而这种精神正是城市里最缺乏的。其四,在秋、冬季节农民们有较长的农闲时间,每天可上五至八小时的课。其五,在我国的民众中,农民是最勤劳和最能吃苦的。[⑤]

晏阳初坚定地认为:"我们越和农民在一起,就越认识到他们是中国未来的希望","如果事实证明乡村平民教育实验室成功的话,它将为改变四千年的帝

[①] 傅葆琛:《为什么要办乡村平民教育?》,陈侠、傅启群编《傅葆琛教育论著选》,人民教育出版社,1994年,第3—4页。

[②] 傅葆琛:《为什么要办乡村平民教育?》,陈侠、傅启群编《傅葆琛教育论著选》,人民教育出版社,1994年,第3页。

[③] 晏阳初:《中国的新民》,宋恩荣总主编《晏阳初全集》(第1卷),天津教育出版社,2012年,第133页。

[④] Y.C.James Yen,China's New Scholar-Farmer.The Chinese National Association of the Mass Education Movement,Peping:1929,p9.

[⑤] 晏阳初:《平民教育》,宋恩荣总主编《晏阳初全集》(第1卷),天津教育出版社,2012年,第138页。

王统治,建成现代化共和国而奠定基础"。①

那么,开展乡村平民教育,为什么要建设乡村实验区呢?

中华平民教育促进总会初期兼总务部和城市平民教育部主任的汤茂如②对平教总会设立乡村实验区的计划和理由自然非常熟悉,而且很及时地编辑出版官方资料,我们还是首先引用他编写的官方文献:

> 乡村平民教育不但比城市的重要,他的范围及工作也比城市大多了。所以举办乡村平民教育,更当有精密的研究与彻底的试验。中华平民教育促进会总会对乡村平民教育的计划,是分全国为七大区,在每区内选一适当而能代表该区乡村生活的地点,以作彻底试验的中心。然后再由中心推行全区。所以要采用此种办法的原故,就是因为中国幅员广大,各处情形不同,不能不按照生活环境,实地设施。第一个乡村平民教育试验场选定中国北方,现时已经进行的是直隶和京兆两个区域。直隶的试验,散在保定各县。③

中华平民教育促进会总会认为乡村与城市情况不同,平民教育的方式也就大不一样。"举办乡村平民教育,更当有精密的研究与彻底的试验。"因为中国幅员广阔,不同区域的乡村情形各不相同,"不能不按照生活环境,实地设施"。乡村平民教育采用分区域研究和试验的办法,计划在全国设七大区,每一大区选该区域有代表性的地点,建立乡村平民教育试验中心,在彻底试验的基础上,再把成熟的经验和办法推广到全区。汤茂如没有点明这是由谁提出来的,一般来说,最有可能的提出者是平教会总会唯一的乡村教育专家傅葆琛,但一定是得到董事长朱其慧、总干事晏阳初等人的支持才能付诸实施。晏阳初自己也曾认为:"所以采此办法者,良由中国幅员广大,各处情形不同,不能不按照生活环境,切实设施,以免隔靴搔痒或削足就履之弊。"④汤茂如并没有说明全国所划定的七大区分别设在哪里,只说到第一个试验场已选在北方,而且已有京兆和直隶两个区域已经开始了乡村平民教育试验。这两个区域距平教会总会近,而且都得到当地组织、团体的支持。

---

① 晏阳初:《中国的新民》,宋恩荣总主编《晏阳初全集》(第1卷),天津教育出版社,2012年,第141页。
② 《中华平教总会早期人事》,宋恩荣总主编《晏阳初全集》(第1卷),天津教育出版社,2012年,第436页。
③ 汤茂如:《平民教育实施的试验》,中华平民教育促进会总会,1928年,第40—41页。
④ 晏阳初:《檀香山华侨与中国平民教育》,中华平民教育促进会总会,1927年,第24页。

(二)定县实验区的形成

晏阳初、傅葆琛说,民国社会是由"民"所组成的国家,是为"民"而立的国家,是"民"所立的国家,这民国的"民"是具有独立、平等、自由人格的"新民",平民主义时代,(民治社会)人人都享受平等的受教育机会和权利。平民教育的目的是"教人做人","做整个的人",是"养成有知识、有生产力和公共心的整个人",[①]"整个的人"就是"新民","新民"是教育的结果。谁来承担教育平民、特别是乡村平民的任务?晏阳初认为当然是已经受过良好教育的知识分子。

晏阳初平民教育的首要原则是"全民性",已过学龄时期而不识字或已识字而缺乏常识的青年和成人,不分男女、老少、富贵、贫贱,都有领受平民教育的必要。[②]傅葆琛认为平教会总会既然是全国的平教社团,必须以"使全国人人识字,建立普及教育的基础,改进生计,消弭乱源,奠定国本"为目的,要让全国四亿人无论贵贱、贫富、男女、老少都要受到教育,都要有普通常识和处理日常生活的能力,培养起有继续阅读和领略优良教育的能力,让他们有共和国民必不可少的精神、态度、知识、思想和技能。[③]也就是说,平民教育的目的不只是让平民学习识字,还有更高远的目的。要达到这样的目的不容易,中华平民教育促进会总会必须进行详细的研究和试验。

按照乡村平民教育试验计划,平教会总会先选定华北为第一乡村平民教育试验区,晏阳初与平教会总会乡村教育部主任傅葆琛先后到河北保定道和京兆所属20县开展乡村平民教育的提倡工作。1926年,又选定河北定县在翟城村设立华北实验区办事处,以此起步,开始了平教会长达十一年之久的"定县实验"——乡村平民教育实验区。

起步阶段的华北第一乡村平民教育试验区共有三个试验区:直隶的保定区、京兆区、直隶保定的定县区。晏阳初、傅葆琛按照其工作性质,把三个试验区分为两种类型:第一种为普通的普遍的试验,在直隶的保定区与京兆区进行,

---

[①] 晏阳初:《平民教育概论》,《教育杂志》1927年第19卷第6号。
[②] 晏阳初:《平民教育概论》,《教育杂志》1927年第19卷第6号。
[③] 傅葆琛:《为什么要办乡村平民教育?》,陈侠、傅启群编《傅葆琛教育论著选》,人民教育出版社,1994年,第5页。

第二种为彻底的集中的试验,在直隶保定的定县区推行。①

1. 直隶保定道②的乡村平民教育试验区

1924年11月,平教会得基督新教公理会的协助,开展乡村平民教育试验。③平教总会乡村教育部主任傅葆琛、训练干事夏家驹、李清封等前往指导。④不到半年,在12个县分设平民学校,招收男女学生达6000余人。1925年3月,平民学校第一次毕业典礼在各地举行,各县县长亲临现场,并颁发毕业证书。最值得记录的一件事是,清苑县张登镇段庄平民学校的成绩最优,但该处并没有专任教员,教员为一位20多岁的平校青年。该青年白天赴邻村平民学校学习一课后,夜间就在本村平民学校转授给三四十名学生。平民学校识字教育取得的成绩日益引起保定道各县当局的注意,获鹿县、无极县、定县、蠡县等官厅的肯定,筹拨专款,提倡平民学校教育,各处士绅也纷纷设立平民学校,经费完全自筹。到1927年,10余县平民学校日益增多,学生已增至30000余人。⑤及至1928年初,保定区各县接受平民教育的总数达到50000余人。保定尽管当时是军阀混战之战场,平教会总会在此进行的乡村平民教育试验,"尚能照常进行,且成绩极佳,的确可称为华北乡村平教模范"⑥。

为满足平校学生阅读的需要,应平校教师的要求,中华平民教育促进会总会于1925年3月编辑出版《农民》旬刊。办报的宗旨是:为乡村平校之补充读物,养成农民读报习惯以及介绍简易切实的农业科学与各种常识。设有:谈话、新闻、农艺、常识(公民、卫生、家庭)、模范书信、带图故事、问答、笑话、谜语、词谚、征文、专件等栏目。行文浅近,价格低廉。为当时中国唯一为农民而出版的报纸。⑦

---

① 晏阳初:《檀香山华侨与中国平民教育》,中华平民教育促进会总会,1927年,第24页。
② 保定,清为府治,也曾经是直隶总督府所在地,民国时改为道,下属20个县。
③ 晏阳初:《檀香山华侨与中国平民教育》,中华平民教育促进会总会,1927年,第25页。
④ 汤茂如:《平教总会的组织和工作》,中华平民教育促进会总会,1928年,第69页。
⑤ 晏阳初:《檀香山华侨与中国平民教育》,中华平民教育促进会总会,1927年,第25页。
⑥ 汤茂如:《平教总会的组织和工作》,中华平民教育促进会总会,1928年,第69页。
⑦ 晏阳初:《檀香山华侨与中国平民教育》,中华平民教育促进会总会,1927年,第26页;汤茂如:《平民教育实施的试验》,中华平民教育促进会总会,1928年,第43—44页。

2.京兆乡村平民教育试验区

保定区乡村平民教育分散于下辖各县,京兆区的乡村平民教育试验则是一种更有组织、更近集中的试验。京兆所属20个县,各县村庄多者1000个,少则几百个。1924年春,京兆尹薛之珩(薛子良)在公署召集各县知事、教育界要人参加的平民教育会议,经讨论决定在京兆尹急速推行平民教育,不达普及教育目的不止。会后京兆尹公署教育科与中华平民教育促进会总会合作拟订平民教育计划,分三期推行平民教育试验。第一期,由京兆尹公署及直属各机关、各学校、各县公署及各机关、城镇各学校分别设平民学校一处或数处;第二期,凡各县有学校之村庄均须设立平民学校;第三期,各县无学校之村庄亦须一律设立平民学校。凡成立一所平民学校,即得赓续举办,以学区内的失学之人尽数入校毕业,不复有一个不识字的人为止。①第一期计划已在1925年2月实行②,后两期计划也在随后次第实施。"中间虽因战事与政潮之影响,进行不免稍滞,然此心此志,未尝一日稍懈。"③

3.乡村平民教育定县实验区

定县实验,初名定县试验。与保定区、京兆区乡村平民教育试验相比,定县试验是一种彻底的集中的试验。所谓彻底的集中的试验,"谓集中精神财力举行整个平民教育之试验,以谋彻底解决平民教育所有之问题。试验之目的在于求得如何促进'文字教育',以增进'民智',如何促进'生计教育',以改进'民生',如何促进'公民教育',以增进'民德',及如何使三种教育同时并进而互增效率"④。从识字教育这一种教育开始,到发展起三种教育(文字教育、生计教育、公民教育),再到四种教育(增加卫生教育),四大教育作为一个整体进行乡村平民教育实验。

定县实验区可以划分为三个阶段:

第一阶段:1926年11月—1928年秋,从翟城村起步,为定县实验的准备

---

① 晏阳初:《檀香山华侨与中国平民教育》,中华平民教育促进会总会,1927年,第27页。
② 汤茂如:《平民教育实施的试验》,中华平民教育促进会总会,1928年,第46页。
③ 晏阳初:《檀香山华侨与中国平民教育》,中华平民教育促进会总会,1927年,第27页。
④ 晏阳初:《檀香山华侨与中国平民教育》,中华平民教育促进会总会,1927年,第29页。

时期。①

　　试验的步骤,是先把全县分为若干乡村生活的社会区,然后选定一区作彻底的研究实验,以作全县研究实验的根据。②1926年11月,因翟城村的乡绅、村组织的邀请,平教会总会在翟城村创办平民学校,开展识字教育,并开始设平教会办公处,作为乡村试验的大本营,办事处设主任、副主任各1人。不久,识字教育扩展到东亭镇62个村,成为第一乡村社会区,也是第一阶段的实验中心。这一时期进行农业教育、农民教育研究和乡村社会调查三方面的活动。③至1928年,已建立平民学校179处,毕业生约6000人。至1930年成立平民学校417处,毕业生13366人。④

　　第二阶段:1929年秋—1932年底,定县实验的集中实验时期。⑤

　　平教会在定县大规模地进行研究实验是从1929年开始的。由于平教会以翟城村为中心的第一乡村社会区,取得明显的成绩,定县乡村平民教育实验得以扩大到全县。1929年秋,得定县地方人士的帮助,平教会租用县城内的旧贡院为办公场所,平教活动从东亭镇转移到县城,平教会总机关从北平迁至定县县城,以全县为实验区。⑥工作人员携家属同时迁移定县居住,晏阳初率头,自己与家人都搬到雨天满地是泥、晴天黄沙漫漫的小县城。从此,平教会集中全部人力、财力于定县,从事乡村建设工作,并根据工作的需要,逐渐健全和完善了其内部组织系统。

　　第三阶段:1933年春—1937年夏,定县实验区的全面实验时期。

　　定县平民教育实验的成功逐渐为当时全国各方(学界、政界)所关注并成为其他乡村建设实验区效法的榜样。1932年终,第二次全国内政会议议决、由河北省政府呈报国民政府备案,将定县确立为乡村建设实验区,为河北县政研究

---

①晏阳初:《中华平民教育促进会定县工作大概》,宋恩荣总主编《晏阳初全集》(第1卷),天津教育出版社,2012年,第213页。

②汤茂如:《平民教育实施的试验》,中华平民教育促进总会,1928年,第47页。

③晏阳初:《中华平民教育促进会定县工作大概》,宋恩荣总主编《晏阳初全集》(第1卷),第213页。

④许同莘:《定县平民教育促进会访问记》,《河北月刊》1933年5月第5期。

⑤晏阳初:《中华平民教育促进会定县工作大概》,宋恩荣总主编《晏阳初全集》(第1卷),天津教育出版社,2012年,第213页。

⑥晏阳初:《中华平民教育促进会定县实验工作报告》,宋恩荣总主编《晏阳初全集》(第1卷),天津教育出版社,2012年,天津教育出版社,2012年,第269页。

院的一部分,晏阳初兼任河北县政研究院院长,定县实验达到高潮。1937年7月,日本发动全面侵华战争,定县很快失陷,中华平民教育促进会总会转移到中国南方继续开展乡村平民教育活动。定县实验因日本的侵略而被迫结束。

中华平民教育促进总会为什么以定县为实验区?

定县实验区经历了三个阶段,是多种因素促进、逐渐建立和发展的结果。晏阳初于1929年秋决定以定县为乡村平民教育实验的单位,并且把平教会总会迁到定县城,他有一个很宏大的理想,他曾经公开明确说道:

> 我们觉得中国的一个县份,实在是一个社会生活的单位,不仅是行政区域的单位。中国的国家,是由一千九百多个县份构成的。一(个)县就是一个广义的共同生活区域,为若干隶属的共同生活区所构成,是我们从事乡村工作实行县单位实验的最好单位区域。我们今以定县为一个大的活动的研究室,是要每种问题,实际参加人民生活,并不是用政治力量,来建设所谓模范县;也不是如慈善机关来定县施舍教育,是来在人民生活上研究实验,将以研究的得失经验,得出一个方案,贡献于国家社会。①

前述中华平民教育促进会总会的理想是通过平民教育运动使中国所有平民人人都能接受教育,并拟定分七大区进行分区实验。平教会总会实际的平民教育实验只有华北一个乡村平民教育实验区,并从最初的保定区、京兆区、定县区中,以定县为彻底的集中实验区,发展成为平教会总会最终选定的乡村教育实验区。以一个自然县(一个行政单位,也是一个广义的平民共同生活区)为单位,为乡村平民教育的社会实验室,彻底、集中地进行乡村平民教育的研究、实验,为整个中国乡村平民教育探索出可资借鉴的经验、方法。这一实验方法得到了时人的肯定:"故一切有志于改造社会生活之工作,皆应从此处着手,始能发生实际之效力。研究改良社会之方案,亦应从此处着眼,方有事实之根据。"②

此外,以县为单位进行实验还与平教会自身所处的境况有关:第一,1927年秋全国政局可谓混乱至极。南北战争之外,又加上南与南战,北与北争。全国

---

① 晏阳初:《中华平民教育促进会定县工作大概》,宋恩荣总主编《晏阳初全集》(第1卷),天津教育出版社,2012年,第213页。

② 《定县平民教育农村运动考察记》,出版社及出版时间不详,第18页。

已没有安定的环境可供平教会去做大规模平民教育推行的工作。①第二，平教会是一个民间学术团体，其专长在学术研究，若让其担负起在全国推行平民教育的重任则力有不逮。第三，平教会将其大部分的精力、人力、财力、物力集中于一县内去做最彻底的研究实验工作，在将来建设需要之时可以为国家贡献出具体的、整套的建设方案。②

然而，平教会最终之所以会选择定县作为自己的实验区，其原因主要是定县有其自身的代表性与优越性。第一，该县以其农民生活、乡村组织、农业情形、经济状况，可作为华北各县的代表。第二，定县距离大都市较远，人民生活不致受都市影响。因为定县南行一千里有余，始达郑州；东北四百余里，始达北平。其他各方面皆无大城市，四周皆农村，可作为农村社会之典型代表。③第三，该县的面积及人口规模具有代表性，便于开展以县为单位的实验。定县全县轮廓颇为整齐，略成方形，据1933年的实测，全县面积为3650平方里，约合1211平方公里，人口40万，其中男子约占人口总数的51%，妇女约占人口总数的49%。在当时的中国，无论就其面积还是人口而言，定县都算得上是一个中等县，是全国1835个县的代表。第四，定县具有较好的从事平民教育实验的基础。"由于清末民初本县开明士绅米鉴三、米迪刚父子办过翟城'模范村'——设立村公所筹集基本财政，提倡纳税组合，成立男女学校、宣讲所、图书馆、自治讲习所、乐贤会等，后又组织德育实践会、自治会、改良风俗会、储蓄会、爱国会，提倡掘井造林修路及清理地产，户口登记等——风流所及，定县各村办理教育颇有基础。据平教会的调查，1925年全县有各种学校489所，在校学生18350人，其中初级小学462所，在校学生16368人；高级小学23所，在校学生1682人；中等学校4所，在校学生300人。这便于平教会从事实验工作。"④第五，得到了当地士绅的支持，尤其是当地著名士绅米迪刚的邀请。米迪刚，住在翟城村，曾留学日本，是一个改良主义者，多年来一直希望实施一项乡村教育研究计划。他在其他社区里看到过平教会的工作，很受感动。当平教会告诉他，他们并不满

---

① 汤茂如：《平教总会的组织和工作》，中华平民教育促进总会，1928年，第23页。
② 汤茂如：《平教总会的组织和工作》，中华平民教育促进总会，1928年，第24页。
③ 《定县平民教育农村运动考察记》，出版社及出版时间不详，第18页。
④ 郑大华：《民国乡村建设运动》，社会科学文献出版社，2000年，第83页。

足于仅仅教人们阅读,而且还想帮助农民实现农业现代化,想在中国建立一个模范县,并将全力以赴地在这个县干上十到二十年或有可能三十年,以将该县变成中国在二十世纪的样板时,米迪刚向他们发出了热情的邀请,并许诺如果平教会到定县,其将尽一切努力帮助他们实施这个计划。因为,他感到这是改造中国的一条道路。他呼唤平教会来定县实践,不要只写关于改造的漂亮文章和纸上谈兵,希望平教会将定县作为一个基地,将它发展为一个模范县,以实现其梦寐以求的事业。为此,他努力说服村长,让他们向平教会发出了正式的邀请。[①]

二、定县实验区从社会调查入手

城市知识分子甚至是留学国外大学的硕士、博士来到乡村——面对这个完全陌生的环境,平民教育工作如何入手?晏阳初请李景汉、甘博等中外著名社会调查专家走出私立燕京大学象牙塔,下到定县乡村,走村入户,开始实地调查,了解乡村的实际问题。定县社会调查既是定县乡村平民教育实验的前提,也是平民教育的重要组成部分。

(一)民国时期的社会调查运动

在追求教育科学化和社会化的进程中,伴随着具有实证色彩的社会学研究范式的形成,教育领域开始引入社会学方法,也就是社会调查法。从欧美国家(尤以美国为主)归来的中国留学生自然也将这股风气带入国内,人们越来越意识到教育作为一个社会系统工程,丝毫不能与社会分开。当时大量欧美学者借助高校、调研机构等平台率先在中国展开社会调查活动,[②]如《中国社会调查运

[①] Y.C.James Yen, China's New Scholar-Farmer.The Chinese National Association of the Mass Education Movement, Peping:1929, p6-7.
[②] 根据《清末民国社会调查与现代社会科学兴起》一书的前言介绍,中国从清末时期就开始兴起具有现代化色彩的社会调查,包括学务调查、商贸调查、人口调查等,进入民国后,英美数理统计学派给予中国的影响愈来愈大,"统计型调查"更是大量产生。只是在西方日趋成熟的社会学理论和大量社会调查实践的影响下,中国的社会调查面临转变性的发展,调查活动不断壮大和丰富。

动》中描述的"清华学校教授狄特莫(C.G.Dittmer)指导学生进行社会调查……在民国七八年间中国北部有甘博先生(S.D.Gamble)和燕京大学教授步济时(J.S.Burgess)等按照美国春田调查北京……同时在中国南部有沪江大学教授葛学溥(D.H.Kulp)指导学生在广东潮州调查……"①此外,李景汉、吴文藻等社会学者归国后,也被聘入全国各高校或科研机构,开设社会调查或社会学研究方法方面的课程,并开始尝试指导学生在现实中进行调查。"这些小规模的调查已经引起一般人的注意,都觉得这种有系统的实地调查不但于学术上有很大的贡献,并且与改良社会状况及解决社会问题也有密切的关系"②,在此基础上于1926年还成立了社会研究所筹备委员会。西方社会学、人类学调查方法的传播,改变了传统的学术风气,以实证为特色的社会研究方法,尤其是社会调查一时成为主流,在20世纪二三十年代的民间掀起一股社会调查热,后来有人将这一阶段的热潮称为"中国社会调查运动"③。

值得注意的是,由于师承等诸多机缘,民国学界在20世纪二三十年代主要遵奉美国理论,多推重美国社会学范式。④彼时社会调查运动的热度主要体现在三个方面:第一,社会调查派的涌现。社会调查派特指那些宣称以"科学的态度,客观的方法"搜集数字统计资料的学者,旨在谋求社会改良、社会服务的学术运动,⑤典型代表如杨开道、陈达、李景汉、陶孟和等。他们基本都有留洋背景,接受过西方社会学教育,20世纪初陆续归国后即在各高校或科研机构任职。此外,全国性的调查研究机构也在逐步建立,典型如社会调查所和中央研究院社会科学研究所。⑥第二,社会调查类书籍大量出版,于30年代达到鼎盛。其

---

① 李景汉:《中国社会调查运动》,《社会学界》1927年第1期。

② 李景汉:《中国社会调查运动》,《社会学界》1927年第1期。

③ "中国社会调查运动"一词,根据陶诚于1990年发表的《30年代前后的中国乡村调查》,最早见于1936年燕京大学一篇学位论文上,该论文将1928年至1935年的有关社会调查活动称为"社会调查运动"。后来在很多学者的著作中均有此说法,但是时间跨度的认定并不一致。在当代,阎明认为这一运动的时间起点是1918年,终止时间延后至1937年,吕文浩认为这场社会调查运动以1918年陶孟和出版的《社会调查》为标志开始,一直持续到抗战爆发前。

④ 阎书钦:《民国学界对美国社会学理论的选择与融会:对民国时期社会学中国化一个侧面的考察》,《近代史学刊》第10辑,2013年,第109页。

⑤ 吕文浩:《民国社会学家视野中的"社会调查派"》,《中国社会科学院近代史研究所青年学术论坛》(2007年卷),社会科学文献出版社,2007年,第370页。

⑥ 范伟达、王竞、范冰:《中国社会调查史》,复旦大学出版社,2008年,第41页。

中代表有杨开道的《乡村调查》(1930)、李景汉的《实地社会调查方法》(1933)、言心哲的《社会调查方法》(1933)、张锡昌的《乡村社会调查》(1934)、陈毅夫的《社会调查与统计学》(1935)等。这些书籍基本沿袭美国实证主义研究范式，介绍了社会调查方法的准备工作、步骤、调查大纲和具体搜集整理材料的方法等。陈毅夫的著作还特地讨论了社会调查于统计之重要和各种统计方法，是从事社会调查必不可少的参考书。此外，燕京大学、沪江大学等高校的社会学系开始开设社会调查的研究方法课程，燕大社会学会创办的年刊《社会学界》、东南社会学会创办的《社会学刊》等亦大幅宣传社会调查的内容。第三，各类型、各层次的社会调查在民间展开，并发表众多调查报告。[①]据统计，从1927年至1935年，国内大小规模的调查报告共有9027个，平均每年有1000个。李章鹏统计的1922—1934年燕京大学社会学系主要出版物中有关社会调查的内容，以及相关的调查报告或学位论文就有68篇，足见社会调查在中国发展之迅速。由于这时期乡村复兴运动同样高涨，因此社会调查中的乡村调查格外突出。1935年，全国所有调查中乡村调查所占百分比为37.8%，较1927年的百分比数增长了约6倍，[②]而且自1933年起乡村调查数量就超过城市调查了。[③]这一趋势反映出人们开始将调查方向转移到乡村，并从经济范围扩展到社会生活、教育等各个领域，希望通过社会调查了解真实的乡村情况，解决各种问题。这些调查实践的主体以个人、高校或民间组织为主，其中定县实验社会调查就是在晏阳初领导的中华平民教育促进会的支持下，集合冯锐、张世文、李景汉等一流学者而开展的。它是中国知识分子运用西方社会学的方法进行实地调查的典范之一，是社会调查运动的高潮，其主要成果《定县社会概况调查》更是成为中国社会学调查研究方法发展路径中一个具有里程碑意义的代表作品。[④]

[①]根据当时燕京大学社会学系学生刘育仁的统计所得，其统计材料的来源主要为以下杂志：(1)日报索引；(2)人文半月刊；(3)食货半月刊。

[②]赵承信：《社会调查与社区研究》，《社会学界》1936年第9期。

[③]赵承信：《社会调查与社区研究》，《社会学界》1936年第9期。

[④]根据韩明谟的《中国社会学调查研究方法和方法论发展的三个里程碑》，中国社会学调查研究方法的发展，从它的实施和方法论演变的意义说可以分为社会调查、社会学调查和新社会学调查三个不同的里程。其中20世纪三十年代中期以前为第一个里程，其间具有里程碑意义的代表作品可推李景汉的《定县社会概况调查》一书；三十年代中期至1952年为第二个里程，具有里程碑意义的代表作当推费孝通的《江村经济》一书；1979年社会学恢复至今为第三个里程，代表作当推费孝通的《行行重行行》一书。

著名社会学家、社会调查专家李景汉曾提出社会调查对中国的十大益处,包括帮助人们正确认识中国民族社会的特点、彻底了解中国社会的问题,使人更加理性、拥有公共精神进而寻找民族自救的出路等。[1]事实的确如此,在"救亡图存"的时代主题下,社会调查俨然成为人们改良复兴最有利的工具之一。乡村教育实验的践行者们通过社会调查来"知道乡村生活的究竟,寻出生活上的问题,进而解决这项问题"[2]。社会调查运动的兴起和发展对乡村教育实验的开展来说无疑是如虎添翼,它不仅是对社会状况取得科学认识的重要条件,更是进行乡村教育改革必不可少的基础工作。[3]想要探索适合中国国情的乡村教育,就必须通过社会调查了解基本情况,圈定中国农民生活的基本问题,继而制定乡村教育改革和建设的方针与方案,这与晏阳初的乡村重建必须建立"实验室"、实验方案取决于社会调查的教育实验思想[4]是不谋而合的。

随着社会学研究方法的发展,到了20世纪三十年代后期,以吴文藻为代表的社会学家开始强烈批评这种以精确统计为特色的社会调查,而强调具有人文主义色彩的社区研究。尽管如此,整个20世纪二三十年代的社会风气就是"使用统计方法的调查才是科学的",进行精确的调查在学界似乎一时成为一种"话语霸权"[5]。无论如何,如火如荼的社会调查运动都在一定程度上对民国乡村教育实验起到推波助澜的作用,成为乡村建设科学化的前提。定县实验区的社会调查就是在此基础上顺利开展的。

(二)定县实验对社会调查的需求

20世纪二三十年代,在乡村改良口号和社会调查运动的推动下,乡村教育实验掀起热潮。一批知识分子积极探讨中国的乡村教育问题,形成各具特色且

---

[1]范伟达、范冰编著:《中国调查史》,复旦大学出版社,2015年,第116页。
[2]李景汉:《定县社会概况调查·晏序》,上海人民出版社,2005年,第2—3页。
[3]王志刚、李江涛:《晏阳初"定县实验"对当今乡村教育改革的启示》,《甘肃农业》2005年第8期。
[4]熊明安、周洪宇主编:《中国近现代教育实验史》,山东教育出版社,2001年,第467,469页。
[5]黄兴涛、李鹏:《现代统计学的传入与清末民国社会调查的兴起》,黄兴涛、夏明方主编《清末民国社会调查与现代社会科学兴起》,福建教育出版社,2008年,第23页。

系统的乡村教育思想,并从城市走向乡村,依托各大民间教育团体[1]在全国各地成立起大大小小的实验区来开展乡村教育实验,进行乡村建设活动,将理论运用到实践中。[2]乡村教育思想的派别甚多,其中比较重要的有乡村生活改造派、乡村建设派和平民教育派,[3]分别以陶行知、梁漱溟和晏阳初为代表。实验区方面,具有代表性且影响较大的有山东邹平乡农学校实验区、江苏徐公桥乡村改进实验区、河北定县平民教育实验区、江苏无锡民众教育实验区、晓庄学校和山海工学团实验区等。这些实验区均从乡村教育出发,进而开展全方位的乡村建设,但又各具特色和差异,其中由晏阳初主持的中华平民教育促进会开展的定县实验便是以科学性而著称。

正如晏阳初所言,"中国真正最大之富源不是煤,也不是铁,而是三万万以上不知不觉的农民"。[4]"世间最宝贵的财富是人,世界最宝贵的矿藏是'脑矿',最大的'脑矿'在中国,中国的平民、农民蕴藏着无穷的伟力。"[5]平教会在河北定县开展平民教育运动,实际就是在开发"脑矿"与民力。定县实验旨在发动处于社会底层的农民,以面向农民的识字教育为基础,通过"农民化"和"化农民"来实现"除文盲,作新民"的目标,进而促使农民能够积极自发地改造自己所处的乡村社会。

想要在乡村顺利开展平民教育、实现定县实验的目标,还面临着两大难题。首先,现有的教育经验和材料在乡村社区存在"不适应"的问题。有些人将平民教育比作美国的"移民教育"或英国的"成人补习教育",认为将国外成熟的乡村教育经验搬过来为我所用就可以了,殊不知这是削足适履的行为。平教问题是中国特殊的教育问题,因此"种种办法,均得创新,仿无可仿,模无可模。东洋西

---

[1] 如黄炎培是中华职业教育社(1917)的主要负责人,晏阳初是中华平民教育促进总会(1923)的总干事,陶行知主持中华教育改进社(1921),梁漱溟创办山东乡村建设研究院(1929)等。

[2] 根据郑大华在《民国乡村建设运动》中的说法,乡村教育运动大约形成于1926年前后。但就在乡村教育运动形成不久,尤其是1927年后,乡村教育便已开始向乡村建设的方向发展。(郑大华:《民国乡村建设运动》,社会科学文献出版社,2000年,第70页。)

[3] 屈博:《民国时期乡村教育研究群体分析》,华东师范大学2012年学位论文。

[4] 马秋帆、熊明安:《晏阳初教育论著选》,人民教育出版社,1993年,第71页。

[5] 晏阳初:《平民教育与乡村建设运动》,宋恩荣编,商务印书馆,2014年,第506页。

洋,自更无抄袭了"①。还有人将城市里办教育的一套挪用到乡村中来,比如将城市推行平民教育所用的教材直接拿到乡村、教给农民,有些甚至包括英文内容。这些知识与乡村实际生活距离遥远,农民提不起学习的兴趣,而且难以理解、过目即忘,更不要说能够对自身和社会有所裨益了。此外,固定的修业期限、课堂模式等②也会将有意学习的农民拒之门外。因此,教育不是没有、不是不办,但始终都起不到什么好的作用,这些都是由于缺乏对乡村情况的了解、忽视农民的现实需求而导致的。"想明了中国的情形,不是要去调查南京、上海、天津、北平这样的大都市,是要深入乡村。因为中国四万万人不是完全住在都市,有百分之八十以上的人口住在乡村"③,在乡村兴办教育,就必须先了解农民的需求和愿望,只有对农民生活、乡村社会的事实有充分的了解和认识,才能制定出符合实际的教育方案,才能开展具有实效的农民教育。陶孟和将这一过程形象地比喻为"如同治病一样,必须先检查病源,然后才可以处方下药"④。社会的动荡、政局的混乱以及乡村的危机更是让这些有志之士意识到正确认识问题的重要性。中国的问题出在乡村,中国的民众大都居住在乡村,这就必须对乡村的状况和问题有广泛和深刻的了解,"我们要知道他们所需要的是什么教育,我们必须钻入民间,到农民生活中认识他们的生活"⑤。

其次,乡村缺乏合适的教育,自身条件有限。20世纪二三十年代,各层次各类教育得到广泛发展,尤其是国民政府成立以来,无论高等教育还是基础性的义务教育都得到了政府的大力支持。乡村尽管有相应的学校教育,但大多数为义务教育,主要针对学龄儿童,实际占比最大的成年文盲却没有途径来识字和

---

① 晏阳初:《关于平民教育精神的讲话》,宋恩荣总主编《晏阳初全集》(第1卷),天津教育出版社,2012年,第58页。

② 《晏阳初全集》(第1卷)第465页中提到,受教育者的地域及对象不同,工作的性质各异,休闲的情况不一,受教育的期限与时间当然不能一律,同时教育的目标也有所区别。如在乡村,教育的对象为男为女,教育的需要亦异,农忙情况的不同或学习能力的各异,与修业期限都有很大关系,像学习注音符号对华北农民学习来说不很困难,但对于江浙闽粤等地的人来说却颇为不易。

③ 晏阳初:《"误教"与"无教"》,宋恩荣总主编《晏阳初全集》(第1卷),天津教育出版社,2012年,第420页。

④ 李景汉:《定县社会概况调查·陶序》,中华平民教育促进会,1933年,第5页。

⑤ 晏阳初:《平民教育促进会工作演进的几个阶段》,宋恩荣总主编《晏阳初全集》(第1卷),天津教育出版社,2012年,第368页。

接受教育。当晏阳初等人关注到成年文盲,并将他们的教育问题落实到定县实验上时,也是问题重重。以"除文盲"为例,乡村中究竟哪些人是文盲?文盲的比例是多少?男女占比如何?除去文盲,那些"非文盲"的人识字水平如何?教员的水平、程度怎样?为了推行识字教育以消除乡村文盲,在哪里设置平民学校合适?[①]怎样去制定适合农民的识字课本?识字教育的时间、地点又如何确定?这些事实摆在实验面前,都亟待解决。城市中有很多接触到文字的公共场所。而乡村的教育条件本就贫瘠,更不用说在日常生活中能有刺激农民学习的机会,那么如何将知识教学和乡村环境结合起来、创造学习条件呢?进一步说,怎样才能正确开展实验的步骤呢?这就需要社会调查了。以整个乡村社会为对象进行调查研究,才能将教育办成平民所需要的、适合平民生活状况的平民教育,才能针对性击破问题、难题,形成符合我国国情和人民心理的特有的平民教育。

定县实验以识字教育为出发点,最终是要落实到整个乡村的建设上来。因此,除了要了解定县的教育情况,整个乡村社区的方方面面都要"摸"清楚,包括经济水平、政治结构、文化传统、卫生医疗等,从而"突出教育与政治、经济、文化各方面因素的交互影响"[②]。种种现象都说明了定县实验对科学了解乡村状况的需求,定县作为一个社会实验室,根本在于用科学的方法来发现问题、研究问题,而系统、全面的社会调查正好满足了这一需求。

与此同时,定县实验也具备充分的条件和做了准备工作,确保定县实验社会调查具有开展的可能性。在人才队伍方面,有李景汉、甘博、张世文、诸葛龙等社会学专家学者,另有冯锐、瞿菊农、汤茂如、熊佛西等人在实验开展过程中竭力配合社会调查工作,他们大多有留学背景,对社会调查有充分的理解和支持,使得调查能够有序有效进行。在调查工作开展方面,晏阳初于1920—1922年间游历十九省,调查各省平民教育的状况,并成功运用到长沙、烟台、嘉兴等早期平民教育实验中,积攒了大量的调查经验。在定县自身方面,更是有较为宽容的调查环境与氛围。1904年定县翟城村的米氏父子米鉴三和米迪刚在本村率先发起提倡平民教育和劝农的运动,1914年的定县县长孙纯斋加以支持与

---

①参考新保敦子于1985年东京大学育学部纪要上发表的《"解放"前中国における郷村教育運動——中華平民教育促進会をめぐって》一文。
②吴洪成:《晏阳初的定县乡村平民教育实验述评》,《临沂师范学院学报》2005年第2期。

鼓励,并在物质上给以帮助。①米迪刚多年来希望能实施一项乡村教育研究计划,加上地方乡绅的邀请和支持,这些促成平教会最终选定河北定县翟城村为"识字救国"的试点地。可以说,定县实验是急需社会调查的,同时整个定县实验区对社会调查也起到全面的支撑作用。

(三)调查机构的设置与壮大

1926年夏,晏阳初和中华平民教育促进会的同人们经过两年多的慎重考虑,最终选择河北定县为平民教育实验研究的中心,成立乡村平民教育实验区。并于同年10月开始在定县翟城村设立办事处,划东亭镇附近62个村为第一乡村社会区。②平教会少数同人率先来到这里进行实验的准备工作,包括社会调查、设立平民学校和普及简单农业等,一直持续到1929年秋天。这一过程可算是定县实验的准备阶段,平教会工作仅在定县少数村庄展开,大部分工作仍留在北平。尽管平教会同人的饮食起居、定县人民的不理解都成为这个阶段的困难,但"这也正是准备时期应有的情形,这些困难正是工作上必经的阶段"③。

作为实验最先着手的工作,社会调查轰轰烈烈地揭开了定县实验的帷幕,从此贯彻整个定县实验的始终,长达十年。调查总体可分为两个阶段:1926年至1928年是调查第一个阶段,以第一乡村社会区为主要范围进行初步调查;1928年至1936年是第二个阶段,为全县规模的调查。这两个阶段的划分同平教会中社会调查机构设置、演变的过程是相一致的。

1928年以前,平教会主要在定县第一乡村社会区工作,人员一共20人左右。④初入定县,一切依照北平平教总会的组织模式进行工作,主要分为普及农业科学部、农民教育部和乡村社会调查部⑤三个部门,对应社会调查、乡村教育、生计教育三部分的工作。其中乡村社会调查部又下分为普通调查股、农业调查

---

①陶诚:《30年代前后的中国农村调查》,《中国社会经济史研究》,1990年第3期。
②根据吴相湘《晏阳初传——为全球乡村改造奋斗六十年》第136页,平教总会最初在定县划定以东亭镇为中心的五十二村为第一乡村社会区,后来因地方人士的要求,才另增加十村,最终为六十二村。
③李景汉:《中华平民教育促进会定县实验区》,宋恩荣总主编《晏阳初全集》(第1卷),天津教育出版社,2012年,第600—601页。
④郑大华:《民国乡村建设运动》,社会科学文献出版社,2000年,第197—198页。
⑤另有史料将乡村社会调查部称为"农民生活调查部"。

股和经济调查股,分工合作,[1]实验初期的社会调查也相应地分为普通调查、产业调查和农业经济调查三股,尤其注重一般的考察。[2]调查部由冯锐主持,指导整个工作,在着手调查定县生活状况、教育情形的同时,联络当地士绅、地方机关,希望他们对平民教育的目标与县单位实验有必要的了解。[3]冯锐根据之前在江苏、广东等地的乡村生活调查经验,参照学理,编成了《乡村生活调查大纲》,内含各项调查表格,[4]并将其运用到定县调查的实际操作中。美国社会调查专家甘博同时对调查计划和方法等提供指导,甚至慷慨地给予经济上的援助。[5]此外还有诸葛龙、杨铭崇、宋果贞、李柳溪等先生的参与,他们助力于进行调查、整理调查资料、训练缺乏实地经验的调查人员等各项工作。乡村社会调查部运用大纲,首先在翟城村内开展调查,再根据实际情况不断修改和完善大纲。[6]部门先对全县的历史、地理、赋税、风俗习惯等进行概略的宏观调查,然后对62个村的教育、娱乐、宗教、卫生、生活、经济等具体方面进行调查。[7]这一范围的调查一直持续到1928年,所得的调查材料非常多。在此过程中,平教会开展调查工作并非一帆风顺。1927年和1928年定县界内接连有战事发生,阻碍实验工作的进行。屋漏偏逢连夜雨,此时"又连续不断的闹土匪,闹得太厉害的时候,将调查的材料移到定县城内,借用本考棚三间屋子办公。不幸办公室夜内失盗,将仅有一点工具,包括加减机、打字机、照像器、自行车都被偷去"[8]。幸运的是,调查所得的材料并没有多少损失。这一阶段的调查工作奠定了实验的基础,为平教会制订具体的实验方案和展开后续调查提供了翔实的事实依据。

到了1928年6月,为了加强社会调查工作,平教会特设立了统计调查处。此前冯锐身体抱恙,待恢复健康后,因他方面的要求离开了定县,从事别处的服

---

[1]《中华平民教育促进会平民教育运动史略》,中国第二历史档案馆:《中华民国史档案资料汇编 第五辑 第一编 教育》,江苏古籍出版社,1994年,第765页。
[2] 晏阳初:《中华平民教育促进会定县工作大概》,章元善、许仕廉编《乡村建设实验 第一集》,中华书局,1934年,第55页。
[3] 李景汉:《定县社会概况调查》,上海人民出版社,2005年,第740页。
[4] 郑大华:《民国乡村建设运动》,社会科学文献出版社,2000年,第197页。
[5] 李景汉:《定县社会概况调查》,上海人民出版社,2005年,第16页。
[6] 王巨光:《论晏阳初定县农民教育实验的原则》,《广西教育学院学报》,2013年第6期。
[7] 范伟达、王竞、范冰:《中国社会调查史》,复旦大学出版社,2008年,第58页。
[8] 李景汉:《关于从事定县社会调查的一些经验》,《清华周刊》1932年第5期。

务,未能参与到后期的调查过程和资料编辑中。①平教会因此聘请时任燕京大学社会学系教授的李景汉为统计调查处主任,增加社会调查工作人员的数量,壮大了规模,调查范围亦由原来的62个村扩大为全县所有城乡。

随着全国乡村教育实验渐入高潮,定县实验也开始进入集中实验期。1929年7月,晏阳初全家迁居定县,到了秋天,平教总会从北平全部迁移至定县,以定县全县为实验区,划分8个实验区,共472村。位于北平的总会事务所,仅作为接洽转信的机关而已。②平教会办公处从翟城村移到考棚,其他平教会同人及其家人也于一年内先后赶来,在"茫茫海宇寻同志"口号的呼喊下掀起一阵"博士下乡"的热潮。平教会在1929年之前主要开展"广泛的识字教育",之后则"转移到乡村生活的深刻研究方面",也就是乡村建设方面③。伴随着这种变化,调查工作亦逐渐大规模展开,以全县为范围,程度加深。第一步就是调查全县472村每村的概况,普通的概况调查完成以后,就进行各项详细的调查,例如土地产物、工业、集市、赋税、生活等项。④

定县调查始终坚持"把学得的现代社会调查方法结合于中国之实践,创出一套适合中国实际的调查方法,切实地反映中国之情"的原则⑤,它并不照搬国外较为成熟的调查模式,而是从乡村实际出发来编制表格,进行统计。在具体的步骤上,首先在调查前将某项调查的目的、范围、要求等详细向调查员解释,然后分头向各村的村长、村佐及其他村中领袖接洽,先使他们非常明了、没有怀疑,再讨论合作的方法。调查时请清楚本村的人来当向导,在晚间为农民开娱乐会的同时由本村领袖向村民说明调查事宜、打消疑虑。接着调查员按照规定日期到村内各家填写表格,经指导的人详细参阅后补充完善,再交给负责统计的人计算和制表绘图,并将结果供给平教会或特别有关系的部门。⑥这一过程

---

① 李景汉:《定县社会概况调查·序言》,中华平民教育促进会,1933年,第16页。
② 晏阳初:《最近一年之定县平民教育》,《时事年刊》1931年第1期。
③ 晏阳初:《定县的乡村建设实验》,宋恩荣总主编《晏阳初全集》(第1卷),天津教育出版社,2012年,第220页。
④ 李景汉:《关于从事定县社会调查的一些经验》,《清华周刊》1932年第5期。
⑤ 李景汉:《回忆平教会定县实验区的社会调查工作》,河北省委员会文史资料研究室:《河北文史资料选辑》(第十一辑),河北人民出版社,1980年,第69页。
⑥ 陈菊元:《访张世文教授——社会调查在定县》,张世文:《定县农村工业调查》,四川民族出版社,1991年,第471页。

就是典型的统计型(Booth式)调查风格,它不仅是定县调查的特点,而且是整个定县实验的特色。可以说,社会调查因地制宜、实事求是的原则和严谨科学的工作方法同时贯彻在整个定县实验中。

通过对定县实验准备阶段(1926—1929)社会调查机构设置与壮大过程的梳理,可以发现,在定县实验以前,社会调查机构就已经是平教会组织系统中的重要部分。其实平教会在长沙、嘉兴等地开展早期的平民教育运动时,就十分重视调查的价值,并在开展过程中积累了大量的社会调查经验。被称为"平民教育策源地"的长沙,就是晏阳初基于长沙有较好的平民教育基础的调查之上选择的,湖南平民教育促进会干事会中还特地设有调查一股。[1]到了定县实验时,另设有专门的社会调查机构贯穿于实验的前后过程,诚如晏阳初所言,"社会调查为本会各部工作之根据,当然在此十年之中,都为重要之工作"[2]。在定县实验准备期间,从农民生活调查部到统计调查处,从冯锐、甘博再到李景汉,随着实验工作的开展愈发壮大和专业化,社会调查队伍为整个定县实验奠定了科学的基础。在往后的全面展开阶段,社会调查更是占据了实验缺一不可的重要地位。

三、社会调查与定县实验的奠基(1926—1929)

平教会的调查专家来自城市,又非当地人,直接入户调查难以得到真实的数据。李景汉等人通过吸收平民学校毕业的校友——当地农民——等方法,获得了乡村农民家庭大量第一手真实数据,了解到乡村农民的实际情况,发现了乡村"愚、穷、弱、私"等四大病症,为乡村平民教育实验奠定了必要的基础。

(一)平民学校与社会调查

欲谋求乡村的改造与发展,必然要了解乡村现时的情况和将来的需要,用科学的手段获得科学的内容,进而指导实验的进程。然而,在中国尤其是乡村

---

[1] 谭仲池主编:《长沙通史·现代卷》,湖南教育出版社,2013年,第218页。
[2] 晏阳初:《最近一年之定县平民教育》,《时事年刊》1931年第1期。

环境中开展社会调查活动是非常艰难的,获得真实可信的资料更是难上加难。晏阳初表示这些困难中"有的是表面显然的困难,有的是不易看破的困难"[①],事实的确如此。民国以后,民众始终处在各种苛捐杂税、征兵拉夫、兵匪劫掠的恶劣环境下,他们"时有戒心,防备受害"似乎也在合理之中。正如农民自己的控诉:"一听见调查员到了,我们的大腿就发抖……我们怕壮丁的数目被人知道了,难免会被拉去当兵。地亩的数目被人知道了,难免会被非法捐钱。二十岁上下的闺女或少妇被人知道了,难免会被抢去作姨太太,或被卖到大城市里作妓女。甚至我们怕人知道我们识字,因为识字也许是有钱的证据,难免会被没收财产。"[②]不止是普通民众,村长往往也在调查过程中敷衍对付、借故迟延,有时给假户口册或地亩册,还有时村中分党派、不易接洽。[③]李景汉在《实地社会调查方法》一书中列举了调查工作的具体困难,比如缺乏调查人才和参考材料、公私机关不愿合作帮忙、各种数量单位不统一、各地方言不同等,其中农民的怀疑与害怕尤甚。人们不仅在乱世中学会了搪塞支应的技巧,而且不容易明白调查的意义与实际用处,故意不说实话或为了面子而言过其实,有时候他们还会误解问题,回答有模模糊糊的习惯,含糊、笼统而不准确。[④]"他们不明白我们到底是做什么的,见着调查人员就害怕,不说实话。"[⑤]这些问题都妨碍了社会调查工作的顺利开展。

但社会调查在整个中国毕竟都是一件新工作,困难和艰辛不可避免,要想进行社会调查就必须想方设法得到民众的信赖。平教会在定县的工作是长期的,因此"宁可不调查,也不叫人民发生不快之石[事]。若要进行调查,尤须有相当的预备时期"[⑥]。这也是定县调查前后长达七八年之久的重要原因。为了解决这些问题,获得准确的事实,平教会十分重视调查的步骤和方法,比如灵活

[①] 晏阳初:《中华平民教育促进会定县实验区工作报告》,宋恩荣总主编《晏阳初全集》(第1卷),天津教育出版社,2012年,第272页。

[②] 松年:《评论:我们为什么怕调查》,《农民周刊》1931年第7卷第6期。

[③] 晏阳初:《中华平民教育促进会定县实验区工作报告》,宋恩荣总主编《晏阳初全集》(第1卷),天津教育出版社,2012年,第272页。

[④] 李景汉:《实地社会调查方法》,星云堂书,1933年,第29—32页。

[⑤] 李景汉:《回忆平教会定县实验区的社会调查工作》,河北省委员会文史资料研究室:《河北文史资料选辑》(第十一辑),河北人民出版社,1980年,第71页。

[⑥] 李景汉:《关于从事定县社会调查的一些经验》,《清华周刊》1932年第5期。

设计调查表格的内容,并按一定标准选择调查员,之后组织开展必备的调查技术和知识培训,同时以灵活多样的形式向村中领袖、士绅和农民宣传调查的内容、意义和办法。[1]只有取得整个社区的信任,才可以进行"谨慎"的调查工作。为了解答农民的疑惑、教育农民,使他们了解调查的重要性,平教会采取的重要举措之一就是在定县开办平民教育学校,即以平民学校为与农民直接发生关系的中心,以平民学校为平教会与农民联络情感、解除误会的枢纽。[2]

无论城市还是乡村,平民学校都是平民教育的主要实施机关,[3]也是学校教育推行的主要阵地。平教会初到定县进行实验,除了进行社会调查、生计教育,教育方面就是专注于平民学校的试验与推广。[4]平民学校在定县非常普遍,基本上每个村都有一所,有的村甚至有若干所。它分为初级和高级两个层次,其中初级平民学校也叫扫盲班,通过四个月每天一小时的学习使村民们不仅掌握基本文字和概念,而且培养起继续学习的兴趣。初级平民学校的优秀毕业生还可以升入高级平民学校进一步学习。[5]可以说,平民学校是最能与平民展开亲密接触的场所,因此平教会将平民学校视为调查工作的"初步法门",这就是具有"探查性质的初步农民教育工作"。[6]所有的平教会工作人员参与其中,以平民学校作为一切工作的出发点,先和农民发生师生的关系,在获得相当的信任后,再进行调查及农业改进的工作。[7]

在平民学校,除了开展基础性教学,教员达会向学生解释社会调查的内涵,宣传社会调查的意义与重要性,从而减弱人们对社会调查的误解和抵触。平教会十分注重发挥平民学校师生的作用,调查员大都由他们担任[8],其中平民学校的成年学生"大都是乡村社会的家长,很可以帮同作调查的工作而且能够得着

---

[1] 陈树德:《重读〈定县社会概况调查〉》,《读书》1983年第11期。
[2] 李景汉:《中华平民教育促进会定县实验区》,宋恩荣总主编《晏阳初全集》(第1卷),天津教育出版社,2012年,第601页。
[3] 郑世兴:《我国近代乡村教育思想和运动》,正中书局,1947年,第160页。
[4] 晏阳初:《中华平民教育促进会定县工作大概》,章元善、许仕廉编《乡村建设实验 第一集》,中华书局,1934年,第55页。
[5] 李小红:《中国农村治理方式的演变与创新》,中央编译出版社,2012年,第95—96页。
[6] 吴相湘:《晏阳初传——为全球乡村改造奋斗六十年》,岳麓书社,2001年,第138页。
[7] 吴相湘:《晏阳初传——为全球乡村改造奋斗六十年》,岳麓书社,2001年,第139页。
[8] 郑大华:《民国乡村建设运动》,社会科学文献出版社,2000年,第203页。

比较可靠的材料"①。作为当地村民,他们不仅熟悉本地的环境和情况,而且容易取得其他村民的信任。在学校中习得基本的调查知识与技术后,他们就被平教会吸纳到调查工作中来,协助调查,这样不仅节时省力,而且在一定程度上保障了调查内容的质量。除了在读学生,平民学校的工作人员、教员和毕业生更是社会调查工作的重要力量。尤其是后来组成的平校毕业同学会,在实施社会式教育、推行四大教育等方面做出了巨大贡献,这些毕业青年讲究同学和校友情谊,成为乡村建设工作的核心力量,他们对实地调查工作同样给予了极大的支持与协助,提供了详尽真实的乡村社会情况,与平民学校的教员、工作人员共同成为真实情况的来源。因此,定县的调查"不是由一群面目可疑的,操着一口奇怪的方言和行为举止更为古怪的陌生人进行的,而是由我们本村平民学校的大约五十名老学生、毕业生和老师在我们的认真指导下进行的"②。

随着定县实验的不断开展,平教会"举行与他们生活真有利益的实际工作"③,当地村民对平教会及其工作逐渐有所了解,并产生兴趣与信任。平教会的工作人员尤其是从事社会调查的工作人员,除了有到民间去的认识与决心,也始终秉持虚心和诚恳的态度,如此"农民乐于与我们合作,使我们的调查工作得以顺利进行"④,做到"必须有'三人行必有我师'的虚心态度,与被调查者建立信任与尊重的合作关系"⑤。在此基础上,再加上有一套切实可行的技术和方法,定县调查的结果可谓是"比较理想,各项材料基本符合事实真相"⑥。这其中平民学校发挥了不可替代的重要作用,在定县实验的准备阶段扮演了关键的"桥梁"角色,衔接起平教会与定县农民之间的关系。具体而言,其作用有三:第一,传授和宣传社会调查的意义与重要性,为社会调查工作进行铺垫;第二,联络感情,奠定当地农民对平教会的信任基础,有助于社会调查乃至后续所有工

---

① 汤茂如:《定县农民教育》,中华平民教育促进会学校式教育部,1932年,第10页。
② Y.C.James Yen, China's New Scholar-Farmer.The Chinese National Association of the Mass Education Movement,Peping:1929, p26.
③ 李景汉:《实地社会调查方法》,星云堂书店,1933年,第37页。
④ 熊贤君:《晏阳初画传》,山东教育出版社,2015年,第83页。
⑤ 李景汉:《回忆平教会定县实验区的社会调查工作》,河北省委员会文史资料研究室:《河北文史资料选辑》(第十一辑),河北人民出版社,1980年,第72页。
⑥ 郑大华:《民国乡村建设运动》,社会科学文献出版社,2000年,第207页。

作的顺利开展;第三,一边推广平民教育一边进行社会调查,平民学校既是教育工作的主要阵地,也是调查的主要场所,学校师生积极参与其中,能不断扩大社会调查的影响。难怪李景汉表示"现在调查自然比从前容易多了,因为各村为平民学校毕业的学生"[1],并发出感慨,"认真的实现社会调查,在定县的机会,大概比在中国任何乡村地方都好"[2]。

(二)"愚穷弱私"的逐渐发现

定县实验与社会调查之间不可分割。只有对农民生活、乡村社会的事实与问题有允分的了解和认识,才能制定出符合实际的教育方案,才能开展农民教育。[3]调查、研究、实验、示范与推广是定县实验的五个基本环节,它们环环相扣、相互融合,是一个完整的工作系统。其中社会调查为整个定县实验工作指明了方向,正如晏阳初要求所有的工作要"以社会调查为指南针"[4]。随着调查工作的展开,以晏阳初为首的平教会根据社会调查资料和以往经验,通过理论分析,关注到乡村的农民存在着明显的"愚""穷""私"三点不足。

以"愚"的问题为例。长久以来,教育都是社会上层人士的权利,绝大部分农民目不识丁,而且不晓得也不过问国家社会的事,这种情况简直是"有'民国'而无'国民'"[5]。进入20世纪20年代,乡村在政府支持下鼓励学龄儿童接受义务教育,并开始建立起一些平民学校。1926年,平教会寄给河北省南部各县的乡村平民学校200余份调查表,共回收102份,旨在对当时的乡村平民学校的情况作一个基本了解。根据调查结果,乡村平民学校教员的水平多半很低,这一方面是由于乡间教育不发达,读过书的人少,另一方面是平民学校程度很浅,也用不着程度很高的人才能担任教授(但也有受过中等以上教育的)。学校学生的年龄多半在10岁~20岁之间,这个年龄段的人(或者说青年)正是平民教育

---

[1] 李景汉:《关于从事定县社会调查的一些经验》,《清华周刊》1932年第5期。
[2] 李景汉:《住在农村从事社会调查所得的印象》,《社会学界》1930年第4期。
[3] 赵晓林:《中国近代农民教育研究》,西北农林科技大学2011年学位论文。
[4] 李景汉编著:《定县社会概况调查·晏序》,上海人民出版社,2005年,第3页。
[5] 晏阳初:《在马家寨区开学典礼上的讲话》,宋恩荣总主编《晏阳初全集》(第1卷),天津教育出版社,2012年,第200页。

最注意的群体,年龄最小者7岁,最大者52岁。[1]平教会还得出男校多于女校、教会主办学校最多、教员多半务农等结论。可以说,这类平民学校为定县的平民教育运动提供了基础,但也存在不少问题。在开始正式的定县调查后,平教会于1927年春天开展了全县文盲调查,调查发现定县40万人口中,7岁以上的约有33万。这33万应受教育的人口中,文盲有27万,约占83%,识字者有6万,约占17%。若以性别划分,17万男子中文盲率约为69%,16万女子中文盲率约为98%,识字者仅占2%。若以12至25岁的9万青年为对象,文盲共约7万人,占75%上下,这其中男青年中文盲约占56%,女青年中文盲约占94%。[2]可见定县当时的文盲率非常高,尤其是青年文盲率,女性文盲率更是远超男性文盲率。不止是青年,平教会于1929年与定县教育局合作调查,统计出全县不满12岁的学龄儿童数目约计51000人,占全县人口的20.8%,又全县幼稚园及初高两级小学生共计18840人,此时年失学学龄儿童共有3万人左右。[3]世人皆知当时中国农民的知识水平低下,社会调查的发现使得"愚"的问题更加凸显、更加具体。想要使广大农民接受全方位的教育,就必先使其取得受教育、求知识的工具,也就是认识基本的文字,这一目标也引起了进一步开展乡村教育调查的需求。

正所谓"教育的问题不仅仅是教育的问题",[4]它涉及社会生活的方方面面。问题的出现往往没有先后之分,而是互为因果,其中"穷"和"愚"的关系更为密切,甚至"穷"的迫切程度甚于"愚",有人认为乡村所有问题中最重要的就是"穷"[5]。正如冯锐所言,"平民皆有身家之负担,其受生计问题之压迫,远过于知识饥荒之痛苦"[6]。想要解决"愚"的问题,首先要解决农民之"穷"。1928年,李景汉领导社会调查部对定县东亭镇附近的515户乡村家庭进行研究,对家庭中受教育者的入学年龄、离校年龄、入学年数以及受教育者与家庭田地亩数之间的关系等内容进行调查分析。据统计,515户家庭(共计3571人)中曾有811人

---

[1] 傅葆琛:《一点儿旧的调查统计材料与中国北部乡村平民教育概况的推断》,陈侠、傅启群编《傅葆琛教育论著选》,人民教育出版社,1994年,第168—169页。
[2] 汤茂如:《定县农民教育》,中华平民教育促进会学校教育部,1932年,第27页。
[3] 愫:《中华平民教育促进会试验下的定县》,《清华周刊》1932年第12期。
[4] 邓凡:《关系、结构与利益表达:教育政策执行的网络模式》,云南大学出版社,2013年,第141页。
[5] 愫:《中华平民教育促进会试验下的定县》,《清华周刊》1932年第12期。
[6] 冯锐:《平教总会兴办乡村平民生计教育之理由方法及现状》,《教育杂志》1927年第19卷第9期。

入过学,约占22.7%。就家庭田地亩数而言,不满50亩地的家庭有417家,其中57%的家庭有受过教育的人,在50亩至不满百亩地的80家中受教育的人数增至99%,而百亩及以上地的18家中则100%是有受过教育的人。因此家中受教育的人数与家中所有田地亩数之间有极大的关系。不仅如此,每户家庭的学生数、儿童入学的早晚以及入学后读书的年数都与家庭的田地亩数有关,比如在不满50亩地的家庭中,每家学生数平均为1.1人,50至不满百亩地的家庭平均学生数为3.5人,是前者的三倍多,而百亩及以上地的家庭则增至每家4.5人,足见田地亩数愈多,农家愈富,其家庭入学的子弟就愈多,反之农家愈穷,入学子弟就愈少,同时这些贫家子弟入学的年数也随之减少。①总而言之,定县这片地区"不能入学及中途退学之最大原因是因为贫穷",受教育各方面的机会对富裕和贫穷家庭而言是不平等的。尽管不能简单地根据一两件事实就断定"穷"与"愚"的因果关系,即"愚"就是"穷"的副产品,但这二者之间的牵扯反映出了中国农民乃至整个乡村问题的复杂性,至少"在中国人民现在的生活状况之下,大多数的人是不能供给子女上学的"②。基于这一考虑,平教会开展生计教育来引起农民学习的兴趣,将生计与识字联系起来。若一味提倡识字教育,则"必有扞格不入之势"③。

此外,虽然大多数乡村民风朴实,老百姓忠厚老实,但仍有很多人"不能团结、不能合作、缺乏道德陶冶以及公民的训练"④。晏阳初等人认识到乡村的"私欲横行,但求自利,更是民族自杀的根本"⑤,农民们缺乏民族的自觉自信,没有团结组织的习惯,但通过调查发现,他们又格外尊师重道、尊重读书人,这种文化风俗就为平教会开展公民教育、鼓励识字读书等措施提供了良好基础。

平教会在定县开展农民教育、生计教育等早期工作,就是力图改善"愚"和"穷"的困境,而"私"的问题更加复杂,处理起来需要循序渐进。在进行识字教育时,平教会的工作人员发现平民学校的学生常常因身体疾病或家庭成员生病

---

① 李景汉:《五百一十五乡村家庭之研究》,《社会学界》1931年第5期。
② 愫:《中华平民教育促进会试验下的定县》,《清华周刊》1932年第12期。
③ 冯锐:《平教总会兴办乡村平民生计教育之理由方法及现状》,《教育杂志》1927年第19卷第9号。
④ 晏阳初:《中华平民教育促进会定县工作大概》,宋恩荣总主编《晏阳初全集》(第1卷),天津教育出版社,2012年,第214页。
⑤ 吴相湘:《晏阳初传——为全球乡村改造奋斗六十年》,岳麓书社,2001年,第150页。

而请假，耽误学习的进度，此外，定县当地的农民每天往往只耕种四五个小时。初时平教会认为这些人比较懒惰，后来了解到大多数农民患有肠寄生虫病，耽误他们下地干活。这种情况下，逐渐暴露的乡村公共卫生问题开始引起平教会的注意，乡村的医药、疾病、卫生环境、农民的衣食住行等开始成为社会调查的内容。当时我国每年的死亡人口估计有700多万，首要原因就是不讲卫生而生出各种疾病，①但相关统计"大都关乎死亡原因方面之调查，于社会疾病原因，往往不能顾及"②。直到1929年，姚寻源③加入平教总会并开始主持卫生教育部工作，除筹设诊所、药房外，还开始调查农民每年负担的医药费用，以此作为乡村卫生工作研究设计的起点。平教会针对国人衰弱多病的情况，决定利用短期卫生调查、门诊记录与学生身体检查，作为调查地方卫生重要问题的工具。④根据陈志潜汇报的"卫生调查与计划"，农民一年的忙闲具有时间性，在夏季农忙期间，农民无暇参与工作，卫生教育部便趁机进行简单的社会调查，并将门诊记录每月分析一次，这样半年以后就可"略知地方最普通之疾病"，再将附近学校的小学生加以检查，了解其身体缺陷。⑤

至此，通过社会调查发现的"愚""穷""私"的问题，又添上一个"弱"。平教会认为当时的农民普遍存在愚、穷、弱、私四大问题，这四者相互作用，影响民众的生活，成为乡村的症结所在。为了铲除这"四大劣根"，培养具有知识力、生产力、健康力和团结力的新民，平教会在后续实验中大力实施文艺教育、生计教育、卫生教育和公民教育，并通过学校、社会和家庭三种方式推行。

定县平民教育的实际工作，一切均以社会调查所得之生活事实为根据。⑥"愚穷弱私"四大问题的发现和提出，以及调查所得的事实，可以说是定县实验

---

① 姚寻源：《甚么是"卫生"》，《农民》，1930年第23期。
② 陈志潜：《定县社会改造事业中之保健制度》，章元善、许仕廉编《乡村建设实验》（第二集），中华书局，1935年，第462页。
③ 姚寻源，1898年生于河北保定一个农民家庭，北平协和医学院毕业后任协和医院内科医师。1929年，拟赴美国深造，但在与晏阳初两次晤谈后毅然推迟计划，接受平教总会的聘约，出任平教会卫生教育部主任。他在定县工作共两年，于1932年离职赴美攻读硕士学位。
④ 吴相湘：《晏阳初传——为全球乡村改造奋斗六十年》，岳麓书社，2001年，第205页。
⑤ 陈志潜：《定县社会改造事业中之保健制度》，章元善、许仕廉编《乡村建设实验》（第二集），中华书局，1935年，第462页。
⑥ 言心哲：《社会调查与中国社会建设》，《社会学刊》1934年第3期。

准备阶段最主要的成果之一。它们为问题的解决指明了方向,为接下来定县实验的全面展开奠定了基础。尽管后来梁漱溟等人质疑"愚""穷""弱""私"是否为当时社会的病根,或者仅仅是问题的表象而非本质,但至少"当时的中国社会,确有'愚穷弱私'四种病症,则是不可否认的事实"[1]。这四大问题互相关联、不可分割,由此引申出来的四大教育同样是互为联络的[2],并最终形成"四大教育、三大方式"的实验理论。在接下来的工作中,平教会还将更加全面详细地调查定县的社会情况,并特别注意"愚""穷""弱""私"四大病症,分析其产生和固存的原因,为实验的进行提供翔实可靠的调查资料和事实依据。

---

[1] 堵述初:《平民教育运动在定县》,河北省委员会文史资料研究室:《河北文史资料选辑》(第十一辑),河北人民出版社,1980年,第18页。

[2] 李景汉:《中华平民教育促进会定县实验区》,宋恩荣总主编《晏阳初全集》(第1卷),天津教育出版社,2012年,第620页。

第四章 中华平民教育促进会与定县实验区(下)

中华平民教育促进会在定县通过社会调查发现"愚""穷""弱""私"四大病症之后,有针对性地开展了以"四大教育""三大方式"为主要内容的乡村平民教育实验,成为当时中国乡村建设的模范。在"四大教育""三大方式"的形成和改进过程中,社会调查活动从未停止。社会调查对定县实验的全面展开、改进乃至深化起到了十分重要的作用。1937年7月,日本发动全面侵华战争,华北沦入日伪之手,乡村平民教育定县实验被迫停止。

一、彻底的集中的乡村平民教育实验

1927年,傅葆琛认为狭义的乡村平民教育的目的是"使乡村失学之青年、成人在最短期内受中华民国国民必不可少之教育"。所谓"必不可少之教育",就是让每一位青年或成人,如欲成为国家健全的国民,最低限度必须具有以下三方面的能力:运用本国文字的能力,有经济独立的能力,有自治及助人的能力。[1]这一思想在平教会总会的定县实验区得以实施,在此进行彻底的集中的乡村平民教育实验,由最初的识字教育、生计教育、公民教育扩展到文艺教育、生计教育、卫生教育、公民教育,采用学校教育、社会教育、家庭教育的方式,以文艺教育(识字教育)为起点,以公民教育为最终目的,把乡村未受教育的文盲培养成有知识力、生产力、健康力、团结力的共和国新民。

---

[1] 傅葆琛:《乡村平民教育大意》,《教育杂志》1927年第19卷第9号。

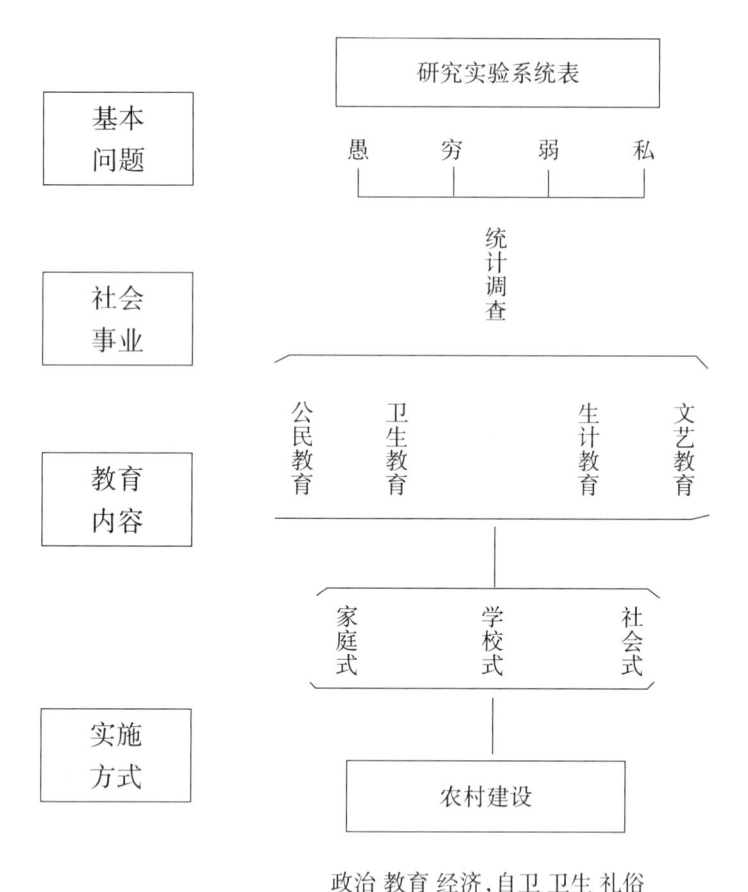

```
                    ┌──────────────────┐
                    │  研究实验系统表   │
┌──────┐            └──────────────────┘
│ 基本 │             愚    穷    弱    私
│ 问题 │             └────┬────┬────┘
└──────┘                  统
                          计
                          调
┌──────┐                  查
│ 社会 │                  │
│ 事业 │       ┌──────────┴──────────┐
└──────┘       公   卫    生    文
               民   生    计    艺
               教   教    教    教
┌──────┐       育   育    育    育
│ 教育 │       └──────────┬──────────┘
│ 内容 │                  │
└──────┘       ┌──────────┼──────────┐
               家         学         社
               庭         校         会
               式         式         式
┌──────┐       └──────────┬──────────┘
│ 实施 │            ┌──────────┐
│ 方式 │            │  农村建设 │
└──────┘            └──────────┘
```

政治 教育 经济, 自卫 卫生 礼俗

图4-1 定县乡村平民教育系统图式[①]

（一）"四大教育"

在晏阳初看来，"我国自从经过了辛亥革命，数千年来所有政治上、社会上、家庭里安定的生活秩序，都从根本上发生了疑问。又当着欧战的结果，世界各国人的宇宙观、人生观、社会观，及一切生活上的法则，皆起了剧变，吾国人不能避免世界思潮的激荡，当然更要发生种种问题。以故内政上外交上，在他国早已解决的事情，在吾国尤为新兴的问题。以致社会上原来不成问题的风俗习惯等，在今日也都成了新提的议案。问题丛生，关系复杂，终日烦扰吾人的头脑，

[①] 冯贞芳：《参观定县北平江宁县卫生工作报告》，《卫生月刊》1936年第6卷第10期。

究不知从何处得把快刀斩此乱麻！"①

面对中国当时如此纷繁复杂的问题,晏阳初认为:"非从根本上求一个解决方法,只顾头痛医头,脚痛医脚,终究是治丝益棼,剪不断理还乱的状态。所谓根本的解决法,在将欲从各种问题的事上去求的时节,先从发生问题的'人'上去求,因为社会的各种问题,不自发生,自'人'而生,发生问题的是'人',解决问题的也是'人',故遇着有问题不能解决的时候,其障碍不在问题的自身,而在惹出此问题的人,所以我中华四万万民众共有的各种问题,欲根本上求解决的方法,还非从四万万民众身上去求不可。"②

那么中国民众身上存在着什么问题呢? 晏阳初认为有四大问题:知识力问题、生产力问题、团结力问题、强健力问题。并对此其有详细论述:"吾国民数虽号称四万万,但未受教育的,竟多至三万万以上,其'知识力'如何不待言。产业不兴,生活艰窘,穷民饿殍,遍地皆是,其'生产力'如何不待言。举国之人,勇于私争,而怯于公战,轻视公义,而重视私情,其'团结力'公共心如何不待言。国民身体脆弱,疫疠繁兴,其'强健力'如何更不待言。"③换句话说,也即晏阳初认为中国的平民身上存在着"愚、穷、弱、私"四大问题。

中国平民身上所存在的四大问题具有十分巨大的危害性,从个人方面而言,"名为二十世纪共和国家的主人翁,实为中世纪专制国家老愚民","试看欧美教育普及的国家,人人有读书看报之能力,两相比较,其智愚的相差,不啻天渊"④。中国全体四万万国民中目不识丁而为文盲的人民多至三万万以上真乃人间羞耻事。从国内建设方面而言,"以如是的国民,来建设二十世纪的共和国家,无论采用何种主义,施行何种政策,一若植树木于波涛之上,如何可以安定

---

① 晏阳初:《平民教育的宗旨目的和最后的使命》,宋恩荣总主编《晏阳初全集》(第1卷),天津教育出版社,2012年,第101页。

② 晏阳初:《平民教育的宗旨目的和最后的使命》,宋恩荣总主编《晏阳初全集》(第1卷),天津教育出版社,2012年,第101页。

③ 晏阳初:《平民教育的宗旨目的和最后的使命》,宋恩荣总主编《晏阳初全集》(第1卷),天津教育出版社,2012年,第104页。

④ 晏阳初:《平民教育的宗旨目的和最后的使命》,宋恩荣总主编《晏阳初全集》(第1卷),天津教育出版社,2012年,第102页。

得根!"①从国际竞争方面而言,"今日的世界为民族知识的战场,以目不识丁的民族,和饱受教育的民族相竞争,瞎子斗不过明眼人",这是显而易见的事理!②从世界和平方面而言,"我中华统四万万众多的人民,领四百二十七万英方里广大的土地,承五千余年文化丰富的历史,处今日交通便利关系密接的世界,凡我国家的举措设施,社会的风习好尚,人民的行为思想,一举一动,莫不影响世界全局的安危"③。而我国民因为上述四种问题的存在,当国内、国际上发生问题时,非但无解决问题的智能,而且只会"淡漠旁观,惊骇躲避,或是抑郁烦闷,暴躁妄为,相率而出于轨道外的行动,形成一种恶势力,这岂特为我中华自召的不幸,亦将延为全世界的浩劫!"④

基于此,平教会的会员们认为要除羞耻,图生存,解决国家种种问题,维持世界和平,乃至于要为人类贡献中华民族特有之文化,非抱定"除文盲、作新民"之宗旨,对平民实施"四大教育"不可。

1.文艺教育

对于文艺教育,平教会认为文艺教育在于"使人民能运用传达智识之工具,促进文化生活,对于自然环境及社会生活,有相当的欣赏与了解"⑤。对于开展文艺教育,晏阳初有着十分深刻的认识。他曾从三个方面深刻论述开展文艺教育,尤其是开展文字教育的紧迫性。

首先,他认为:"就我国人对于读书的观念来说,常有一种根本误谬的观念,以为读书是读书人的专业,其他的人可不必读书。士农工商之中,惟士可以读书;若农,若工商,就不必读书。所以现在除商人需要文字,尚有一部分读书以外,其余农民、工人几乎全数都是不识字的。"晏阳初认为平教会应"先将此种观

---

① 晏阳初:《平民教育的宗旨目的和最后的使命》,宋恩荣总主编《晏阳初全集》(第1卷),天津教育出版社,2012年,第104页。
② 晏阳初:《平民教育的宗旨目的和最后的使命》,宋恩荣总主编《晏阳初全集》(第1卷),天津教育出版社,2012年,第102页。
③ 晏阳初:《平民教育的宗旨目的和最后的使命》,宋恩荣总主编《晏阳初全集》(第1卷),天津教育出版社,2012年,第101页。
④ 晏阳初:《平民教育的宗旨目的和最后的使命》,宋恩荣总主编《晏阳初全集》(第1卷),天津教育出版社,2012年,第102页。
⑤ 李济东主编《晏阳初与定县平民教育》,河北教育出版社,1990年,第186页。

念根本推翻,使人人觉悟读书识字是人类共有的权利,无论什么人都应享受。若是只有一小部分人读书,最大多数愚蠢,必致产生许多痛苦和羞耻的事。"[1]

其次,他认为:"就我国的新文化运动来说,所谓新文化运动,都是少数学者的笔墨运动,和多数平民真是风马牛不相及。其中虽亦有关于改进平民生活,免除平民压迫的问题,然而平民生活只有一天比一天堕落,各种压迫只有一天比一天加重。尽管一些研究社会学的学者在报章上对于工人有什么八小时工作制啦,增加工资啦,工人卫生和工人教育啦,对于农民又有什么打倒地主啦,保障农民利益啦,高谈阔论,说得天花乱坠,而城市的工人每天工作仍然在十五小时以上,所得工资得顾个人的口腹尚虞不足,至于教育、卫生,更是梦想不到;乡村的农民,终年忙碌,所有生产都被政府、地主剥夺净尽,自己则'乐岁终身苦,凶年不免于死亡'。像这样无知识的人,对于自己的生活没有改进的方法,对于外界的压迫没有免除的能力,社会上种种切身关系的运动,也不知道参加,岂不是'一生辛苦有谁怜!'再从人类和牛马的区别来说:牛马供人的驱使,所得不过满腹。现在的农民工人,为吃饭而劳动,为劳动而吃饭,和牛马有什么分别?与其名之为人,不如称为两腿动物。倘人类与牛马仅在两腿与四腿之争,人生还有什么意义?有什么价值?但人类无论如何,决不屑自等于牛马,皆愿享受教育以培植其知识,更愿将所得的知识分给多数的人,以消除其牛马的生活。"[2]

第三,他认为:"就人类生存的竞争来说,知识是生存竞争必不可少的东西,无论个人,无论国家,其优胜者,必定是知识超越的!其劣败者,必定是知识低下的。现在国家受异族的压迫,人民受军阀的摧残,其根本原因就在我国人民的平均知识低下。假使我们真有为民族争自由,为民权图发展的决心,则应先努力于提高民智,使我国牛马奴隶生活的民众一变而为有知识有头脑的国民。"[3]

因此,最后他提出:"文字是传播知识的工具,也是寻求知识的钥匙。欲传播知识,须先传授文字;欲得知识,必须认识文字,所以平民教育第一步必须有

---

[1] 晏阳初:《平民教育概论》,宋恩荣总主编《晏阳初全集》(第1卷),天津教育出版社,2012年,第81页。
[2] 晏阳初:《平民教育概论》,宋恩荣总主编《晏阳初全集》(第1卷),天津教育出版社,2012年,第81—82页。
[3] 晏阳初:《平民教育概论》,宋恩荣总主编《晏阳初全集》(第1卷),天津教育出版社,2012年,第82页。

文字教育。"①

可是"讲识字教育有三种难关:(一)文难:我国文字之难学,为各种文字之冠,而且应该识'多少字',应该识'什么字',都是难解决的问题。这是一难。(二)忙难:平民既然大多数是很贫穷的,因此终日为衣为食奔走,无暇读书,这是二难。(三)穷难:一般不识字的平民大多数是很贫穷的,故无钱读书,这是三难"②。

对于上述三难,倘不摧陷而廓清之,平民教育要想普及,就永无希望,于是晏阳初等人搜集古今各种白话文字及应用文件数百种,统计其中各个字用过的次数,然后拣出使用次数最多的字,编成千字课,共一千余字,可以说是平民必须认识的基本字数。这用于解决"文难"问题。晏阳初1920年由法国回国时,千字课本只有二册,逐渐实验,至1926年时已成四册。共九十六课,每日一课,四个月即可读完。"文难是解决了,而且忙难亦随之解决。因为无论如何忙碌之人,每日总可以抽出一小时来读千字课的。至于解决穷难问题,则学费一律免收,惟书费则须自备,盖借此养成自尊心与独立性。倘有十分穷苦者,亦须查其要求甚殷,成绩优良,始可以用奖励之名义赠之。总之,我们用最少的时间,最少的金钱,设施最不可少的教育,实在是最合经济原则的了。"③

2.生计教育

对于生计教育,晏阳初认为这是平民教育中非常重要的问题。他说中国人有种最通行的毛病,"在没有读书以前,尚肯做工,以谋个人的生活,一到抱了书本以后,便成文人,文人自己可以不必生产,社会应负供养的责任。还有一部分的人,终日埋头窗下,只求书本的知识,至于实际生活,尽可菽麦不分。这种寄生虫似的书呆子,不是平民教育的需求,且应极力设法消除。所以平民教育于实施文字教育以外,即需有生计教育,使人人具备生产的技能,造成能自立的国民。倘全国人民均有生产能力,国民生计必皆富足,社会经济自给活动,就是将

---

① 晏阳初:《平民教育概论》,宋恩荣总主编《晏阳初全集》(第1卷),天津教育出版社,2012年,第82页。

② 晏阳初:《关于平民教育精神的讲话》,宋恩荣总主编《晏阳初全集》(第1卷),天津教育出版社,2012年,第60页。

③ 晏阳初:《关于平民教育精神的讲话》,宋恩荣总主编《晏阳初全集》(第1卷),天津教育出版社,2012年,第60—61页。

来世界的经济也都要受中国的影响了。"①

为此,平教会将生计教育的目标定为:"要训练农民生计上的现代知识和技术,以增加其生产;要创设农村合作经营组织;要养成国民经济意识与控制经济环境的能力。换言之,要从生计教育入手,以达到农村的经济建设。"②

为达成上述目标,平教会认为生计教育工作,"一面充实农业科学之研究,一面实验巡回生计训练办法,以期完成推广农业科学之表证训练制度"③。于是,平教会开始采取了以下的行动:第一,实施了农民生计训练。这包括创办生计巡回训练实验学校、选择"表证农家"、实施推广训练三个阶段,以便形成生计教育整个推广制度。第二,通过创立自助社、合作社、合作社联合会等组织机构,以尝试建立合作组织制度。第三,进行植物生产改进,这包括育种和园艺两个方面。前者如棉花、小麦、谷子、高粱、玉米的种子改良,后者如白菜改良设计、梨树改良设计、葡萄栽培设计等。第四,进行动物生产改进。这包括猪种改良、华北各地猪种比较试验,及鸡种繁殖等工作。

3.卫生教育

对于卫生教育,晏阳初说:"卫生教育的目的,就是要根据农村医药卫生的实际状况,顾到农村的人才经济,与可能的组织。一方面实施卫生教育,使人人为健康的国民,以培养其身心强健的力量;一方面要创建农村医药卫生的制度,以节省各个农民的医药费用,改进今日医药设备的分配状况,以促成公共卫生的环境。"④

---

① 晏阳初:《平民教育概论》,宋恩荣总主编《晏阳初全集》(第1卷),天津教育出版社,2012年,第82页。
② 晏阳初:《中华平民教育促进会定县实验工作报告》,宋恩荣总主编《晏阳初全集》(第1卷),天津教育出版社,2012年,第280页。
③ 晏阳初:《中华平民教育促进会定县实验工作报告》,宋恩荣总主编《晏阳初全集》(第1卷),天津教育出版社,2012年,第280—281页。
④ 晏阳初:《中华平民教育促进会定县实验工作报告》,宋恩荣总主编《晏阳初全集》(第1卷),天津教育出版社,2012年,第287页。

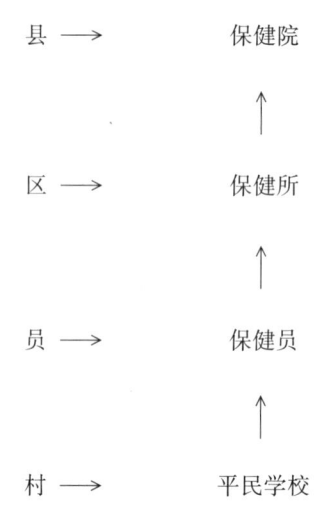

```
县 ——→   保健院
            ↑
区 ——→   保健所
            ↑
员 ——→   保健员
            ↑
村 ——→   平民学校
```

图4-2　建立在平民学校基础上的定县三级保健制度

为达到上述目的,首先,晏阳初领导平教会在定县开始组织构建村—区—县三级卫生保健制度(见图4-2,表4-1)。在村设保健员,每村一名,由平民学校毕业同学会会员受有相当训练者充任。具体负责报告死生、水井改良、普及种痘、救急治疗等四项工作。保健员处备有保健药箱,以供应用。在经费保障方面,每村每年平均只需十五元即可维持。在区设立保健所,其实为联村之组织。所内医务人员设医师一名,助理一名。保健所的筹建需考虑到区域内人口、距离等因素。保健所的工作职责主要为:①训练并监督各村保健员;②实施卫生教育;③预防注射;④逐日治疗。在经费开支方面,保健所每所每年平均只需八百元即可维持。另外,它还为当时在乙类医学校毕业之西医学生提供了就业之门路。在县设立保健院,为全县卫生教育与卫生建设之总机关,每年需费约一万四千元。[1]院内附设医院一所,实验室、办公室和教室各一个。县保健院除了负责协调并辅助区保健所的医务工作之外,还主要开展流行病防治以及有关学校卫生、清洁,产妇与儿童保健,生育节制的研究和医生、护士、换药员的培训等工作。另外,还可给医学毕业生和其他人员开设高深课程。[2]

---

[1] 晏阳初:《中华平民教育促进会定县实验工作报告》,宋恩荣总主编《晏阳初全集》(第1卷),天津教育出版社,2012年,第287页。

[2] 晏阳初:《定县的乡村建设实验》,宋恩荣总主编《晏阳初全集》(第1卷),天津教育出版社,2012年,第236页。

表4-1　定县保健制度功用表[①]

制度	村 保健员	区 保健所	县 保健院
功用	救急治疗 普及种痘 水井改良 报告生死	逐日治疗 预防注射 卫生教育 监督保健员	卫生行政 卫生教育 县立医院 县立检验室 防止流行病疫 研究训练(医师、护士) 护士及助理员之训练 助产人员之训练

以上三种组织,每年总共用费(除训练人员外)约三万五千元。以定县人口四十万计,平均每人每年不过大洋一角,极为有效地减轻了老百姓求医问药的沉重负担,也相应地减少了当地民众得病的概率。更为重要的是,平教会的这种卫生保健制度的构建尝试,为日后在全国建立这种三级卫生保健制度奠定了坚实的基础,其影响一直持续至今日。

其次,平教会积极开展各种疾病防治与卫生健康状况调查及研究工作。先后完成了减除天花流行病的技术,普及了治疗沙眼与皮肤病的方法,找出了生命统计的方法,试验推行节制生育、合作贷款改良环境卫生的方法,开展地方病的科学研究工作,培养与训练医学毕业生,编著定县保健制度报告,以供国内举办乡村卫生工作之参考。

4.公民教育

对于公民教育,晏阳初说:"公民教育之意义,在养成人民的公共心与合作精神,在根本上训练其团结力,以提高其道德生活与团结生活。一方面要在一切社会的基础上,培养民众的团结力、公共心,使他们无论在任何团体,皆能努力为一个忠实而有效率的分子;一方面要在人类普遍共有的良心上,发达国民的判断力、正义心,使他们皆有自决自信,公是公非的主张。"[②]他认为这是必要

[①]冯贞芳:《参观定县北平江宁县卫生工作报告》,《卫生月刊》1936年第6卷第10期。
[②]晏阳初:《中华平民教育促进会定县实验工作报告》,宋恩荣总主编《晏阳初全集》(第1卷),天津教育出版社,2012年,第285—286页。

的根本精神,亦是必要的道德训练。他说:"平民教育从文字方面以提高民智,从生产方面以裕民生。即使民智提高,民生充裕,对于国家社会的前途究竟有什么利益?……试看历来的卖国奴,何一非知识超越、经济富足的人呢?盖其人缺乏公德心,一举一动,只知有自己的祸福利害,不顾国家社会的祸福利害;所有知识、经济,只足以供其为恶之资,所作之恶,常比无知识无能力者高出万倍。倘平民教育处处都是养成这种自私自利的亡国奴,岂是国家之福?所以平民教育于实施文字教育和生计教育外,另有公民教育,希望造成热诚奉公的公民。"①

为实现上述目标,第一,平教会开展了国族精神研究工作。特选历史上志士仁人杀身成仁、舍生取义之事迹,制成图说,附以歌曲,以为公民教育之材料,以唤醒民众救亡图存的国族精神。第二,开展农村自治研究工作。在村里实验训练自治人才,指导人民组织自治所应行之事务。第三,开展公民教育材料研究工作。其先后完成了基本材料与应用教材的研究和编辑,前后出版了《公民道德根本义》《公民道德纲目》《公民知识纲目》《国民生活上应改正之点》《中国伦理之根据》《公民课本》《公民图说》《历史》《地理》《唱歌》《三民主义讲稿》《农村家庭设计》《模范家庭调查表新设计》《农村自治研究设计》《公民讲演图说》等作品。第四,开展公民活动指导研究工作。如平教会利用农村的节会,对农民的社会活动加以指导,以培养村民的公共心与团结力。第五,开展家庭式教育研究工作。平教会认为家庭会为研究家庭式教育的方法与材料,也是研究家庭实际问题及改良家庭日常生活之方法。他们认为这可以达到家庭社会化之目标。其具体做法分为:家主、主妇、少年、闺女、幼童五种集会。②

---

① 晏阳初:《平民教育概论》,宋恩荣总主编《晏阳初全集》(第1卷),天津教育出版社,2012年,第82—83页。

② 晏阳初:《中华平民教育促进会定县实验工作报告》,宋恩荣总主编《晏阳初全集》(第1卷),天津教育出版社,2012年,第286—287页。

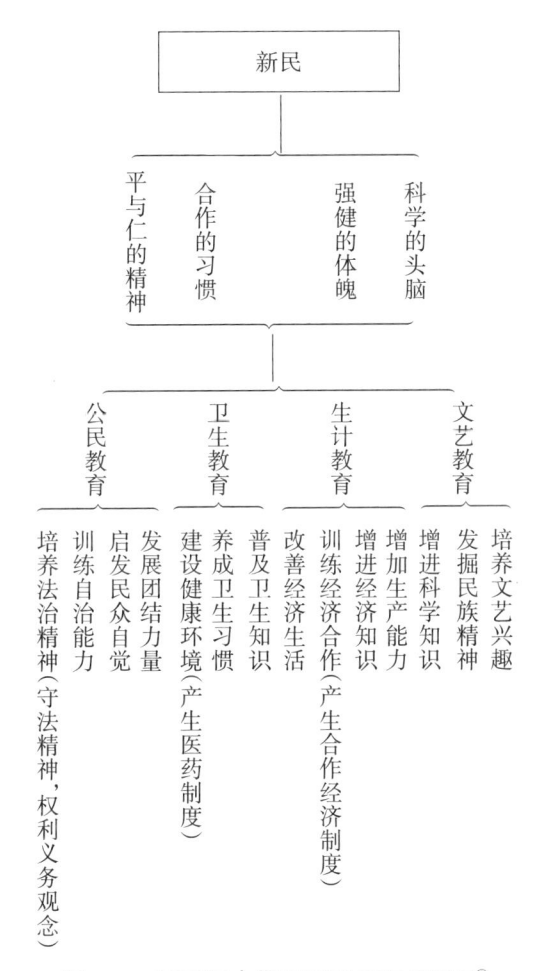

图 4-3　定县"四大教育"的内容与目标图[①]

上述"四大教育"综合起来,可以说:"文艺教育,以培养知识力";"生计教育,以增进生产力";"卫生教育,以发育强健力";"公民教育,以训练团结力"。"此四者不可缺一,缺一则非健全的国民,缺四则尽失其国民的意义。国家不建设在国民的基础上,固然是很危险,建设在缺乏知识力、生产力、团结力、强健力的国民的基础上,更是危乎其危。"[②]同时,平教会还认为:"生活是整个的,不能片断的分割。人生的需要,是多方面的,不能零杂的满足;都是息息相通,互相

[①] 冯贞芳:《参观定县北平江宁县卫生工作报告》,《卫生月刊》1936年第6卷第10期。
[②] 晏阳初:《平民教育的宗旨目的和最后的使命》,宋恩荣总主编《晏阳初全集》(第1卷),天津教育出版社,2012年,第103—104页。

关联的。平民教育运动的目的,是要谋整个生活的建设,因此针对人民生活上四种缺点的四大教育,不能不在整个的计划之下,联锁进行,互相辅助。文字教育与生计教育相关,生计教育又与公民教育相关。若各自为谋分割隔离,则难收实效。"①因此,使四大教育连环并进,对于平民教育运动的成功开展就显得至关重要。以识字教育(文艺教育)为起点,培养知识力,以公民教育为终点,以养成具有团结力、责任心的现代"新民"——新国民——为最终、最高目的,四大教育是一个相互连接、不可或缺的整体。

(二)"三大方式"

为了实施乡村平民教育,平教会逐渐形成了"三大方式",即学校式教育、社会式教育和家庭式教育,作为实施四大教育的手段。

所谓"学校式教育",就是通过开展学校教育实施对平民的教育。为此,平教会特意为失学的平民创办了初级平民学校,其目的有二:一是教会平民识字,以扫除文盲;二是通过班级活动,使学员为组织和管理毕业同学会做好准备。在初级平民学校毕业之后,他们还可以到平教会所开办的高级平民学校继续深造。其课程分为:社会、政治(讲中国政体)、经济学(合作社)、农学和卫生学四种。对于妇女,特别注重培养她们从事初级平民学校的教学和管理工作。此外,还为她们专门开设有家庭缝纫课(包括裁剪)。平教会创办高级平民学校的主要目的是培养执行建设计划的村长,特别是同学会会长。

除了为失学的平民开展不同层次的学校教育之外,平教会对初小年龄段的儿童教育也极为重视。他们认为"今日的乡村小学普通类型都是因袭西方国家的,而且是为城市小学设计的,不能适合乡村儿童的需要"②。为此,平教会还特意设置了乡村实验小学。"乡村生活体现在学校和教材中,按照年龄、性别、社会的、职业的兴趣进行课堂教学和各年龄组的活动。初高级平民学校,作为它的青少年部;设置托儿部,以解脱哥哥姐姐照顾幼小弟妹之累。初级小学是这种统一的村学实验的中心,因为这个年龄阶段的儿童是最需受到管教的。小学是

---

① 李济东主编《晏阳初与定县平民教育》,河北教育出版社,1990年,第192页。
② 晏阳初:《定县的乡村建设实验》,宋恩荣总主编《晏阳初全集》(第1卷),天津教育出版社,2012年,第223页。

按照'小队'的形式编组的。一位教师把教学和管理的大部分责任委托给'小队长',这样,他就管教二百个左右的儿童。小学课程尽可能按照文化、经济、卫生和政治四方面的建设计划来设置。这样,一旦儿童离校,即和毕业于平民学校的兄姊们同样具有'乡村建设的思想和技能'。"[1]

所谓"社会式教育",就是平教会以平民学校毕业生的各项活动为中心,目的是使社区所有成员按照四个方面计划的路线继续接受教育。为便于实施社会式教育,平教会专门设立了社会式教育委员会,后又更名为社会式教育部,以专司其责。平教会的社会式教育主要是通过平民学校毕业同学会开展工作的。青年农民完成平民学校的课程之后,他们就加入具有文化和社会目标的"毕业同学会"(或校友会)。鼓励会员利用"流动图书馆"阅读报刊,组织戏剧和辩论俱乐部,为全村办无线电广播,在"新闻墙"上用粉笔写出当天的新闻,调解本村或邻村的诉讼案件。

此外,同学会还从事植树、修路、农业展览、拒毒(反对毒品)、拒赌运动等。当选的会员参加农民学会并任农业表证员,协助成立合作社,推行种痘运动,每村培养一位保健员。总之,同学会会员要为共同利益学会共同工作。

所谓"家庭式教育",就是以家庭成员为互相学习与教育的对象而开展的教育活动,其形式包括家主、主妇、少年、闺女、幼童五种集会。家庭式教育的目的有二:一是帮助解决家庭与学校之间的矛盾,扩大家庭责任感,要使"家庭社会化"。二是帮助家庭年长的妇女减少对青年妇女和儿童教育的阻挠或反对,使她们的教育更有效益。同时,家庭式教育还试图向家长们传递一些儿童教育和家庭管理等方面的知识。

二、社会调查与定县实验的展开(1930—1936)

晏阳初把定县乡村平民教育实验的主要内容概括为文艺教育、生计教育、卫生教育、公民教育的"四大教育"与学校式、社会式、家庭式的"三大方式"。"四大教育""三大方式"是逐渐形成的,从社会调查发现"愚""穷""弱""私"四大问

---

[1] 晏阳初:《定县的乡村建设实验》,宋恩荣总主编《晏阳初全集》(第1卷),天津教育出版社,2012年,第223—224页。

题开始,定县乡村平民教育实验的展开仍然与社会调查密不可分。

(一)社会调查机构的演变

1.调查走向全面、广泛和深入

1930年秋,随着平教会整体迁移定县,平教会组织亦因地制宜,不再依照北平固有的一套组织。"北平总会固有之组织,以全国为范围,现在之实验区,系集中在一县,其组织非改弦更张,不能与实际合辙。"①由此重新规划定县实验区组织机构。为了满足教育内容的研究、教材教具的编制、实际材料的搜集调查和实施方法的设计等需要,平教会分设农业教育部、卫生教育部、平民文学部、公民教育部、艺术教育部和社会调查部六个部门。为求以上各部之研究、编制、搜集、调查、设计能实施推广到民间去,又特设学校式的教育部、家庭式的教育部和社会式的教育部三个部门。②由此整个实验区的组织机构与"四大教育""三大方式"的主要内容相统一,共同推进工作的开展。其中社会调查部就是由之前的统计调查处更名而来。社会调查部分统计与调查两课,调查课的人员常往乡村中进行实地调查,将所得的材料交与统计课制表、绘图,图表制就后,即交与有关系的各部作为实施各种教育之根据。③李景汉继续担当部门主任一职,其主要办事人员及其工作安排如表4-2所示。李景汉患病的时候,④由瞿菊农先生代理社会调查部主任半载之久,使调查工作继续进行。⑤至此,李景汉除因病暂离一次定县外,始终和定县农民生活在一起,长达7年之久。

---

①晏阳初:《最近一年之定县平民教育》,《时事年刊》1931年第1期。
②晏阳初:《最近一年之定县平民教育》,《时事年刊》1931年第1期。
③毛应章:《河北定县平民教育实验区考察记》,《中华教育界》1933年第7期。
④李景汉来到定县后,由于生活不适和工作劳累,身患胸脓肿病。
⑤李景汉:《定县社会概况调查·序言》,上海人民出版社,2005年,第17页。

第四章　中华平民教育促进会与定县实验区（下）

表4-2　社会调查部主要办事人员及其工作安排[①]

职位	人员
主任	李景汉
副主任	诸葛龙
档案保管员和编辑	张世文
英语秘书	宋仰周
调查干事	杨铭崇，吴纯（音译），李俊山（音译），孙之藩，高观海
统计干事	余恩特（音译），郭志高，宋宝文
办事员和向导	王克飞，米春生，王书同（音译）

注：根据李景汉《定县社会概况调查·序言》，除以上工作人员及其工作外，还有其他具体工作，如：搜集、统计、整理有关教育、地理、赋税等材料；定县农业、工业、手工业等研究工作；各种统计工作；制表、绘图和校对工作；训练缺乏实地经验的调查人员；从事实地调查工作——人员数最多。

1930年以来，平教会社会调查部实施的调查活动十分广泛，内容涉及不同区域的方方面面。随着"十年计划"[②]的提出，当地民众已经对社会调查工作有了一定了解，调查开始侧重更加精确的数量方面的调查，《定县社会概况调查》附录中的大量表格（共314个表）就证实了这一点。在实验准备阶段的调查基础上，社会调查部于1930年首先举行各村的概况调查，包括每村户口、村中领袖、学校现状、文盲人数、种地亩数、集市情形、医药状况等项，然后再进行更细的分项调查。[③]1931年张世文开始主持定县乡村工业调查，以村为单位进行概况调查和以家为单位进行详细调查，内容覆盖纺织、木工、铁工、食品等150种乡村工业。[④]他一方面设计相关问题表搜集材料，另一方面将问题拟成详细的纲目进行分别调查，并转托亲友或求助相熟的商人，以避免一些敏感的经济问题引起怀疑，最终于1936年将结果整理出版成《定县乡村工业调查》一书。定

[①]IIRR Collection. Columbia University Libraries, Manuscripts Collection.Box5(Gamble,Sidney Record). 档案未标明具体年份，但根据具体信息，可算出该社会调查部的情况是1930年机构重组之后。诸葛龙、张世文、杨铭崇、余恩特为大学毕业生(college graduate)，李俊山和宋宝文为商业与财务学校毕业生(school of commerce & finance graduate)，高观海为警察学校毕业生(constabulary school graduate)，吴纯为警官学校毕业生(police officers school graduate)。

[②]"十年计划"由平教会于1930年7月提出，计划将实验分为三期，其中第一期时长3年，注重文字教育和县单位的教育系统；第二期时长3年，注重农业改进和生计建设；第三期时长4年，注重公民教育和地方自治。其中卫生教育贯穿十年间。但迫于战争环境，最终"十年计划"于1932年7月修改为"六年计划"。

[③]李景汉：《定县社会概况调查·序言》，上海人民出版社，2005年，第14页。

[④]吴相湘：《晏阳初传——为全球乡村改造奋斗六十年》，岳麓书社，2001年，第142页。

县乡村工业调查不仅关心不同的乡村工业，而且格外注重技术方面的探讨，大大推动了定县的生计教育工作，晏阳初评价这可以"使我们对于中国一个整个县单位的农村工业的实际状况，得以一目了然"①。1932年秋，平教会提出"六年计划"②，设立研究区(共61村)并在其中选取高头村为研究村，使"一切工作都从研究村做起"③，调查的范围也随之集中于此。根据需要，研究区已经开始进行经济状况和家庭卫生方面的调查。④在1930—1935年期间，社会调查部开展的具体调查活动如表4-3所示，有"定县选样人口调查""研究区内集市调查""研究区内田场经营调查""研究区内猪羊鸡调查"等各项专题调查⑤，这些都在《定县社会概况调查》中得以体现。依据李景汉的说法，定县的社会调查工作从未停止，只是因为应许多到定县参观人士的希望和需求，先将一部分关于定县社会概况的材料首先发表，以后再继续编著丛书以详细研究。⑥尽管如此，《定县社会概况调查》作为定县调查的重要成果，已经是20世纪二三十年代中国乡村社会学研究的一部力作，在整个中国社会学历史发展长河中都具有里程碑式的意义。⑦此外，平教会陆续发表了其他有关定县社会调查的丛书和报告，如《定县乡村家庭手工业》《定县乡村织布工业》《定县农民生活费用调查》《定县土地调查》等，关于社会调查方法的论著则有《实地社会调查方法》《县单位调查统计之实施》等，对当时社会学学科的发展颇具贡献。

---

① 晏阳初：《定县农村工业调查·序》，宋恩荣总主编《晏阳初全集》(第1卷)，天津教育出版社，2012年，第404页。

② "六年计划"同样分为三期，每期两年，其中第一期以村为基本工作，第二期以乡区为基本工作，第三期以全县为基本工作，四大教育从始至终连环进行。

③ 吴相湘：《晏阳初传——为全球乡村改造奋斗六十年》，岳麓书社，2001年，第172页。

④ 李景汉：《定县社会概况调查·序言》，上海人民出版社，2005年，第14页。

⑤ 中华平民教育促进会：《定县的实验》，中华平民教育促进会，1933年，第32页。

⑥ 李景汉：《定县社会概况调查·序言》，上海人民出版社，2005年，第14—15页。

⑦ 张祝平：《〈定县社会概况调查〉与当下中国乡村社会研究》，《浙江社会科学》2014年第3期。

表4-3　定县实验期间主要社会调查项目(1930—1935)[①]

年份	具体调查项目
1930	全县各村概况调查(382村);土地分配与农产调查(134村);家庭手工业与工厂调查(134村);乡城及乡村铺店调查
1931	人口调查(62村);绘制各村地图;农家生活费用调查(123家);物品物价调查;对家庭手工业、土地分配与农产的调查(319村);对高头村120家做详细调查;对3个中心村做详细调查
1932	研究区12项调查设计:田场经营(100家);主要农作物及猪鸡羊选样(1089家);手工业调查;集市与商业;借贷选样(5个村庄);各种经济会社(如钱会、青苗会);家庭卫生调查(1000家);整理人口调查资料(6484家);整理生活费用记账调查资料(123家);整理土地分配与农产概况调查资料;整理手工业资料;整理3个中心村调查资料
1933—1935	侧重于整理调查资料,12项全县范围的调查工作:绘制全县实地测量地图、土地、农作物产量、工业品数量与价值、土产运销、货物输入、集市、借贷、物价、民众负担、地方自治、户口

1933年,国民政府内政部通过"县政改革案",随后河北省政府与平教会合作[②],很快在定县建立起河北省县政建设研究院,由晏阳初担任院长,定县实验开始进入"政教合一"阶段。研究院仍由平教会主持,下设调查部、研究部、实验部、训练部四部。因经费紧张,平教会将社会调查部裁并到研究院的调查部,李景汉也随之调往。[③]县政建设研究院成立伊始便开始进行调查工作。陈筑山在《河北省县政建设研究院工作报告》中指出,研究院的主旨之一就是进行关于河北一般地方的实际情形的调查研究,"不仅限于实验县,凡河北全省各县,为要真实了解一般县地方的实际情形,都在调查之范围",[④]由此研究适合一般县地方的县政改革方法与方案。社会调查在"官方"领导下经费得到保障,但具体的调查内容有所调整,开始偏重政治与经济建设方面,集中于田赋、税收等方面的调查。直到1937年,社会调查乃至整个定县实验工作因日本发动对华北地区的侵略战争的逼迫而停止,平教会被迫撤离定县而一路南下。

[①]根据《晏阳初全集》《定县社会概况调查》中相关论述以及其他资料整理而成。
[②]河北省县政建设研究院的各项具体工作仍由平教会来主持。
[③]陈菊元:《访张世文教授——社会调查在定县》,张世文:《定县农村工业调查》,四川民族出版社,1991年,第473页。
[④]陈筑山:《河北省县政建设研究院工作报告》,章元善、许仕廉编《乡村建设实验》(第二集),中华书局,1935年,第380页。

简言之,随着定县实验在全县范围的展开和深入,识字运动扩展为全面的乡村建设,社会调查也相应地不断扩大与深入,以县为单位,到了"政教合一"阶段甚至有意向整个河北省扩展。调查采用普查法、个案法、抽样法等方法,[①]内容涵盖全部的乡村生活,并重点关注愚、穷、弱、私方面,整理出一系列的书面成果。相较于准备阶段,处于实验全面开展阶段的社会调查呈现出内容全面、范围广泛、程度深入的特点,逐渐走向成熟,这对实验工作的开展大有裨益。

2. 多向互动的社会调查部

平民教育不但要帮助农民获得知识,改善生活,更要激发他们改进生活、改造社会的信心,进而培养民族的新生命。[②]为了实现这一目标,平教会形成以"愚穷弱私"为基本问题、以统计调查为社会事实、以"四大教育"为教育内容和以"三大方式"为实施方式的实验工作系统,为乡村建设服务。[③]在这过程中,社会调查部做出了积极贡献,定县实验"一切均以社会调查所得之生活事实为根据,对于四大教育从事研究"[④]。

李景汉主持的社会调查部与其他各部门始终保持密切合作。以1930年的工作计划为例,学校式教育部的目标是施行识字教育、除去一万文盲,在具体的工作安排中就有拟定县教育调查计划并酌量实行调查;卫生教育部的目标是研究中国乡村卫生实施的办法,这就需要进行生死、卫生概况等方面的调查;公民教育部需要调查高头村的公民生活来作为实施公民教育的参考等。[⑤]这些部门根据调查所得,归纳出各种结论和建议,再为决策者在计划工作时提供可靠的调查资料和事实依据。至于社会调查部本身,其在1930年度的目标是在调查全县概况、使平教会对全县社会内容有充分了解的基础上,特别注重调查全县富源及经济能力,因此主要调查项目有田亩分配、农作物面积及产量、工商业状况、农民的实际生活及人口确数,涵盖工业调查、物价调查、生活费调查、教育调

[①] 李景汉:《回忆平教会定县实验区的社会调查工作》,河北省委员会文史资料研究室:《河北文史资料选辑》(第十一辑),河北人民出版社,1980年,第73页。
[②] 曹书杰:《中华平民教育促进会在定县的乡村平民教育实验》,《教育与职业》1989年第12期。
[③] 《定县实验区工作简明系统》,《教育与民众》1934年第6期。
[④] 憬:《中华平民教育促进会试验下的定县》,《清华周刊》1932年第12期。
[⑤] 晏阳初:《最近一年之定县平民教育》,《时事年刊》1931年第1期。

查等各个方面。①据李景汉回忆,在调查乡村中医药卫生的过程中,当发现某种疾病流行时,社会调查部就立即将情况反映给卫生教育部,卫生教育部就会派医护人员到各村去诊治。②正如他在《关于从事定县社会调查的一些经验》中所总结的,社会调查部随时整理搜集到的材料,分析各种现象的构成要素,由此显露事实真相,发现愚、贫、弱、私等现象的原因,试下相当的结论,然后再将各种材料随时分别供给有直接关系的文艺教育、生计教育、卫生教育、公民教育、学校式教育、社会式教育、家庭式教育等部,使各部在计划工作或推行教育活动时有参考的材料和可靠的根据。

社会调查部还会根据其他部门的临时需求来开展具体的调查活动。每逢各部急需某种特别材料时,就会立即通知社会调查部设法立刻进行调查。③比如为了应付生计教育部的需要,社会调查部调查了全县472村的土地分配与农产品,包括各地土地、农产品产量及其估价等。④为了满足学校式教育部的需要,需详细调查全县各村的学校及文盲情况。根据《定县社会概况调查》一书,社会调查部在调查这方面情况时,包括不同年份各校所有资产数、各种学校数、各校所有男女学生数、各校所有职员数、各校全年收入与支出数,以及62村的学校、教员、校舍、学生、毕业生及就业情况等方面,凡是关系到学校教育的无一不涉及。这不仅是社会调查部应学校式教育部的需要,而且是在需要的前提下进行的更为细致的扩展工作⑤。社会调查部还从1930年开始编辑《定县须知》,使平教会人员和定县民众及参观者明了定县概况,并整理编辑已有的一切调查材料。由此看来,社会调查部与平教会其他各部之间形成了相互依赖的紧密联系,各部为社会调查工作划定范围、指明方向,社会调查的成果反过来促进和丰富了各部工作的开展。

根据《定县社会概况调查》,社会调查部主要采用社会分析的方法,李景汉

---

①晏阳初:《最近一年之定县平民教育》,《时事年刊》1931年第1期。
②李景汉:《回忆平教会定县实验区的社会调查工作》,河北省委员会文史资料研究室:《河北文史资料选辑》(第十一辑),河北人民出版社,1980年,第73—74页。
③李景汉:《关于从事定县社会调查的一些经验》,《清华周刊》1932年第5期。
④李景汉:《回忆平教会定县实验区的社会调查工作》,河北省委员会文史资料研究室:《河北文史资料选辑》(第十一辑),河北人民出版社,1980年,第73页。
⑤李景汉:《定县社会概况调查·晏序》,上海人民出版社,2005年,第2—3页。

还亲自设计314个统计表格,初步建立起中国乡村调查的统计指标体系。[1]调查收集资料后,社会调查部要对资料进行定性(描述性的)和定量(统计性的)的分析,再做系统化的整理,进行比较、综合。[2]正是这种系统、准确、严谨的科学方法,使得定县实验的"四大教育""三大方式"同样具有科学性,既符合定县当地的特点,也符合社会发展的一般规律。以文艺教育为例,晏阳初表示平教会研究出来的文艺教育必须要"合乎农村经济财力的,因为在穷中国办穷教育,必须要用穷的办法"[3]。而社会调查就是坚持"穷"原则、"穷"办法的保证。社会调查部会依据调查成果写出两种类型的分析研究材料,一种是提供给各部门解决问题意见的报告,另一种是供宣传教育使用的通俗材料。[4]正如李景汉所言,社会调查工作是注重事实与数字的,要让事实与数字来说明当时中国的黑暗,乡村广大劳动人民的困苦,让看到调查报告的人自己得出结论。[5]定县的社会调查成果不仅对平教会各部门的具体工作给予支持,而且可以为其他地方实验工作的开展提供参考。

在实验的全面开展时期,社会调查的首要任务已不是发现问题和了解农民的需要,而是提供研究的可能性。调查用来辅佐平教会各大部门来解决问题,指明实验工作的方向,确定实验具体的内容、方法等,程度更加深入。它贯穿于"愚穷弱私"问题的发现到尝试解决的整个过程,发挥了举足轻重的作用,这在"四大教育"具体的实际应用中体现得更为明显。

(二)调查结果的实际应用

社会调查是发现"愚穷弱私"问题的前提和基础,但在问题发现之后,社会调查仍为平教会致力解决这些问题的目标而"服务",细化问题并提供翔实的依据。社会调查部在实地调查全县一切社会情况时,需要特别注意愚、穷、弱、私

---

[1]范伟达、王竞、范冰:《中国社会调查史》,复旦大学出版社,2008年,第58页。
[2]陈菊元:《访张世文教授——社会调查在定县》,张世文:《定县农村工业调查》,第472页。
[3]晏阳初:《中华平民教育促进会定县工作大概》,章元善、许仕廉编《乡村建设实验》(第一集),中华书局,1934年,第58页。
[4]陈菊元:《访张世文教授——社会调查在定县》,张世文:《定县农村工业调查》,第472页。
[5]李景汉:《回忆平教会定县实验区的社会调查工作》,河北省委员会文史资料研究室:《河北文史资料选辑》(第十一辑),河北人民出版社,1980年,第74页。

四种现象。[1]对于愚、穷、弱、私四大问题,愚,乡村有多少文盲?其中全文盲、半文盲又各占多少?穷,农民究竟穷困到什么程度?弱,有多少疾病?死亡原因多是什么?私,无组织的散漫状态如何?这些情况都需要通过调查统计情况核实,然后平教会才能有针对性地实施文艺、生计、卫生和公民教育。[2]除此之外还要调查定县的学校、社会和家庭的具体情况,以便推行学校式、社会式和家庭式教育。重视社会调查并且以社会调查的真实数据为基础,开展和推进乡村建设实验,是定县实验科学性、有效性的重要保证,这其中,文艺教育和卫生教育的成效尤其突出。

1.适应乡村需要的文艺教育

如何使教育不落空?瞿菊农的回答是"四大教育之联锁,使互相发生作用"[3]。真正的教育不仅在于学校,而且是对整个社会的要求,因此在定县开展平民教育,就必须进行以"四大教育"为核心的建设工作。为了攻克"愚"的问题,平教会在文艺教育方面主要从文字教育和艺术教育两方面着手,所有学者和艺术家"正力图使各种文化媒体有效地适应建设计划"[4]。

首先,识字工作。

四大教育实施的第一步,是人人必须取得受教育的工具,也就是每个人至少认识最低限度必不可少的中国文字,然后才可接受生活各方面必不可少的知识。[5]如此看来,文字教育可谓是"四大教育"的前提和基础,首先通过识字教育来达到"除文盲"的目的。识字教育可以追溯到晏阳初参与美国青年会战时对旅法华工进行的识字活动。当时在法国难以找到适当教材,晏阳初就决定自行编辑课本,又请傅葆琛先生帮忙,让课本符合华工的心理与程度,这就是"千字课"的雏形。晏阳初在回国后曾花费一年半的时间到各省调查平教教材,毫无所得。他发现这些地区"多利用现有教材,以供教学,所列课程,更为错杂"[6],有

---

[1] 李景汉:《二十从事定县社会调查的一些经验》,《清华周刊》1932年第5期。
[2] 陈菊元:《访张世文教授——社会调查在定县》,《定县农村工业调查》,第471—472页。
[3] 瞿菊农:《从定县实验中得到的教育看法》,《民间》(北平)1935年第2期。
[4] 晏阳初:《定县的乡村建设实验》,宋恩荣总主编《晏阳初全集》(第1卷),天津教育出版社,2012年,第225页。
[5] 愫:《中华平民教育促进会试验下的定县》,《清华周刊》1932年第12期。
[6] 晏阳初:《平民学校教材问题》,宋恩荣编《平民教育与乡村建设运动》,商务印书馆,2014年第43页。有

的将国民学校课程全部列入,有的甚至强加英文于平民学校。此次调查后,晏阳初发觉"平校运动工具之刻不容缓,尤以课本为先决问题",因此开始致力于编辑千字课的工作,即在字典上选择平民日常可应用的千余文字编成教材。①平教会以识字运动起家,对各类教材的编制非常重视,最初编辑的千字课只有一种,后来逐渐意识到不同的职业应对应不同的教材,先后编写了《市民千字课》《农民千字课》和《士兵千字课》。②但当平教会的工作开始转向乡村后,千字课也就只有一种了。③这种为农民所用的教材并非一成不变。为了凸显地方色彩、符合当地民众的兴趣和需要,"千字课"在社会调查部与平民文学部的共同推动下,会随时根据具体情况进行改编与更新。这种情形同样体现在编订的各类平民读物中。以"平民读物"为例,它以两三千字为一册,内容基于调查所得的乡村民情展开,比如最初的"平民读物"有《老王的故事》《玉儿的痛苦》等册,前者叙说文盲的痛苦,后者则描写妇女缠足的毒害,二者均为小说体裁,这与20世纪二三十年代乡村中文盲和妇女缠足的陋习普遍流行的情况相照应,④因此这类读物内容的择取是具有现实意义的。除了编辑具体的教材和平民读物,平教会还从事制作字表、编纂字典、简体字的试验等工作。就简体字的试验来说,平教会最初调查乡村社会中已经适用的简体字,作为底稿,再用都市中适用的简体字进行补充,有时也采用文人社会中通用的简明行草,如此一边研究,一边在教学与编辑方面予以应用。⑤由此可见,尽管有专门负责文字教育的部门开展工作,但社会调查仍旧在文字教育中尤其是教育内容的选择上发挥了重要作用。

此外,对定县农民识字情况、学校办学情况、入学费用等方面的调查也为文字教育的具体教育方式、手段等提供了借鉴。平教会曾调查定县560位文盲及

---

① 晏阳初:《平民学校教材问题》,宋恩荣编:《平民教育与乡村建设运动》,商务印书馆,2014年第44页。
② 李孝悌:《河北定县的乡村建设运动"四大教育"》,《近代史研究所集刊》1982年第11期。
③ 席征庸:《会议定县平教会平民文学部的工作》,河北省委员会文史资料研究室:《河北文史资料选辑》(第十一辑),河北人民出版社,1980年,第86页。
④ 堵述初:《平民教育运动在定县》,河北省委员会文史资料研究室:《河北文史资料选辑》(第十一辑),河北人民出版社,1980年,第32页。
⑤ 晏阳初:《中华平民教育促进会工作报告》,章元善、许仕廉编《乡村建设实验 第二集》,中华书局,1935年,第55页。

半文盲的情况,这些人未入学或中途辍学的原因以"贫"或"忙"最多,"父母不注意多读书"次之,①因此平民学校的经费问题成为办教育首要考虑的要素。在调查定县农民基本收入和支出情况的基础上,平教会还对平民学校不同组别的学生所需费用做过详细调查,其中学生全期平均开支最低的是0.75元(包括千字课),最高的是1.40元(包括千字课、习字、珠算),如此"一般人都有机会——经济的——入平民学校"②,切合"穷人"实际办法的原则。另外青年和成人的教育方法也是不同的。青年受课时间较长,思想活泼,趣味浓厚,适宜多采用课堂式教学,而成人受经济条件制约,受课时间较短,且思想较保守,记忆亦减,适宜采用多种形式教学。③通过调查了解成人的农耕农闲时间、习惯等情况后,平教会会根据实情拟定合适的教育进度、课时安排、课程内容等,以满足农民自身的需要。

其次,秧歌与戏剧。

文字教育之外,平教会还注重艺术教育,它一方面根据科学的方法,搜集民间固有的艺术加以研究,同时参照西方艺术,采长舍短,达到教育目的,另一方面根据民间的习惯和经济能力,造成一种新的"平民艺术"。④这些工作都是在社会调查部统计出定县各项乡村娱乐活动的基础上完成的。乡村娱乐活动若加以改良便可以成为一种很好的社会式教育,其中秧歌和戏剧二者占有重要位置。

社会调查部于1929年开始调查乡村娱乐活动的时候,定县秧歌就引起了李景汉等人的注意。秧歌不仅在庙会、节日上出现,甚至田间工作时也能听到,它表演简单又接近实际,反映出农民的生活真相。⑤因此社会调查部决定尽快搜集秧歌,并邀请当地唱秧歌的名角背唱,做好记录保存。刘洛便是经调查发现的唱秧歌最多的老人。经过一年多的时间,社会调查部几位同志与刘洛一起生活,整理出完整秧歌48出,共计50多万字。⑥这些秧歌大致可分为爱情类、节

---

① 李景汉:《定县社会概况调查》,上海人民出版社,2005年,第236页。
② 汤茂如主编:《定县农民教育》,中华平民教育促进会学校式教育部,1933年,第386—397页。
③ 晏阳初:《平民学校教材问题》,宋恩荣编《平民教育与乡村建设运动》,商务印书馆,2014年,第45—46页。
④ 吴半农:《河北乡村视察印象记》,千家驹编《中国农村经济论文集》,中华书局,1936年,第400页。
⑤ 《定县秧歌选·序言》,李文海主编《民国时期社会调查丛编·宗教民俗卷·下·二编》,福建教育出版社,2014年,第233页。
⑥ 熊贤君:《晏阳初画传》,山东教育出版社,2015年,第95页。

孝类、夫妻关系类、婆媳关系类、谐谑类和杂类六种。[1]工作人员花了两年时间将这些秧歌加以整理，在1931年出版了《定县秧歌选》，李景汉、张世文特为该书作合序。[2]除了秧歌，社会调查部自1932年7月起还约请当地著名老鼓词家田三义按日说唱梨花大鼓，并逐句记录，半年间便采集大书（长篇）和小段（短篇）鼓词203段，共约60万字。[3]随后平民文学部对搜集到的文字进行删改整理，印刷成平民读物。截至1934年，社会调查部共采集到歌谣200余则、歇后语300余则、谜语300余则、谚语600余则、故事笑话等百余则，共约7万字。[4]这些娱乐活动的内容，不乏封建迷信、荒谬陈腐的部分，社会调查的挖掘恰好成为纠正这些不良内容的机会，并为"定县的文艺教育、公民教育提出了严肃的课题"[5]。

戏剧方面，平教会通过社会调查发现戏剧（大戏）是非常受农民欢迎的娱乐方式，对乡村社会的影响很大。唱戏与酬神、祭神等活动关系密切，当有大戏演出时，人们"坐车的坐车，步行的步行，拥拥挤挤，争先恐后，非常热闹"[6]。戏剧可以为农民带来新的刺激和知识，若是能对戏剧内容进行改良，一定可以有效改善农民的生活。1932年，熊佛西[7]、陈治策[8]等人前往定县展开农民戏剧的实验工作，并于次年成立定县戏剧研究社，以提高平民娱乐，辅助社会教育，达到改良社会的目的。[9]戏剧研究社经常上演吸引农民的戏剧，如《屠户》《三头牛》

---

[1] 李景汉：《定县社会概况调查》，上海人民出版社，2005年，第325页。
[2] 张世文：《定县的秧歌》，《民间》（北平）1936年第21期。
[3] 熊贤君：《晏阳初画传》，山东教育出版社，2015年，第95—96页。
[4] 晏阳初：《中华平民教育促进会工作报告》，章元善、许仕廉编《乡村建设实验》（第二集），中华书局，1935年，第56页。
[5] 熊贤君：《晏阳初画传》，山东教育出版社，2015年，第96页。
[6] 李景汉：《定县社会概况调查》，上海人民出版社，2005年，第358页。
[7] 熊佛西（1900—1965），我国著名戏剧教育家、剧作家，中国话剧的拓荒者和奠基人之一。1924年赴美国哈佛大学研究戏剧，获硕士学位，回国后任北京国立艺术专科学校戏剧系主任、燕京大学教授、国立北京大学艺术学院戏剧系主任。定县实验期间主持乡村戏剧实验，举办戏剧学习班，成立了十多个农民剧团。
[8] 陈治策（1894—1954），中国著名戏剧教育家、导演，1920年毕业于北京大学文学系，1924年赴美留学，1927年归国后与熊佛西等人创办国立北平大学艺术学院戏剧系。
[9] 中国戏曲志编辑委员会，《中国戏曲志·河北卷》编辑委员会编《中国戏曲志·河北卷》，中国ISBN中心出版，1993年，第510页。

《喇叭》等。据孙伏园①介绍,《喇叭》是熊佛西未到乡村之前编的剧本,此次由陈治策先生担任导演,对原剧本进行了改动。《喇叭》原本有一个不团圆的结局,然而民间文艺的一个特色就是团圆,该剧面向乡村表演时,仿佛结局处总有一点什么缺憾,②于是陈治策就根据农民的普遍喜好,加入了许多符合农民需求的材料,并将结局改为大团圆。正如熊佛西所指陈:戏剧内容符合"唤发农民向上的意识"的准则,而戏剧本身成为"蕴蓄的,默而不宣的"技术。③

2.卫生问题的现状与治理

定县实验"四大教育"的实施方案均以社会调查为基础,但具体的各方面则以平民学校为中心来影响民间生活。也就是说,农民接受四大教育以加入平民学校为开端,识得文字、取得知识,再接受基本的生计、卫生、公民教育的训练。④其中卫生教育是从1930年定县实验进入全面开展阶段才开始启动的。卫生教育旨在根据乡村医药卫生的实际状况,既通过教育使农民成为身心强健的健康国民,也要创建合理的、经济的乡村医药卫生制度,从而"改进今日医药设备的分配状况,以促成公共卫生的环境"⑤。

通过社会调查,平教会发现定县农民不仅疾病高发、治疗资源匮乏,而且整个乡村卫生环境恶劣、卫生习惯缺失,卫生方面的教育和卫生事业可谓迫在眉睫。但要建立一套可行的保健医疗制度,首先必须进行统计调查,从而保证一切卫生设施不超过农民的经济担负能力,也就是"以最经济的组织,推行最简单的事业"⑥,因此定县的卫生工作是以调查农民每年负担医药费用为起点的。根据调查所得,当时定县每家每年医药费平均约1.5元,一家六口中平均每人医药

---

①孙伏园(1894—1966),现代散文作家、著名副刊编辑,鲁迅的学生。1921年任北京《晨报》副刊编辑,被人们称为"副刊大王"。1929年孙伏园与其弟赴法国留学,1931年归国后,应晏阳初等人邀请,前往河北定县担任平教会平民文学部主任,负责主编平教会《农民报》。
②孙伏园:《定县农村露天演剧——熊佛西的剧本"喇叭"》,《民间》(北平)1934年第13期。
③熊佛西:《中国戏剧运动的新途径》,《民间》(北平)1935年第16期。
④懔:《中华平民教育促进会试验下的定县》,《清华周刊》1932年第12期。
⑤晏阳初:《中华平民教育促进会工作报告》,章元善、许仕廉编《乡村建设实验》(第二集),中华书局,1935年,第71页。
⑥吴相湘:《晏阳初传——为全球乡村改造奋斗六十年》,岳麓书社,2001年,第205页。

费用约0.3元,这0.3元完全用于就医看病买药,无卫生事业可言。①除了经费缺乏,调查还发现定县医药在"量"和"质"方面的问题,比如在"质"上,统计出"用旧医者"占比66.9%,"用新医者"占比4.3%,"不能用医者"尚有28.2%,②足见推行新医的迫切性。在这些依据下,可以说平教会用最经济的办法了解到地方卫生和农民身体健康的问题所在,然后再针对问题研究科学的解决方法。

经过不断的尝试和努力,平教会最终建立起以县为单位的卫生保健制度,形成"县(保健院)—区(保健所)—村(保健员)"的三级简单组织系统。③其中保健院是全县卫生的最高机关,负责管理全县的卫生行政、实施卫生教育、训练卫生人员、传染病预防及研究工作等。保健所是区单位的卫生机关。④保健员在村中发挥着重要作用,他们由卫生教育部从各村的平校毕业同学会中选出,施以两个星期的训练,负起最基本、简易的村卫生工作,⑤此外他们还承担实施卫生教育、报告出生和死亡、普及种痘、水井改良、救急治疗、兽医指导的任务。⑥进入定县实验县时期,保健员还会同当地公安局的警察合作开展工作。当地农民多缺乏卫生观念与习惯,因此除了保健员用各种方式予以宣传教育,还由平民学校的千字课来灌输卫生知识,并借重医生与护士,在社会、学校两方面进行。⑦针对调查出的定县农民高发的天花、沙眼、肠胃病、皮肤病等疾病,平教会采取一系列实验步骤并取得了不错的效果。以天花为例,研究区的61村经过三年多的实验,天花基本绝迹。当定县各地患天花的人数较多时,研究区的天花患者极少,死者只有2人,可见平教会以最经济最有效之组织减除天花流行病,消除天花流行病之技术完成。⑧此外治疗沙眼、皮肤病等疾病的方法也已经普及。这些成果不但惠及

---

①陈志潜:《定县社会改造事业中之保健制度》,章元善、许仕廉编《乡村建设实验》(第二集),中华书局,1935年,第461页。
②陈志潜:《定县社会改造事业中之保健制度》,章元善、许仕廉编《乡村建设实验》(第二集),中华书局,1935年,第470页。
③晏阳初、陈筑山:《定县实验区工作概略》,章元善、许仕廉编《乡村建设实验》(第二集),中华书局,1935年,第255页。
④《河北省县政建设研究院工作概况》,《河北月刊》1936年第7期。
⑤李孝悌:《河北定县的乡村建设运动"四大教育"》,《近代史研究所集刊》1982年第11期。
⑥黄鹂:《定县卫生教育的近况》,《陕西省地方政务研究会月刊》1935年第3期。
⑦李孝悌:《河北定县的乡村建设运动"四大教育"》,《近代史研究所集刊》1982年第11期。
⑧晏阳初:《中华平民教育促进会工作报告》,章元善、许仕廉编《乡村建设实验》(第二集),中华书局,1935年,第72页。

整个定县,更是有利于全国乡村天花、沙眼等疾病的防治。

卫生教育部与社会调查部之间互动密切,尤其是社会调查部统计调查出的数据、材料为卫生教育部工作的展开提供了各方参考。关于卫生保健方面的调查项目很多,以1935年为例,县单位应有的调查统计中,已经完成的调查工作就有定县全县医院数、中西医生数、各区医院数之分配、中西药房及经售药品铺数、各区医生与医院数之分配、全区保健所与保健员数之分配等项。[1]收集的材料有的可以直接完全采用,有的则需要稍加整理修改,然后用于实际。但是,在所有的调查项中,生命统计(生死调查)一项最为困难,同时成果也最为显著。在乡村调查生死情况是极不受农民们欢迎的,尤其是死亡情况更是为人所忌讳,这类调查难以进行,而且有些人出于隐私等考虑不愿意透露家庭人员出生、死亡的真实情况,给出的数据与实际有出入。[2]自卫生教育部主办生命统计以来,曾试用过三种方法:(1)在调查乡村经济或卫生状况时,附带询问去岁出生死亡人数;(2)由调查员轮流至各村调查生死,调查员同时兼做种痘及卫生宣传等工作;(3)由保健员报告出生死亡情况。[3]根据定县当时的环境,平教会最终发现要想教育、经济、卫生的改善能够同时并进,第三种方法最为适宜。这些保健员为当地的村民,而且对全村有所贡献,所以容易取得人们的合作,得到精确的消息。[4]如此将保健员兼为乡村生命统计员,既经济又可靠,不愧被晏阳初称为"今日国内仅有之有效方法"[5]。

中国乡村的卫生问题十分突出,但它们同时缺乏可靠的数据材料作为治理这些问题的支撑。定县实验正是看出了这一短板,但并不急于进行卫生教育工作,而是着重社会调查的统计作用,具体问题具体研究,循序渐进地开展实验工作,使整个卫生教育工作更具有针对性和有效性。

---

[1]李景汉:《县单位调查统计之实施》,《社会学界》1936年第9期。
[2]这种情况在1930年以后得到改善,调查到的数据较前期更具有可靠性,这是由于在定县实验准备阶段,社会调查工作得到宣扬,并逐渐被农民信任。
[3]佚名:《定县北平威海卫等处生命统计之考察》,《中国国民党指导下之政治成绩统计》1934年第11期。
[4]李孝悌:《河北定县的乡村建设运动"四大教育"》,《近代史研究所集刊》1982年第11期。
[5]晏阳初:《中华平民教育促进会工作报告》,章元善、许仕廉编《乡村建设实验》(第二集),中华书局,1935年,第72页。

三、社会调查与定县实验的改进

定县社会调查贯穿定县实验的始终,通过对调查所获得的数据进行整理、分析,不仅发现定县乡村的社会问题,也及时发现定县平民教育实施中的问题,然后对平民教育的内容、计划做适当改进。

(一)调查结果的检验作用

从准备阶段到全面开展阶段,定县实验以"除文盲,作新民"、探索解决"愚穷弱私"的方法为目标,以"四大教育""三大方式"为理论基础,逐步开展各项实验工作。定县作为一个县级的"社会实验室",和全国其他开展乡村教育实验的地区一样,承载了中国乡村发展的希望。它理应呈现动态的发展趋势,而不是片面、静止的,这就需要在实验过程中进行检验与评价,社会调查在某种程度上就发挥了这样的作用。调查的统计结果可以将某一阶段的进展或某一部分的具体工作直观呈现出来,方便人们做出好坏评价。此外,定县实验的成绩不断远播,吸引了大量人群前来参观,他们或广泛地观察,或详细地调查,都较为客观地展示出定县实验的成果,提出相关意见或建议,补充了定县调查所不能及的部分。无论定县实验自身的调查还是参观热潮的反馈,都一定程度上为定县实验的进程起到反思、鞭策的作用,促使实验不断进步。

1.定县自身的调查

社会调查对定县实验中某一项具体工作进行统计,也就是将该工作的成果直观呈现出来。以"除文盲"为例,1933年定县全县的472个村中,有430个村成立了平民学校,共有初、高级平民学校645所,学生数总计21170人。到了1934年,有338个村成立了平民学校,共有初、高级平民学校共508所,学生数达10891人。[①]这两个年度的识字运动因时间和取向有所差异,所以在实施的成绩上有所不同,数据很清楚地反映了这一点。截至1934年6月,定县全县青年中

[①]霍俪白:《乡村工作在定县实验县中之实施》,《民间》(北平)1935年第2卷第11期。

文盲有32550人,占比为39%,识字有49450人,占比为61%。①可见到了这个时候,定县已经有超过一半的青年能够识字,摆脱了文盲的称号与困扰。相比于中国绝大多数乡村青年目不识丁的情况,这种横向的比较直接说明了定县的识字运动或者说"除文盲"工作已取得不错的成绩。

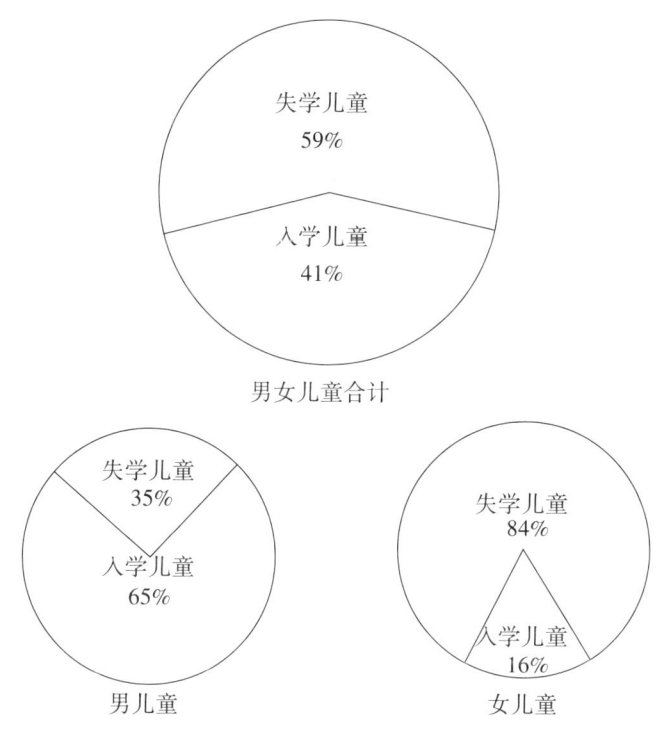

图4-4 定县学龄儿童、男女儿童入学者与失学者比例图(1932年)②

此外,社会调查在不同时期的统计结果也可以对工作起到总结的作用,尤其是对不同时期、同一调查对象而言,汇总后的调查数据能够前后参照、比较,让人直观了解到实验工作的效果。仍以"除文盲"工作为例,平教会早在1927年就在定县进行文盲调查,调查结果显示全县约40万的人口中,7岁以上的大约有33万人,文盲就有27万,其中男性文盲约占69%,女性文盲约占98%。再以全县12至25岁的9万青年为例,文盲率大概是75%。③1929年春,平教会又

---

① 晏阳初、陈筑山:《定县实验区工作概略》,章元善、许仕廉编《乡村建设实验》(第二集),中华书局,1935年,第243—244页。
② 冯贞芳:《参观定县北平江宁县卫生工作报告》,《卫生月刊》1936年第6卷第10期。
③ 汤茂如:《定县农民教育》,中华平民教育促进会学校式教育部,1932年,第27页。

进行第二次文盲调查,此时调查的范围仅仅以翟城村为中心,文盲占比率下降到67%左右,7至20岁人口的文盲率为54.96%,其中男性文盲占比49.68%,女性文盲占比60.85%。[1]同样以翟城村为调查对象,1930年1月进行的文盲调查显示文盲总人数的占比为56.74%,7至20岁人口的文盲率降至38.16%,男性文盲率降到32.32%,女性文盲率则降到45.53%。[2]到了1934年6月底,平教会社会调查部再次进行文盲调查,以局部调查来推算全县的范围。该年调查显示,全县14至25岁的青年约有82000人,其中文盲有32500人,占比约39%,男性占比约10%,女性占比约73%。[3]从1927年到1934年,虽然每次文盲调查的口径不一,但通过数据的纵向比较仍可以看到识字运动的成绩是非常可观的,定县的文盲人数逐渐减少,识字人数大幅度上升,尤其是女性识字率的迅速提升更是颇为难得。[4]处于"黄金阶段"的青年的识字率亦急剧提升,特别是男青年,到1935年的时候,定县男青年文盲已经基本消除了。

卫生教育同样如此。定县的卫生教育与社会调查工作都是在平教会与北平协和医学院的合作下推进的。姚寻源初到定县着手卫生教育工作时,主要目标就是降低伤寒和肠胃病导致的成人及婴儿死亡与天花发病率。[5]其中"种牛痘防天花"的工作是从1930年开始的,在研究区内开展种痘运动。根据调查统计数据的汇总,可以看到定县逐年种痘的概况,如表4-3所示。

表4-3 定县逐年种痘概况(单位:人)[6]

年份	1930	1931	1932	1933	1934	1935	1936
区域	研究区	研究区	研究区	研究区	全县	全县	全县
种痘人数	2630	3216	4914	13939	31785	37746	47168
初种人数	—	—	1018	3124	9148	11378	14648

从1930年卫生工作开始到1936年工作结束,定县种痘人数和初种人数大幅提升,平教会卫生教育工作的效果不言而喻。定县普及种痘工作时的初种人

---

[1]汤茂如:《定县农民教育》,中华平民教育促进会学校式教育部,1932年,第447,122页。
[2]汤茂如:《定县农民教育》,中华平民教育促进会学校式教育部,1932年,第123—124页。
[3]霍任白:《农村工作在定县实验县中之实施》,《民间》(北平)1935年第11期。
[4]徐秀丽:《中华平民教育促进会扫盲运动的历史考察》,《近代史研究》2002年第6期。
[5]矗之编著:《协和医脉》,中国协和医科大学出版社,2014年,第303页。
[6]俞焕文:《定县种痘七年经过》,《民间》(北平)1936年第15期。

数(以前未种过痘者)逐渐增加,所占百分比也在逐年提高。1932年初种人数占比为20%,1936年占比为31%,约占总数的三分之一。如以定县出生率36‰计算,定县40万的人口每年出生数可达14400人,那么1936年的初种数目就能够达到这个数字。以后只需每年为初生婴儿种痘,并为3万余成人(种痘过六年以上者)复种,天花免疫性可以永远提高。[①]1934年全国天花病流行,大量患者死亡,而定县的天花死亡人数寥寥。到了1936年,定县天花可以说是已经"绝迹"了。[②]除了天花病,1935年定县初生儿抽风症的死亡率比往年降低很多,同时患产褥热的产妇死亡率也降低不少。[③]平教会在卫生方面的成就可谓有目共睹。

定县自身开展的社会调查贯穿于实验的始末,调查统计的材料通过研究、比较、分析,既客观展示出每项工作的具体进展与成果,又动态地呈现出定县在实验影响下的各方面变化。通过横向与纵向的比较,社会调查对定县实验的过程和结果都做出了一番检验。

2.定县参观热

自平教会于1926年确定河北定县为平民教育实验研究的中心开始,关于定县实验的宣传报道、考察(参观)报告、研究和评述等就接连不断。随着定县实验的影响愈发广泛,在当时吸引了从官方到民间的各机构、人士前来参观、考察,还有学者以个人或团体形式在定县开展小范围的调查活动,从而在1930—1936年之间形成了一股"定县参观热"。参观的人既有来自中国的,如蒋廷黻、周作人、俞平伯、梁漱溟、高阳、陈礼江、住鸿隽、陈衡哲、吴半农、张学良、张发奎、李宗黄、姜书阁等著名学者、官员、地方实力派,也有来自外国的(主要为美国)人士,如国际技术专家斯坦伯、太平洋国际学会总会秘书长嘉尔德先生[④]等。

[①] 吴相湘:《晏阳初传——为全球乡村改造奋斗六十年》,岳麓书社,2001年,第209页。
[②] 杨善发:《中国农村合作医疗制度变迁研究》,南京大学出版社,2012年,第78页。
[③] 吴相湘:《晏阳初传——为全球乡村改造奋斗六十年》,岳麓书社,2001年,第217页。
[④] 根据当时报道,斯坦伯已经来过五次定县进行参观,并在第五次辞行时在礼堂上作演讲(见《农运情报-定县通讯:斯坦伯来定辞行》)。嘉尔德来定县参观时,对平教会应用科学方法改造生活的精神、为民族为国家牺牲个人地位共同团结的精神、大处着眼小处着手研究学术的精神进行赞扬,并就如何减轻行政组织、如何扩大经济来源等问题给出自己的意见(见《农运情报-定县通讯:嘉尔德讲演"定县参观后之感想"》)。

平教会的晏阳初、瞿菊农、孙伏园,还有县政建设研究院的陈朱善、吕健秋等人,均做过有关接待工作,向"客人们"介绍具体的实验工作。张世文任秘书时就专门负责接待外来参观者,并为外宾参观担当翻译。[1]参观定县人数较多、时间较长的有两次:一是全国基督教青年会派来的近30人参观团;二是南京国民政府中央军官学校派来的十多名高级军官参观团。[2]他们都在定县住了近一个月,通过访谈交流和实地的走访、观察,可以说对"定县试验之真象,已能了如指掌"[3]。

参观考察的结果呈现形式多种多样。既有从宏观层面对定县实验进行整体介绍,详细描述实验的宗旨、经费来源、实验方式、具体的过去工作情形以及今后进行的计划等[4],也有从不同方面对定县实验进行具体阐述,或者总结文艺、生计、公民、卫生四大教育方面的成绩。[5]既有官方的调查结果,[6]也有个人形式的参观报告。[7]这些都成为外界了解定县不可多得的珍贵材料。相较于客观的数据和调查材料,这些参观报告借由观察的形式显得更加全面、立体、形象化。可以说"定县参观热"的收获在某种程度上辅助了社会调查,弥补了社会调查所不能及的部分,它能够刻画细节,以生动的画面感而非仅以数据表格的形式将定县实验的全貌或部分呈现出来。譬如生计方面,人们在参观农业表证实验场的过程中,可以看到有七八个鸡笼的模型,这就是生计教育中关于鸡笼改

---

[1] 陈菊元:《访张世文教授——社会调查在定县》,张世文:《定县农村工业调查》,四川民族出版社,1991年,第473页。

[2] 堵述初:《平民教育运动在定县》,河北省委员会文史资料研究室:《河北文史资料选辑》(第十一辑),河北人民出版社,1980年,第37页。

[3] 陈大白:《定县实验事业考察记》,《大上海教育》1935年第2期。

[4] 如教育部《教育部关于中华平民教育促进会定县实验区概况的调查表》、陈大白《定县实验事业考察记》、高践四《参观平民教育定县实验区及乡村建设邹平试验县区之心得》、吴敬敷《定县印象记》等。

[5] 如《李宗黄考察定县平民教育实验区纪实》、朱若溪《定县平民学校观感》《从定县的棉花丰收说到》这样的报刊简评等。

[6] 如河北省民政厅委派人员前往定县调查,重点考察了定县的县政建设情况,并附有详细的考察报告,发表《报告派员赴定县调查关于县政建设实验区情形案》(1933年);毛应章在中央军校组织"平民教育研究团"赴定县实际考察后著成的报告《定县平民教育考察记》,则是较早的官方考察报告。

[7] 个人的成果既包括平教会会员对自身工作的总结与思考,比如李景汉的《住在乡村从事社会调查所得的印象》,又有私人的调查或参观报道,比如姜书阁在定县参观后以私人游记形式著成的《定县平民教育视察记》一书,论述了他考察的动机和具体考察过程,并附有大量图标、简章、规程等资料。

良的实验。鸡笼的设置展示出逐步改良的过程,而改良的目标就是使新式鸡笼的建造简单、省钱、适合农家的需要。[1]当时的记者在定县棉花丰收年时还特意做了专门报道,这种棉花多为改良的美棉,虽然棉花的丰收得力于天时地利,但其"种籽之改良,产量之加增,实系平教会诸君子多年努力研究的结果"[2]。教育方面,黄鹂描述参观县立简师附小的场景:学生约有百人,教室有二,校中有井一口,井栏高约半尺,有盖。一句话将学校的构造呈现出来,说明学校的建筑、教室及学生情况。在箭亭小学参观时,他正好遇到学生在开卫生讨论会,会后学生列队,由队长检查各同学的双手、口腔、手巾等,不清洁的学生会受到警告。[3]这一场景不仅将学校的卫生教育形象地表现出来,而且也肯定了卫生教育处处落到实际中。

在参观、调查的基础上,很多人对定县实验进行评价,侧面反映出定县实验的成果好坏与社会反响。据南开大学经济学院何廉院长的观察,当时定县合作社的成绩已经超过别处的合作社。[4]1933年,李宗黄在考察定县后感慨此时"定县与邹平略有不同,盖所谓四教,确已得到相当的收获"[5],肯定了实验四大教育工作的成绩。通过实地走访,朱若溪发现平民学校对社会有着极大的贡献,"真已做到社会化、生活化的地步了",无论是实验办法还是成绩"都很令人满意"[6]。毛应章带领中央军校的军官们参观了定县牛村的巡回训练学校同学会、水磨屯的识字运动、翟城村的村治等各方面,认为平教会的理论、原则以及办事的精神和方法都令人佩服,尤其是平教会的实施方法是再好没有了,[7]并以此为参考来帮助筹划蒋介石在江宁附近县区开展的实验。不只是好的方面,参观者也会如实记录下实验效果平平或有问题的地方。针对定县实验成效突出、备受好评的传习制度,庞永福在实地考察后指出定县当地的传习为适应于乡村的需要,内

---

[1] 吴敬敷:《定县印象记》,《乡村复兴委员会会报》1934年第4期。
[2] 佚名:《简评:从定县的棉花丰收说到》,《民间》(北平)1935年第12期。
[3] 黄鹂:《定县卫生教育的近况》,《陕西省地方政务研究会月刊》1935年第3期。
[4] 蒋廷黻:《平教会的实在贡献》,《兴华》1934年第20期。
[5] 《李宗黄考察定县平民教育实验区纪实》,中国第二历史档案馆:《中华民国史档案资料汇编·第五辑·第一编·教育》,江苏古籍出版社,1994年,第766—767页。
[6] 朱若溪:《定县平民学校观感》,《教育与民众》1935年第6期。
[7] 毛应章:《河北定县平民教育实验区考察记》,《中华教育界》1933年第7期。

容多为农业的科学方法、果树的培植移接以及乡村的简单副业等,重在应用技能的传授与训练,高年级的学生因此有太多传习而没有了学习,如此"想要升学的学生,教他们去投考现教育制度下的高级小学,岂不要吃亏吗?"①卫生问题虽然在调查基础上尽量贴合实际、符合乡村需要,统计出的数字证实了工作的进展,但在现实中仍旧摆脱不了矛盾的存在。老百姓亲自说明"讲卫生"的问题:"剩下的饭菜不好吃不可吃,我们懂的,但我们必须留起来再吃;把衣服常常洗濯,穿着舒服,我们也知道,但是我们计算——一件衣服若半月洗一次,可以用两年,若五天洗一次只能用一年,我们没有钱作新衣服,只有少洗几次,多用几月。"②可见一些卫生常识在乡间推行、真正融入农民生活中依旧任重道远,实验工作仍需要在细节处加以改进,真正做到贴近农民生活实际。

更有甚者,会在参观、调查的基础上产生自己的思考,提出质疑,或者相应地为定县实验提出意见或建议。朱若溪在参观完定县的平民学校后,就连发三个质问:平校毕业生多为一般年轻的青年,能否担起推动社会的责任?毕业同学会组织以平校学生为主体,这种片面的团体能否代表全体民众的意见?合作社的组织也以平民学校的学生为主体,能否代表家庭在社内担负起这种重大的经济责任?③定县实验的四大教育向来为人津津乐道,但在毛应章看来,公民教育的理论有点儿太空虚、不着边际,文艺、生计、卫生三种教育倒很完善,只有公民教育还有讨论研究的必要。④这些都会成为定县实验乃至全国各地乡村教育实验值得探讨与研究的话题,并刺激着定县实验在后续中进行调整和改善,做得更加出色。蒋廷黻在考察定县后觉得平教会已经找到了改造乡村的方案,若稍加因地制宜地修改,定县改造乡村的方案是可以推行到全国的。但想达到推行的目的还需要三个条件,即"舆论界的领袖必须援助""政府要知利用"和"学者须合作"⑤。

"定县参观热"不仅证明了定县实验的成绩,宣扬了实验的影响,而且为定县实验自身的进展提供了参考,起到检验与评价的作用。参观、调查的材料并

---

① 庞永福:《定县归来》,《独立评论》1935年第155期。
② 燕树棠:《平教会与定县》,《独立评论》1933年第74期。
③ 朱若溪:《定县平民学校观感》,《教育与民众》1935年第6期。
④ 毛应章:《河北定县平民教育实验区考察记》,《中华教育界》1933年第7期。
⑤ 蒋廷黻:《平教会的实在贡献》,《兴华》1934年第20期。

非是主观的、可信度低的,相反它恰恰同社会调查一般具有一定的客观性。正如吴半农在参观定县后作汇报时所言,"写的时候,我完全采取客观叙述和描写的态度;我没有参见丝毫的意见和批评,因为我相信,一件工作的内容之忠实的介绍,便是这件工作的性质和意义之一极好的说明"①。对于没有机缘前往定县参观的人们来说,甚至对于后人来说,"定县参观热"都是了解定县不可多得的机会。而这一汇集多方声音的举动,更是成为定县实验自身不断完善、持续发展的契机。

(二)对实验的测验与评价

定县社会调查以严谨客观的统计数据为特色,与平教会各部门的教育工作关系紧密。实际上定县实验还开展了一些测验活动,它们同样以客观数据的分析与研究为主,与社会调查形影不离,其中周先庚主持的教育测验成效显著。

教育上的测验行为往往以中小学生为对象,而定县的教育测验则是以乡村一般识字与不识字之男女青年与成人为对象,实属历史上开先河。定县教育测验是运用教育测验的方法来测定平校学生毕业成绩、考核文字教育的效率。②该工作由平教会邀请周先庚③先生主持,从1927年一直持续到1933年,其中于1932年成立了教育心理研究委员会,与清华大学心理学系展开合作。平教会开始认识到科学材料的价值与意义,于是利用教育心理研究委员会来专门负责分析、研究过去的已有材料,"以为将来之借镜",同时继续进行科学的"客观新法考试",以便测量平教工作的具体成绩。④委员会开展的教育测验叫分为两个阶段:第一个阶段为1927年至1931年,由学校式教育部负责,以测验的实施为主;第二个阶段为1932年至1933年,由教育心理研究委员会负责,以测验成绩的统

---

①吴半农:《论"定县主义"》,于建嵘主编《中国农民问题研究资料汇编 第1卷(1912—1949)》,(上册),中国农业出版社,2007年,第449页。

②吴相湘:《晏阳初传——为全球乡村改造奋斗六十年》,岳麓书社,2001年,第174页。

③周先庚(1903—1996),中国著名心理学家、教育家,中国实验及应用心理学的奠基人。1924年毕业于北京清华学校,1930年获美国斯坦福大学哲学博士学位,1931年归国任清华大学心理学教授。周先庚在河北定县主持教育测验工作,并研究年龄与学习能力的关系,得出一条识字能力曲线,被当时心理学界称为"周先庚曲线"。

④周先庚:《定县七年新法测验考试之实施及结果》,《民间》(北平)1934年第9期。

计报告为主，①并最终整理出《定县平民教育测验统计报告》一书。具体的测验工作由学校式教育部人员规划进行，傅葆琛、汤茂如和冯锐等人亦非常重视，参与其中的规划，赖成骧、赵冀良、殷子固等先后担任实际工作，社会调查部的诸葛龙更是加入委员会并承担了主要测验工作。

根据历年举行的测验来看，定县教育测验主要有成绩测验与智慧测验两种，涉及的测验材料共有44种。成绩测验占测验工作的大部分，测验人数也最多，其中初级平民学校有千字课测验，又有珠算测验和注音符号测验，而高级平民学校仅有文艺测验。②成绩测验多是根据一定的教材进行编制，以《农民千字课》《文艺课本》以及《市民千字课》与识字课本为最多，注音符号与珠算等测验也是根据一定的教材编制。③诸葛龙在《定县平校成绩测验的统计报告》中就详细说明了农民千字课分册测验、市民千字课与识字课本测验、农民千字课混合测验和农民文艺课本测验四种测验的情况。其中千字课分册测验是最早也是最长的，从1927年一直持续到1932年，重在考查农民千字课的教学成绩。市民千字课与识字课本以前都是市民使用的，但1928年以后平教会在定县陆续设立初、高级实验平校以实验各种课程与教材，市民课本亦在列，按时施行测验，以考查实验的结果。④对历年测验结果的整理与统计在1930年就已经开始了，当时最大的目的是要研究成绩分配的状况，作为测验材料取舍修订的根据。这项工作最初由诸葛龙着手整理，随后于哲夫、耿承基、高际平、关克敬、刘友声等人加入。到了1933年，拟将历年测验的经过情形与所得结果编辑报告，于是又将各种测验成绩进行统计，此次所抱的目的以研究学习能力为主。⑤

整理统计出的教育测验结果既反映了平教会在定县进行文字教育的成绩与问题，也通过历年数据的纵向比较揭示了平教会长期以来的工作成效。诸葛龙、周先庚等在此基础上做出总结与分析，并试图对一些问题阐发见解。在农民千字课分册测验中，测验人员发现各种测验的分数分配大致相同，皆是分数

---

① 周先庚：《定县历年测验成绩统计结果略述》，《民间》（北平）1935年第12期。
② 周先庚、诸葛龙：《定县实验区学校式教育测验》，《测验》1934年第2期。
③ 周先庚：《定县历年测验成绩统计结果略述》，《民间》（北平）1935年第12期。
④ 诸葛龙：《定县平校成绩测验的统计报告》，李文海主编：《民国时期社会调查丛编·二编·文教事业卷》，福建教育出版社，2004年，第444页。
⑤ 周先庚：《定县历年测验成绩统计结果略述》，《民间》（北平）1935年第12期。

越高,人数越多。诸葛龙认为这种情况可能是因为题数太少、题材太易,不足以甄别较高的学力,而且测验范围有定、分量又少,很容易学习纯熟、得到满分,如此导致平民学校测验成绩的分配经常成为偏态。[①]这种情况下,平教会教育心理研究委员会就适当地对学习的教材进行修订,并相应调整测验的题目,提高测验的区别度,从而达到真正的测验效果。周先庚在《定县历年测验成绩统计结果略述》中统计出了1927年至1933年之间用44种材料所测验的所有情况,共包括1575个班、36179人。七年的教育测验主要呈现出三个结果:①通过男女生年龄的比较,发现无论初级还是高级学校的男生,其平均年龄均比女生大2至3岁;②各级各月的平均年龄皆有依次加大的现象,即级数或学月越高,学生的平均年龄也越大;③成绩与年龄的关系,男女完全相同,此外测验成绩在16岁以前发展迅速,几成直线式的亢进。16岁以后始渐转缓,至21岁达于最高点,再以后就渐见低落现象。[②]由此可知,在定县年龄越大的人会越感觉到对教育的需求,入学的兴趣越浓,也就更愿意继续升学。16至30岁之间是一个人学习能力的最高时期,也是实施教育最重要的时期,因此平教会在实施文字教育的时候就要对这些情形给予充分的关注,抓住时机发动乡村青年努力识字学习,并营造切合不同青年的教学环境和素材。

除了进行各项教育测验,周先庚还主持改造旧有的测验形式,创新了一种"挂题测验法"。挂题测验法,原称为挂图测验法,就是将测验卷册分为两个部分,一部分是测验材料,另一部分是答案纸条。以往施行测验,多半用卷,卷上有题目,又有备选的答案或待填的空格,篇幅既多,并日人各一册,费用固不经济,保存也不方便。[③]挂题测验法在1932年12月初旬实施后,平教会可以严密控制测验材料,只需要把答案纸条分发给学生。挂题测验法有着节省费用、便于控制时间、集中注意、材料秘密易守、携带轻便、便于批订与保存成绩以及可

[①] 诸葛龙:《定县平校成绩测验的统计报告》,李文海主编《民国时期社会调查丛编·二编·文教事业卷》,福建教育出版社,2004年,第422页。

[②] 周先庚:《定县历年测验成绩统计结果略述》,《民间》(北平),1935年第12期。

[③] 周先庚、诸葛龙:《挂题测验法的初步研究》,李文海主编《民国时期社会调查丛编·二编·文教事业卷》,福建教育出版社,2004年,第490页。

以防止夹带作弊的七项优点,[①]尽管也有一些不足,但它在一定程度上弥补了旧式测验的缺陷,符合了定县实验的现实条件与实际需要。正如周先庚所言,"定县平民教育事业,其他姑不必说,有了这种大规模的客观新法测验考试的施行结果,他的科学的根据是毫无问题的"[②]。

"定县之测验非为测验而测验",而是为了研究解决教学的实际问题而测验。[③]教育测验在某种程度上承担了部分社会调查的工作,却比调查更加专业和细化。它的作用近似社会调查,既以统计形式展现出实验工作的成果,利用历年数据的纵向比较对工作做出评价,又争取求得种种真相和客观标准,从而在教学上实现各个方面的改进,对定县实验提供参考,加强教育实验的科学性。1933年,周先庚在定县还主持了一项平民学校毕业生的再测验,他召集各村毕业一年半以上的初、高级平民学校毕业生,再用和毕业测验一样的方法和材料测验一次。最后得出结果:初级平校的毕业生再测验成绩约为当时毕业测验成绩的81%,高级平校的毕业生再测验成绩约为毕业时测验成绩的77%。这说明尽管只接受了短期的平民教育,但"已足使普通青年成人脱离文盲境遇",农民在获得相当的文字教育后仍有一定的保留效果。[④]教育测验再一次证明了平教会的文字工作不是蜻蜓点水,而是保质保量、确有成效!

(三)实验的调整与扩展

无论是定县实验自身开展的社会调查,还是他人前来定县参观、调查后的反馈,抑或是如火如荼进行的测验活动,都不约而同地对定县实验起到了检验、评价的作用。好的成绩或不好的问题,都通过统计数据或观察报告的形式淋漓尽致地展示出来。它们在一定意义上组成定县实验的评价机制,不断检验各方面的具体工作——往前看,该工作是否完成了某一阶段的目标和任务;往后看,该工作能从哪些角度和方向调整,从而愈加完善。换句话说,通过社会调查、参

[①] 周先庚、诸葛龙:《挂题测验法的初步研究》,李文海主编《民国时期社会调查丛编·二编·文教事业卷》,福建教育出版社,2004年,第509页。
[②] 周先庚:《定县七年新法测验考试之实施及结果》,《民间》(北平)1934年第9期。
[③] 周先庚、诸葛龙:《定县实验区学校式教育测验》,《测验》1934年第2期。
[④] 吴相湘:《晏阳初传——为全球乡村改造奋斗六十年》,岳麓书社,2001年,第174—175页。

观、测验活动等评价,实验中好的成绩、成果应该继续坚持,而不妥之处甚至是问题就应做及时的处理。定县实验并非是静止的、纹丝不动的实验,它具有动态的活力,时时刻刻为了"除文盲,作新民"的目标而努力。新问题、新困境的调查发现,恰好促成了实验的调整与扩展。

平教会来定县之前,翟城村的礼、义、仁、智、信五街均有男女平民学校各一所,全村共有十所学校。自平教会驻村后,村内将这十所平民学校暂时关闭,另立育才男女学校各一所,以培养村治领袖人才。①其中女子育才学校本来只开办半天,但通过调查了解到学生的需求,就将学校时间延长,由半日调整为整日。同样的,平民学校最初的学习期限为四个月,后来平教会经过调查和观察后发现:如果以四个月为一个学习阶段,那么农民们从农忙后开学到毕业为止,一定要经过一个阴历的年节,学生们格于习俗,不能继续上课,如果过了新年再继续上课,则学生的精神不免涣散,学习的功能不免减退。②为了避免这些困难和问题,平教会将四个学月调整为三个学月,并安排了三个中心活动。第一学月是生活学程,教授注音符号,使学生获得认识文字的工具。第二学月是政治学程,组织一个同学会,以训练他们政治上的能力,此项同学会在毕业以后,即系毕业同学会。第三学月是经济学程,成立一个合作社,以解决他们经济上的问题。③

平教会在定县开展教育实验,就是希望能根据乡村本土的政治、经济、社会环境,开展贴切实际的、符合需求的教育,导生传习制就是其中的一个典范。可以说,平教会在定县实验的导生传习办法就是从现实中"逼"出来的。定县平民学校的教帅远远达不到需要的人数,即使有足够数额的教师,平教会也无法负担巨额的教师薪资。④此外,随着识字运动的推进,平民学校的学生数不断激增,"某一小学里,原只学生四五十人,后忽增至百余人,于是教师课堂及设备都成了问题"。⑤在这种有限条件下,平教会借鉴英国的"导生制"和陶行知的"小先生制",于1933年在定县东建阳村开始推行导生传习制(简称"导生制")。所

---

① 卜西君:《调查:参观定县翟城村村治及教育报告》,《河北教育公报》1930年第11期。
② 朱若溪:《定县平民学校观感》,《教育与民众》1935年第6期。
③ 朱若溪:《定县平民学校观感》,《教育与民众》1935年第6期。
④ 熊贤君:《晏阳初画传》,山东教育出版社,2015年,第103页。
⑤ 庞永福:《定县归来》,《独立评论》1935年第155期。

谓导生制，就是以即学、即习、即用为教育的方法，①是有组织、有目标的教育方法，能够克服师资、经费等困难。黄鹏在考察定县的时候，参观了高头村一所示范小学，看到该校的导生制情况：学生每十人组一小队，置一小队长，四小队组一中队，置一中队长，二中队组一大队，置大队长及大队副各一人。每小队有导生四人：政治导生、经济导生、文化导生、卫生导生，其余都是普通队员。②在这种制度下，教育真正与生活打成了一片，培养出来的学生更具有生活力、思想力和行动力。到了1935年，晏阳初发现导生传习制在实践中存在很多不足，于是结合南方多个省份乡村建设的经验，与陈筑山一起在定县实验区各地开展有针对性的调查研究，以便根据时局的需要调整乡村建设的思路。③也就是从那时起，晏阳初同瞿菊农商讨后将"导生传习制"改称为"组织教育"，以别于陶行知的"小先生制"，避免不必要的误解。导生传习只是"组织教育"原则的一种应用，"我们现在实验的本来是组织教育，组织教育的一部分是导生传习"④。可见，定县实验中的导生传习制是在现实的需求之上产生的，是根据实验进程中出现的问题而增加的因地制宜的教育办法，并且该办法会随着时局的变化做出相应的改变。

公民教育中的家庭会也是在调查的事实基础上发展起来的典型。为了推动家庭式教育，平教会在定县设置了乡村家庭会的组织，旨在研究和解决家庭日常生活的实际问题。家庭会定期召集家主会、主妇会、少年会、闺女会或幼童会，谈论儿童教育、家庭经济、卫生、道德等各种事项。⑤这样家庭中的男女老少都能得到一定程度的教育，尤其是以往教育过程中容易受忽视的妇女和老人。家庭是社会的基本单位，只有家庭的社会观念和意识发生变化，才能推动整个社会的转变。自平教会于1932年在定县高头村提倡"化私为公"的家庭会组织形式以来，仅仅一年全村大多数家庭都积极参加了家庭会，表现出诸多明显而

---

① 瞿菊农：《导生传习在定县的实验》，《民间》（北平）1936年第3期。
② 黄鹏：《定县卫生教育的近况》，《陕西省地方政务研究会月刊》1935年第3期。
③ 杨华军：《教育家晏阳初研究》，山东人民出版社，2016年第192页。
④ 晏阳初：《在第四次大周会上的讲话》，宋恩荣总主编《晏阳初全集》（第1卷），天津教育出版社，2012年，第372页。
⑤ 高践四：《调查与报告：参观平民教育定县实验区及乡村建设邹平试验区之心得》，《教育与民众》1932年第6期。

良好的风气。①然而,家庭会在实际生活中仍有着些许偏差。吴半农在参观定县时询问两位农妇关于家庭会的意见,两位农妇回答:"有什么意思!'财主老'才有意思呢!我们穷人还不是凑凑数。"②毛应章在考察高头村家庭会中的家主会和主妇会时,发现全村的家主和主妇差不多都到齐了,且秩序良好。然而开会的时间过长,当三四个小时过去,一班主妇都有不耐烦的意思,甚至"弄得有几个老太婆愈窗而逃"。③在这种情况下,公民教育部只能积极改善这些问题,照顾到农民家庭的现实情况,调整家庭会的开会时间、内容等。公民教育部让农民寄来很多请代解决的问题,结果问题实在太多,部门只能将问题汇集分类,比如关于卫生的就交给卫生教育部,关于生计的就交给农业教育部。

生计教育中也不乏这样的例子。早在1926年定县实验起步,生计教育便得以大力实施,不过当时的工作主要是"以增加农业生产为目的,以普及农业科学为方法",只专注于农业生产方面,之后才逐渐将乡村经济、乡村工业等内容包括在内。④根据吴相湘对生计教育发展进程的概述,科学耕种的推广使农产量不断增加,然而在增加的过程中平教会发现乡间高利贷问题非常严重。农民本身非常贫困,到了播种的时候必须借高利贷来买种或牲畜,等到收货时才还本,高昂的利息更加剥削了农民。平教会因此组织农民经营信用合作社,由平教会洽商银行贷款给合作社,再转贷给农民。原以为已经满足了农民的需要,平教会却再次发现粮商在农民将收获的谷物卖出时故意压低价格,因而又组织设立运销合作社,将各个农家待售的谷麦直接销到碾米厂。好不容易解决了这些问题,平教会看到农民在农闲时期(一年有四个月农闲)仅靠收获后的剩余度日,极少有其他收入,于是指导他们在农闲时利用本地原料制作手工艺品,以增加收入。⑤定县实验并非从一开始就设计好了完善的计划,而是随着实验工作的不断演进、问题的不断出现而做出相应调整,扩展实验的环节与内容,其中调整与扩展的依据就是调查所得的实情。同样,正是在初期调查了解的基础上,

---

① 杨华军:《教育家晏阳初研究》,山东人民出版社,2016年,第94页。
② 吴半农:《论"定县主义"》,于建嵘主编:《中国农民问题研究资料汇编 第1卷(1912—1949)》(上册),中国农业出版社,2007年,第453页。
③ 毛应章:《河北定县平民教育实验区考察记》,《中华教育界》1933年第7期。
④ 李孝悌:《河北定县的乡村建设运动"四大教育"》,《近代史研究所集刊》1982年第11期。
⑤ 吴相湘:《晏阳初传——为全球乡村改造奋斗六十年》,岳麓书社,2001年,第164页。

晏阳初等人越来越感到扫盲并不是中国社会问题的根本，能不能吃饱肚皮才是乡村农民们最关心的问题。因此定县实验从最开始的扫盲运动开始逐渐扩大工作范围，所有工作必须围绕民众的"生计"展开，以"生计"为号召。[1]

李景汉认为人们往往在灾祸未来之前安闲自在，习惯"平时不烧香、急来抱佛脚"，并高嚷着"亡羊补牢未为晚也"[2]，而社会调查则可以起到预防的作用。定县实验活动坚持因地制宜的原则，始终以乡村的实际、农民的需求为宗旨，然而实际操作过程中难免意外，当工作偏离轨道时，调查便成了及时的警报器，提示需要调整方向。哪怕畅通无阻，它也会时时刻刻警惕着问题或麻烦的降临，并源源不断地提供材料，扩展实验前进的道路。可以说，正是对实验过程与结果不断进行检验、评价，实验不断做出相应的调整与扩展，才有了更加科学的、准确的、全面的定县实验。

定县社会调查是在二十世纪二三十年代国内兴起的乡村教育运动和受西方影响的社会调查风潮这两股力量的交织作用下诞生的，有着历史的可能性与必然性。面对巨大的乡村危机，中华平民教育促进会试图以平民教育为方式方法，打破过去理科实验的范畴，在河北定县建立起社会实验室，通过定县实验来研究一条复兴乡村乃至富民强国之道。相较于以往"盲目地"开展工作，定县实验旨在更加科学地发现问题和解决问题，引入中国不久的、以实证主义为特色的社会学由此承担起重任。以晏阳初为首的平教会不断进行探索，在实验中运用社会调查方法，使其对中国的乡村社会发挥应有的作用。这一中国化的过程"实践上是对中国国情的了解，社会调查是这一切的前提"。[3]

通观而言，从"愚穷弱私"问题的发现到试图解决的过程，定县实验和社会调查之间是相辅相成、相得益彰的。社会调查的重点随实验计划的变化做相应调整，同时也伴随着实验的开展不断深化。透过二者的互动，社会调查对定县实验的作用一览无余，可用"诊断""支撑"和"调节"概括，这也能够推演到社会调查对整个民国乡村教育实验的作用。此外，定县实验长期的社会调查工作铺垫使当地民众逐渐卸下心理防线，理解并信赖调查乃至整个实验，如此调查统

---

[1] 徐秀丽：《中华平民教育促进会扫盲运动的历史考察》，《近代史研究》2002年第6期。
[2] 李景汉、玉生：《定县乡村实验的调查工作》，《国立中央大学日刊》1932年第881期。
[3] 范伟达、王竞、范冰：《中国社会调查史》，复旦大学出版社，2008年，第37页。

计的数字更加具有可信度,也更有利于展开后期的实验内容。社会调查还起到收集、汇总材料的作用,典型如定县调查过程中秧歌、鼓词、歇后语等民间艺术材料的记录,这些不但成为定县实验的教育内容,而且为后世保留了大量的传统文化遗产。《定县社会概况调查》《定县乡村工业调查》《定县乡村教育》等更是成为日后人们了解、研究华北乡村的珍贵材料。调查或考察后形成的报告文章,尤其一些刊载在有影响力的报刊[1]上的作品,某种程度上为定县实验进行了宣传,在当时的乡村教育运动和社会调查风潮中留下了不可磨灭的印迹,吸引了更多的人关注并前来参观。有幸参与调查实践的学者更是留下自己的思考与反思,推动着社会学学科在中国的发展,以李景汉为首,就留下了《深入民间的一些感想》《中国乡村人口调查研究之经验与心得》《定县土地调查》等十几份报告。[2]

如果说社会调查是定县实验的"指南针",在社会调查的指引下可以系统地实施科学方法、有的放矢地开展工作,那么定县实验对调查而言就是一座"灯塔"。这座灯塔奠定了一切工作的出发点和目的,同时为调查的目标、范围、对象、方法和内容划定界限。不似有些乡村教育实验完全滥觞于理论分析,平教会在提倡科学调查的风气下,从一开始就重视并大力支持以统计为特色的社会调查工作,在经费和人才方面有所保证,并在三四年的调查基础上于1929年底推广全县的实验活动,让社会调查一以贯彻地渗透于实验的始终。诚如李金铮所强调,如果平教会不在定县进行实验,那么开展这样一场时间持久、涉及范围广泛的乡村调查是很难想象的。[3]正是如此,在中国刚刚起步不久的具有"西洋"色调的社会调查才没有沦为单纯的工具,而是焕发出新的色彩,兼具认知、服务和改造三种特征,成为具有"定县特色"的调查,享誉中外。

作为我国历史上首次以县为单位的实地社会调查,定县实验的社会调查真正做到了"宏观与微观、历史与现状、动态与静态、纵向与横向"[4]的结合。它不仅成为教育实验的科学工具与方法,而且也是整个实验不可或缺的组成部分。

---

[1] 如《社会学界》《大公报》《民间》《中华教育界》《教育与民众》等报刊,领域多元,受众广泛。
[2] 李景汉:《回忆平教会定县实验区的社会调查工作》,河北省委员会文史资料研究室编《河北文史资料选辑》(第十一辑),河北人民出版社,1983年,第75页。
[3] 李金铮:《定县调查:中国农村社会调查的里程碑》,《社会学研究》2008年第2期。
[4] 范伟达、王竞、范冰:《中国社会调查史》,复旦大学出版社,2008年,第58页。

无论是在推动乡村建设实践还是在促进社会学本土化方面，定县调查都做出了巨大的贡献，它代表着在二十世纪二三十年代，人们将问题研究与实地调查相结合的趋势以及西方科学方法与中国传统社区的融合。平教会设计出的实验方案是建立在全面深入调查所获取的事实基础上的，他们从中总结出一般性的原理，以期推广到更多地方。这项以农民为对象的平民教育伟大事业，为当时"教育救国"口号下其他地区的乡村教育或乡村建设运动提供可行性的借鉴，甚至成为第三世界国家进行乡村改进实践的模范。前来定县考察、学习的个人或团体把学到的经验带回乡村投入实践，其中社会调查愈来愈受到重视，人们意识到只有了解中国乡村社会的情况才能进行改良步骤，只有通过严谨周全的调查才有科学实验的可能。同时期在乡村教育实验中占有重要一席的山东邹平乡农学校实验，就积极汲取定县调查的经验，其调查工作也取得了不俗的成绩。梁漱溟从1929年初开始从广州一路北上到各地考察，至定县时多次肯定社会调查工作的尚实、认真、仔细等，认为平教会所办的社会调查是最有价值的工作，请李景汉去办社会调查则为最大功德。[①]1931年山东乡村建设研究院成立，次年设有社会调查组织，由万树庸主持，并特请定县平教会社会调查部的干事李柳溪前去主持邹平实验区的调查工作，许仕廉和杨开道担任指导。[②]在1932至1933年期间，研究院在邹平共完成了六项调查，包括两次选样农户经济调查、两次户口调查、全县概况调查、乡村经济及医疗疾病调查。[③]相较于定县调查的卓越成绩，邹平的调查工作往往被人忽视。因经费、人员等因素限制，邹平实验区主要集中于普遍性的概况调查，以明了地方社会情形、增加研究院学生的经验为目的，而不像定县针对"愚穷弱私"的具体问题进行深入的调查研究。但邹平实验乃至其他乡村教育实验中调查工作的价值是不容忽视的，社会调查

[①] 梁漱溟：《北游所见记略》，中国文化书院学术委员会编《梁漱溟全集》（第4卷），山东人民出版社，2005年，第891页。

[②] 具体来说，山东乡村建设研究院于1932年秋成立社会调查股，专门负责社会调查事宜。1934年7月研究院修正组织大纲，改"社会调查股"为"社会调查部"，由时任燕京大学社会学系教师万树庸主持，其学生马资固、李善德、张玉山等协助办理。最早的调查活动是了解邹平全县的教育状况、市集、地方财政、乡村领袖、党部组织及党务、全县灾况与救济、乡村纠纷以及各区农业特产、短工市等方面概况。此后研究院开始组织训练部学生进行全县及区域性的社会调查。编辑成册的有《社会调查与邹平社会》《邹平概况调查》等报告。

[③] 阎明：《中国社会学史：一门学科与一个时代》，清华大学出版社，2010年，第113页。

对定县实验的作用与影响在其他乡村教育实验上同样得以体现。

尽管定县实验社会调查已经立于二十世纪二三十年代统计型调查的风潮之上,从社会调查过程的记录、参观考察定县的报告中可以看出问卷、访问、观察等多种资料收集方法的综合,但本质上它还只是一种"定量"的研究方式。所呈现的数据虽以客观与准确为特点,但在当时的时态和社会背景下,我们不能完全保证这些调查材料的可信度和有效度,尤其是田产、税收等方面的内容。这些注定了定县调查随着社会学在中国的不断演化与发展而蒙受争议与批评(更不用说其他实验调查)。好在社会调查也在这种争议和经验教训之上不断完善,在以后的发展过程中逐渐加入质性研究的成分,丰富社会学研究方法的内涵。如同同时期的其他乡村教育实验,定县实验的四大教育固有一番成绩,然而瑜不掩瑕,"教育救国"的道路是行不通的。社会调查指导下的"愚穷弱私"问题的发现和解决无法触及中国乡村矛盾的根本,在当时形势恶劣、激荡变动的环境下,这些仁人志士的努力,最终化为一种妥协与不切实际的浪漫。也许在广泛社会调查的过程中,各项实验曾或多或少触碰到问题的关键(比如各实验调查到的乡村严重的土地、阶级、赋税等问题),但基于实验自身的框定与限制,问题未能得到足够的重视与警觉,这也成为社会调查与教育实验之间的一种局限。

第五章 中华平民教育促进会与华中华西实验

全面抗日战争时期,晏阳初主持的中华平民教育促进会在失去定县实验区后,并没有停止乡村平民教育实验活动,而是转往南方,先后在湖南、江西、四川等省把乡村农民教育与农民抗战结合起来,陆续创办了衡山实验县、新都实验县、华西实验区,继续定县乡村平民教育实验的未竟之业,并且有所发展。

一、中华平民教育促进会与湖南衡山实验县

(一)平教事业有准备有步骤地南迁

自1933年日军侵入山海关内,察哈尔、热河、河北等省政治军事形势日益恶化。日军指使日本浪人及失意政客,策动"华北特殊化",1935年12月又策动亲日分子成立了冀察政务委员会,河北、察哈尔两省如日军所愿成为半独立地区,华北危机日趋严重。在此种情况下,定县实验县的县长亦被更换,晏阳初也被迫辞去河北省县政建设研究院院长一职。此后平教会在河北之实验工作遭遇诸多不便,县政改革与地方自治的推行已实难维持下去,平教会倘若欲对此进行深入的研究实验,非另辟新区域不可。另外,我国地域辽阔,各省都有其特殊情形。平教会在华北所得之经验,未必能推行于全国。从科学客观的立场,其自应在华北以外各地,做政治、经济、社会各方面的比较试验,才能获得更精确切实的结果。再者,从平教会工作的长远发展而言,进行"省单位"的实验势

不可免,但究竟哪一个省能成为平教会的新实验地,有赖于在推广定县实验成果之时进行探索磋磨。此外,随着国家形势危急的日益加深,一些地方政府十分迫切地希望平教会能协助他们进行县政改革与乡村建设,以做好抗战的准备工作,于是他们纷纷向平教会发出了诚挚的邀请。[1]在定县已无可作为的情况下,平教会选择将在定县所得之研究成果向外推广,避免人才、时间、精力上的浪费,此乃明智之举。

1936年2月,经过前期的考察与联络,平教会在其年度工作计划行政会议上公布了未来在定县、湖南、四川、广西的工作规划,其内容主要是:在定县,要维持过去之成绩,在可能范围内,务求保持基本的工作。其实平教会在当年1月份的行政会议上对在定县的工作有着更为明确的方针,即"(一)河山一天不变色,绝不放弃定县;(二)河山如果变色,自己能继续做下去,还要照旧做下去,自己不能做,则组织合作委员会管理"[2]。在湖南,因为其地域适中,人事和洽,学术条件有利,与广西紧邻,平教会会员可以调剂。所以,可作为之后五到十年内平教会工作的"主垒"。广西,其可作为表证平教会工作的最适宜之地。在四川,平教会可以与当局做相当之联络,撒下实际的种子,为将来工作重心之预备"。[3]

事实上,在平教会做出上述规划之前,其就曾因各省的迫切需要,已经分别派员前往协助,以推广定县实验之经验了。"如江西省三地'农村福利中心'以及省卫生处农村保健科;河南省宛西乡村师范学校;江苏江宁实验县及浙江兰溪实验县与山东邹平实验县及陕西华县乡村保健工作;绥远包头教育与生计训练的实验;广东中山模范县的教育工作。"[4]甚至平教会与广西当局拟定了发展计划,设立设计委员会、教育研究所,拟由平教会的陈筑山出任设计委员会主任委员,由朱有光担任教育研究所所长。因1936年夏广东、广西反对南京中央政府

---

[1] 晏阳初:《在民国二十六学年度第一届平教会行政会议上的讲话》,宋恩荣总主编《晏阳初全集》(第2卷),天津教育出版社,2012年,第23页。

[2] 晏阳初:《在民国二十四学年度第五次行政会议上的讲话》,宋恩荣总主编《晏阳初全集》(第1卷),天津教育出版社,2012年,第391页。

[3] 晏阳初:《在民国二十五学年度工作计划行政会议上的讲话》,宋恩荣总主编《晏阳初全集》(第1卷),天津教育出版社,2012年,第405页。

[4] 吴相湘:《晏阳初传——为全球乡村改造奋斗六十年》,岳麓书社,2001年,第280页。

的军事行动爆发在即,平教会才暂停了在那里的工作。

随着中国北方的国家安全形势日益恶化,平教会认为若中日一旦开战,除华北外,中国的东部沿海地区亦必大受影响。所以,湖南和四川未来可成为从事工作的大本营,因为两省具备以下五个条件:(一)政治条件有省与中央的后盾;(二)经济条件有省与中央的帮助;(三)要有物质建设的基础,完成一个现代国家的条件;(四)不受中日及国际战争之影响;(五)当地学术团体有合作之可能性。①因此,平教会将湖南、四川视作肩负民族复兴使命的大本营。所以,当平教会收到湖南、四川当局诚挚的邀请时,他们决定前往开展工作。

(二)湖南衡山实验县的设立

"县在中国是一个行政的单位,也是一个社会生活的单位。中国的国家是由一千九百多县构成的。一县就是一广义的共同生活区域,为若干下级的共同生活区域——乡区与村庄所构成。这是中国最大多数人民的着落地。人民生活改造的一切工作,必须从这里着手。"平教会经过深入民间十几年的工作积累,深知欲使农民教育不落空,就必须和农村建设相适应;欲和农村建设相适应,就必须以整个县作为建设单位;而欲以整个县为单位开展建设,其实施之研究则又必须与政治打成一片。②另外,平教会和湖南当局早有联络。早在1932年,湖南省政府主席何键就曾特派省府秘书长、湘潭县长北上定县考察实验工作。他们回湘后建议设立湖南县政研究院、实验县,邀请平教会公民教育部主任陈筑山来进行指导。虽然之后因财源不足与政治上的困难未能立即实现,但双方的联络与商讨一直未断。因此,当1936年初平教会收到湖南省政府邀请其前往指导和参与湖南的乡村建设工作时,晏阳初等果断地应邀前往。1936年2月,平教会干事长晏阳初、秘书处主任瞿菊农、生计教育部副主任彭一湖在长沙与湖南省政府主席何键、教育厅长朱经农、财政厅长何浩若等当面研讨具体的合作事宜。双方商定设立湖南实验县政委员会,负责对实验县的计划、指导和监督工作,并将聘请平教会的专家若干出任县政委员会的委员,并于其中择一

---

① 晏阳初:《在民国二十五学年度行政会议上的讲话》,宋恩荣总主编《晏阳初全集》(第2卷),天津教育出版社,2012年,第1页。

② 中华平民教育促进会:《湖南的实验县——衡山》,中华平民教育促进会,1937年,第1页。

人出任实验县县长一职,具体负责实验工作的实施。同时湖南省政府还承诺在县预算经费外另增十万元供实验县实验之用,再拨六千元专款作为乡村人员训练之用。另再拨二万四千元作为将来新开办之乡村师范学校的经费,并许诺所有校务全由平教会推荐的人主持,以便训练"有计划建设"的人才。[①]于是,平教会决定将其总部搬至长沙,开始全方位指导与实施湖南之县政改革与乡村建设工作。然而,中国地域广袤,各地的政治、经济、文化、民俗等具体情况均有不同,平教会的华北定县实验经验不一定能完全适用于华中的湖南。于是,为使当地的乡村建设工作能够更科学而有效地开展,平教会决定先在湖南设立一个实验县,由此从事更加具体的研究,待积累丰富的经验,再向湖南全省推广。

平教会决定在湖南设立实验县的消息传出后,湖南省下属的县纷纷力争使自己被指定为实验县,尤其湘潭、醴陵最为积极。然而,平教会的工作人员经过实地考察,最终选择了衡山县作为实验县,其原因在于:第一,自1927年以后湖南省各县备受战乱摧残,唯衡山幸免于难,县份完整,"人民休养生息,为日颇久,以此为实验县,当可收事半功倍之效"[②]。第二,"华南有数名胜地,位于衡山县境,年来湘省府努力建设,修马路,起山亭,筑别墅,造玉版桥,整理磨镜台,筹建络丝潭水闸,计划经营,令人耳目一新。实验县设立于此,将来名山名县自可相得益彰"。第三,实验县的选择,若其过于富庶,环境太好,实验结果虽佳,但不适宜向普通的县份推广;若其过于贫瘠,则一切设施将难于着手。衡山县是湖南省境内既不富庶也不贫瘠的一个地方,属于二等县,以此为实验县,具有代表性。[③]第四,衡山交通相对发达,便于对外沟通与联系。其"水道有湘江流贯县境,陆道则粤汉铁路在湘江东岸,湘桂公路在湘江西岸,南至衡阳,北至长沙,均数小时可达"。第五,衡山县学风繁盛,文教基础良好。清末时该县即有"聂云台祖父兄弟四人均缀巍科,李枝荣李枝茂兄弟同入词林,陈嘉言文采风流,为世所称"。入民国后,衡山县学风之盛,仅次于湘南重镇衡阳,全县有中学一所,小学四百余所。第六,衡山民情纯朴。"乡下人每年完粮,不待催逼,过了年而没

---

①吴相湘:《晏阳初传——为全球乡村改造奋斗六十年》,岳麓书社,2001年版,第283页。
②《旧衡山环境最适宜交通便利并不过富过贫学风甚盛民情亦颇纯朴》,《大公报》(天津版)1936年7月6日,第10版。
③《旧衡山环境最适宜交通便利并不过富过贫学风甚盛民情亦颇纯朴》,《大公报》(天津版)1936年7月6日,第10版。

有完粮,在他们是引为莫大耻辱的。"第七,衡山县纵横二百里,人口三十万。规模适中,人口适度,便于开展实验。①

1936年7月1日,衡山实验县举行成立典礼。南京国民政府行政院为表示对乡村建设工作的重视特委派湖南省主席何键作为其代表出席典礼,内政部亦委派湖南省民政厅厅长凌璋作为其代表参加典礼,除此之外,湖南省国民党党部特派委员赖琏、财政厅厅长何浩若、建设厅厅长余籍传、教育厅厅长朱经农、省府秘书长易书竹,平教会之晏阳初、瞿菊农、彭一湖,湖南及外埠新闻记者共数百人出席了成立典礼。对成立衡山实验县的旨趣与意义,何键在其致辞中指出:我国土地广袤,各地人情风俗极不一致,以一纸政令推行全国,实大不易,成立实验县其意在先办好一县,再谋推广。实验县成立后将致力于推行四大教育和加速行政效率两大方面的工作,希望努力将该县办得有成效,使其成为全国楷模,不可徒作表面功夫。要切实地加速行政效率,希望将来能够使衡山实验县与南岳齐名。②除此之外,当时的媒体对衡山实验县成立的意义进一步补充道:"'政治科学化,科学实验化',改革政治而不以实验为基础,这在一般政治学者看来,真所谓纸上谈兵、闭户造车,一样是无补(于)实际的。所以实验县之在今日,已经成为一种崭新时髦的东西。我们瞧,河北的定县、山东的邹平、江苏的江宁,在中国若干县政府之中已等于理化室中最有价值的标本。谈县政改革的人,而没有考察过定县、邹平与江宁,这是他们莫大的恨事。于今湖南衡山实验县,又在本日成立了,它不仅为推进湖南各县县政之第一声,且将为全中国开辟一块新园地。"③

衡山实验县的最高权力机关为县政委员会,受省政府之委托,其任务为负责计划、指导和监督实验县县政建设之推行。委员会委员共十五人,省政府主席自兼委员会主席,省政府委员全体为当然委员,并由省政府聘请保安处长、高等法院院长、省政府秘书长以及平教会中的晏阳初、瞿菊农、彭一湖为委员。衡山实验县的县长由县政委员会推定,经湖南省政府任命后产生,首任县长为平

---

① 《旧衡山环境最适宜交通便利并不过富过贫学风甚盛民情亦颇纯朴》,《大公报》(天津版)1936年7月6日,第10版。
② 《衡山通讯:实验县成立志详》,《民间》(北平)1936年第3卷第6期。
③ 《湘省创办县政实验 衡山实验县成立 工作人员多来自定县 平教会总办事处决设长沙》,《大公报》(天津版)1936年7月6日,第10版。

教会会员彭一湖。①衡山实验县计划实验周期为四年。对于该县的使命与任务,新成立的县政府大门前所扎起的牌坊上的楹联给出了很好的注解,其内容为:"托命重苍生,新政推行资实验;采风匡固习,旧污洗涤显光辉。"②

　　衡山实验县的成立,使地方人士感到十分喜悦,以至于他们在衡山汽车站欢迎莅临衡山实验县成立典礼的嘉宾时,特意在车站门首扎一牌坊,两旁联云:"布新政在三湘七泽间,喜先吾民沾雨露;迓文旌于白日青天下,欢腾阖邑慰云霓。"③欢喜之情可谓表露无遗。然而与衡山地方人士的喜悦之情相对,当时的新闻媒体则借省政府工作人员的态度,表达了对实验县前途的忧虑。他们称:"衡山已经成为实验县了,在外人看来衡山人民将如何庆幸。可是事实上殊为不然,衡山在省方工作的人,每多淡然置之。他们以为实验县月支经费四千七百三十八元,其来源为县府原有收入一千二百七十元,裁局改科节出财、教两局经费六百八十九元,由县款开支政警队经费二百一十元零四角,其余之二千五百六十八元六角,则由省库补助,较普通县经费虽略有增加,然悉用之于事务费。其他关于建设上之事业费,则尚无着。目前当局虽有意将衡山田赋正供、完(全)截留实验县,作为建设事业之用。惟衡山纳税田土约八十三万余亩,每亩完全正供附加共六角,每年收入仅四十九万余元(正供十万余元、附加三十八万余元),较之定县每年开支计达百万者,未免瞠乎其后。这一点儿经费可做出什么事业来。在另一方面,实验县的目的是要使政治、经济建设、教育诸端卓著成效,而以之贡献当局参考,用作改革各县县政的准绳的。这样一来,修筑道路、推广教育、溶治塘堰、培植森林、储存积谷、编练团防,以及其他各项要政,自不能不较普通县加紧施行了。不过要做起来,在在需钱,政府若不提巨款以资挹注,则不能不取之于民众,而衡山民众已是外强中干了。附加超过正供已数倍,城市日见萧条,农村已经破产,那里还有余钱来为实验县撑持门面呢?"④

　　为应对媒体的上述担忧,彭一湖上任后经过调研颁布了该县的施政原则与方针。其中施政原则的内容主要是:

---

① 中华平民教育促进会:《湖南的实验县——衡山》,中华平民教育促进会印行,1937年,第3页。
② 《衡山通讯:实验县成立志详》,《民间》(北平)1936年第3卷第6期。
③ 《衡山通讯:实验县成立志详》,《民间》(北平)1936年第3卷第6期。
④ 《实验经费困难 建设工作虽然均待进行 收入有限并且难再增加》,《大公报》(天津版)1936年7月6日,第10版。

（一）需要原则。一切设施，均以符合本县人民实际需要为依归。凡非地方需要之事项，决不举办。

（二）节约原则。一切设备，务求以最少劳费，举最大效果。凡得不偿失之事项，决不举办。

（三）简单原则。一切政令之内容，务求简单，俾人民易于了解奉行。凡过于烦琐分歧之事项，决不举办。

（四）统一原则。各项施政相互间，务使保持有机的连锁，俾整个县政，构成不可分离的一体，不致有矛盾、扞格、重复、偏畸之弊。

（五）自立原则。一切事业之举办，务求不超过地方人力财力所能负担之限度，凡本县实验时期经过后，不能继续之事业，决不举办。①

施政方针的主要内容为：（一）关于改善县政机构之方针，首在造成强有力的县政府，次则树立健全的自治制度，再次则使保甲系统融合于自治系统之中。（二）关于民政事项之施政方针，约分七项：（1）自治机关，务使充实，俾法令规定之自治事项……得以次第办理。对于乡镇公产公款，责成乡镇切实整理保管，庶自治事业费，不致无着。（2）警卫方面，裁撤公安局，改设警卫队，并增加名额，积极训练壮丁，养成人民自卫之能力。（3）民众之组织与训练，为养成民众的政治能力，已有之保甲组织，须切实奉行，同时为养成民众的自卫能力与建设能力，则壮丁组织训练与青年服务团之组织训练，实为急务。（4）卫生行政，一在使全县民众均能以极少之费用得诊疗之便宜，一在对全县民众普及卫生知识。其行政系统为县设卫生院，下设卫生所，再下设卫生员。（5）救济方面，除整理县仓库清理谷数，派员保管，并建设县分仓，与整理各乡镇积谷。救恤方面，将原有之救济院之田产交由公产负责保管，整顿收支。地方救济机关，亦拟派员整理。（6）肃清烟毒，全县烟民580余名，决依定限肃清。（7）调查户口，一方面复查1935年底办竣之户口调查，一方面接办人事登记。俾调查结果，永远保持其确实性。（三）关于财政事项之施政方针，约有四端：（1）统一收支。（2）厉行预决算制度。（3）划分财务行政与财务监督权限。（4）清追历年应收未收之款项。（四）关于经济建设事项之施政方针，共有三项：（1）准备经济建设条件。（2）增进经济组

---

① 中华平民教育促进会：《湖南的实验县——衡山》，中华平民教育促进会印行，1937年，第12页。

织。(3)改进生产技术。(五)关于教育文化事业之施政方针,可概括为七点:(1)改善教育行政制度。(2)合理支配教育经费。(3)解决学龄儿童就学困难的问题。(4)扫除青年文盲。(5)整理师资,其法可分为登记、训练、任用、奖惩、待遇、进修等项。(6)充实教育内容。(7)实现建教合一。建设与教育,绝对不可分离。所有教育机关,均负协助建设义务;所有建设事项,均随时注意教育意义。[①]

(三)旧制度的调整与改革

衡山实验县县长根据其公布的衡山县施政原则及方针,制定了详细的工作计划,其内容主要包括:"整理原有事业,剔出(除)各种积弊,以扫除县政建设之障碍;改善县政机构,增进行政效能,以强化推进建设之动力;调查地方情况,确定施政方针及计划,以为实施建设之准则,培养各项工作人员,完成各种必要设备,以树立建设之基础;试办各项新兴事业,并精密考查其结果,以为逐年推展之准备。"[②]为了实现上述计划,衡山县在平教会的指导参与下,正式开始了县政改革与乡村建设实验的行动,其中比较突出的有以下几个方面的工作。

1. 调整各级行政机构

(1)改革县府行政机构

首先是裁局改科。衡山县政府裁撤原有各局,分设四科,第一科掌警卫、户籍、保甲、选举、禁烟、礼俗、宗教、消防、卫生、仓储、救恤及民众训练组织等事项。第二科掌征税、募债、管理公款公产、编造预算决算及关于公款之收支稽核等事项。第三科掌农、矿、工、商、森林、渔牧、合作、水利、道路、桥梁、工程、劳工、度量衡及公营业等事项。第四科掌学校图书馆、博物馆、民众教育馆、公共体育场、公园等事项。四科科长分别是:第一科郭世维、第二科罗玉人、第三科陈治民、第四科马明达,均曾为在定县之工作者。除此之外,县政府还设秘书一人,农工卫生、合作、教育指导员各若干人,其人员亦多来自定县之工作者。

其次是在县府成立督导处,置督导主任一人,由平教会成员殷子固担任;另

[①] 中华平民教育促进会:《湖南的实验县——衡山》,中华平民教育促进会印行,1937年,第11—18页。
[②] 中华平民教育促进会:《湖南的实验县——衡山》,中华平民教育促进会印行,1937年,第18页。

外还设置督导员八人,并将全县划分为八个督导区,每区由督导员一人担任督导事宜,负责宣达政令,推引县政,对县以下地方机关及其服务人员进行督促指导与考核纠正。[1]

最后是增设技术人员。于县政府第一科内设卫生指导员一人,第二科内设会计主任一人,第三科内设农业指导员、工程指导员、度量衡检定员各一人,第四科内设教育指导员一人,以分负技术指导之责。

(2)调整基础组织

首先,裁撤区公所,设立区督导员。衡山县原分设八个区公所作为乡镇机关的上一级组织,衡山实验开始后为简化行政级别,实施县乡二级自治制度,将该县境内的八个区公所全部裁撤,代之以八个督导区,各分设督导员一名。此种设置的特点是:"督导员为县府职员,与区长之为自治团体首领者不同,而督导区则不过为督导员工作之范围,并非构成自治团体之一级。又督导员应每月依次巡回各乡镇,代表县府,负督促指导及视察政令实施之责,与区长之以承转公文为事者不同。此种办法,在减少公文承转之手续,增进政府与人民之联络,使政令得以彻底实施于民间;而人民之情意,亦得随时开陈于政府。"[2]

其次,调整充实乡镇公所。衡山县原有乡镇176个,区公所裁撤后,县政府开始对其所属乡镇进行归并调整。经过前后两次调整,至1939年,该县之乡镇数已调整为28个,包括26个乡,2个镇,下辖471保,8439甲,平均每乡镇辖17保,每保辖17甲。[3]除此之外,县政府还对调整后的乡镇公所的办公经费进行充实提高。原先衡山县各乡(镇)公所,各设置乡(镇)长1人,每所月支办公费10元,且多在乡(镇)长住宅办公,并无固定乡(镇)公所。1936年8月,县政府将各乡(镇)公所经费,每月增至36元,并于乡(镇)长之外,每所添设助理员1人,公丁1人,责成各乡(镇)长择定固定所址、购置必要设备。[4]随着乡(镇)归并工作的进行,至1939年时,乡镇公所在原有基础上又进一步充实。首先人员进一步扩充。除了原有人员之外,又增添公丁1名,干事2名——总务干事和教育干

---

[1]《衡山县今后之建设 县政委会已拟定精密计划 组织方面与河北定县相若》,《大公报》(天津版)1936年7月6日,第10版。

[2] 中华平民教育促进会:《湖南的实验县——衡山》,中华平民教育促进会印行,1937年,第19页。

[3] 徐寅初:《湖南衡山实验县考察记》,《乡建通讯》1939年第10期。

[4] 彭一湖:《衡山实验县政治推进概况》,《民间》(北平)1937年第3卷第24期,第10页。

事各1名,户籍员1名,户籍警2名。其次经费支持进一步增加。乡镇长月薪增至每月20元,乡镇公所拥有了独立的办公费每月8元,干事月薪增至每月16元,户籍员月薪增至每月14元,户籍警月薪增至每月8元,公丁月薪增至每月7元。

上述废除区公所,充实提高乡镇公所的改革之法受到了时人的肯定,当时到衡山县进行参观考察的人员在事后所写的考察记录中有这样的评语:"此种以区为虚级而重乡镇机构之调整,在任何方面来说,都比较强得多。因为使区政人员负督导之责,较之专门忙于公文之承转,在事业之推进上说是活的多。一切行政公事,在事实上,均由乡镇保甲长为之,现在充实了乡镇公所之经费与人员,由他们直接办理县府公事,在时间上和在效率上也强的多。复次,乡村民之心理,对于区长,终不及对县长那样敬畏,所以乡镇长直接由县长管理,比由区长管理,亦强的多。所以,我们对于这样调整下级行政机构,是比较赞成的。"①

2.进行民政事项改革

(1)训练自治职员

1936年9月,衡山县政府开始召集全县乡(镇)长进行全县县政改革及自治工作方面的训话。同年11月召开全县乡(镇)长会议,详细说明县政府施政方针与施政计划,以及乡(镇)长执行职务之方法,并听取各乡(镇)长工作报告及研讨各个问题之具体解决办法,结果颇为圆满。为培养各乡(镇)长助理员,贯彻自治计划,县府相关部门于1936年7月开始招收18岁至30岁之中等学校毕业生,进行一个月的训练,然后分发任用。

(2)整顿警务,安定社会治安

首先,衡山县原公安局裁撤后,所有城区警察均改编为警察队,并增加警额。同时,一方面将原来警局的守望制改为巡回制,以扩大警戒范围;另一方面对警员加紧训练并添置服装用具,以振作精神。其次,将全县原有之九个班的有枪义勇队队兵进行集训,以解决之前训练缺乏、军纪松弛之弊。第三,对各乡镇之壮丁进行军事训练。为防止宵小扰乱治安,县政府还令该县边区各乡镇,

---

① 徐寅初:《湖南衡山实验县考察记》,《乡建通讯》1939年第10期。

抽调各保壮丁,成立临时壮丁巡逻队,负责冬防期内巡逻、侦缉、盘查等。第四,整理保甲,肃清零匪。县政府规定整顿保甲肃清零匪之法十二项,责成各乡(镇)保甲长对为匪、窝匪、通匪、纵匪者,切实举报,并指挥所属壮丁随时捆送。施行以后,各乡镇的自卫能力,大为增加,社会治安日趋安定。

(3)进行卫生健康事业建设

推广平教会在定县创设的三级卫生医疗制度,即在县城建筑卫生院,侧重卫生研究;在乡镇设立卫生所,侧重医治;在村落设卫生员,行简易之治疗。同时举办卫生学校,培养医护人员,以负诊疗病人、卫生训练、学校与环境卫生指导之责。仅至1936年底,衡山县城区卫生所门诊部就救治病人5527人,进行卫生缺点矫治7000余次,并通过对各乡镇助理员及小学教员进行短期培训,给全县12000余人接种了牛痘疫苗。与此同时,该县还开始了城区居民出生及死亡状况的调查统计工作与全县禁烟工作。

衡山实验县卫生健康工作的开展,使得外县的参观考察者获得了良好的观感,他们说:"自该县城至南岳镇,沿路各乡村,其清洁现象,较之我们处属十县各地,整齐得多。"[①]

(4)救济平民与整理仓储

1936年夏秋之交,该县洪水为患,全县有19个乡镇受灾严重,被淹农田达38570余亩,县政府迅速派员会同省委勘查灾情,并请求上级政府蠲免相关乡镇平民的田赋。同时开始整理县中救济院,施行经费使用预决算制度,并将该院原管田产交由县公产管理委员会统一清查整理,所有该院收支,亦按照会计规程办理。在赈济灾民的同时,县府还通令各乡镇严厉催收历年积欠之谷物,并在原有县仓之基础上建设县分仓,以便管理与清查。

3. 进行财政统收统支

衡山县以往之财政支离破碎,预算徒具形式,决算从未造报,经费使用几乎是各部门各自为用,殊为混乱。衡山实验开始后,县政委员会针对以往县财政中存在的弊病决议实行地方财政统收统支制度。这将有以下几个好处:"一、减少征收费用。二、便于统筹支配及调剂盈虚。三、便于稽核。四、便于统计及整

---

① 徐寅初:《湖南衡山实验县考察记》,《乡建通讯》1939年第10期。

理。"①因此,衡山实验县政府于成立的当月就将该县原有之财政局及税务局裁撤,把全县财务行政事宜交由县府内设置的第二科统一掌理,并同时成立田赋、税务两处分任田赋及省税征收事宜。其原由各局院分管之县有公产,经半年之清查整理之后,统一由公产管理处办理关于公产管理的一切事宜。在现金出纳方面,1937年2月,又特设县金库,专司其事。自1937年7月1日起,该县在财政制度方面又开始"实行遵照会计规程,统收统支。在收入方面,各征收机关所收现款,均应即日缴入县金库。在支出方面,一切经费,须按照预算数额,由领款机关,填具请款书,送经财政委员会核签,转送第二科填发支付通知及命令,再由金库照额支付,凡未照此项手续请款,及不造送上月份计算书者均予停止发款"②。

除此之外,县中以往各年度各项公产佃欠银谷,及私人挪欠之款,不下7万余元,县府自接收各处移交后,即根据交册,诸项清追,仅至1937年2月,已追获5万余元,大大充实了县府的财政实力。

在统收统支的原则下,衡山县各项事业都比以前可资开展,尤以教育经费方面的成效最为显著,此可分为两个方面加以论述。

一方面是在统一公立学校补助费方面取得了显著的成效。衡山县每年的"田赋区学附加"及屠税四成截留5.8万元,是全县各公立小学补助经费的来源。但以往该项补助费系由各区教育干事直接向征收机关领回各该区实征数目,自行支配。其支配方法,多不合理,且其支出是否敷实,政府亦无从稽考,流弊滋多。因此,衡山实验县成立后,该县府对教育经费,除每年应支数目,由第四科根据事业计划,列具预算送由财务主管科编入地方总预算外,所有经费之收支,概由财务主管科负责办理。这样就使主管教育之人员,从原来的"经理学租,支配学款,承转公文表册等事"中解脱出来,而专心于教育文化事业之设计与指导。并且县府还对各公立小学申领补助费制定了详细的办法。通过此办法的实施,截至1937年2月,衡山县的教育发展即已展现出显著的成效:"(一)各校预算须经政府审核,其内容较为合理。政府对于各校收支状况,亦易明了。(二)各校校长教员努力督促儿童入学,因而学生人数,自每班平均二十八人增至三

---

①吴相湘:《晏阳初传——为全球乡村改造奋斗六十年》,岳麓书社,2001年,第288页。
②彭一湖:《衡山实验县政治推进概况》,《民间》(北平)1937年第3卷第24期。

十四人(现全县公立小学四九四校,共五三六班,学生一八五六四名)。(三)教员薪金最低限度全年有一百二十元,较前提高。(四)办理腐败之学校得随时停发补助费,予以取缔。"①到1938年时,在校小学生数量已达到33421人,为实验前的1.46倍。②

另一方面是在统筹规定公立小学经费收支办法方面取得了显著成效。衡山县以往各公立小学的经费,多寡不等,在经费充裕之校,不免有所浪费,而在经费过少之校,则又无法筹足必需之经费,以致教育改进异常困难。为此,衡山县府特规定了各校的筹支办法,以补救先前之缺点,该办法的具体内容如下。

(1)在收入方面,各公立小学除以自有田产租息、各学区提租分配金、现款补助费、其他原有收入等项拨充经费外,如尚感不敷,其不敷之数,由县府规定增筹学租办法,责成各教育干事会同乡镇长协助各校长筹足。(2)在支出方面,各校应根据经县府核定之预算,撙节开支,如收入支出应开销后尚有余裕,应将余款拨作设备费或购置校产之用。③

在该办法未施行以前,全县公立小学,多属入不敷出,其弥补之法即在减低教员薪金,然而自该办法实施后,一方面因增筹经费结果,收入较前增加,另一方面因县府于审核各校预算时,将不应支出的费用,如招待宴会等,予以剔除,以减少支出。故该县公立小学已有90%以上均可以收支平衡。至于少数学校,虽略感不敷,仍可在县府的财政统筹中予以适当解决。④

4.整理学校教育,推广社会教育

在整理学校教育方面,以往衡山县公立小学教员,均由各校长自由聘用,因此流品庞杂、程度参差,为提高学校教育质量,保障优秀教师之地位,实验县成立后,县府采取了以下措施。第一,自1936年7月开始实行小学教员登记制度。凡经教育厅检定合格及具有小学教员检定规程所定无需试验检定资格者,均准予无试验登记。否则,必须经考试录取后,方予登记。截至1937年2月,经县府

---

① 彭一湖:《衡山实验县政治推进概况》,《民间》(北平)1937年第3卷第24期,第14页。
② 赵文雍:《略叙衡山实验县教育的改进》,衡山县政协文史工作委员会编:《衡山文史资料(第二辑)》,出版社及出版时间不详,第53页。
③ 彭一湖:《衡山实验县政治推进概况》,《民间》(北平)1937年第3卷第24期,第14页。
④ 彭一湖:《衡山实验县政治推进概况》,《民间》(北平)1937年第3卷第24期,第14页。

核准免予考试登记者,凡283名,考试后准予登记者凡301名。第二,举办小学教员训练班,以使小学教员明了教学方法及获得关于农村建设之各种必要智识,并养成纪律生活习惯。1936年7月县府举办第一期小学教员讲习会,参加讲习者达286名,经过一个月的训练,除有25名讲习会会员因病及重要事情退出外,通过结业测试者为234名,未及格会员27名。①1938年暑假,又举办了国民教育师资训练班,参加训练者有122人,经过70天的培训,通过考核的有105人。②由此可见,县府的师资培训并非徒具形式,参加者若不认真学习,要想通过考核已非易事。第三,全县公立小学教员的任用一律由县府就登记人员中直接委派,各校长只能对县府申述希望,不得自行聘用,以防止各校长滥用私人,从而提高小学教师的任用标准。如1937年2月,衡山县举行招选教员的考试,149人应考,而只择优录取了46名。③第四,颁布小学教员服务与奖惩规则。1936年11月1日公布了《衡山县小学教员服务暂行规则》,其中规定"小学教员必须敦品励行,为学生及民众的表率;必须居住校内,坚守工作岗位;必须热心服务,认真教学;对儿童的管训,必须采用诱导方式,切实废除体罚,等等"④。同时还公布了《衡山小学教员奖惩暂行规定》,责成各督导员及教育干事对小学教育服务状况勤加视导,并随时提出视察报告,以资考核而凭奖惩。第五,由各督导员及教育干事随时召集区内各小学教员举行讨论会,以增进小学教员知识和能力及引起其研究兴趣,并由县府编辑《乡村教师》旬刊,按期分发各校,以应各教员进修之需。第六,改进小学教学及训管方法,应用"大队组织""导生教学"原理,启发儿童"自动""服务"精神,以补助教师能力之所不及。其中导生制的实施,给外来参观考察者留下了深刻的印象,在他们看来至少有五种好处:"一是不需要管训而学生养成了自己管理自己的习惯和团体裁制团体的精神。二是这许多导生,经过二三年的训练、研究和实习,将来定可以成为富有经验的好教师。三

---

① 彭一湖:《衡山实验县政治推进概况》,《民间》(北平)1937年第3卷第24期,第14—15页。
② 赵文雍:《略叙衡山实验县教育的改进》,衡山县政协文史工作委员会编《衡山文史资料(第二辑)》,出版社及出版时间不详,第56页。
③ 赵文雍:《略叙衡山实验县教育的改进》,衡山县政协文史工作委员会编《衡山文史资料(第二辑)》,出版社及出版时间不详,第56页。
④ 赵文雍:《略叙衡山实验县教育的改进》,衡山县政协文史工作委员会编《衡山文史资料(第二辑)》,出版社及出版时间不详,第56页。

是可以解决教师在复式教学课室管理上的困难。四是可以解决乡村小学因经费而请不到良好教师的困难,理在本当以四五位教师来教的学校,只叫请二位教师即够了。五是使教师本身,因新制度之推行,而增进自己不断学习的兴趣。"因此,他们认为这种制度"在学校管训上,教学上,经费上,及师资改善上"都有贡献,值得他们采行。[1]

在推广社会教育方面,首先,全县新设立了一百所民众学校,以开展民众教育工作。此前平教会在其他地方进行民众教育开设的都是平民学校,而在此地却开设了"民众学校",这与平教会向外地推广定县实验成果时"必须因地制宜,不能强求一律"的原则有关。湖南农村中非常忌讳说"贫穷","因'芹'字与'穷'字音相近,很多人叫'芹菜'作'富菜'。他们又常把'平民'当'贫民'。故'平教总会'学校教育部认定:在湖南办平校,名称也须考虑更改。因此衡山实验县采用民众学校作名称"。[2]1936年,实验县政府公布了《设立民众学校办法大纲》,其中规定民众学校的办学经费由县政府负责,学生不交学费,招收16岁以上的失学青年,修业期限为四个月,每日教学两小时,使用省教育厅发给的国语课本及算术纲要。1937年县政府又在短期小学及普通小学内附设民众学校,到1938年时,民众学校的毕业学生已达19459人。[3]其次,在所有乡镇公所设立一所书报流通阅览处,备书报及杂志,供小学教员及一般民众阅读之用。最后,在全县设置壁报240余处,以供民众增进知识,了解信息。[4]

(四)经济建设的新进展

1. 建立示范区

衡山县政府清楚要想在四年时间内在全县举办建设事业,其工作至为浩繁,因人力财力及其他关系,不能不斟酌缓急轻重或本末先后,次第举行,循序

---

[1] 徐寅初:《湖南衡山实验县考察记》,《乡建通讯》1939年第10期。
[2] 吴相湘:《晏阳初传——为全球乡村改造奋斗六十年》,岳麓书社,2001年,第291—292页。
[3] 赵文雍:《略叙衡山实验县教育的改进》,衡山县政协文史工作委员会编《衡山文史资料(第二辑)》,出版社及出版时间不详,第55页。
[4] 彭一湖:《衡山实验县政治推进概况》,《民间》(北平)1937年第3卷第24期。

渐进。于是在区县大规模实验计划开始以前先设立了一个示范区,以期在一个小区域内加大施工密度,提前建立一个雏形以作示范,且以作全县推行方法之研究与应用材料之准备。为此,县政府开辟了师古乡建设示范区。

之所以选择师古乡建设示范区,有四个方面的理由:第一,距县城近,便于沟通交流;第二,交通便利,便于利用城内各种设备与技术人员进行指导;第三,其为一纯粹之农业社会,其经济环境与文化环境具有全县农村的代表性;第四,有公共祠庙与房屋等公产可资利用。

晏阳初认为这样做起来,示范区不仅是工作的实验地,也是人才的训练所,非常具有价值和意义。凡是农村建设的工作,不能撇开人民的生活。不是农民需要的建设,便不是平教会研究实验的对象。因此,他号召平教会工作人员要尽力参与到实地的工作中去,要将在长沙方面的工作切实地与衡山方面衔接起来,借此把平教会"过去研究实验之所得,做一个适应地方区域的实验,在方法上,在内容上,也许会有新的发现,新的创造"。[1]

2. 改良农业

在平教会的帮助下,衡山县政府还建立了农事试验场,进行有关水稻改良、果树栽培、家畜改良等试验活动。例如,与湘米改进委员会商定合作办法,优化水稻种植;从河北定县运来优良果树品种29种,改良果树栽培;从定县运来波支猪、力行鸡、红络岛鸡、北平油鸡等优良品种,优化相关家畜、家禽的培育与养殖。[2]

3. 创办模范林场,振兴林业

为促进衡山县林业的发展,在平教会的指导下衡山县政府还创办了约530亩的模范林场。种植桐、茶、松、杉等苗木,以作造林之示范与推广之用。同时还专门开辟30余亩区域,播种新品种以育作种苗,供普及植树造林之用。此外,县府还施行乡镇保甲造林制度,用征工服役的办法,普及全县植树造林,以促进

---

[1] 晏阳初:《在平教会长沙办事处第四次周会上的演讲》,宋恩荣总主编《晏阳初全集》(第2卷),天津教育出版社,2012年,第8页。

[2] 彭一湖:《衡山实验县政治推进概况》,《民间》(北平)1937年第3卷第24期。

全县林业的发展。①

4. 整理农田水利，增进并维护农业生产

衡山县的农田灌溉，全恃塘坝灌注，然而之前因为种种原因塘坝已多年失修，动辄因旱成灾。衡山实验开始后，县政府特令各乡镇组织塘坝修建委员会，规定修建塘坝标准，举行塘坝调查登记，筹措修建经费，督促实施修建。仅半年的时间，已有15乡共修塘520口，新建塘11口，共修坝48座，新建坝9座通过了县政府的勘验。更多的塘坝正在修建中。②

另外，衡山县农民之前多不知利用地力，轮流种植，以求生产之增加，而蓄养牲畜之家，又多不负严密看管之责，以致生苗成果，常遭损害。因此，县府通令各乡镇及各保，一律组织种植公会，以增加并维护农业生产。

5. 改进交通事业，促进对外联络

衡山县政府为加速县域经济发展，实施征工筑路，以利交通的政策。要求全县应服务之壮丁一律参加。征工队以乡镇长为队长，保长为组长，甲长为棚头，在县府及各乡镇的统筹规划下分别开修县道、乡道和乡支道三种道路。仅6个月，就完工县道207华里，乡道及乡支道860里。③

衡山县之前设有电话9处，对于联络殊为不便。衡山实验开始后，渐次实现了全部乡镇通电话，此外还在治安有关之要地增设了电话。另外，衡山县之前只有一部无线电收音机，以收中央及各处消息，随着衡山实验对相关人员训练工作的增多，衡山县政府又购置了一部公共讲演机，以便利联络，增进工作效率。④

6. 统一度量衡，发展合作社

衡山县以往百姓的生活中所用之度量衡较为混乱，至1936年7月以前，经衡山县政府度量衡检定员检定国家规定通用之新器不及百件。为给开展经济建设奠定基本条件，衡山实验县政府成立后，开始了统一度量衡的工作。自

---

① 佚名：《衡山通讯：衡山实验县建设工作近况》，《民间》（北平）1937年第4卷第4期。
② 彭一湖：《衡山实验县政治推进概况》，《民间》（北平）1937年第3卷第24期。
③ 彭一湖：《衡山实验县政治推进概况》，《民间》（北平）1937年第3卷第24期。
④ 佚名：《衡山通讯：衡山实验县建设工作近况》，《民间》（北平）1937年第4卷第4期。

1936年9月起,限6个月时间,分三期完成此项工作。第一期为1936年9至10月,为筹备时期。在此期内,县政府一面调查在用旧器及需用新器概数,一面登记制造商店数,并督促其增加出品,同时宣传使用新旧器之利害。第二期为1936年11至12月,为推行时期。在此期内,县府共检定新器1500余件,垫款向长沙衡阳购置新器4500件,全数责成各商会及各乡镇公所转发所属商店居户领用,一面布告民众限期购用。第三期为1937年1至2月,为检查时期,在此期内,除继续检定新器1500余件外,一面由县政府派遣警员分赴县城及各较大市镇,挨户检查,没收或毁损旧器,一面令各督导员、乡镇长随时前往各乡村墟场检查。其结果为除乡村地方尚待继续检查外,县城及各较大市镇,全部实现了换用新器的计划。

在县内度量衡统一之后,衡山实验县开始了发展合作社的工作。衡山县原有信用合作社65社,消费合作社2社,经数月提倡后,该县新增信用合作社20社。同时,以往各信用合作社多以借款为唯一目的,县政府为增进各社实力,俾能自力更生起见,特倡导办理储蓄事业,办法分为两种:一为生日储金,即遇各社员生日,除其本人自储若干外,其他社员亦应为代储若干;一为借款储金,即各社每次向外借款时,均存留百分之几作为储金。县政府之所以倡导此种办法,是因为其希望数年之后,每社均可储积若干储金,作为活动资金,纵无外资供给亦可自给。此外,为扭转之前给衡山县各合作社放贷单位不同,事权不一,办法各异,于合作事业之进展殊多窒碍的局面,衡山县政府还拟具统一指导办法,分别向之前负责此事的实业部合作事业委员会驻湘办事处及中国农民银行长沙分行进行接洽。[1]

(五)衡山乡村师范学校的创办及其特色

根据湖南省和平教会之前的协议,衡山县在1936年10月1日,正式成立了省立衡山乡村师范学校。校长由汪德亮出任。汪德亮于1926年毕业于清华学校,两年后又在美国彼得堡师范学院(Peabody College for Teachers)获得理学学

---

[1] 彭一湖:《衡山实验县政治推进概况》,《民间》(北平)1937年第3卷第24期。

士学位,1930年在哥伦比亚大学师范学院获得硕士学位,回国后任武汉大学哲学教育系教授,后加入平教会。在出任衡山乡村师范学校校长之前,担任平教会社会式教育部主任。[①]该校的宗旨在招生广告中有说明:"本校以培养乡村小学师资及农村改造、民众教育实施人才为宗旨。"学生投考资格必须是"初中毕业,熟悉乡村情形及农民生活,志愿终身在乡村服务,身体强健,能吃苦耐劳者"[②]。1936年10月招得学生两个班共98人,分别来自湖南境内的46个县。

学校将学生们的求学内容划分为六个中心学程,每一个中心学程占一个学期,全部修毕后刚好三年毕业。这六大中心学程分别是:(一)社会研究;(二)军事教育;(三)民众教育;(四)小学教育;(五)农业教育;(六)乡村建设。这些课程所追求的主旨是使学生每修完一个学程后,便能在乡村做一件具体的适合农村需要的工作。换句话说,就是要使这些学生将来不仅能作为乡村教师办教育,还要能以教育者与社会建设辅导者的角色协助地方政府或领导人民办理关于调查、自卫、改良农业、促进自治等事业。[③]因此,该校每一门具体课程的开设都具有非常强的针对性。如第一学期的中心学程是"社会研究",这是进行乡村建设工作的基础,为此,学校围绕这一中心学程开设了一系列针对性很强的具体课程。如为了研究社会,开设了社会调查与统计;为了便于调查统计工作的进展,开设了算术;为了明白社会进化的情形,开设了社会进化史;为了知道农村的组织及破产的原因,开设了中国农村社会概况和中国近代史;为了避免社会调查工作的枯寂,唤起快乐的情绪,开设了音乐、美术课;为了在做调查时可以救人救己,开设了救护训练课。[④]

衡山乡村师范学校的课程设置能表现出如此鲜明的特色,与平教会工作者多年的乡村工作经验和心得有密切的关系,尤其是受作为平教会干事长的晏阳初的办学思想的影响更为直接,这在他对衡山乡村师范学校的师生的演讲中表现得非常明确。他认为中国的新式教育是失败的,"所谓'新教育',并不是新的产物,实在是从东西洋抄袭来的东西。日本留学生回来办日本的教育;英美留

[①] Who's Who of the National College of Rural Reconstruction.见中国第二历史档案馆档案:《平教会及乡村建设学院董事及各负责人名单》(1942年11月),全宗号:十一,案卷号:11856。

[②] 吴相湘:《晏阳初传——为全球乡村改造奋斗六十年》,岳麓书社,2001年,第293页。

[③] 中华平民教育促进会:《衡山师古乡社会概况调查·汪序》,中华平民教育促进会,1937年,第1页。

[④] 吴相湘:《晏阳初传——为全球乡村改造奋斗六十年》,岳麓书社,2001年,第293页。

学生回来办英美的教育。试问中国人在中国办外国教育,还有什么意义?各国教育,有各国的制度和精神,各有它的空间性与时间性,万不能乱七八糟地拿来借用。现在的学生是在学日,学美,学英,弄得一塌糊涂。学非所用,用非所学,所以许多大学生都在失业,而国家复闹人才缺乏的恐慌。人找不着事,事找不着人,这是充分去模仿外国的结果,整个教育因此破产。中国人办教育不知道中国的情形,随便把外洋的东西搬进来,好像一个人害病,不问他的病源,任意给他吃药,一定要弄坏的"。因此,"我们不应当再拿外国教育去教他们,要创造一种中国教育,要用中国药来医治中国病,且要看清病源然后再去下药。今后新教育的途径是:不要再模仿别人,要自尊自信,自己创造"。[①]可以说,这就是为什么衡山乡村师范学校从一开始就表现出与其他学校明显不同的原因所在。

除了课程设置具有实用性特色之外,学生在实际的学习过程中也特别注重从做中学。注重由做中求认识,由做中得经验,由做中练技能,由做中验证所学功课。例如学生们在学习完毕社会调查与统计课程后,就开始深入师古乡对其展开了全方位的社会调查工作。他们通过师古乡的历史沿革、地理区域、地势及山河、交通与自治组织去了解师古乡的概貌,然后对师古乡的人口、教育、卫生及健康、农家收入与支出、宗祠与信仰、南岳庙会、风俗娱乐、民间传说与歌谣等情况,进行了深入细致的调查。通过亲自动手去做,学生们不但练习了课堂上所学的知识,而且还真切地认识到了大多数人民的生活和他们所存在的问题,积累了乡村工作的经验,同时认真撰写完成的调查报告还为师古乡示范区建设规划的开展奠定了良好的基础。

衡山乡村师范学校的学风优良,学生们吃苦耐劳。如在对师古乡进行社会调查时正赶上冬天,寒风凛冽,可同学们爬山越岭,毫无难色。有时他们出去调查,挨着饿,受着冻,也要把工作赶完才回去吃饭。[②]学生们的饮食粗粝,衣着朴素,居室简单,完全和一般农民生活一样。而他们的勤苦却比一般的农民还要重许多。他们不但每日早上六点就要进行升旗礼,而且还要会抬土,会撑船,不仅要自己会学习,而且还要会教别人;不仅要会调查统计,而且还要会拟建设计

[①] 晏阳初:《"误教与"无教""》,载宋恩荣总主编《晏阳初全集》(第1卷),天津教育出版社,2012年,第418—419页。

[②] 中华平民教育促进会:《衡山师古乡社会概况调查·自序》,中华平民教育促进会,1937年,第5页。

划,也就是说不但要动手,而且也要动脑。

为了提高教育教学的质量,汪德亮还特别注意聘请名师,网罗人才。在汪德亮的努力下,学校先后聘请到了"李智、朱晨声、马星五、刘人俊、邹鸿操、周振邦、张世文、陈孝修、解守业、王三一、叶德光、孟受曾、黎锦明、吴奔星、王西彦、艾青、王建铎、阳太阳、任致荣、钱惟贞、安娥、蒋名川、胡笃敬、温涛、陈卓猷等,还设法邀请当时国内著名专家、学者,如瞿菊农、孙伏园、向培良、朱经农、何浩若等来校讲学"[1]。这些老师经验丰富,认真负责,科学严谨,大大助力了优秀学生的培养。如教授同学们社会调查与统计课的张世文老师,此前他已经在河北定县从事乡村社会调查工作约有九年的时间,对乡村生活的各个方面有相当的认识,在调查应用的方法与技术上也颇有经验,尽管如此,他在衡山乡村师范学校指导学生到师古乡做社会调查时,仍强调要因地制宜,不可将从华北乡村调查得来的经验生搬硬套到湖南的乡村。他指出湖南山多田少,人口比较稀少,乡村农家不像北方几十家或几百家住在一个村子里,普通皆系散居,因此,在北方做概况调查以村为单位是最合宜的,而这里没有村落,最好以保为单位。另外,他还指出两地生活方式、风俗习惯及其他许多方面都不同,因此,要根据本地情形,对调查方法及调查表等操作予以相当的修改才行。[2]正是有了很多如张世文一样的老师,衡山乡村师范学校为当地的乡村建设培养了很多优秀人才。

(六)衡山实验的检讨

衡山实验在平教会的策划、设计与人才支持下自1936年7月1日正式开始,两年半的实验,至1939年2月起,取消"实验"名义,该县已由之前的二等县上升为一等县,而在此期间,衡山县只不过花费省政府补助经费8.5万元:第一年度(1936年7月—1937年6月)使用湖南省政府补助经费5万元;第二年度(1937年7月—1938年6月)使用省政府补助经费3.5万元;1938年6月起,湖南省政府已经停止补助费。

该县实验期间虽不过二年有半,补助经费虽只有8.5万元,然而其所进行之

---

[1] 湖南省教育史志编纂委员会:《湖南近现代名校史料》,出版社不详,2012年,第517页。
[2] 中华平民教育促进会:《衡山师古乡社会概况调查·自序》,中华平民教育促进会印,1937年,第5—6页。

实验事项,如县以下各级行政机构之调整,农业之改良与推广,合作事业之组织与普设,保健制度之确立,导生传习制之推行,及公产公款之彻底整理等,正如时人所评价的一样:"均有相当之成就。"①

其实,对衡山实验可能会取得的成就,晏阳初在该实验开始一年后,即已看到了希望,1937年4月他对平教会同人说道:"我每次到衡山去,总有新的感触,有更深的了解,觉得衡山有很大的前途,头几次到衡山去,他们的工作,正在向着上轨道这方面去。最近,在一星期前,再去看看情形,觉得衡山工作确实已上了轨道。'上轨道'三个字,是本人——本会的负责人——的立场和地位,是不能随便说的,决不能把没有上轨道的事说它上轨道,是是是,非是非,决不许模棱应酬。须知县政上轨道是一件很不容易的事,因为一个县有几百年的历史,有它的政治积习。现在衡山实验县刚刚成立了一年,就能把杂乱无章的这种旧县政,理出头绪,上了轨道,那的确是不容易的。"②

衡山实验取得的成就影响范围相当大,如其大力推行的裁局改科与废除区公所之举措,后来"推广到各县,一直到解放前夕,湖南各县除警察局外,没有县府下面的局和区公所。这就是衡山实验县所留下的历史痕迹"③。除此之外,其影响还超出了一省之范围,大有迈向全国之势,如当时的记录就曾谈及:此种制度"江西省已有十余县正在仿行中。今日中央拟将区署改为虚级,要亦根据该县实验而有相当成绩以制定也"④。

除了县政改革之外,衡山实验在文教领域的改革影响也相当深远。如1938年11月,长沙"文夕大火"⑤后,衡山乡村师范学校师生步行至新宁县城,借刘氏家

---

①徐寅初:《湖南衡山实验县考察记》,《乡建通讯》1939年第10期。
②晏阳初:《在平教会长沙办事处第四次周会上的演讲》,宋恩荣总主编《晏阳初全集》(第2卷),天津教育出版社,2012年,第7页。
③刘树鹏:《衡山实验县概况》,衡山县政协文史工作委员会编印《衡山文史资料》,第49页。
④徐寅初:《湖南衡山实验县考察记》,《乡建通讯》1939年第10期。
⑤"文夕大火"是指1938年11月13日凌晨发生的火烧长沙的大火。1938年武汉陷落以后,因为日寇的进犯,国民政府当局决定采用焦土抗日的政策,制定了焚烧长沙的计划。但在计划正式实施之前,一系列偶然因素的发生,让这场大火变得完全不受控制,最终导致长沙3万多人丧生,全城90%以上的房屋被烧毁,经济损失约10亿元。它使长沙与斯大林格勒、广岛和长崎一起成为第二次世界大战中毁坏最严重的几座城市,在中国抗战史上与花园口决堤、重庆防空洞惨案并称为三大惨案。此事发生后,为平民愤,直接实施放火行动的长沙警备司令酆悌、长沙警备二团团长徐昆和湖南省会警察局长文重孚被判处死刑,湖南省政府主席张治中被革职留任,责成善后,以观后效。善后事毕,被调离。

庙和部分公房为校舍继续办学,后又迁往新宁县城,1941年2月再迁武冈城东郊,并改名为"湖南省立第六师范学校"。然而其并没有忘记衡山乡村师范的教育传统,1942年杨韶华就任该校校长后,在总结前三任校长办学经验的基础上提出了"三杆教育",即"笔杆、枪杆、锄杆之教育"。其目的在于把学生培养成具有科学家的头脑、军人的意志、农夫的身手,三者合一领导国民改造社会的国民导师。杨校长依据此目的还谱写了影响学生精神风貌的校歌,其内容为:

> 云山耸翠,资水流长。
> 天然的佳境是我们理想的教育乡。
> 我们生活在田园里,操练场,
> 是农夫,是士兵,
> 也是改造社会的健将。
> 我们的武器有笔杆,有枪杆,更有锄杆,
> 三杆齐下,勿怠勿荒,筑成巩固的国防。
> 继往开来,转弱为强,
> 救国的责任,一双铁肩尽堪当。[①]

在全面抗战的烽火岁月里,应当说该校仍然为乡村建设培养了一些有真才实学的人才。正如有论者所言:"衡师办学虽只四年,但对社会影响深远。前后共招收10个班,计学生500余人,大都成为优秀之才。解放后,衡师毕业的学生,有的成为党的优秀干部,有的成为人民的优秀教师,在各个革命岗位上做出了一定的贡献。"[②]由该校转化来的"湖南省立第六师范学校",1953年10月改名为"湖南省武冈师范学校",2017年与邵阳师范学校等三所学校合并,组建成为"湘中幼儿师范高等专科学校",继续为国家培养教育一线所急需的幼儿教育人才。

衡山实验能取得上述广泛与深远的影响,首先是有湖南省政府的大力支

[①] 湖南省教育史志编纂委员会:《湖南近现代名校史料》,出版社不详,2012年,第524页。
[②] 衡山县教委编志组:《湖南省立衡山乡村师范学校简介》,衡山县政协文史工作委员会编《衡山文史资料(第二辑)》,出版社及出版时间不详,第50页。

持。这主要体现在三个方面：一是制度设计层面。衡山实验县的最高决策机构是县政委员会，其人员构成由省政府的委员及省政府所聘请的几位专家共同组成。县政委员会的委员长由省政府主席担任，副委员长由与县政府关系最密切的民政厅长担任，实验县的县长由县政委员会在委员中选任，如此一来衡山实验县县长的地位实际上提高到和省政府委员相等。该县所欲实施的"实验计划由县长提交县政委员会讨论，得县政委员会通过之后，再提请省政府核办。省府的委员既然就是县政委员会的委员，这种案件，自然没有不批准的，不过是手续问题而已。这样的办法，有几点好处。第一，县长既然是县政委员会的委员，他就有发言权，上下得以一贯。第二，省府委员既然就是县政委员会的委员，县政的推动力自然强大。第三，县政委员会里有专门家担任委员，则设计有人，计划不致空泛"。这是衡山实验县和定县实验县最大的不同之处。二是实验经费支持层面。衡山实验由衡山县提供的经费并没有太多的扩大，"大部分的实验费是由实验的委托者拨发。譬如省财政当局，因为有实验改革县地方财政的企图，委托实验县作改革财政的研究实验，财政厅就担负这一笔改革财政的实验费用。教育厅以及其他，都是如此。这样的办法，在实验县本身，并不增加经费的负担，而省当局为了全省的某种县政改革而供给一些实验费，这确是一个很经济的办法。比较随便定了一个办法推行全省而无成效的，不是节省得多吗？这样集中人才，集中力量的实验办法，自然是很聪明而有效的"[①]。三是在乡村建设人才的培养层面。湖南省政府在衡山实验开始之前就筹划设立"省立衡山乡村师范学校"以培养乡村建设人才。衡山实验开始后三个月内该校便正式成立，其以实验县研究实验完成的材料作教材，培养到各县去作农村建设的实务人才，扩大衡山实验的影响。

其次是平教会的倾心付出。这主要体现在三个方面：一是衡山实验未开始前，平教会就深入湖南进行认真的调研，根据定县实验的经验和教训，与湖南省政府当局仔细研讨设计制定出了衡山实验的相关制度保障，尤以县政委员会的制度设计最具代表性。二是由平教会成员出任衡山实验县的三任县长均制定了详细的实验计划，并能前后一以贯之地实施。三是平教会为定县实验贡献了

[①] 晏阳初：《在第六次大周会上的讲话》，宋恩荣总主编《晏阳初全集》（第1卷），天津教育出版社，2012年，第399页。

大量的人才支撑。首任县长彭一湖，早年留学日本早稻田大学攻读经济学，1927年任国民党广州政治分会建设委员会常务委员兼广东省政府秘书长，后曾赴上海创办《壬申半月刊》，亲任社长与主编，1933年加入平教会，出任衡山实验县县长一职前为平教会生计教育部副主任、定县实验县秘书长，平民教育经验丰富。出任县长后，勇于任事，后勤劳致疾，于1938年3月无奈辞职。被湖南省政府任命的第二任实验县县长为平教会专门干事孙伏园，于1921年毕业于北京大学，曾任《晨报》副刊、《京报》副刊、《中央日报》副刊主编等职务，1929年留学法国，1931年在巴黎大学获硕士学位，回国后应晏阳初之邀加入平教会，担任平民文学部主任，主编《农民报》，并参与主编《民间》杂志。第三任县长王硕如，早年毕业于中央政治学校，曾在江苏和浙江两省历练，后来成为平教会干事，开展乡村建设经验丰富。[①]除此之外，实验县之各科科长、督导处主任等主要工作人员亦均为平教会成员。省立衡山乡村师范学校从校长汪德亮到教师张世文等相当一部分人均为平教会成员，余者也为平教会所请。由此可见，平教会为衡山实验贡献了大量的指导与实施人才。

虽然衡山实验取得了较为广泛和深远的影响，然而所可惜者乃此实验受当时长沙"文夕大火"事件及主政湖南之有力官员张治中被处分调离的影响，并未能够完成其原定的四年实验期，其结果正如有人评论的一样："长沙大火动摇了张治中的政治地位，也烧光了平教会的本钱。"[②]1939年2月，衡山实验县被取消了"实验"的名义。其所造成的影响正如时人的评论："若长沙不遭大火，张氏（张治中）不调地域，则非特该县实验之名义不会取销（消），且此实验县之制度，将推行于衡阳区属八县无疑。盖该区前任专员孙廉泉氏，已决在该八县推行保学制度，实行政教合一，增强下层组织，发生广大力量，以为抗建用，惜孙氏随张氏同去职，致一个良好计划，徒成一纸空文。"[③]由此可见，一个由民间学术团体具体负责实施的乡村建设及县政改革实验，失去了行政当局的支持之后，是何其的脆弱。

---

①Who's Who of the Chinese National Association of the Mass Education Movement(1940—1941).中国第二历史档案馆档案：《平教会及乡村建设学院董事及各负责人名单》，全宗号：十一；案卷号11856。

②观察特约记者：《晏阳初与中国农村建设运动》，《观察》1948年第1期。

③徐寅初：《湖南衡山实验县考察记》，《乡建通讯》1939年第10期。

自1937年至1945年,湖南始终是抗战的前线,并且是中国抗战进行得最惨烈的地区之一。平教会在湖南各地积极组织农民进行抗战教育,有力地支持了中国抗日战争的民族伟业。

二、中华平民教育促进会与四川新都实验县

(一)四川新都实验县的设立

1935年南京国民政府任命刘湘出任四川省政府主席。刘湘就任后,为取信于中央,巩固自己的地盘,锐意求治,欲延揽国内之名士,襄赞治蜀之大计。晏阳初因领导平教会在定县平民教育和乡村建设运动所取得的显著成绩及巨大影响,引起了刘湘的高度关注。同年在南京参加全国乡村工作讨论会第三次会议的时任四川省政府委员、建设厅厅长卢作孚见到了与会的晏阳初,两人一见如故,不禁引为同志,卢作孚遂向晏阳初发出了邀平教会入川的请求。[①]之后,四川省政府又多次电邀晏阳初及平教会入川考察。为推广定县实验经验,1936年3月初晏阳初派遣平教会中与四川政界素有来往的陈行可入川开展考察,二十多天以后,晏阳初又亲赴四川开展调研。其时已身患重病,不能下床之刘湘,听说晏阳初到来,遂不顾医生不许见客之嘱,坚持在客厅亲自接见了晏阳初,希望晏阳初为四川的建设尽一份力,并能有所具体表示。

经过考察,晏阳初认为四川作为平教会定县经验推广地有四大优势。第一,政治条件好。四川省政府从政府主席到建设厅长以至其他各方面都热烈盼望平教会入川工作。第二,物质条件好。"四川的面积很大,物产丰富得很,人口也多,有七千万。如果四川一旦政治健全了,它将来的发展与力量确是无限。"[②]第三,得地利之好,可提供相对稳定的社会环境。晏阳初认为当时"自九一八事变而后,国难日趋严重,华北形势尤危,国家一旦有事,江浙恐都在范围以内,长江

[①]晏阳初:《关于出席乡村建设学会会议等经过情形的报告》,宋恩荣总主编《晏阳初全集》(第1卷),天津教育出版社,2012年版,第335页。

[②]晏阳初:《在第六次大周会上的讲话》,宋恩荣总主编《晏阳初全集》(第1卷),天津教育出版社,第399—400页。

下游各省亦会遭受威胁"[1]。"我们的农村建设工作,决不是旦夕可以收很大的效果的,是需要相当的时间的,所以地利的选择,颇须加以注意。"然而,四川恰恰与沿海地区有重山阻隔,地处内陆,而又是人口众多的物产丰饶之地,对于抵御日军入侵具有天然的屏障。第四,战略地位极其重要,必为将来建设之要点。他说:"九一八以后,四川已非四川人的四川,而是整个的中华民族的四川了。"[2]"四川为民族复兴之最后根据地,但最后之后不再有最后,四川弄不好,则中华民国便会亡。"[3]因此,四川将来必定为重点建设之地,平教会的平教工作及乡建经验正可大有用武之地。

平教会和四川省政府多次会商四川建设事宜后,最终双方决定在四川省政府内设立"四川县政建设设计委员会"以负调查事实、订定计划、训练人才及实地试验之责。委员会由四川省府委员、四川省三所最高学府之领袖和平教会之晏阳初、陈筑山、陈行可、霍佩白、傅葆琛、常得仁组成,其中该会之委员长为省府主席刘湘,副委员长为晏阳初,秘书处负责人为霍佩白。该委员会下设地方行政、教育、农业、卫生四个专门委员会,以负责具体工作的开展。其中地方行政专门委员会负责人由霍佩白兼任,教育专门委员会由傅葆琛负责,农业专门委员会由常得仁负责,卫生专门委员会由陈志潜负责,四个专门委员会可以聘请省外之专家为顾问。另外,设计委员会还聘请了四川省望隆学博之耆绅3人为顾问。设计委员会成立后负责草拟了四川省县政建设方案:"定稿后,全国有关各方审查决定。该方案内容共分11个纲,50余目。如:辅助中央完成国防建设;整饬保安、巩固地方秩序;禁毒防病,增进人民健康;整理财政金融;整理地政,增进土地效用;提倡生产建设;改革教育;发展交通;移兵就垦等,均其荦荦大者。其应率先举办者,如民、财、教、建、保安各部均无不列入计划范围内。"[4]

---

[1] 晏阳初:《在新都视察时的讲话》,宋恩荣总主编《晏阳初全集》(第2卷),天津教育出版社,2012年版,第10页。

[2] 晏阳初:《在第六次大周会上的讲话》,宋恩荣总主编《晏阳初全集》(第1卷),天津教育出版社,2012年版,第400—401页。

[3] 晏阳初:《对在川同志之勉励词》,宋恩荣总主编《晏阳初全集》(第2卷),天津教育出版社,2012年,第4页。

[4] 王化云:《新都事件始末》,载成都市政协文史学习委员会编《成都文史资料选编·抗日战争下卷·天府抗战》,四川人民出版社,2007年,第535页。

对于如此庞大的建设计划,晏阳初认为:"中国的地面大,各处情况不同,故须在不同的地域内去实验,综合各地实验研究的结果,定出方案,方合实用。今后国家如望求治,非运用科学的精神到实际政治生活内去观察体验不可。"[①]因此,他向刘湘建议在四川的建设计划开始实施前,为慎重起见,宜先选择一地进行试验,取得经验后可进行推广。接着又向刘湘推荐了位于成都之北,交通便利,经济文化、教育基础相对较好的新都县为试验县,并大力举荐曾任浙江兰溪县县长、热衷于推进平民教育的陈开泗为实验县县长。晏阳初的建议得到批准。1937年1月陈开泗辞去湖北黄冈县县长之职,协同国立中央政治大学毕业生八人回川,并于同年4月组成新都实验县县政府,开始工作。

(二)新都实验的进行

陈开泗到任后,依据新都实验县之职权,迅速开始了实验工作。他的工作推进大致可以分为三个阶段:"第一阶段为整饬行政,以除害、除弊、除暴安民为中心;如严禁烟毒,整顿公安,健全警卫组织以确保社会安宁秩序;以及整理财政、清理地方公款公产、清查地籍税籍,涤除积弊以充实县政建设经费等是。第二阶段以增加生产,改善民众生活为中心,如整修乡村道路、改良农业,推广优良品种,提倡合作,流通农村金融,添设学校,普及教育,开办保健卫生,及医疗救济设备,并从各种事业进行中,训练民众等是。第三阶段除继续发展地方各种建设事业外,以组训民众,奠定地方自治基础为中心;如普设农民讲习班,组织乡村建设服务队,并推选示范农家、卫生员、义勇警卫员担负农村各种自治工作,为地方服务。"[②]

陈开泗在推进上述三个阶段工作的时候,运用了不同的推进方式。在第一阶段,他借用政府行政力量由上而下,先集中力量完成安良除弊的工作,以清除建设的障碍。第二阶段因为多是举办各种建设事业,所以,虽然多由政府发动,但尽可能鼓励本地人士参加工作。并通过学校教育和社会教育的方式,多方启

---

①晏阳初:《在新都视察时的讲话》,宋恩荣总主编《晏阳初全集》(第2卷),天津教育出版社,2012年,第10页。

②陈开泗:《新都实验县的回忆》,詹一之等编著:《科教兴农的先行者:晏阳初华西实验区》,四川省晏阳初研究会印,2001年,第183—184页。

发民众自治的意识和自动的精神。第三阶段则主要是从接受过第二阶段训练的民众中,策动具有领导能力者发起组织乡村建设服务队。

通过三个阶段,运用三种方式,陈开泗系统地开始了新都县政实验改革。

1. 县政制度的改革

(1)裁撤区署

新都县原分五个区,每区设区署一所,在行政上为县之下、乡镇之上的级别,形成县、区、乡(镇)、保甲之四级制。县乡间的公文往返,皆须经区署转达,既不便民,也不便官。新都县全县只有14个联保,县域面积不大,县与联保间之距离相距不远,由县政府直接指挥监督并无不便之处。于是新都县将原有各区署裁撤,改成县、乡(镇)、保甲三级制,一切事务均由乡(镇)与县直接洽办。另外,县政府还设置5个县政督导员,巡视各乡镇,辅导办理地方各项建设事业,减少文书工作,增进行政效率。

(2)整编保甲

新都原有保甲编组,"系采十进制,即十户一甲,十甲一保,各保以数目字名之。如第一保或第十保等是,全县原编约300保"。"此种军队式的编组,除表面整齐划一,计数方便外,实与组织民众的要求,未尽相符"。其原因主要在于:第一,这种十进制必发生生硬割裂现象,不能顾及历史关系与自然环境,有很多地方使原有的社会组织被破坏,自然区划被分割,有时使编在同一保内的人,因其利害关系、经济生活,各不相同,很难达成地方自治互助合作之目的。第二,世居乡民只知其住在某地方(小地名如某家坝、某某沟),很少知道其属于第几保者,因而保以数字命名,几与乡民不发生关系。第三,十进制编组每保最多不过百户,组织小,单位多,不仅指挥监督不便,行政经费亦不胜负荷。以致保长办公费虽然低微,却不能按期发放,以至于一切政令到达保办公处时,便如石沉大海,严重阻碍了行令的执行与行政效率的提高。

新的整编办法是在清查户口的基础上,放大保甲伸缩范围,以减少小单位、充实大单位为原则,"依自然环境、历史关系编组,各保均以其所在的地名命名,每保少者百余户,多者二百余户,整编结果,全县保的数目较之前减少一半,既便于行政监督,也减少了行政经费的负荷"[1]。

(3)设置乡镇公所

新都县在废除原有区署之后,为加强对地方的管理与联系,将原有各联保办公处改制为乡镇公所,各设乡镇长1人,副乡镇长1人,其下设民政、警卫两股办事,办事员共6人。乡镇公所为县自治的基层执行机关。

2.县政建设实验

(1)整顿公安,加强警卫

新都县原来是哥老会称霸,码头林立,仇杀劫掠,时有发生,社会情形十分复杂,若不对此社会状况进行整治,新都县政实验将无从开展。因此,新都县政实验开始后,做了以下工作。第一,陈开泗裁并了驻县的省保安中队,实行警卫合一,以便于提高待遇,改善其素质。第二,设立县警卫处,统一掌管全县的警察、自卫、民防等公安业务,推进警卫合一制度的实施。第三,成立武装警卫队,专门用于镇压暴乱和清剿土匪。第四,设置警卫所,加强社会治安维持。第五,建立警报系统,使匪警能迅速传达于全县。第六,设置各保义勇警卫员,以协助警卫所及县警卫队,堵截缉捕匪徒。第七,划定巡逻线、指定守望站,加强对社会治安的监控。第八,举行防盗演习,增强警卫的缉捕能力。

(2)严禁烟毒

当时四川的禁烟办法是"寓禁于征",结果新都县烟毒横行,吸食鸦片者甚多,危害巨大。新都实验开始后,陈开泗坚决贯彻禁烟禁毒法令,对凡是种植、运输、贩卖、吸食烟毒者,皆从严处理。

(3)清查地籍,整理田赋

新都实验开始后为保证实验经费,增加税收,铲除原有的积弊中饱,开展了清查地籍、整理田赋的工作。

(4)建立财务制度

为避免新县政实施过程中,县政工作人员出现贪墨,通过设立县金库的办法,使一切支出,必须向县库支领。县政府每月的行政事务经费、人员薪金,亦

---

[1] 陈开泗:《新都实验县的回忆》,詹一之等编著:《科教兴农的先行者:晏阳初华西实验区》,四川省晏阳初研究会印,2001年,第188—189页。

不得例外,使全县的收支在县库与县政府均有账册可查,以防止侵占挪用之弊端。另外,还通过编制县预算决算制度,实现收支更具计划性。

(5)改良农业

第一,新都县设置了县农场及家畜保育所,以便改良农业,推广优良品种。第二,选定示范农家,免除农民疑虑,加速推广优良品种。第三,举办农民讲习所,指导农民用科学的方法进行选种、治虫、施肥,以改进生产技术,提高农产品的产出。

(6)普及教育

首先,对学校教育,新都县改变原来学校多设置于县城及市镇造成农村孩童入学不便之弊。实验县在整编保甲后,"为使人人有受教育的机会,特调整学校区划,规定一保设一初级小学,一联保(乡镇)设一高级小学,县城设立中学一所。全县学校数目虽增加不多,但乡村儿童之入学则便利不少,并规定凡届学龄之儿童必须入学。小学完全不收学费,课本亦由政府免费发给"。这样使全县"当时学龄儿童之入学率高达90%以上"。①

其次,在生计教育方面,新都县开展了两种方式的教育。一种是农民生计训练本身,它包括开办农民生计训练班、选定经济团员之继续训练、妇女生计训练班、推行生计教育训练(包括宣传讲演生计训练、筹办生计训练推广人员训练班)。另一种则是农民生计训练有关之各方面,这包括家禽保育教育、农村合作知识教育、其他经济建设工作,如农产展览会、参观团、农产比赛会等。②

再次,在社会教育方面,陈开泗在新都任职期间和县政府其他职员一起,都着短服,胸前佩戴绘有"平教会"会徽、中间有白色"平"字的红色圆形铜质证章,深入新都的农村,为发展该县的平民识字教育事业而不辞辛劳地奔波。他们把建设与教育相结合,采用河北定县平民组织教育及导生传习之教育方法,指定第四县政督导区天缘桥联保为教育实施区,进行全部教育方案之推广实验。③

最后,实施平民卫生教育,新都实验县专门设立了卫生教育股,其下设置卫

---

① 陈开泗:《新都实验县的回忆》,詹一之等编著:《科教兴农的先行者:晏阳初华西实验区》,四川省晏阳初研究会印,2001年,第204—205页。
② 《新都实验县县政月报》1938年第3期,第10页。
③ 杜俊华:《抗日战争时期的大后方平民教育运动——以新都实验县为中心》,四川师范大学,2003年,硕士学位论文,第27页。

生工作人员训练、社会防空防毒训练、战时救济训练、护士人才训练、家庭卫生和学校卫生训练等训导机构。①

(7)建立公共卫生制度

首先是创办县卫生院。新都县认为县政建设除巩固治安、改进生产、普及教育外,如何防治疾病,实为农村建设之急务。于是乃参照中华平民教育促进会在河北定县研究实验之保健制度,就近与华西协合大学医学院合作,先在新都县城区创设县卫生院。决定县卫生院院长一职请华西协和大学医学院推荐1人担任。内置内外科医生各1人,助理医生1人,护士3人,办理全县卫生行政、卫生教育,防止流行病疫,训练护士、助产士,研究设计民间水井、厨房与厕所等之改进,并设置病床30个,以备接收各卫生所不能治疗、转送来县之重病患者入院治疗。

其次是设置区卫生所。该县除城区外,其他四区各设卫生所一个,各置医师兼所长1人,护士1人,助产士1人,办理门诊、预防注射、接生、学校卫生、指导各保卫生员推行各保公共卫生工作。

再次是设置保卫生员。其做法是由卫生所将各保推选之义勇警卫员,集中加以训练,各保之义勇警卫员兼任各保的保健员,使一保有一卫生员,农民能就近得到公共医药的照顾。②

综上所述,可以看出在平教会的指导下,陈开泗在新都县展开了全方位的县政改革试验,然而随着工作的深入开展,新都实验在改革过程中所积累的各种矛盾,最终导致了"新都事件"的爆发,最终陈开泗被撤职调离,新都实验县的实验地位也被取消。平教会所开展的实验工作再一次遭遇了严重挫折。

三、中华平民教育促进会与私立乡村建设学院

平教会在从事平民教育与乡村建设运动时,一向注重专门乡村建设人才的培养。早在1934年当各乡建团体在全国各地如火如荼地进行乡村建设运动之

---

① 杜俊华:《抗日战争时期的大后方平民教育运动——以新都实验县为中心》,四川师范大学,2003年,硕士学位论文,第41页。
② 陈开泗:《新都实验县的回忆》,詹一之等编著:《科教兴农的先行者:晏阳初华西实验区》,四川省晏阳初研究会印,2001年,第206—207页。

时,晏阳初就对该运动缺乏人才表示了忧虑,他说:"自从鸦片战争以来,中国兴起了多少次全国性的改革运动,但成效甚少。对乡村建设有热情是好事而且是必要的,但只有热情,只不过是狂慕,并无实际的意义。除非学者和科学家对乡村建设认真而艰苦地进行研究,以及有系统地对行政和技术人员进行培训,那么,现在席卷全国的乡建运动,必将和过去许多次运动一样,注定要化为乌有的。"①鉴于此,晏阳初提出"根本性的问题,是要有创造性的人才"。

(一)平教会早期对乡村建设人才的培养

人才从何而来呢?平教会与南开大学、清华大学、燕京大学、协和医学院联合成立了华北协进会,其主旨是"以定县实验区作各大学的乡村建设工作的实验室,以各大学作教育农建人才的场所"。换句话说,也就是为了便于彼此之间相互配合,不但能进行乡建的科学研究,更能进行乡建人才的培养。平教会之所以采取此种办法,主要有以下考虑:第一,乡村建设,"不是少数人所能包办得了的,必须要农民自己起来干。如要农民自己起来干,指导的人尤不可少,这就关涉到农运人才问题了。农运人才当然须以大学校作来源。但要希望大学生下乡,必先改造大学教育,使大学生不要等大学毕了业,早已到了乡下受训练,人才的产量才能多。协进会就是要大学生在学生时代生活即农民化,对农运工作即确具根底,毕业后可直接入农村服务"。第二,"中国自有大学以来,一向是采用西洋材料,所以大学办了多少年,没有造成多少能为中国办事的人才。平民教育会,结合了多少学者,在乡间苦干了多年,从中国自己乡村里所寻出之材料,是中国本位的,是自己的东西"。与他们合作的几所大学能有决心打破传统的大学教育,走上乡村建设这条路,可以说是"中国大学教育史的新纪录,大学教育的一大革命。农村建设运动,是伟大的事业,必须以大学作基础方能稳固。大学教育,能走到乡建的路上来,比办几次识字运动,几个民众教育馆,其意义重要得不知若干倍,有了大学源源不绝地作育农运人才,这运动才会发扬光大"。②第三,定县实验区的设置,引发了全国各地竞相设置农村实验区。华北

---

①晏阳初:《定县的乡村建设实验》,宋恩荣总主编《晏阳初全集》(第1卷),天津教育出版社,2012年,第244页。

②晏阳初:《对在定县工作同志的讲话》,宋恩荣总主编《晏阳初全集》(第1卷),天津教育出版社,2012年,第413—414页。

农村建设协进会的成立及运行,也会引起全国大学教育改革的大运动,将会给全国的乡村建设运动输送大量人才。

平教会除了与华北的四所大学合作培养乡建人才之外,为了满足自身从事乡村建设研究和推广乡建经验的需要,同时也为应对各地对乡建人才的急需,1935年平教会开始动议筹划创设"农村建设育才院",其后正式成立农村建设育才院筹备委员会,由陈志潜、瞿菊农、彭一湖、陈行可组成,并以陈志潜为主席委员。同时拟聘请蒋介石为该院董事会名誉董事长,聘请孔祥熙、张群、王世杰、蒋廷黻为董事。该院之"主旨专在根据平教会历年之研究实验,为应全国农村建设工作之要求,培养行政上技术上具有专门学识与实地经验之领袖人才;同时亦根据平教会研究实验之基础,继续作关于农村建设各方面应用学术、工具、方法、材料与实施机构之研究实验。两者之关系有如车之两轮,人才愈多则研究实验之效果愈著,研究实验之效果愈著,则训练之内容愈丰"①。该院计划下设教育、经济政治、卫生、农事四个研究所,招收专门以上学校毕业之有相当服务经验的学生入所研习,做分队连锁的训练,以期造就切合农村的各方面一般人才,担任建设的工作。1936年10月12日,平教会农村建设育才院在定县考棚正式开学,首批学员为湖南、四川省政府选送的大学生。这些学生接受完训练后,返回湘、川从事乡村建设事业。平教会十分重视育才院的办理工作,晏阳初曾对该会的工作人员说以后在组织上、计划上、工作上,都要以育才院为中心,下设四个研究所为经,三个实验区(定县、衡山、新都)为纬。经纬交织,而研究训练的布帛乃成。②

1937年7月7日,卢沟桥事变爆发,日军的侵略打断了平教会在定县的实验,也阻断了平教会农村建设育才院在定县的办学,平教会总部被迫迁移至长沙,1939年再次被迫迁至重庆北碚歇马场。但平教会在迁徙动荡的日子里并没有放弃他们所从事的乡村建设事业,且随着定县、邹平、无锡等地乡建研究及训练根据地的相继沦陷,晏阳初对他们所从事的乡村建设运动也开始了反思,他认为:"虽吾辈乡建同志对时局、对当局,多所奔走协助,事业遍及各省,但徒为

---

①《中华平民教育促进会农村建设育才院缘起》,《民间》(北平)1935年第2卷4期,第21页。
②晏阳初:《在平教会长沙办事处周会上的讲话》,宋恩荣总主编《晏阳初全集》(第2卷),天津教育出版社,2012年,第27页。

推广而无研究,日事售货而不制造,则终见空匮,无以为继。此实目下乡建之绝大危机!吾国现阶段之艰巨工作为抗战建国,而抗战建国之根本枢纽,系乎民众组训及基层政治改进。此两者,今日已成为国中荡涤泛滥之洪流,而此两者又适为我辈素日所提倡所努力之工作,时需孔亟,我何敢辞!惟索者既急且多,应者不但须源源接济,而且须精益求精,故吾人对于民众组训、政治改进以及乡村建设之整套学术方案,必须不断地加以研究,加以深刻而彻底的学修工夫,同时尤须作育此道之领袖人才,增殖门人及同志,庶使乡建事业'质'与'量'皆臻于高峰!"①

为完满实现上述之理想起见,晏阳初认为应设置"一较永恒的、独立的、不受时潮起伏影响的宏固坚实的学术机关,以为学问及人才之渊泉,本会原有农村建设育才院,就此初韧扩而大之,以乡村建设学会同志为核心,并立一乡村建设学院,集乡建积年经验者为董事,由一学院渐滋长为教学院,潜修深造极深研成,有崭新的内容,有前进的创造,以为领导社会之先锋,屹立一革命的新兴大学"②。随后,平教会开始着手筹设"中国乡村建设学院",欲把各方面的学术经验汇集到学院里,以培育实际人才,为国家和社会做出更多贡献。

(二)中国乡村建设育才院的创立

平教会决定筹设"中国乡村建设学院"之后,对于同人中关于学校命名无需用"乡村建设"的看法,经过多次讨论,最终决定以"中国乡村建设学院"为学名更为合适。其原因有四:第一,乡村建设是平教会二十年所努力的工作。自从全面抗战开始,全国人士对乡村及农民大众的重要性有着越来越清晰的认识。乡村建设,已深印到一般人的脑海中,把它从名称中标识出来更容易使人理解,扩大影响。第二,以此为校名,赴教育当局请求立案时,便于向当局接洽,利于立案。第三,以此为校名,对于平教会来说是对之前创办的育才院的继承与扩展;对于全国的乡建运动来说,便于把各方面的人才、经验汇合起来,集中努力,

---

① 晏阳初:《中国乡建运动的重心》,宋恩荣总主编《晏阳初全集》(第2卷),天津教育出版社,2012年,第175页。

② 晏阳初:《中国乡建运动的重心》,宋恩荣总主编《晏阳初全集》(第2卷),天津教育出版社,2012年,第175页。

这和西北、西南等地的联合大学相类似。第四,校名之所以用"学院"而非用"大学"命名,是因为在平教会看来就当时的人力物力来看,还不够筹建一所理想的大学,与其给社会重添一所平常的大学,不如以"学院"命名更容易集中精力,充实力量与内容以办出特色。中国乡村建设学院可以由小而大,由近及远,待将来办学有成,实力雄厚之后再办成大学亦不迟。

另外,对于学院的选址,平教会的同人们也有不同的看法,如有人主张设在江西,有人主张建于成都,还有人主张创立于重庆,不过经过实地调研和商讨,平教会最终决定在重庆开建中国乡村建设学院。其原因有三:第一,中国乡村建设学院的定位是全国性的,重庆当时为全国的政治、经济、交通中心,即使战事结束,重庆仍不失其全国的重要性。而成都交通不如重庆,若院址设在此不免带有地方性。第二,重庆作为陪都,更便于面向全国罗致教授人才,招考学生。第三,从广义的乡村建设来说,不是机械地以农业等建设为限。工业建设,仍是乡村建设的工作之一,工学院还是要办。既是有这种看法,学院与工业团体,应取得密切联络,重庆是工业比较发达的地方,所以乡建学院,以办在重庆附近为宜。

至于学院设在重庆附近何处,平教会认为要依据交通、治安、农村环境三方面的状况做出考量,经过查勘后,平教会最终选择了北碚附近的歇马场高坑岩。平教会之所以选择在此建校,首先是因为北碚在当时被称为"小陪都",它距离重庆市区仅数十公里,水陆交通便利,环境优美,数以百计的党政机关、大专院校、科研机构、文化单位、工商矿企业云集于此,数以千计的政治家、科学家、教育家、史学家、文学家、艺术家荟萃于斯,该地的社会治安经过整治也由昔日的野蛮之地变为文化之乡。其次是因为高坑岩"离重庆有六十公里,离歇马场三公里,是一片尚未经营的处女地。高坑岩有长宽各约十丈的瀑布,可以利用发电,电力足供两万盏电灯之用。有河流通北碚,运输很便利,将来可在该处以学院为中心,辟文化村"[①]。

当学校的名称与选址确定下来之后,平教会正式设立筹备委员会,以具体推进各项后续事宜。该委员会成员包括晏阳初、瞿菊农、谢扶雅、陈志潜、马博

[①] 晏阳初:《筹备中国乡村建设学院的意见》,宋恩荣总主编:《晏阳初全集》(第2卷),天津教育出版社,2012年,第196页。

庵、赵步霞、姚石庵、陈行可、黎季纯、陈筑山、孙伏园、孙廉泉（孙则让）、熊佛西、汪德亮、陈开泗、孙恩三、杨导之十七人，其中晏阳初为主任委员。筹备委员会设立办事处，并以瞿菊农为办事处主任。同时，筹备委员会还指定瞿菊农、谢扶雅、陈志潜、陈行可、马博庵、姚石庵为常务委员，晏阳初为主任常务委员，以负责日常重要事务的快速处理。

为了使筹备工作有据可循，1938年平教会制定了《中国乡村建设学院学术纲领》。在其中平教会"深信中国今日欲完成抗战建国之神圣任务，必须确认：农民大众为中国民族力量的源泉，乡村社会为中国社会结构的基础。而欲发动农民的伟大力量，必须注重民众组训。欲促进社会改造，必先致力建设乡村。而此种艰巨事业之完成，必有赖乎实际的科学研究与夫朴实人才之培养"[1]。为此，平教会特创办乡村建设学院，并认为该院应树立两种根本认识：其一，农民教育是引发民众自力的基本工作；其二，基层建设是改造中国社会的基本工作。同时，该院还应具有三种教育精神，其一，建树诚朴仁勇之学风，以转移社会动向，为新中国确立重心；其二，发扬光大本国固有之讲学精神，致勉于师生人格的感应；其三，置重实习力行，使学术与行动，融合为一。另外，该院的工作要遵循以下六项要领：其一，进行现实研究。应用科学方法，以实际需要为研究对象，检讨社会事实，提供改进计划。其二，致力社会证验。表证并实验所研究的结果，以期完成实际的改造。其三，达成研训合一。以研究的结果，证验的过程为教学的内容与方法。其四，实现任务训练。以国家建设计划、社会实际任务为培养人才之目标。其五，推进连锁教学。着眼于社会上各种任务与活动之连锁关系，求得其共同的学术基础；其六，发展集体服务，注重计划的与组织的训练，使于实际服务国家社会时能收分工合作之效。此外，平教会还制定了《中国乡村建设学院组织大纲草案》，其以"研究乡村建设之学术应用，树立诚朴仁勇之学风以为各地乡村建设事业养成高尚品德、专门学识与实施经验之人才"[2]为宗旨，欲设置地方行政系、农村经济系、乡村教育系、社会研究系、民众文艺系、

---

[1]《中国乡村建设学院学术纲领》，卷宗名称：《中华平民教育促进会成立经讨组织情形工作计划等及有关义书》，中国第二历史档案馆藏档案，全宗号：十一；案卷号：7340。

[2]《中国乡村建设学院组织大纲草案》，卷宗名称：《中华平民教育促进会成立经过组织情形工作计划等及有关文书》，中国第二历史档案馆藏档案，全宗号：十一；案卷号：7340。

农业推广系、公共卫生系共七个学系。另外,平教会还撰写了《五年研究训练计划大纲草案》和初步的经费安排。

同时,为了推进乡村建设学院的筹备与建设,平教会还成立了乡村建设学院董事会,聘请张群为学院董事会主席,晏阳初为秘书兼院长,翁文灏、甘乃光、张伯苓、蒋廷黻、张治中、熊式辉、卢作孚、范旭东、陈布雷、吴鼎昌、康心如、周作民、何廉、梁漱溟、黄炎培为乡建学院的董事会成员[①]。晏阳初还拜会了蒋介石,得到后者的接见,并获得捐款10万元用于支持平教会的中国乡村建设学院之建设。

当时正值抗战非常时期,北碚地区的土地居奇,极难购得,平教会在董事兼会计卢作孚的帮助下,经过各方奔走,多次与当地士绅接洽,并依靠省政府出面协调,耗时8个月,终于购得到重庆市北碚附近歇马乡大磨滩附近500亩土地作为乡建学院的办学场地。为了使师生更好地与乡村社会互动融合,学院设在乡村,没有建围墙,这与西方的大学一样——无论设在城市还是乡村——大都没有围墙。

当校址确定后,学院开始以"私立中国乡村建设学院"之名向国民政府教育部申请备案,然而教育部在审议时认为乡村建设学院的院系设置不符合已经颁行的《大学法》规定,不予备案。后通过平教会的努力,他们得到了时任教育部长陈立夫及高等教育司长吴俊升的支持,二者均认为平教会欲设立的中国乡村建设学院具有十分重要的意义,但是主管审议的官员却始终坚持"于法无据",不能违例,后来经过二者长期的努力,依照私人讲学机关办法使乡村建设学院终于获得特批,暂定为初级学院,准予备案。为符合相关规制及名实相符,平教会最终将学院的名称确定为"私立中国乡村建设育才院"(简称"乡村建设育才院")。

乡村建设育才院创办之初分为本部和附设的专修科。本部包括乡村教育系、农村经济系、农业系三个系,负责培养研究生,修业年限为一年,必要时可以延长。凡研究有相当成绩,并提出论文,经审核及格者,发给研究证明书。附设的专修科则包括乡村教育专修科、农业专修科、手工艺专修科,负责培养类似于

[①] Board of Trustees of the National College of Rural Reconstruction,卷宗名称:平教会及乡村建设学院董事及各负责人名单(英),中国第二历史档案馆藏档案,全宗号:11;案卷号:11856。

现在的专科生,修业年限二年,修业期满,经考查成绩及格,呈经教育部复核无异者,发给毕业证书。各学系对曾在公立或已立案之私立大学或独立学院相同或相近学系毕业,得有毕业证书,并曾服务社会一年以上者,或具有同等学力及经历、经特别介绍证明者均可投考;各专修科对曾在公立或已立案之私立高级中学毕业生、高级职业学校毕业生、大学预科毕业生,得有毕业证明书者均可报名投考。同时,对于"曾在公立师范学校或高中师范科毕业,得有毕业证书酌升学证明书,并于毕业后服务满规定年限,得有证明书,或呈准展缓服务给有证明书者"也可报名投考。另外,对"曾受前未立案之私立高级中学毕业生升学预试及格,得有升学预试及格证明书者"亦可报名投考。[①]

待中国乡村建设育才院的筹建工作基本完成后,该院开始面向全国招生,在四川省内,设立有北碚、成都、大竹、南充、泸县、江津六处招考点;在四川省外,设立有陕西城固、云南昆明、贵州贵阳、广西桂林、湖南衡阳五处招考点。

中国乡村建设育才院原计划各系分别招10名研究生,各专修科分别招50名学生,共计180名。但由于建校工程的延误,以及重庆至北碚发生沉船事故,来育才院任教的几位教授及家属共21人遇难,包括到育才院任农经系主任的原北大农学院代院长姚石庵教授。于是只得改变招生名额,最终只录取乡村教育系与农村经济系两系研究生共7人,乡村教育、农业二专修科学生50名。其中研究生的具体情况如表5-1:

表5-1 私立中国乡村建设育才院1940年度第一学期研究生名册一览表[②]

姓名	性别	年龄	籍贯	学历	研究所科别及部门	入院年月
郑素蕉	女	33	浙江省黄岩县	国立劳动大学农学院农艺系毕业	乡村教育系	1940年10月
杨楚竹	女	27	湖南省长沙市	江苏省立教育学院民众教育系毕业	乡村教育系	1940年10月

[①]《私立中国乡村建设育才院招生简章(1940年度)》,载《中华平民教育促进会呈教育部》(1940年8月5日),卷宗名称:《私立中国乡村建设育才院招生简章、试题、考生成绩册及有关招生文件》,中国第二历史档案馆藏档案,全宗号:五;案卷号:5994(1)。

[②]《私立中国乡村建设育才院1940年度第一学期研究生名册》,载《私立中国乡村建设育才院呈教育部》(1941年2月26日),卷宗名称:《私立中国乡村建设育才院招生简章、试题、考生成绩册及有关招生文件》,中国第二历史档案馆藏档案,全宗号:五;案卷号:5994(1)。

(续表)

姓名	性别	年龄	籍贯	学历	研究所科别及部门	入院年月
王其豪	男	33	江苏省武进县	上海中国公学文学院毕业	乡村教育系	1940年10月
陈友栋	男	29	四川省江津县	四川省立教育学院毕业	乡村教育系	1940年10月
林天钧	男	25	福建省闽侯县	特种考试四川省县市视导人员考试及格	乡村教育系	1940年10月
田景风	男	25	四川省巴县	山东乡村建设研究院毕业	乡村教育系	1940年10月
刘纯煆	男	26	贵州省贵阳市	国立东北大学政治系毕业	农村经济系	1940年10月

1940年10月28日,中国乡村建设育才院在重庆北碚歇马场正式开学,第一学期学生学习基础课,第二学期学习专业课,第三、四学期实习。1941年度又招收乡村教育系研究生2名,1942年底教育部派员视察育才院时,该院已经有新建院舍数十间,购有农田500亩,其中农场占地50亩,乡村教育及农业两专修科共有一、二年级学生51人,又乡村教育系及农业经济系研究生5人,教员22人,职员25人,还有附属小学一所。[①]

1943年乡村建设育才院受行政院水利委员会及四川省政府委托又增设了水利专修科[②],同年又增设了社会专修科[③]。"到1943年秋,乡村建设育才院学生人数为122人,包括一年级76人(其中女生10人),二年级46人(其中女生6人)。""1944年招收专修科新生107人(其中女生14人):教育35人,农业21人,社会26人,水利25人。新生学历高中(中专)毕业85人,同等学历22人。"[④]同

[①]《教育部派员视察报告内容》,载《教育部训令(高字第10469号)私立中国乡村建设育才院》,卷宗名称:《教育部派员视察私立民国学院、上海女子医学院、中国乡村建设育才院校务的有关文书》,中国第二历史档案馆藏档案,全宗号:五;案卷号:2012。

[②]《私立中国乡村建设育才院附设水利专修科招生简章(1942年度第二学期)》,《私立中国乡村建设育才院呈教育部》,卷宗名称:《私立中国乡村建设育才院招生简章、试题、考生成绩册及有关招生文件》,中国第二历史档案馆藏档案,全宗号:五;案卷号:5994(1)。

[③]《私立中国乡村建设育才院附设专修科1943年度招生简章》,载《私立中国乡村建设育才院呈教育部》,卷宗名称:《私立中国乡村建设育才院招生简章、试题、考生成绩册及有关招生文件》,中国第二历史档案馆藏档案,全宗号:五;案卷号:5994(1)。

[④]谭重威:《中国乡村建设学院简介》,《中国乡村建设学院在北碚(1940-1950)》,西南师范大学出版社,1992年,第11—12页。同

时,乡村建设育才院的机构设置也更加完善,院长室、教务处、训导处、总务处等一应俱全,其主要职员的阵容也非常强大,详见表5-2:

表5-2 私立中国乡村建设育才院1944年度职员一览表

姓名	性别	年龄	籍贯	学历	经历	职务	到校年月
晏阳初	男	50	四川巴中	美国耶鲁大学硕士,圣约翰大学博士	平教会干事长、国民参政会参政员	院长	1940年7月
瞿菊农	男	45	江苏武进	美国哈佛大学哲学博士	燕大教授、湖南大学文学院院长、乡政学院院长	代理院长	1941年8月
汪德亮	男	39	广东	美国彼得堡师范大学学士,哥伦比亚大学师范学院硕士,芝加哥大学威斯康辛大学研究二年	国立武汉大学哲学教育系教授、平教会社教部主任、行政院农村复兴委员会专门委员、湖南省立乡村师范学校校长、乡政学院教育组教授兼代理主任	乡教专修科主任、秘书主任	1940年7月
姜乾坤	男	36	湖南邵阳	湖南大学毕业	湖南省立衡师导师、湖南泸溪和溆浦两县县长	训导主任	1942年8月
邹鸿操	男	34	广东	岭南大学教育学士、中山大学研究院教育硕士	湖南省立衡山乡师教导主任、广西柳庆师范教导主任	教务主任	1942年8月
崔宗培	男	40	河南南阳	国立交通大学毕业,爱荷华大学水利系博士	四川水利局主任、全国水利委员会技正	水利专修科主任	1942年9月
孙恩三	男	43	山东	美国康奈尔大学硕士,芝加哥大学硕士	江西政治讲习院教授、平教会专门干事	社会专修科主任	1942年8月
常得仁	男	32	山西	美国康奈尔大学硕士	燕大讲师及作物改良场长、平教会专门干事	农业专修科主任	1940年7月

(续表)

姓名	性别	年龄	籍贯	学历	经历	职务	到校年月
孙渠	男	32	山东	金陵大学农学士	山东省立乡村建设专门学校农艺科主任,广西省政府技士	农业专修科副主任	1940年7月
茅仲英	男	34	江苏	江苏省立民众教育院毕业	新运会妇女高级干部训练班讲师,松溉纺织实验区主任	总务处主任	1942年8月
史清浦	男	40	江苏溧阳	江苏省立民众教育院毕业	江苏省立第七区区长,县立民农两馆之馆长,省立十七中学总务主任	总务处副主任兼事务组主任	1943年3月
杨炳吟	男	30	河北房山	国立北平师范大学毕业	乡村建设研究所助教	文书组主任	1941年8月
孟实甫	男	40	北平	北平财政专门学校毕业	平教会干事	会计组主任	1942年8月
彭若芝	男	27	湖南永兴	本院教育专修科毕业,中训团党政班毕业		代理经济管理组主任	1942年8月
李秀峰	男	34	河北定县	北平民国大学教育学毕业,中央训练团党政训练班第二十三期毕业	湖南衡山乡师教员,巴县县政府主任秘书	课外活动组主任	1944年8月
李凡	男	30	湖南常宁	本院教育专修科毕业	定番城区小学教员	代理注册组主任	1942年8月
李德韩	男	26	湖南嘉禾	本院教育专修科毕业	湖南嘉禾县立小学教员	图书馆馆员	1942年8月

（续表）

姓名	性别	年龄	籍贯	学历	经历	职务	到校年月
傅嗣润	男	24	河北灵寿	国立浙江大学肄业		会计组组员	1943年8月
曹喜山	男	32	河北定县	河北省立第九中学毕业	中国工业协会办事员	事务组组员	1941年8月
田富林	男	38	河北三邑	河北省立第九中学毕业	北平艺术专门学校办事员	事务组组员	1941年1月
姜耀辉	男	27	江苏溧阳	无锡私立岡南中学毕业	军政部二十兵工厂任职二年，五十兵工厂农场管理员	事务组组员	1943年9月
龙德山	男	29	河北定县	河北省立第九中学毕业		事务组组员	1944年9月
贾克明	男	26	四川南充	四川省第十一区师训班毕业	曾任小学教员两年	图书馆出纳员	1943年1月
青茂	男	26	四川南充	四川省第十一行政区国民教育师资训练班毕业	曾任小学教员三年	教务处助理员	1944年2月
承锡玉	男	44	江苏江阴	齐鲁大学医学院毕业	司法行政部医生、最高法院医生	卫生组医师兼主任	1944年1月
宫德英	女	29	山东东平	天津高级丽云护士学校	战时儿童保育会医院护士长	卫生所护士	1942年9月
王金容	女	24	四川	本院教育专修科毕业		注册组组员	1944年9月
姜旭升	男	22	湖南衡阳	南京三民中学高中部肄业	湖南泸溪、溆浦两县政府事务员、科员	院长室助理员	1944年9月
工家荣	男	21	江苏太仓	国立九中毕业	国立女师学院附中教务干事	院长室助理员	1944年9月

(续表)

姓名	性别	年龄	籍贯	学历	经历	职务	到校年月
王裕衡	男	24	四川资阳	私立立信会计专科学校毕业	立信会计事务所计核员	会计组组员	1944年9月

从上表中可见乡村建设育才院的领导管理团队,从年龄上说,梯队结构合理,整体上呈现出年富力强的状态;从学历与经历上看,这些职员中大多学有专长,实践经验丰富。为乡村建设育才院的发展奠定了良好的人才基础。另外,据不完全统计,从1942—1945年乡村建设育才院毕业的115人中,"教育专修科45人,社会专修科17人,农业专修科36人,水利专修科17人。毕业生除少部分到其他部门工作或作中学教师外,少数留院任助教,其余均到璧山实验县(后扩大为平教会华西实验区)工作"[1]。由此可见,其人才培养也颇见成效。

(三)私立乡村建设学院的发展

经过六年的发展,乡村建设育才院的规模和办学水平日渐扩大与提高,为国家和社会培养了一大批建设乡村的有用之才。1945年8月,经国民政府教育部批准,该校更名为"私立乡村建设学院",学院由初级学院升级为独立学院,也由专科层次的学校转变为本科层次的学校。乡村建设育才院的改造升级具有重大的历史与学术意义,其正如乡村建设学院代理院长梁仲华说讲:"这不仅是本院的新纪元,也是'乡村建设'在中国教育史上被认为'学术'的新纪元。"[2]

改为乡村建设学院之后,其原设的四个专修科也升级为乡村教育学系、社会学系、农学系以及农田水利学系,修业年限为四年,达到毕业标准的本科毕业生则可授予学士学位。在新的办学形势下,乡村建设学院的学生数也开始稳步上升,1945年秋,有8个班,共计学生183人,其中女生37人。1947年秋,学生数升至264人,其中女生42人。1948年秋,学生数升至303人,其中女生44人,教学班级达到16个班。1949年秋,学生数升至323人。

随着学生数的增加与办学规模的扩大,学校的师资力量也有所扩充。1945

---

[1]谭重威:《中国乡村建设学院简介》,《中国乡村建设学院在北碚(1940—1950)》,西南师范大学出版社,1992年,第12页。

[2]梁仲华:《本院创办之旨趣》,《乡建院刊》1947年第1卷第1期。

年秋,教授由原来的11人增至15人,副教授由原来的5人增至7人,讲师、助教也进一步增加,教师人数增加到41人。各学系主任分别为:乡村教育学系邹鸿操,农学系常德仁,农田水利学系崔宗培,社会学系罗荣宗。之后随着乡村建设学院的发展以及工作的变动。系主任后来也有所调整。1946年秋,由白季眉担任水利系主任。1948年,由徐国启任教育系主任,梁桢代理社会学主任,并新增加高振业、任宝祥、霍六丁、施福德(美国人)、王蔚民、王启澍、刘秉钧、卢本初、徐坚、马特(梁嘉)、俞福亲、林晨(王诗农)、蔡斐、席超杰、李纪生、李之朴、李效庵、郭耀观、田仲济、冯志东、黄勉等专任教授及王文哲等兼任教授。

为给乡村建设学院筹集发展资金,1943年春,院长晏阳初赴美募捐,直到1946年5月始返国。之后又多次离校赴美。其公出期间,院长一职由瞿菊农代理,1948年之后,院长一职又由教务长霍六丁代理,1949年由魏永清代理。

经过乡村建设学院的培养,从1947至1949年,据不完全统计,毕业生至少达到了183人,其具体情况如表5-3:

表5-3　1947—1949年乡村建设学院毕业人数一览表(不完全统计)[1]

(单位:人)

学年度	教育学系	社会学系	农学系	水利学系	合计
1947	15	14	17	5	51
1948	26	19	13	17	75
1949	19	17	14	7	57
合计	60	50	44	29	183

这些毕业生除少数留校任教外,或自己要求另寻工作之外,大部分留在华西实验区从事乡村建设工作。

(四)私立乡村建设学院的办学特色

1. 以"改造社会,复兴民族"为宗旨的理念办学

近代以来中国国弱民贫,屡受外侮,以至于到了瓜分豆剖、亡国灭种的境地。有志之士纷纷探寻救国之路。在晏阳初看来"中国今日的生死问题,不是

---

[1] 谭重威:《中国乡村建设学院简介》,载重庆市北碚区地方志编委会等合编《中国乡村建设学院在北碚(1940—1950)》,西南师范大学出版社,1992年,第13页。

别的,是民族衰老,民族堕落,民族涣散,根本是'人'的问题"①。解决之法就是实现民族再造,而其所依靠的最有效力的方法则莫过于教育。而中国新教育最大的问题就在于不顾中国的实际国情盲目地抄袭东西洋的教育。此种教育的办法,就如同一个人害了病,而医生不问他的病源,任意给他吃药,一定要弄坏的。所以教育办了几十年,对于中国本身没有发生什么好的影响。办教育者"为教育而教育,为学校而学校,学生毕了业,就不管他失业不失了业。甲校如是,乙校亦如是。大家不知道为什么去办学校,不明了社会上的问题,去根据问题而定方针。只晓得照样画葫芦,人家怎样做,我们就怎样做,甚至有人为饭碗而办学校"。对此,晏阳初指出,"我们不应当再拿外国教育去教他们,要创造一种中国教育,要用中国药来医治中国病,且要看清病源然后再去下药。"②其解决之法是"非办一个革命性的大学不可"③。于是,他提出创办中国乡村建设学院。这不仅是为开展乡村建设研究,推广乡建经验,为抗战蓄积能量,而且也是为抗战结束后的社会建设做准备。

在上述理念的指导下,乡村建设学院以"整个的国家建设计划,社会应有之任务"为该院培养人才之目标,并制定三项培养原则:其一,以研究的结果,证验的过程为教育的内容与方法;其二,发扬诚朴、仁勇之学风,以转移社会动向,虽向现实社会中钻入去,但决不与现实妥协。其三,针对中国乡村社会病象,养成胜任医愚、医穷、医弱、医私的技术专才,"但在医疗方针之把持与运用上,又为政治家风度的通才。换言之,本院所造就之干部青年,一方面要能运用现行制度中的地位、力量、工具,他方面更要能做到实际问题的试行解决。研究、实验与改进,同时尤能辅佐民众,引发其力量,使民众本身的群中自己冒出领袖来,达到自立、自养、自治、自强的最后目的"。④

---

① 晏阳初:《农村运动的使命》,宋恩荣总主编《晏阳初全集》(第1卷),天津教育出版社,2012年,第255页。
② 晏阳初:《"误教"与"无教"》,宋恩荣总主编《晏阳初全集》(第1卷),天津教育出版社,2012年,第418—419页。
③ 晏阳初:《把乡建学院办成一个革命性的大学》,宋恩荣总主编《晏阳初全集》(第2卷),天津教育出版社,2012年,第202页。
④《中国乡村建设学院缘起及旨趣简介》,重庆市北碚区地方志编委会等合编《中国乡村建设学院在北碚(1940—1950)》,西南师范大学出版社,1992年,第21页。

在上述目标与原则的指导下,乡村建设学院制定了六大具体的人才培养目标。第一,要有劳动者的体力。具体要求为:能利用自然环境——爬山游泳;能养成最低限度的卫生习惯;能养成健康的思想;能自力生产以锻炼体魄。第二,要有专门家的知能。具体要求为:都有一技之长;即学即作,即作即习;理论与行动打成一片。第三,要有教育者的态度。具体要求为:人人都是可造之才;学而不厌,诲人不倦;作之君、作之师(作农民的领导者和师友)。第四,要有科学家的头脑。具体要求为:对一切求真知;用科学的态度来解决一切问题。第五,要有创造者的气魄。具体要求为:不苟安,求进取;不享受,不畏难;敢作敢为,任劳任怨。第六,要有宗教家的精神,具体要求为:有信仰坚定不移;临大难,处之泰然;重博爱,爱人如己;能牺牲,舍己为人。[1]

为了实现上述目标,晏阳初在乡村建设育才院成立之初,亲撰《乡建生力军歌》作为校歌,以陶冶学生们的精神。其内容为:"向前进! 向前进! 大家向前进! 我们是乡建的生力军。不怕道路的崎岖,不怕工作的艰辛。开发民力,建设乡村,除尽文盲,作新民。培养创造大气魄,发扬宗教真精神。向前进! 向前进! 大家向前进! 我们是乡建生力军。威胁加身我不屈,富贵于我如浮云。斗争到底,杀身成仁,再接再厉,有志竟成。建设民主新中国,促成世界大同盟。"[2]

除了精神上的陶冶外,平教会根据乡村建设对教育的需要,非常有针对性地给乡村建设学院设置了乡村教育学系、社会学系、农学系以及农田水利学系四个学系,其目的是"社会系应认识问题研究问题,为乡建工作开其端;农业,水利两系应针对人民需要,展开建设工作,力求致其用;乡村教育系研究推动致用之术,用以总其成,各系分工合作,同归于乡村建设"[3]。

另外,在课程设置上乡建学院除了规定各系的专业课程之外,还十分注重学生们从事乡村建设的公共基础知识,采用必修和选修相结合、主修与辅修相结合的方式进行。如:学院一年级指定社会学、普通心理学、科学概论为必修科

---

[1]《乡建院六大教育目标》,重庆市北碚区地方志编委会等合编《中国乡村建设学院在北碚(1940—1950)》,西南师范大学出版社,1992年,第16—17页。

[2] 詹一之、李国音:《一项为和平与发展奠基工程——平民教育之父晏阳初评介》,四川教育出版社,第252—253页。

[3] 梁仲华:《本院创办之旨趣》,《乡建院刊》1947年第1卷第1期。

目。从二年级开始,普通基本科目,如乡建概论、教育概论、农业概论、统计学、家政、公共卫生、法律概论等。专门科目如乡建运动史、乡村社会学、社会建设、县政建设、乡村教育、国民教育、社会教育、农村经济、乡村生活、公民训练、乡村调查、地方行政、地方自治、社会心理、乡村建设与乡民、乡建实习等均为必修。此外,如乡村家庭、图书馆学、农民乐歌训练、乡村平民文学、急救术、民法、边疆问题、社会福利、社会组织、公文程式为选修。三、四年级期间均为实习。每个学系的学生在自己专业基础上均须另选一系作辅修,如乡村教育学系的教育、社会、经济、国文、美术等,农学系和农田水利学系的农艺、家事、生物、理化等,社会学系的公共卫生、社会工作方法等,都与乡村建设有密切关系,可选作辅系,使学生既通晓乡建的整个理论,又可从事一种专门的事业。[①]

2. 学术独立、思想自由、科学民主的精神追求

平教会在开展平民教育之初,便指出其目的是"培养国民的元气,改进国民的生活,巩固国家的基础;无主义的主奴,无党派的左右,无宗教的成见,无地方的畛域,无个人的背景,无新旧的界限;但期望三万万以上失学的同胞,普遍地得到做二十世纪的人最低限度必不可少的基础教育。虽以爱国为精神,而不偏于狭隘的国家主义;虽以爱世界为理想,而不偏于广漠的世界主义;至于宗教上或党派上的信徒,尤其任国民的自由意志去选择,绝不挟入平民教育内来宣传,这亦是同仁良心上的主张,人格上的自信"[②]。平教会的上述目的就要求其必须持学术独立、思想自由的立场。平教会不但是这样说的,也是这样做的。例如平教会从不接受有条件的捐赠:1926年晏阳初在美国筹款时,一个富翁愿捐10万元,条件是请晏阳初用此款项在中国开展节育工作,最终平教会以该工作与其活动目的不相符而选择了拒绝。1927年奉系要人张学良曾约谈晏阳初欲出资800万元支持平教会,条件是利用平民教育运动与其政治相配合。尽管平教会当时急需经费,但是成员们商议后一致认同本会保持独立、超党派与学术自由的立场,而拒绝了张学良合作的提议。

[①] 王超:《晏阳初与乡村建设学院(1940—1952)》,2013年四川师范大学硕士论文,第29—30页。
[②] 晏阳初:《平民教育的宗旨目的和最后的使命》,宋恩荣总主编《晏阳初全集》(第1卷),天津教育出版社,2012年,第104页。

当平教会创立了乡村建设学院后,仍将实事求是的科学精神作为乡建学院的学术精神,主张根据事实,用科学方法,求得真理,不能自己先有偏见,先有"理障",有了"理障",就求不得真理,求不得真理,即解决不了问题,更谈不上建设。因此,乡建学院强调师生要处于无偏见超党派的立场,认为有党派就是有偏见有"理障"在心,那就不是科学精神、学术精神。乡建学院的代理院长梁仲华甚至还提示学生说:"一般学生对学术研究,往往有思想派别横亘于中,也求不得真理,解决不了问题。所以我们连'学派'这一名词,也不能让它存在心中,有人把乡建学会以及乡建运动者称为'派',我们也认为是一种污蔑。除去'理障',摒绝派别思想,站在超党派立场,是我们乡建学术研习的基本条件。"①

乡建学院除了对学术独立思想自由以及对欲解决的问题进行科学的研究之外,也非常注重对民主的追求。例如在对学生的管理上,早在1941年就取消了国民党政府要求对学生进行严格控制的训导制,改由各学系教员组成"学生生活辅导委员会"辅导。学生自身管理方面还成立了自己的组织"四自会",下设"自习""自给""自强""自治"四个小组。自习组培训同学的学习能力,自给组培养生产能力,自强组培养健康力,自治组培养学生的组织力。四自会主席由全院学生民主普选产生,每学期选举一次。其程序是:先由各系、班级选出代表组成班代表大会,班代会有权制定和修改四自会章程,并负责主持四自会主席的选举工作,用民主方式提出四自会主席候选人名单,各候选人分别组织竞选团开展竞选活动。最后由全院学生投票产生四自会主席,由主席聘请四个组的组长成立四自会执委会,对全院学生的课外活动及生活秩序进行多方面的有效管理。民主产生的四自会在学生中威信甚高,得到大家的拥护和支持。②学生们通过四自会,不但学会了自我管理,而且也深化了民主精神的培养。

3.寓教于练,"研""习"结合

乡村建设学院在进行人才培养时认为学生不但应有足够的理论知识,更应能躬身实践;不但应能坐而论道,更应能起而行之。这种认识在平教会的人才

---

① 梁仲华:《本院创办之旨趣》,《乡建院刊》1947年第1卷第1期。
② 《乡建学院学生的社团活动》,载重庆市北碚区地方志编委会等合编《中国乡村建设学院在北碚(1940—1950)》,西南师范大学出版社,1992年,第77页。

培养实践中是一种传统。早在1936年平教会在河北定县创立"农村建设育才院"时,就曾提出:"农村工作人才之养成,决非仅以通常教育或书本知识所能为力,必须有多年实地服务农村经验才益切实用"。[1]因此,当时在进行人才培养的时候,就特别注重使受训者参加定县实验区的工作,在实际活动中培育,强调"一切训练均以实地参加工作为标准"[2]。乡村建设育才院成立后,为贯彻平教会寓教于练的主张,特意开辟了璧山实验区,作为该学院学生的实习训练基地,让学生在参加乡村建设的实际工作中培养能力。晏阳初深知说易行难的道理,他批评说:"中国人易犯的毛病,思想主张用文字写出来以后,有人读了赞赏一下就完事,文字就是工作,理想等于幻想。"他称赞乡村建设育才院的办学者们虽然也是书生,但他们不仅有思想,而且进一步用功夫实验他们的理想,是一件打破文人传统的大事。因此,对乡村建设学院的办理,他十分重视师生们理论与实践的结合,对于当时的教育"以为学生就是读书,教师就是教书,非迂腐十足,不能表现出学者的身份"的办学观念提出猛烈的批评,他说:"乡建学院如果也是这种风气,简直就是自杀。"他主张乡村建设学院要打破这种传统教育的桎梏,因此,十分重视实习区的工作。实习区为学生提供了实习基地,而学生的实习以及毕业生被分派到实习区工作,又为该区充实了力量,从而既培养了人才,又推动了乡村建设工作的发展。所以,晏阳初说:"实习区,不仅是乡建运动的生命线,同时也是乡建学院的生命线。"[3]其实,他是在强调办学不能只坐而空谈,也需要起而实践,只有理论与实践互为作用,办学与乡建互为促进,乡建工作才有前途。

为了使人才的培养做到寓教于练,乡村建设学院在教学程式上也探索出了一套研习之法,具体说就是实行"即讲、即学、即习、即能"的教学方法。"'即讲、即学'是为'研','即习、即能'则为'习',理论与实践结合就是'研习'。在教学实践的过程中,'即讲'就是以老师为主导的活动阶段,通过学院教师或导生的讲解,将知识传达给学生;'即学'就是以学生为主体的活动阶段,通过学生对知

---

[1] 晏阳初:《为请求创办农村建设育才院补助费呈稿》,载宋恩荣总主编《晏阳初全集》(第1卷),天津教育出版社,2012年,第408页。

[2] 《定县通讯:农村建设育才院定期开学》,《民间》(北平)1936年3卷11期,第20页。

[3] 晏阳初:《实习区的意义》,载宋恩荣总主编《晏阳初全集》(第2卷),天津教育出版社,2012年,第213页。

识的吸收、理解,手脑并用地将知识融入到实习工作中去;'即习'就是教师领导学生共同活动的阶段,通过教师或导生亲身的实践示范,进一步地教会学生运用知识投入实习;'即能'就是学生在即讲、即学、即习的基础上,通过解决工作中遇到的实际问题,锻炼出学生推进、领导、改造、创新的'能'力。"[1]

为使这个教学程式达到应有的效果,乡村建设学院在代理院长梁仲华的倡议下成立了"研习"指导部,其亲自兼任指导部主任,并将学院周围五公里内的乡村,以3个保国民中心学校为中心,划分为3个研习区,全院学生都要参加研习,且研习学程不及格者不准毕业,各系主任负责该系学生的研习工作的组织与指导。通过这种教学方法的实施,乡村建设学院克服了当时学校教育在人才培养中存在的"学非所用,用非所学"的通病,破解了当时大学生毕业即失业,而国家复闹人才荒的窘境。学院的学生们经过这种训练,深入了解了农村社会的情状,增长了才干,为在乡村建设的事业中大展才华奠定了基础。

四、中华平民教育促进会与四川华西实验区

(一)四川华西实验区的设立

华西实验区从1946年7月开始筹备,经三个月的努力于1946年11月正式在璧山县挂牌成立。工作区域有璧山县的四个乡镇,此后工作区域逐渐扩大,1947年8月,其工作区域扩展到璧山、巴县和北碚的50个乡镇。从1949年2月起,璧山和北碚开始全境纳入华西实验区的工作范围之内,其下辖乡镇达到101个之多。到1949年11月时,该实验区的工作范围已经包括八县(局)的160个乡镇。[2]之后其工作范围进一步扩大,并最终形成了包括巴县、江北、江津、璧山、永川、合川、铜梁、大足、荣昌、綦江等十县和北碚管理局为范围的实验区域。该实验区以璧山、巴县、北碚为中心,逐渐推广。总办事处设于璧山。[3]

---

[1]王超:《晏阳初与中国乡村建设学院(1940—1952)》,2013年四川师范大学硕士学位论文,第32页。
[2]《中华平民教育促进会工作简述》,璧山县档案局编印《晏阳初与华西实验区档案史料丛刊(第5辑)》,2013年,第4页。
[3]《中华平民教育促进会华西实验区组织大纲》,詹一之等编著:《科教兴农的先行者:晏阳初华西实验区》,四川省晏阳初研究会印,2001年,第128页。

华西实验区可以说是扩大的县单位的乡建实验工作,目的也在以这一区作为推动乡建工作的示范点。

该实验区是平教会与四川省府合作设立的,设在第三行政专员区范围内。为使实验区的工作进行得扎实可靠,晏阳初特向四川省政府推荐平教会会员孙则让(廉泉)出任第三区行政专员,并使其兼任实验区主任。同时,为使实验区的工作开展有规可依,平教会还实施了如下举措。

1. 制定华西实验区的工作目标、原则与方法

华西实验是定县实验的继续和扩大,尽管其与定县相比,环境和条件都发生了变化,但是其工作目标仍然"在探寻一套方法,以开发广大生产农民的生产力、知识力、健康力和组织力,要使他们能自觉地、自动地改善其全部生活"。[1]换句话说,就是"启迪民智、培植民力、建立民主、改善民生"[2]。

为了实现上述目标,平教会决定在华西实验区的工作要遵循如下原则:第一,实验的原则。平教会工作人员要着重方法和技术的实验,在实验区开展工作时要先拟订初步计划,在实际工作中进行检验,从而对方法和技术不断地加以检讨和改善。第二,辅导的原则。平教会在实验区内开展乡村建设工作时要激发农民依靠自己的力量去完成,平教会工作人员只居于指导帮助的地位。第三,教育的原则。平教会工作人员所从事的一切工作都要由教育入手,要开发和培养农民自觉自发的力量,舍教育方法无他途。第四,着重组织的原则。平教会认为"组织是建设的必要条件。实验区的工作重心,在于完成农民的教育组织和经济合作组织,由教育组织来推动和完成最重要的经济合作组织"[3]。

平教会成员除了工作时要遵循上述原则外,在实验方式上要采用辅导办法。针对乡村问题,分析研究,参酌实际情形,订定具体改造方案,为建设性之实验。并与乡村建设学院配合,作为学生实习研究之场所。具体来说,即:在教

---

[1]《中华平民教育促进会工作简述》,璧山县档案局编印《晏阳初与华西实验区档案史料丛刊(第5辑)》,2013年,第4页。

[2]《中华平民教育促进会华西实验区组织大纲》,詹一之等编著:《科教兴农的先行者:晏阳初华西实验区》,四川省晏阳初研究会印,2001年,第128—129页。

[3]《中华平民教育促进会工作简述》,璧山县档案局编印《晏阳初与华西实验区档案史料丛刊(第5辑)》,2013年,第5页。

育方面,"以传习办法,普遍实施成人教育,用以扫除文盲,推动一切建设。并指导改进国民教育,使学龄儿童尽量入学,减少文盲来源"。在经济方面,"以合作方式辅导佃农,及自耕农,组织农业生产合作社,施行保田保佃,用以稳定土地使用权,改良耕种方法,繁殖及推广优良品种,兴办农田水利,并创置社田,使佃农社员之耕地,逐渐变为合作社所有。对于农民副业之家庭工业及农产作物之加工运销等,分别组织运销合作社及供销机构,免去中间剥削,增加农民收益。并逐渐使用机械,使广大农村进入现代化"。在卫生方面,"以现代医术辅导民众,改善环境卫生。并加强卫生教育,充实治疗机构,使农弱社会逐渐进入康泰"①。

对于华西实验区在实验方式上采用辅导法的原因,华西实验区主任孙则让曾解释说,在此之前其曾任山东乡村建设研究院副院长及菏泽实验县县长,曾以特殊的政治力量对菏泽县的行政组织进行改革,虽取得了一定的成效,但他认为这种方法在璧山不可能也不必要,因为这种方法即使在璧山县做成功了,别的县也无法效仿。只有发动社会的力量使其自发自动地从事建设工作,如此取得的成功经验与方法才有示范性和推广价值。所以,他认为华西实验区"采取从旁辅导的方法建立辅导制度,这种做法收效可能很慢,困难也很多,但是要想在地方上生根还是只好如此,因为用了政治力量虽然收效很快,却不能算真正解决问题"②。

除上述内容外,组织大纲还对平教会的工作做出了规定,如:"(教育、经济、卫生)各项业务,均以直接生产之农民为基础,辅导其自由参加传习组织及合作组织。所有一切组织均由下而上,一切活动均取决于会议;建立民主作风。"③

2. 华西实验区的工作机构和负责人

平教会下设三个部:研究部、训练部、实验部。研究部主任瞿菊农,兼任乡

---

① 《中华平民教育促进会华西实验区组织大纲》,詹一之等编著《科教兴农的先行者:晏阳初华西实验区》,四川省晏阳初研究会印,2001年,第129页。

② 《华西实验区工作要略——孙主任廉泉1949年2月11日在工作介绍座谈会上的讲话》,璧山县档案局编印:《晏阳初与华西实验区档案史料丛刊(第1辑)》,第3页。

③ 《中华平民教育促进会华西实验区组织大纲》,詹一之等编著《科教兴农的先行者:晏阳初华西实验区》,四川省晏阳初研究会印,2001年,第129页。

建学院讲座及乡村建设研究所(设在北碚)所长,晏阳初不在时为平教会代理干事长,主持全面工作。训练部即乡村建设学院,平教会干事长晏阳初兼任院长,后由魏永清代理院长。实验部即华西实验区,设总办事处,常驻璧山,设主任一名,由孙则让担任,负责统领全实验区的一切事宜。

在区主任之下设置有辅导委员若干人,成立辅导委员会,作为该区的设计检讨机构;同时在区主任之下还设置有区务会议,由各组室负责人组成,作为该区业务商讨机构。另外,在区主任之下还设有六组三室(教育组、合作组、农业组、卫生组、编辑组及水利组和秘书室、会计室、社会调查室),作为总办事处各项具体工作的执行机关。六组之中,每组设组长一人,必要时得设副组长,其下设专门干事及干事若干人,并以事实需要可设医护技术人员若干人。

实验区工作人员具体任职情况如表5-4:

表5-4 中华平民教育促进会华西实验区工作人员一览表[1]

单位	职别	姓名	工作处所	备考
	兼主任	孙则让		
	辅导委员	王绍常	合作纸厂	
		彭纯	巡回	担任视察
秘书室	主任秘书	郭准堂	总处	
	秘书	姜宝俭	总处	
		陈滋园	总处	
秘书室人事股	秘书兼人事股主任	朱绍云	总处	
	辅导员	李玉容	总处	兼办监印
秘书室秘书股	股主任	张佩兰	总处	
	干事	黎时锐	总处	
	收发	张培墉	总处	
	书记	陈仲钦	总处	
秘书室出纳股	干事	张越欧	总处	负责人
		赵振民	总处	
		孙德甫	总处	
秘书室事务股	干事	赵敦秀	总处	
		张龙秋	总处	

---

[1]《中华平民教育促进会华西实验区工作人员一览表》,璧山县档案局编印《晏阳初与华西实验区档案史料丛刊(第5辑)》,2013年,第60—64页。

第五章　中华平民教育促进会与华中华西实验

单位	职别	姓名	工作处所	备考
		白汉池	总处	
会计室	主任	张嘉麟	总处	
会计室	干事	任炳章	总处	
会计室	干事	陈登卒	总处	
会计室	干事	何化吉	总处	
会计室	干事	何士全	总处	
会计室	辅导员	但敬忠	总处	
教育组	组长	☆王启澍	总处	凡有☆者系乡建院教职员在本区兼职
教育组	干事	晏世筠	总处	
教育组	辅导员	☆朱泽芗	总处	
教育组	书记	青子韩	总处	
编辑组	组长	☆李纪生	总处	
编辑组	副组长	杨仁莆	总处	
编辑组	专门干事	尚莫宗	总处	
编辑组	干事	张绮和	总处	
编辑组	干事	穆义清	总处	
编辑组	干事	陈光颖	总处	
编辑组	辅导员	何国英	总处	
编辑组	辅导员	朱昌年	总处	
编辑组	书记	刘本浚	总处	
卫生组	组长	☆谷韫玉	总处	
卫生组	研究室主任	☆王正仪	北碚医院	
卫生组	专门干事	蒋荫山	璧山	
卫生组	卫生工程师	修蓉泉	总处	
卫生组	护士主任	田青云	总处	
卫生组	护士副主任	戚荣光	总处	
卫生组	护士	李玉英	总处	
卫生组	护士	安惠慈	总处	
卫生组	护士	蒋荣	总处	
卫生组	护士	黄开俊	璧山城北乡	
卫生组	护士	房潴哲	璧山城北乡	
卫生组	助产士	吕筠	北碚	

(续表)

单位	职别	姓名	工作处所	备考
卫生组	干事	余正行	总处	
		尹集廷	总处	
	技术员	唐德燮	北碚	
		李大志	北碚	
		张文泽	北碚	
合作组	组长	☆孙则让	总处	
	副组长	李鸿钧	总处	
	辅导委员	李国桢	总处	
		萧廉仁	总处	
		周洪昌	重庆供销处	
	专门干事	薛觉民	总处	
		李家鋆	总处	
		金家治	总处	
		刘绍周	合作纸厂	
	干事	陈思舜	总处	
		李杰忱	仓库	
		陈文心	合作纸厂	
		曹如琚	合作纸厂	
		顾启洪	重庆供销处	
		吕之光	重庆供销处	
		高超	总处	
		唐渊	总处	
		文治清	总处	
		侯东相	总处	
		曹学智	总处	
		葛廷芳	总处	
		邸止菴	总处	
	工程师	杨如圭	整染厂	
	技士	朱龄昆	整染厂	
农业组	组长	☆李焕章	总处	
	专门干事	张石诚	总处	
	干事	李良康	总处	
		钟德祺	总处	
		龙绍昌	总处	
		夏立群	总处	
		胡兴宗	乡建院	
	辅导员	汪静	总处	

（续表）

单位	职别	姓名	工作处所	备考
社会调查室	主任	☆王启澍	总处	
	干事	余启德	总处	
		郑体思	总处	
		宋德铨	总处	
		胡淞筠	总处	
	辅导员	李丽清	总处	
		黄幼樵	总处	
		张学华	总处	
		黄良琼	总处	
		陈容	总处	
		刘涵真	总处	
		罗善修	总处	
		杨昌福	总处	乡建院实习同学
		朱铁英	总处	乡建院实习同学
		杜学政	总处	乡建院实习同学
		张昌元	总处	乡建院实习同学
		程德芳	总处	乡建院实习同学
		袁璃心	总处	乡建院实习同学
		王义君	总处	乡建院实习同学
		李世芬	总处	乡建院实习同学
视导办公室	视导	马醒尘		现调充合川区主任
		阎毅敏		现调充巴县十二区主任
		孟思光	总处	
	干事	欧阳璋	总处	
影音施教队	队长	范立斌	歇马场	乡建院实习同学
	副队长	黄传国	歇马场	乡建院实习同学
	股长	严德璠	歇马场	乡建院实习同学
种猪推广繁殖站	干事	刘梓材	北碚	
	技佐	毛龙书	北碚	
派驻县区人员	干事	袁敬方	巴县县府	
	书记	李荣昌	巴县县府	
	指导员	六人	璧山县府一人，各区三人，巴县各区二人	
	督学或教育视察导员	五人	璧山各区三人，巴县各区二人	

此外,该区所属各县得设联乡辅导区若干,每一辅导区设区主任一名。同时,每一乡镇得设乡镇辅导区一个,设辅导员一人或二人,以负责辅导各该乡教育农村建设事宜。每乡镇辅导区又可划为若干社学区,每一个社学区设民教主任一名。[1]每一社学区下又设立若干个传习处、生产合作社、卫生站等以负责识字、生计、卫生等各项具体的乡村建设事务。各县(局)设辅导委员会,设辅导员1人,雇员1人,主任由辅导区主任兼任。

(二)华西实验的实施

华西实验区设立后,随着组织机构的完善,平教会开始仔细思虑实验工作的开展。他们认为:"中国农村蕴藏着极大的潜在力量,吾人认为此力量如不开发,则中国永无民主富强之可能,是以开发此潜在力量,乃吾人推动农村建设之唯一目标。如何使散漫的农民形成组织,合理的发挥其力量,吾人认为不能藉政治自上而下的管理,更决不能用暴力的办法,此等办法,只能增加动乱与纷扰。吾人认为唯有由经济、教育、卫生、地方自治四种建设工作入手,藉建设促进农民之自觉,藉建设逐步改善农民生活,此等建设既为有组织的活动,故农民在建设进展中遂能形成组织,并逐渐提高其知识力、生产力、健康力、及自治力,而能以自力解决问题,发展建设,使农村日进于现代化,此种作法,是和平的,进化的作法。"同时,他们还认为:"乡村建设乃农村社会整个的建设,乃农村社会全体成员共同合作之建设,因此前述四项建设关联极为密切,连环融合,同归于一,须同时并进,不能偏缺,而任何一种建设,皆须由全体成员合作推进,以全体成员之福利为目标,此种作法是顾及全体的。""唯有循此和平的、进化的、顾及全体的作法,乡村建设始能有成,中国真正的民主基础方能奠定。"[2]平教会成员基于上述认识,制订了详细的农村建设计划。

---

[1]《中华平民教育促进会华西实验区组织大纲》,詹一之等编著:《科教兴农的先行者:晏阳初华西实验区》,四川省晏阳初研究会印,2001年,第130页。

[2]《中华平民教育促进会华西实验区农村建设计划》,詹一之等编著:《科教兴农的先行者:晏阳初华西实验区》,四川省晏阳初研究会印,2001年,第103—104页。

1.华西实验区农村建设计划

关于经济建设方面。第一,主张推进合作组织。主要是完成全面的农业生产合作社之组织;稳定土地使用权;创置合作社社田。第二,主张增加农业生产。这主要包括推广优良农作物品种;家畜之增殖、保育和运销;发展乡村特产及推进工业发展。其中,在家畜之增殖、保育和运销一项中,平教会提出要注重猪之保育和运销。为此还特意拟定了三个欲实施的措施:一是普遍施行血清防疫注射,实行合作保险制度。二是推广优良杂交猪。三是举办养猪增殖贷款,鼓励养猪。除了猪的保育和运销外,还有鸡和牛的保育也引起了平教会的注意。另外,在发展乡村特产及工业一项中,平教会提出不但要发展区域性的特种生产,如桐油、广柑、美种烟草、榨菜等,而且也要发展已有基础之乡村工业,如璧山之机织业、铜梁永川之造纸业等。同时,还要注重建设农田水利工程。

关于教育建设方面。第一,重新划定国民学校学区。第二,充实国民学校机构,普及基本教育。在充实国民学校方面,平教会欲采取两项措施:一是增加教师数量,二是设立示范国民学校。第三,安定教师生活,推行合作保险制度。第四,推行电化教育。对此,平教会拟先设电化教育四组,每组配发电影机器一套,科学教育电影若干套,播音机一套,幻灯50套,汽车一部。还准备给85个辅导区,每区设置一台短波收音机。

关于卫生建设方面。第一,设置卫生员。第二,扑灭地方流行病。第三,充实县卫生院及乡镇卫生所。

关于乡村自治建设方面。第一,在地方基层政治上,建立地方自治人事制度;在财政方面,以实行县乡财政划分,厉行预算决算为必要之措施。第二,在乡村治安上,拟使各县成立训练机构,用轮番在营调训办法,使农民武装起来。在训练内容上,除了授以简要有用的军事技术,完成基本的战斗训练外,并应授以农业改良及有关农村经济问题之知识,以完成新农民的基本教育。集训经费,由地方自筹。平教会认为以全区两万人计,每年征集黄谷24万市石,即可敷用,全区十一县局分担此数不成问题。

另外,实验区还拟定了充实辅导机构和加强人员训练的方法。其中对于后者,平教会提出了要加强合作社理事会计人员训练,自治基本干部训练;乡村卫生员训练及其他各种讲习。

2. 农村建设计划的实施效果

经济建设方面。第一，在农业生产合作社领域所取得的成就有：使每一个社学区组成一个农业生产合作社，到1949年11月时，全区已正式组成农业生产合作社699社，社员65137人。全区内曾设置了24个农业推广繁殖站，每一繁殖站由特约的表证农家（合作社社员）十余户组成，他们在区农业辅导员指导下，先繁殖优良作物，收获后推广给合作社的其他社员，已繁殖和推广的作物品种有"中农四号稻"、南瑞苕、小米桐、小麦（中农二十八号、六十二号和中大二四一九号）及秋稻菜种等。在耕牛和猪的优良品种保育方面，设置了农畜保育站，养有优良猪种（约克斜）40余头，合于适当标准的合作社可获得此种猪种。贷款给各合作社增加耕牛，各社共已购得耕牛213头。并贷款各社购买荣昌母猪1195头，仔猪2933头。在农产加工方面，举办磨粉、酿造等农产加工；在家畜病疫防治方面，为防治牛瘟猪瘟，曾给13106头牛和3047头猪进行预防注射。在修建小型水利工程方面，实验区水利工程队为合作社勘测了78处小型工程。另外，在铜梁璧山一带完成治蝗工作，计捕蝗109635两，减少灾害面积约1425市亩。

第二，在乡村工业合作方面取得的成就有：首先，在机织生产合作领域，组建机织生产合作社86社，社员共7641人。其中有42社的织布机为铁机（宽布机）共4473部，44社的织布机为木机（窄布机）共4685部，另外，为了扶助各社生产工作，使合作社社员不致因缺乏棉纱影响生产，截至1949年11月，实验区曾贷出棉纱173件零17并，并贷周转纱432件。为了使社员的产品不受中间商人的剥削，该区特辅设合作社物品供销处。为了使合作社员的产品标准化，以及能与工厂出品竞争，在市场上找出路，该区还设置了整染厂。其次，在造纸生产合作社及合作纸厂领域，到1949年11月，组织造纸合作社2社，社员96人，购置新式造纸机提高技术，出品纸张有黄表古、白色报纸、米色道林纸、打字纸四种。

此外，在特种合作社组建领域，实验区在璧山丁家乡组织了一个烟业生产合作社，在巴县歇马场组织了一个运输合作社。

教育建设方面。平教会在每一社学区内（合作社业务区及国民学校教学区的合称）组织5至10个传习处，每一传习处有学生约20人，每处聘请乡村受过教育且较为积极的2或3位农民担任导生。传习处教学时间每期为4个月（农忙时停开），在不影响农民生产的原则下，每日教学2小时。教学辅导方面，是导生接受民教主任的辅导，民教主任接受辅导员的辅导。教材完全由本区编制供给。至1948年秋收前，仅璧山就已设立传习处1140处，失学成人3.2万人入学；巴县6个乡设412处，1.2万人入学；北碚设448处，1.1万人入学。入学人数分别占该地区失学成人总数的30%、45%、50%。到了1949年11月时，实验区全区受传习教育的人数已达10万人以上。他们中主要的一部分便是农业生产合作社和机织生产合作社的社员，除了接受识字教育外，他们同时也传习了合作、农业和卫生的常识与技术。另外，该区在成人教育之外，亦尽力协助国民学校的儿童教育，曾在人力物力方面，帮助了28个国民学校，使成为示范学校。

卫生建设方面。举办乡村妇女卫生训练班，由各社学区选送妇女一名入班受训，曾在北碚、璧山两地各办1班，结业生共62名，每人发给卫生药箱，为农民服务。疫病防治中为96135人免费种痘，为6864人检查砂眼。成立流行病研究所，防治乡村中普遍流行的地方病，如钩虫病、疟疾、伤寒、痢疾等。在北碚设立生育指导所，在璧山创建妇婴保健所，并派有助产士分住北碚、黄桷镇、澄江镇、二岩乡、巴县、歇马场、璧山城北乡，推动妇婴卫生工作。同时，曾在璧山县的四个学校进行学生健康检查与卫生知识普及教育工作。

乡村自治建设方面。主要完成的工作是对农村社会的真实情况进行调研，以作为推进各项服务工作之依据。截至1948年底，在平教会的指导下，已有144个乡镇完成了初步的户口及经济调查，其中北碚的黄桷镇、璧山的狮子乡被指定为示范调查乡，由专学社会学的工作人员20人组成调查队，作较详密的调查，在户口、经济之外，对两乡的卫生情况、妇女生育情况，亦作详细调查。[①]

综上可知，华西实验区在短短的3年之内的建设成就颇为显著。需要指出的是在1949年2月以前，实验区经费极其紧张，许多项目的开展均是平教会自筹钱款来进行的，他们奋发为民的精神和勇气实在令人钦佩。1949年2月以后，平教会得到了中国农村复兴委员会的经费支持，实验区的工作得以普遍展开，然而，在实际工作的进行之中，二者间的合作也不乏矛盾与冲突。

[①] 瞿菊农：《中华平民教育促进会工作简述》，詹一之等编著：《科教兴农的先行者——晏阳初华西实验区》，四川省晏阳初研究会印，2001年，第157—160页。

(三)华西实验中与农复会的合作与分歧

1947年4月,晏阳初在美国驻华大使司徒雷登(John Leighton Stuart)的建议之下,开始赴美为建设中国乡村计划筹集经费。到美后,他寻同志,访朋友,会晤美国国务卿马歇尔(G.C.Marshall),拜会美国总统杜鲁门(H.S.Truman),获国会议员之支持,得媒体舆论之帮助,苦心孤诣、舌焦唇敝,经过长达十个多月的四处奔走,终于获得不多于美国援华法案价值总额(3.38亿美元)百分之十的经费支持。[①]不过,使用该经费的条件是中国政府要与美国政府联合成立一个机构——中国农村复兴联合委员会(简称"农复会")以指导和监督中国农村建设项目的实施。1948年10月1日,农复会在南京正式成立。其领导决策层由5位委员组成,其中美方委员两名,中方委员3名,主任委员在中方委员中产生,双方委员分别由各自国家的总统任命产生。农复会成立时美方委员为穆懿尔(Raymond T. Moyer)和贝克(John Earl Baker),中方委员为蒋梦麟、晏阳初和沈宗翰,其中,蒋梦麟担任主任委员。

农复会成立后,经过相应的准备与调研,于1949年2月起开始为平教会提供经费帮助,二者开始了实质上的合作之旅。随之华西实验区也开始了普遍的经济建设实验工作,然而二者的合作从一开始就累积着矛盾与冲突。这在晏阳初最终离职农复会一事上得到了较为充分的体现。

1949年11月20日,平教会干事长晏阳初自重庆赴台参加农复会会议,但仅在台停留一周就远走美国。从此,再未参与农复会的工作。对于晏阳初脱离农复会的原因,有学者指出晏阳初称台湾已经具备了在当地复兴农村的一切条件,自己没必要留在台湾;又有学者指出晏阳初与蒋介石闹了矛盾,负气离台;还有学者指出晏阳初对留在台湾有"吾谋不用"之感,另有学者指出晏阳初脱离农复会是以上诸原因的汇总。[②]但实际上,晏阳初脱离农复会有着更为复杂的原因。

[①]吴相湘:《晏阳初传——为全球乡村改造奋斗六十年》,岳麓书社,2001年,第421页。
[②]詹一之、李国音:《一项为和平与发展奠基工程——平民教育之父晏阳初评介》,四川教育出版社,1994年,第296—297页。

第五章 中华平民教育促进会与华中华西实验

1.晏阳初与政府成立农复会之根本目的迥异

美国政府主张成立农复会的根本目的是通过对中国农村复兴计划的实施以遏制中国革命的进行和共产主义的发展,引导中国向美国靠近。这在美国政府的两位代表人物的言谈中有着十分清晰的表述,其中一位是时任美国驻华大使司徒雷登,也是当时促成农复会成立的关键人物之一,其力主美国政府支持中国农村改造项目时称:"事实上,大家都认为中国的共产党问题永远不可能通过军事手段解决。只有为农村的民众建立起一个好于共产党人的地方政府,共产党人的问题才能随之自然地得到解决。……而国民党政权一直忽略这个问题,这是其统治的最大弱点之一。当我的脑海中有了这个想法之后,马上想到了晏阳初博士和他所倡导的'平民教育运动'。"[1]由此可见,司徒雷登支持晏阳初的乡村改造计划,实际上是为了遏制中国共产主义革命的发展,挽救日薄西山的国民党政权,而晏阳初及其所开展的平民教育运动只不过是其利用的工具罢了。

第二位是时任美国总统杜鲁门,其站在美苏两极全球争霸的格局上看待对中国农村改造计划的支持,以便使未来的中国靠近美国。他坦言,假如通过该项目的实施可以使世界上"五分之一的人群和我们以及英法一起工作,俄国也将和我们妥协且一起工作。但是如果没有中国,真是要遭遇困难了"[2]。因此,他曾欲建议国会将援华的款项都用于支持晏阳初所欲从事的中国农村改造计划,只是由于晏阳初的婉拒,才最终改为用全部款项的十分之一来支持中国的乡村改造计划。因为当时在美国寻求经济援助的除了晏阳初之外,还有南京国民政府的代表,当时中国国内解放战争如火如荼地快速发展,国民党政权财政危机严重,急于获得美国经济援助以支撑其政权的残存,晏阳初担心自己若使用了全部美国援华款项,会在自己回国时遇到麻烦,所以没有完全赞同杜鲁门的建议。[3]

南京国民政府支持成立农复会的根本目的与美国相比则更为直接,其目的

---

[1] [美]司徒雷登:《在华五十年:司徒雷登回忆录(英文版)》,中央编译出版社,2011年,第172页。
[2] 吴相湘:《晏阳初传——为全球乡村改造奋斗六十年》,岳麓书社,2001年,第417页。
[3] 晏阳初:《中国农村复兴联合委员会在抗战胜利后的建立》,宋恩荣总主编《晏阳初全集》(第3卷),天津教育出版社,2012年,第135页。

是有效利用美国经济援助资金,扭转战争颓势,助力其反共战争。其通过布控农复会的委员人选,从而使农复会为其上述目的服务。农复会不但在成立之初遵循此种目的,即使到了1949年4月21日国共和谈破裂,中国人民解放军横渡长江,国民党政权存亡在旦夕之间时,该会仍试图借社会与政治改革,由农村复兴工作中培养民气并在西南、西北各省筑成一道社会防线,苟延残喘。①

与中美两国政府出于反对共产主义而支持成立农复会的根本目的不同,晏阳初支持成立及参加农复会在根本上则是为了从事乡村建设,复兴中国农村。其寻求美援农村复兴经费,则只是实现其目的的一种手段。至于对各政治势力的态度,在理念上,其更倾向于一种中立的立场;在实践中,其更多是以是否支持其进行平民教育与乡村建设为评判标准,并且也反对别人把他们乡建工作者看作一种政治派别。这在1949年他在华西实验区的工作会议上的讲话中有明确表达,当时社会上对于其接受美国经济援助有不太积极的看法,而他认为:"我们接受美援是经济的、而不是杀人的美援。凡是赞成我们工作的人都是同志,不论其为何国人,不论为何种帮助,我们都应接受;反之,虽有大量援助我们也不要,因为我们不是任何政党的工具,自己也绝非政治性的党派,我们仅是建设好中国再建设好世界,有人给我们命名为乡建派,简直是胡说八道,所以我们接受的支援只是为了促成苦心孤诣的乡建工作(人员的)事业,而没有政治作用的。"②

其实为了顺利开展平民教育,进行乡村建设工作,晏阳初一向主张平民教育工作要中立于各种政治势力之间。早在1927年阐述平民教育的宗旨、目的和最后的使命时就曾明确表示:"吾辈所以努力于平民教育的目的,正为培养国民的元气,改进国民的生活,巩固国家的基础;无主义的主奴,无党派的左右,无宗教的成见,无地方的畛域,无个人的背景,无新旧的界限;但期望三万万以上失学的同胞,普遍地得到做二十世纪的人最低限度必不可少的基础教育。虽以爱国为精神,而不偏于狭隘的国家主义;虽以爱世界为理想,而不偏于广漠的世界主义;至于宗教上或党派上的信徒,尤其任国民的自由意志去选择,绝不挟入平民教育内来宣传,这亦是同仁良心上的主张,人格上的自信。"

---

① 黄俊杰编:《中国农村复兴联合委员会史料汇编》,(台北)三民书局股份有限公司,1991年,第30页。
② 《晏阳初在华西实验区工作会议上的讲话》,《晏阳初与华西实验区档案史料丛刊(第2辑)》,璧山县档案馆编印,2012年,第4—5页。

晏阳初主张平民教育要中立于各政治势力之间，其主要原因是平民教育所追求的两大最重要目的。其一是"在一切社会的基础上，培养民众的团结力、公共心，期望受过平民教育的人，无论处任何团体，皆能努力为一个忠实而有效率的分子"；其二是"在人类普遍固有的良心上，发达民众的判断力、正义心，期望受过平民教育的人，无论对何种事体，皆能有自决自信、公是公非的主张"。[1]除了上述原因之外，20世纪上半叶各政治势力之间斗争激烈，尤其是20世纪20年代各军阀势力混战不已，其选择任何政治势力作为依靠都有可能给平民教育工作带来灭顶之灾，因此，晏阳初对各政治势力持中立的立场，在当时无疑是一种最现实的选择。

2. 主任委员人选之博弈

晏阳初与中美两国政府对成立农复会的根本目的迥异，因此，掌控农复会主委的职位，对施加其影响，实现其目的有着十分重要的作用。于是，由谁出任农复会主委就成为各方争夺博弈的焦点。而在此之前，美国政府认为农复会应接受美国经济合作总署（Economic Cooperation Administration）署长的指导和监督，以便于对其直接掌控。因为国民党的严重腐败及其在战场上的不断失败，使美国政府对以蒋介石为首的南京国民政府十分不满与失望，所以希望农复会能被置于美国的直接控制与管辖之下。但是南京国民政府对此表示反对，其认为中国政府完整的主权和行政权应该受到维护，因而坚持中国政府对农复会的掌控权。与此同时，晏阳初既不想让美国国务院支配农复会，也不愿意中国政府干预农复会的项目与运作，认为农复会无论受控于中、美两国政府的任何一方，都无疑将是在魔鬼和深渊之间做出选择，他希望农复会能够自由而独立地运转，能够由真正的乡村建设者们主导并开展工作。[2]三方互不相让，僵持不下，农复会的成立日期被迫搁置。

然而随着国内外共产主义的发展，美国政府对南京国民政府之立场有所软

---

[1] 晏阳初：《平民教育的宗旨目的和最后的使命》，宋恩荣总主编《晏阳初全集》（第1卷），天津教育出版社，2012年，第104—105页。

[2] Y. C. James Yen. To William O. Douglas July 30, 1948. Page1. Yen and IIRR Material—Box B. in Rare Book & Manuscript Library of Columbia University in NY city in USA.

化,之后经过双方的不断磋商,美国政府放弃了完全直接控制农复会的想法,并在1948年8月5日完成了成立农复会的政府换文。其中规定五位农复会委员中,美方居其二,中方居其三,且主委一名从中方委员中选出。而在此前一日,晏阳初以著名的乡村建设专家之名在南京被蒋介石召见商谈从事乡村建设事宜。于是成立农复会的政府换文公布后,新闻媒体纷纷报道晏阳初已被蒋介石内定为农复会主委,将负责筹建农复会事宜。晏阳初亦踌躇满志,不但对即将成立的组织的命名有自己的看法,而且对该组织的委员会组成亦有自己的主张。他在接受媒体记者采访时表示:即将成立的组织应名之为"中国乡村建设委员会"而不应称之为"农村复兴委员会"。其原因有四:"一、乡村范围比农村广,因乡村内不仅只有农人和农业。二、中国农村有史以来从未兴过,何能谈复。三、美援中英文原名亦为乡村建设而非农村复兴。四、伪组织曾有复兴农村委员会之组织。"[1]同时,他认为该组织的委员会组成应具备下列特点:其一,"要使委员会不仅有国家领导人,还要有既能指导国内又指导国际工作的各方面的专家,这些专家还要对农村复兴工作感兴趣和有信心。这些委员除了能顶住来自中央政府各部的压力维护委员会的利益,还要能够不受各种政治派别和集团的干扰。"其二,"要把那些已对农村复兴运动作出贡献的最有能力的领导人和专家集中到一起,形成一个核心"。为此,他特意游说乡村建设的支持者,也是自己的好朋友——刚从国民政府行政院院长职位上下来的张群,希望其出任农复会的主委;同时,也努力说服了他的好友时任美国驻华大使司徒雷登同意担任美方的委员之一。

可是1948年8月10日国民政府正式公布农复会的委员组成时,中方的委员为蒋梦麟、晏阳初、沈宗翰,且以蒋梦麟为主委,美方委员中也没有司徒雷登之名。原来就在张群答应晏阳初的邀请准备出任农复会主委而外出实地考察期间,蒋介石却对其另有任命,并已内定了蒋梦麟为农复会主委,而晏阳初对此却全然不知。为此,晏阳初十分恼火,他给自己的好朋友——美国最高法院大法官道格拉斯(William. O. Douglas)写信抱怨道:"(蒋介石)既没有事先与他(张群)说,也没有跟我讲。另外,根据协议精神,美国总统或中国总统都不能任命

---

[1] 《美援助我建设乡村 双方今晨在京换文 晏阳初将任乡村建设委员会主委 昨政院临时开会加以讨论》,《世界日报》1948年8月5日,第2版。

主席,主席应由委员们自己推选。我怀疑幕后有反动势力企图控制一切。"①

然而,晏阳初的不满并没有能够阻挡蒋介石对农复会主委的任命,他之所以任命蒋梦麟为农复会的主委主要以下几个原因:其一,外交部长王世杰与时任行政院长翁文灏均推荐蒋梦麟。因为蒋梦麟为二人之老友,且他当时在善后事业保管委员会工作,与翁文灏颇多工作上的往来,思想观点较为接近。②其二,蒋梦麟是美国加州大学伯克利分校、哥伦比亚大学留学出身,博士学位,曾任教育部长、北京大学校长、行政院秘书长等职,政治资历深厚,而且在国民政府立法委员中,多北大毕业生,而蒋梦麟为老校长,人望很高,具有较强的政策影响力,利于农复会开展工作。③其三,蒋梦麟曾在加州大学伯克利分校学过农学,回国后对农村建设问题也比较热心,1923年中华平民教育促进会成立时,就为该会的执行董事之一,且其在善后事业保管委员会的工作与工业联系密切,因此,蒋梦麟可谓是工、农业都懂,是一位深知工农业联系的人物。其四,蒋梦麟作为国民党的老官员,紧跟国民党的路线走,深受蒋介石的信任,便于蒋介石政府对他及农复会施加影响,这也是最重要的原因。④

反观晏阳初,其虽然先后毕业于耶鲁大学和普林斯顿大学,又是著名的乡村建设专家,但是,他此时与蒋介石的关系,则是渐行渐远。虽然晏阳初在定县进行乡村建设时,蒋介石还曾专门派人学习,试图加以推广;甚至还曾邀请晏阳初至其家乡浙江奉化溪口创办模范农村,并在1940年还曾以个人名义捐款10万元支持晏阳初创办中国乡村建设育才院,但是在抗日战争胜利后,面对着满目疮痍的广大乡村,晏阳初分别向蒋介石和宋美龄当面力陈进行乡村改造的重要性和迫切性时,他们都认为军事问题才是第一位的,主张暂时搁置乡村改造工作。于是晏阳初逐渐与他们分道扬镳。⑤另外,美国政府提供给农复会的

---

① 晏阳初:《致W.O.道格拉斯》,宋恩荣总主编《晏阳初全集》(第4卷),天津教育出版社,2012年,第681页。
② 陶希圣:《记蒋梦麟先生》,《传记文学》第5卷第1期。
③ 黄俊杰访问、记录:《张宪秋先生访问记录》,《中国农村复兴委员会口述历史访问记录》,(台北)中研院近代史研究所,1992年,第120页。
④ 晏阳初:《致W.O.道格拉斯》,宋恩荣总主编《晏阳初全集》(第4卷),天津教育出版社,2012年,第681页。
⑤ 晏阳初:《中国农村复兴联合委员会在抗战胜利后的建立》,宋恩荣总主编《晏阳初全集》(第3卷),天津教育出版社,2012年,第132页。

活动经费也是晏阳初从美国的援华经济贷款中争取来的,这不但与蒋介石要将贷款全部用于军事的意图相违背,而且其乡村改造计划也被认为是忙里偷闲、缓不济急之举。因此,相对更加听命于蒋介石的蒋梦麟最终成为农复会的主委。不过,鉴于晏阳初为农复会的成立立下的汗马功劳以及其具有的从事乡村建设的巨大声望,其被任命为该会委员的同时还兼该会执行长的职务。[①]而这也为日后农复会该用何种主张复兴中国农村埋下了伏笔。

3.农复会内关于农村复兴主张之分歧

1948年10月1日农复会在南京正式成立后,委员们在制定复兴中国农村的计划时出现了分歧,主要集中在三个问题上。围绕这三个问题,委员中主要形成了观点针锋相对的两派,一派是蒋梦麟、沈宗翰、穆懿尔,另一派是晏阳初。

他们争论的三个问题是:一、以何种方式复兴中国农村。沈宗翰主张参考中美农业技术合作团的建议,从积极增加粮食生产,改革若干阻碍生产的重要因素——如不合理的租佃制度——入手,以应中国当时的急需;而后者则主张从扩大民众教育着手,然后进入农村经济的发展。[②]二、复兴农村主要依靠什么力量。沈宗翰主张注重改良和推广生产科学技术,以提高农田的单位产量,走自上而下的发展道路;而后者则注重地方性的自动启发运动和乡村自助,希望通过鼓励农民,使农村复兴走一条自下而上的发展道路。[③]三、是否要土地改革。晏阳初不赞成用土地改革的方式改良农村,主张走社区发展,平民教育的路;而蒋梦麟则认为非土地改革不能振兴农村。[④]为此,二人产生了强烈的分歧,以至于许多年以后蒋梦麟在写自己的回忆录时仍不忘晏阳初在背后批评他们说:"唉,那些人发神经病了,一天到晚,只知道讲土地改革。"[⑤]而蒋梦麟却坚定地认为一方面运用近代的科学方法来增产,另一方面运用土地改革,以推行社会公平的分配,是农复会工作方针互为表里的两个方面,这就好像一把两面

[①]《农村复兴联合委员会中美委员人选决定 蒋梦麟为主委晏阳初兼任执行长》,《新闻报》1948年8月11日,第1版。
[②]沈宗翰:《沈宗翰自述(下)》,黄山书社,2011年,第357页。
[③]黄俊杰访问、记录:《台湾"土改"的前前后后:农复会口述历史》,九州出版社,2011年,第136页。
[④]黄俊杰访问、记录:《台湾"土改"的前前后后:农复会口述历史》,九州出版社,2011年,第125页。
[⑤]蒋梦麟:《西潮与新潮》,中华书局,2017年,第371页。

快的剑。若"只讲生产而不讲公平的分配,那么增加生产以后,会使富者愈富,贫者愈贫,结果必会造成社会的纠纷,不但于事无补,恐怕对整个社会而论,反而有害。如果只讲公平分配而不讲生产呢?结果等于分贫或均贫,而不是均富。我们的目的是要均富;均富并不是说平均分配,而是公平分配,使大家得到合乎公道的一份,不是使人人得到大小一样,轻重相等的一份。我们一方面讲公道,一方面讲生产,这就是我们的两边锋利的一把宝剑"[1]。

由于上述三个方面的分歧,农复会的委员们开会进行了将近长达两个月的讨论,但是最终分歧双方仍然未能说服彼此。而农村复兴工作的开展却是刻不容缓,于是委员会最后决定双方的主张同时进行,以做实验,其时长为半年,进行方式如下:(一)以地方为单位的乡区建设办法。通常由成人识字教育开始,然后再组织农民成立生产合作组织,再由合作组织进行各种经济的社会的改革。如四川省第三区(北碚)的社会教育运动中心,依平民教育运动之方式办理。浙江省杭州县市区,依原在该区推行的农业推广与家事推广的方式办理。福建省龙岩县,依政府在该区推行的土地改革方案办理。(二)从解决全国农村共同的基本问题入手。如改革租佃制度,兴建水利系统,供应改良作物及禽畜品种,防除病虫害等。一切工作均由农复会与政府机关或农民组织合作办理,力避重复冲突,并期以后可由合作机关自己继续办理。

在这个实验阶段里,农复会发现晏阳初的乡区建设进行缓慢,效果甚微。所以在实验结束后,农复会便把乡区建设计划结束,而集中全力于农村共同的基本问题。[2]至此,晏阳初的主张基本被废弃。

其实晏阳初的主张收效甚微,除了诸多的客观条件和社会环境限制外,与其在农复会中势单力薄及农复会下设机构布局也有密切相关。

农复会五位委员中的穆懿尔曾在中国从事农业工作达15年,曾参加美国农业部所主持之中美农业合作方案的制定,并曾任美国农业部国外农业关系处远东组主任,中美农业技术合作团美国代表团副团长,并曾在史蒂尔蔓(Mr. Charles Stillman)1948年率领来华的中国经济合作调查团中任团员。[3]除此之

---

[1] 蒋梦麟:《西潮与新潮》,中华书局,2017年,第367—368页。
[2] 沈宗瀚:《沈宗瀚自述(下)》,黄山书社,2011年,第357页。
[3] 黄俊杰编《中国农村复兴联合委员会史料汇编》,(台北)三民书局股份有限公司,1991年,第24页。

外，穆懿尔还是中方委员沈宗瀚的康奈尔大学同班同学，当年其来华后任教于山西铭贤学校，任农业主任，与沈宗瀚合作改良小麦高粱，交谊甚深。[①]1946年二人又同任中美农业技术合作团副团长，其间，他们事事相商，合作亦十分愉快、圆满。因此，他们在农复会的工作开展中意见常常相同。[②]农复会中的另一位成员——沈宗瀚，曾任国民政府农林部中央农业实验所总技师及所长前后达十七年，并曾任中美农业技术合作团中国代表团副团长，是一位资深的农业技术专家。他与晏阳初虽为旧相识，但在农复会的工作中大部分的主张和蒋梦麟相同。农复会中的另一位美方委员——贝克，虽曾任华洋义赈会总干事及国民政府铁道部顾问等职，但在农复会中对争论双方基本处于中间立场。因此，在农复会的委员中基本上蒋梦麟、沈宗瀚、穆懿尔主张大致相同，而晏阳初则自成一格，可以说在农复会的决策层，他们彼此之间的力量对比可谓是三比一。

除此之外，农复会在委员会之下设有秘书长和总务长之职，其任职人员也与蒋梦麟关系密切。蒋彦士乃蒋梦麟的亲信，任农复会副执行长、秘书长，发挥着委员会与执行小组之间的纽带作用，而这引起了晏阳初的不满，加之之前美国国务院对晏阳初的农村复兴主张不甚赞成，认为他不应对农复会拥有行政权力，于是晏阳初曾给道格拉斯写信愤懑地称：蒋梦麟千方百计要让他的一名得力助手担任该委员会的秘书长，尽管这一重要机构在中美换文中没有提到。这是美国国务院和中国国民党合谋要惩罚他——一个农民的普通奴仆，不想让他有好日子过。[③]此外，总务长的任职者樊际昌为蒋梦麟任北京大学校长时的旧部，其从抗战前的北大时代到战时的西南联大再到农复会时期一直追随着蒋梦麟，可以说其与蒋彦士均是蒋梦麟主张的坚决拥护者。

另外，农复会下设执行机构的演变也不利于晏阳初主张的实施。在农复会中为贯彻执行五人委员会的决议，下设了四个执行小组，分别是综合计划组、农业生产组、地方自力启发组、社会教育组。可以说这四个小组中，后两组是贯彻晏阳初主张的主要依托小组，但是在实际的运转中因送到地方自力启发组的计

[①] 沈宗瀚：《沈宗瀚自述（下）》，黄山书社，2011年，第340页。
[②] 沈宗瀚：《沈宗瀚自述（下）》，黄山书社，2011年，第357页。
[③] 晏阳初：《致W.O.道格拉斯》，宋恩荣总主编《晏阳初全集》（第4卷），天津教育出版社，2012年，第683页。

划多数为农业增产之计划,这显然与农业生产组之各种工作互相重复,执掌因而无从划分,后经委员会决定属全国性农业生产计划,归农业生产组处理,其他农业计划则由地方自力启发组处理,于是该组的业务量急剧减小,1949年6月该组被取消。而社会教育组在公文上虽已成立,而事实上从未实现。因为综合计划已将公民教育的全部任务推行无遗,而各种综合计划亦可由各地区办事处发动并继续,于是使综合计划组亦无存在之必要。[1]至此,农复会下设小组实际上四去其三,晏阳初在农复会中的主张几乎已无可实施。

4. 在海峡两岸的发展前景之不同

随着解放战争的顺利进行,1949年8月,农复会由广州搬迁至台北。在新旧政权即将更替之际,农复会委员对自己的去留做出了选择,除晏阳初之外,其他的委员选择去了台北,而晏阳初则选择留在了其深深热爱着的华西实验区。

其之所以如此选择,原因大致有二:其一,国民党败退台湾,局势不稳,伴随着大量迁徙人口的到来,足兵足食居首要地位,增加农业生产乃当务之急,而晏阳初的"四大教育""三大方式"连环进行的农村建设方式,必定是缓不济急,不被见用。其二,大陆地域广袤,文盲众多,新政权建立后,农村亦亟待建设,而他曾在定县、衡山县和华西等地前后进行了数十年的乡村建设实验与研究,积累了丰富的乡建经验,尤其是毛泽东主席早在1938年6月就曾对奉晏阳初之命到访延安的平教会代表堵述初明确表达过"共产党愿做你们的朋友!"[2]这都使他对留在大陆大展宏图充满了希望。当1949年2月他的美国友人向他问询共产党人对平民教育运动会持什么态度时,他也仍持乐观态度。他征引事例说:"当平教运动在中国北方的定县开展实验时,共产党曾派来几批学员来学习运动的方法和技巧,以便把这些方法运用于他们自己的区域内。自从定县和邻近地区被共产党占领以来,首先由平教运动创始的改造活动仍被允许继续进行。"他还说之前他曾数度收到共产党领导人的邀请,请他到他们的区域去开展平民教育

---

[1] 黄俊杰编:《中国农村复兴联合委员会史料汇编》,(台北)三民书局股份有限公司,1991年,第37页。
[2] 堵述初:《毛泽东先生会见记》,宋恩荣总主编《晏阳初全集》(第2卷),天津教育出版社,2012年,第425页。

和乡村改造计划。[1]由此可见,晏阳初对在新生政权治下开展平民教育运动充满着希望。

  1949年11月20日,农复会在台北开会,晏阳初按期前往。但其在台北短暂停留后旋即赴美,从此不再参与农复会的活动。农复会也停止了对平教会的经费支持,至此,二者在华西实验区的合作实质上已经结束。1950年8月,台北农复会去电催促晏阳初赴台商谈农建计划,他也以"彼等既不能在大陆实施农建,而只限于台北一隅,弟认为没有去台的价值"[2]。1951年5月31日,陈诚致电远在美国的顾维钧,让其转告晏阳初,蒋介石欲请他回台一叙[3],然而晏阳初拒绝了,并回电一封请辞农复会委员一职,之后虽经蒋介石慰留,[4]但其辞意甚坚,于是1951年12月26日经"行政院"会议批准其辞职,之后由蒋介石宣布准其辞职令。[5]至此,晏阳初彻底脱离了在农复会的工作。

  近代以来随着列强侵略的不断加深及军阀混战的进行,中国农村日渐凋敝,尤其是经过长达十四年的艰苦卓绝的抗日战争,中国农村已经到了崩溃的边缘,大规模地进行乡村建设,挽救万民于倒悬可谓迫在眉睫,这是抗战胜利后,中国农村复兴联合委员会得以产生的重要时代背景,然而中美两国当时的政府在通过中国农村复兴联合委员会进行农村改造与重建时却深埋着遏制中国革命与共产主义发展的根本目的,这与晏阳初纯粹为了建设乡村开发民力培育新民的根本目的所迥异,加之晏阳初在农复会中与其他委员主张的分歧、人事关系的龃龉以及其对海峡两岸未来发展看法的不同,在经历了一年多的短暂合作后,在新旧鼎革之际,晏阳初选择脱离深受蒋介石政府控制的农复会是必然的。

  同时,晏阳初与中国农村复兴联合委员会的分道扬镳,其实也是两种乡建

---

[1] 晏阳初:《致G.斯沃普》,宋恩荣总主编《晏阳初全集》(第4卷),天津教育出版社,2012年,第690—691页。

[2] 晏阳初:《致卢作孚》,宋恩荣总主编《晏阳初全集》(第4卷),天津教育出版社,2012年,第702页。

[3] 陈诚:《致顾维钧电,1951年5月31日》,Yen and IIRR Material—Box A. In Rare Book & Manuscript Library of Columbia University in NY city in USA.

[4] 陈诚:《致顾维钧电,1951年7月28日》,Yen and IIRR Material—Box A. In Rare Book & Manuscript Library of Columbia University in NY city in USA.

[5] 蒋梦麟:《致晏阳初,1951年12月27日》,Yen and IIRR Material—Box A. In Rare Book & Manuscript Library of Columbia University in NY city in USA.

模式的分手,也即以晏阳初为首的以中华平民教育促进会为代表的民间模式和以中国农村复兴联合委员会为代表的政府模式的分离。晏阳初所领导的中华平民教育促进会是民国时期开展乡村建设运动持续时间最长,影响广泛的民间团体,在几十年的乡村改造实验中逐渐形成了其"四大教育""三大方式"互相联动整体改造的乡建模式,其主张独立自主地开展研究与实验,着眼于农民自身内在潜力的开发与自主精神的激发,目的是通过乡村改造的实施最终实现对人的改造,以达到"全人发展"的目的。而以国民党政府为主导的中国农村复兴联合会主张其对乡村建设运动的审核指导与监督,着眼于农业科学技术的推广应用与农作物单位面积产量的提高,目的是通过乡村建设的实施最终维护其统治。晏阳初以其对中华平民教育促进会的卓越领导及自身丰富的乡村建设经验得以成为农复会领导层中举足轻重的成员,表明农复会曾试图与中华平民教育促进会合作,但二者在对乡村建设运动的领导权、最终目的、着眼点、依靠力量、进行方式始终都充满着张力,并且最终以晏阳初脱离农复会标志着二者合作的彻底结束。

第六章 中华平民教育促进会的尾声与历史意义

1949年11月20日,晏阳初自重庆赴台参加农复会会议,后转机去了美国。11月30日重庆解放,一个月后,成都解放。至此,四川省除了较为偏远的地区,基本实现了全境解放。1950年1月,四川省被撤销,其原所辖地域被划分为川西、川东、川北、川南4个行署区,归西南军政委员会管辖。平教会所领导的华西实验区隶属于川东行署。在这种政权变更的剧烈动荡的环境中,平教会继续开展平民教育及乡村建设活动可谓困难重重,加之农复会撤离大陆后,于1949年11月中旬停止了对平教会华西实验区的经费支持,这对平教会来说可谓是雪上加霜。然而,平教会却并没有因此而停止前进的步伐。晏阳初的平民教育思想与实践给我们留下了一份宝贵的精神遗产。

一、中华平民教育促进会的终结

　　20世纪50年代初,中华平民教育促进会所创办的主要乡村建设事业——中国乡村建设学院、华西实验区,在代理干事长瞿菊农、代院长魏永清、实验区主任孙则让的主持下积极向新政权寻求立案与合作。朝鲜战争爆发后,平教会被取缔,其所从事的平民教育暨乡村建设活动就此结束。

(一)积极向军管会寻求立案

　　1949年11月,解放军进入重庆,平教会积极向军管会寻求登记立案。平教会对此事十分慎重,其核心成员之间还进行了细致的商讨,这从留存在重庆市档案馆的平教会核心成员之间往来的一封书信中可以得到印证。

首先,信中这样写道:"本会(平教会)在军管会登记时,宗旨一项须明白写出,当然仍是:'本会以服务中国农工大众为目的,并研究平民文教、生产、保健等工作之一切应用学术,供给教材教具及各种读物。'关于组织方面是:凡志愿为农工大众服务者均可申请入会为预备会员,确对农工大众有贡献者得为正式会员。凡经本会聘请担任研究、实验、编纂、推行等工作之会员,均为本会干事,其人数视业务需要而定,并依工作性质分部,每部设主任干事一人,本会之代表人为干事长,由本会干事推举之,并负责处理本会事务。关于历史方面,亦须略述成立经过,如一九二三年八月至一九四八年五月干事长为晏(阳初),一九四八年六月起为瞿(菊农)。关于经费方面:以美洲、南洋各地华侨捐款为主要来源,基金、田产之子息收入次之。经费之监督由本会董事会负责,董事长为颜惠庆,副董事长为张治中。本会在全国各地有预备会员约一万人(乡建学生、导生、平教同学会负责人等),正式会员约三千人,正确数字,俟会务整理工作完竣后,始能列出。历任主任干事有:瞿(菊农)、陈筑山、郑锦……孙伏园、熊佛西、杨济时、汪德亮、黎明(曹日昌)。"[1]从上述内容我们不难看出,写信者对平教会在向军管会登记立案时,将可能涉及的有关该会的宗旨、组织、历史、经费、会员数量、历任主任干事等方方面面给出了建议,思考可谓周到而细致。值得注意的一个问题是颜惠庆、张治中从来就没有做过平教会的董事,平教会的董事会中也从来就没有设置过副董事长的职位,依据写信者对平教会各方面的考虑,可以推断其应该对平教会的历史比较熟悉,不至于不知道该会的董事长为何人,但是其为什么说颜惠庆为董事长、张治中为副董事长呢?这恐怕和平教会当时的处境有密切的关系。平教会华西实验区主任孙则让曾对该区工作人员说:"一切工作都应该在人民政府总的领导下来进行,我们的工作未被认识,深感接头困难,自然谈不到工作问题。""争取工作,不仅是客观需要,也是主观的愿望。"[2]而颜、张二人不但本身曾与平教会关系较深,而且更为重要的是二人都

---

[1] 该档案没有具体名称,电子档案号:00890001000070000099;重庆市档案馆。
[2] 孙廉泉:《华西实验区工作综合报告》,1950年8月,引自詹一之等编著:《科教兴农的先行者——晏阳初华西实验区》,四川省晏阳初研究会印,2001年,第82页。

是新政权的座上宾,在新政权中的地位相对比较高。颜惠庆在中华人民共和国成立后曾任华东军政委员会副主席、中央人民政府政治法律委员会委员,张治中在中华人民共和国成立后曾任西北军政委员会副主席,以此二人为平教会的董事长及副董事长自然有利于平教会的"接头"与开展工作。

其次,该信对平教会向军管会登记时需要写入的历任董事名单进行了如下建议:"本会历任董事中,如有下列各人,即可列入董事名单内:陆志韦、吴贻芳、任鸿隽、钱昌照、李书城、张元济、章士钊、李蒸、江庸、刘良模、赵紫宸、吴耀宗、邓裕志、陈嘉庚、潘农亚、刘尊棋、钱端升、林砺儒、陈鹤琴、俞庆棠、江恒源、李四光、茅以升、曾昭抡、严济慈、陈叔通、简玉阶、蓝公武、张澜、马叙伦、马寅初、张奚若、吴有训、黄炎培、章元善、张东荪、雷洁琼、于永滋等。"①从平教会的发展实情可知,平教会的历任董事中并无上述人员,退一步讲,即使写信者不太了解平教会历任董事的情况,那么登记时照实直书即可,但为何写信之人特意叮嘱上述人员若是历任董事,"即可列入董事名单内"呢?原来上述人员或为大学校长、著名教授,或为宗教界著名人士,或为著名的社会活动家,或为出版界的大佬,或为民主党派的重要成员,尽管他们社会身份不同,但都有一个共同之处:他们不但都是社会影响力较大的知识分子,而且在抗日战争结束后的国共政争中都或多或少地倾向于共产党,甚或是为新政权的建立做出过贡献。例如,张澜曾领导中国民主同盟与共产党合作,一道反抗国民党的统治;又如,张东荪曾在解放战争时期为北平的和平解放出过力。若这些人曾是平教会的董事,那么将会为平教会的顺利登记立案创造条件。

再次,该信对平教会开展活动的名称也进行了建议。他说:"过去所用之文艺教育可改称'文教',生计可改称'生产','保健'之名仍须恢复,人民政府极重视定县之保健制度。南京市内已成立保健所十处,兼办学校卫生。"②由此可见,建言者为平教会能适应形势之需要而考虑得相当细致。

这封信的建议虽然最终并未被平教会完全采纳,但他们试图获得新政权的认可的心向却是一致的。这在平教会代理干事长瞿菊农向政府汇报的《中华平民教育促进会工作简述》一文中表露无遗。在这篇长文中他叙述了平教会的成

---

① 该档案没有具体名称,电子档案号:00890001000070000099,重庆市档案馆。
② 该档案没有具体名称,电子档案号:00890001000070000099,重庆市档案馆。

立缘起、发展历程、所从事的各项具体事务、经费来源及用途、组织和重要工作人员后,在结语中写道:"本会在多年农村工作中,虽然取得了若干实际服务经验,但因解放前在长期反动政权的统治之下,在认识上,在作风上,当有或多或少的缺点,解放后,我们即加紧学习,逐步改造,在共同纲领指示之下,在人民政府领导之下,克服缺点,纠正错误,加强为乡村人民的服务。我们力量有限,今后在实际工作上,希望在政府的领导与帮助下,注重作科学的典型的研究与实践。希望对文教建设与生产建设有所效力。今后在教育工作方面,将遵照政府文教政策积极研究适合农民需要的教育,并研究编制适宜的教材与教具。"①这些话除了有希望获得新政权的认可之意,更有求宽恕,表忠心,努力干的意味。华西实验区主任孙则让的想法甚至更进一步,他曾对该区工作解释说:"我常想'华西实验区'这一名称将来也要改的。因为不必要再像以前那样有一套实验理想,只要在政府总的政策领导之下尽我们的一份力量就够了。"②

(二)私立乡村建设学院的新变革

乡村建设学院在新政权的领导下,开始为适应新的社会形势需要做出变革。

第一,在学校行政方面,乡村建设学院随即改组院务委员会,由师生职工共同推选委员组成,建立民主集中制,在院长领导下,为积极领导之机构。

第二,在课程方面,乡村建设学院根据新的要求废止了旧课程体系,增设了"社会发展史""政治经济学""辩证法唯物论""历史唯物论""世界近代革命史"等六科。

第三,关于学生生活方面,改组学生组织——"四自会"为学生会,使学校与学生打成一片,从事各项学习生活。

第四,在办学经费方面,该院办学经费系由平教会在国内外捐募而来,学生每期只缴纳极少的费用,1950年春季学期学费仅缴食米3升(老量)。并设有奖

---

① 瞿菊农:《中华平民教育促进会工作简述》,詹一之等编著:《科教兴农的先行者——晏阳初华西实验区》,四川省晏阳初研究会印,2001年,第178页。
② 孙廉泉:《华西实验区工作综合报告》,1950年8月,引自詹一之等编著:《科教兴农的先行者——晏阳初华西实验区》,四川省晏阳初研究会印,2001年,第82页。

学金及自助办法,多方设法奖助优良贫苦学生。日后该院各方面之一切改革,均将遵照政府的指示办理。

第五,学院师生积极参加社会活动。如50年代后该院师生积极参加庆祝西南解放游行、禁用银圆、征粮、发动春耕生产等各项活动。甚至在参加璧山县征粮工作过程中,还有两名学生遭匪特杀害,一名学生受伤。上述内容均表现出乡村建设学院在平教会的领导下积极面对新形势所做出的回应。

(三)华西实验区的新努力

20世纪50年代后,华西实验区在极为困难的情况下,在工作上仍然具有新进展。

在农业方面,1950年2月,川东行署召开农业生产会议提出了两大原则:一是希望保持1949年的生产水平,二是为川东区来年(1951年)大生产做准备。根据此次会议精神,平教会主要开展了以下工作:第一,创造了典型工作区域。在璧山专署选定璧山杨家祠及巴县梁滩河两地,各设农业生产指导所一处,在璧山专署领导之下,由华西实验区与专署结合进行创造典型的工作。另在涪陵专区选定涪陵县凉堂乡,万县专区选定万县沙河子附近,在大竹专区选定大竹县城南乡十六保,为典型工作区域,展开工作。第二,培育优良品种,并进行推广。在植物方面,计有水稻、小米桐、南瑞苕等优良作物品种被种植及推广。在动物方面,主要是培育优良猪种繁殖和继续贷放仔猪贷款。第三,发放肥料贷款,并进行肥料效果比较试验。第四,改善农业经营方式。发动组织生产治安委员会、生产技术小组和生产互助组。帮助农民订立农业生产计划,提倡堆制绿肥,防旱防荒,作物虫病防治,家畜病疫防治,提倡新式秧田,提倡经济栽培,提倡互补间作物等工作。第五,进行良种小麦生长情形的检查及收购。第六,开展蛆柑防治工作。

在水利工程方面,首先是提前完成了巴县梁滩河水利工程;其次在西泉测量水力发电工程,以期利用水力发电来帮助工业发展。

在乡村工业方面,平教会组建机械生产合作社、合作整染厂、复产铜梁合作纸厂及造纸合作社。

在卫生工作方面,第一,开展流行病研究与防治工作;第二,开展妇婴卫生工作;第三,进行生育指导工作;第四,创办妇婴保健所;第五,举办农村妇女卫生训练班。第六,开展牛痘接种工作。

在教育方面,第一,从事乡村教育及建设应用材料之编制;第二,进行电化教育研究。

此外,平教会还开展了社会调查,协助北碚方面工作,参加璧山、大足征粮工作。

(四)平教会的终结

1950年6月,朝鲜战争爆发。9月,以美国为首的"联合国军"在朝鲜半岛西岸的仁川登陆,插手战争,并将战火烧到了中朝边境的鸭绿江畔,甚至美国的飞机轰炸中国安东(今辽宁省丹东市),中国的领土安全受到严重威胁。在中国政府通过外交渠道多次提出警告无效后,为捍卫中国人民的生命与财产安全,巩固新生政权,维护国家和民族尊严,1950年10月,中共中央决定,抗美援朝,保家卫国。随即中国人民解放军所属的东北边防军改编为中国人民志愿军,彭德怀被任命为志愿军司令员兼政治委员。10月19日,志愿军开始分批跨过鸭绿江,入朝参战。与此同时,全国各地掀起支持抗美援朝与肃清美国对中国的影响运动。1950年12月29日,中央人民政府政务院会议通过了《关于处理接受美国津贴的文化教育救济机关及宗教团体的方针的决定》,旨在完全肃清美国帝国主义对中国文化侵略的影响,基本办法是将接受美国津贴的文化教育救济机关应区别情况或改为中国政府接办,或中国人民完全自办。但是,过去在经费上一直受美国民间资本支持的平教会并没有被接办,而是被解散。

1950年11月,川东行署派工作组入驻乡村建设学院,要求学院师生结合生产生活实际,开展批判亲美、恐美、崇美的思想教育。随后,四个月前的一桩小事再次被提及,并最终直接引发了平教会被解散的命运。事情是这样的:

1950年7月,由于解放军借住乡村建设学院女生宿舍已半年有余,大车骡马来往,影响院内交通和卫生,加之秋季开学,需要住房,学院决定为解放军另找住处。这时水利系学生邓矿以为解放军故意拖延,写了一张大字报《我们的呼吁》,征求同学签名后贴于饭堂。代院长魏永清发现后,认为影响军民关系,立即撕下,并责令邓矿检讨。

这件事情在工作组进驻乡建学院开展思想教育运动后再次被提及,并最终被工作组定性为"反对解放军的反革命事件,同时认定代院长魏永清和副教务长石理亚是这一事件的幕后支持者,开展大批判后,以反革命罪将魏、石、邓三人逮捕。由此并认定乡建学院为反动分子所掌握,'以买办的奴化思想教育统治学生',平教会为反动组织"①。于是,1950年12月1日,重庆市军事管制委员会宣布解散中华平民教育促进会,并派军事代表分别接管了该会重庆办事处、乡村建设学院、该会北碚区机构、华西实验区,以及所办的学校、工厂与一切事业机构。12月16日,《人民日报》正式向社会刊文批判平教会:"重庆市军管会应各界人民要求,解散了为美帝国主义服务的'中华平民教育促进会',其所属乡村建设学院等机构亦同时予以接收。'平教会'自成立之日起,即由晏阳初实际主持,在改良主义的外衣下,掩蔽着投靠美帝国主义的实质,与蒋匪反动政府勾结,巧妙而阴险地从文化、经济、政治、军事各方面执行帮助美帝、蒋匪侵略和奴役中国人民的反动任务。"紧接着还报道了乡建学院及华西实验区附近农民和乡建学院师生员工对此事的反应:"在目前抗美援朝、保家卫国运动的高潮中,乡建学院及华西实验区附近的农民,认为不应听任此种由美帝金钱所举办的事业继续其反革命的活动;乡建学院大多数师生及该会工作人员也在时事学习中认清了该会本质,已经起来反对美帝、蒋匪利用该会作反动工具的阴谋,清算晏阳初思想及其活动,一致要求政府解散该会并接管其事业机构。重庆市各民主党派及文教界人士也同样有此要求。"②至此,平教会被打上"反动组织"的印记,不断受到批判。晏阳初被划定为"国际间谍",因其人在国外,躲过此劫。但是,代理院长魏永清被划为"国际间谍",之后,家被查抄一空,并于1952年被"判死刑,缓期二年执行,硬实坐监"。直到1976年才被释放回家。③副教务长石理亚和学生邓矿也都被判刑。

1978年12月,中国共产党第十一届三中全会在北京召开,在此次会议上,

---

① 詹一之等编著:《科教兴农的先行者——晏阳初华西实验区》,四川省晏阳初研究会印,2001年,第84页。
② 《重庆市军管会粉碎美帝侵华工具 解散反动组织'平教会'》,《人民日报》1950年12月16日,第3版。
③ 魏永清:《致晏阳初,1986年4月3日》,IIRR Collection, Box 19. In Rare Book & Manuscript Library of Columbia University in NY city in USA.

实现了党的工作重心转移到经济建设上的伟大转折,开始了拨乱反正的工作。1982年,魏永清当年的案件,经四川省高级人民法院复审,重新做出判决:魏永清无罪。同时对当年的副教务长石理亚、学生邓矿也做出无罪判决。

1985年8月10日,全国人大常委会副委员长周谷城向晏阳初发出回国访问邀请书,"考察中国农村改革和教育发展情况,并探望亲朋好友"①。1985年9月3日夜11时,在离别祖国36年之后,时年已经96岁的晏阳初在女儿晏群英、晏华英,菲律宾国际乡村改造学院院长胡安·弗拉维尔(Juan M.Flavier)博士和夫人,国际乡村改造学院第一副院长、美籍华人颜彬生女士等陪同下乘坐飞机再次踏上了故土。9月4日晚,周谷城副委员长在人民大会堂设宴招待晏阳初等人。9月8日至10日,晏阳初重回河北定县参观访问。9月14日,晏阳初飞抵四川省成都市,见到了从各地赶来的原乡村建设学院的一些老教授、毕业同学。9月21日,全国政协主席邓颖超、国务院副总理万里分别在中南海会见了晏阳初及其随行人员。②

晏阳初的这次回国访问,取得了十分圆满的效果,不但全国人大、国务院、全国政协等国家领导人纷纷接见,而且官方报纸发表文章肯定他是一位伟大的爱国者,虽身在海外,但有着一个"中国心"。从而为接下来给平教会的平反工作创造了条件。1986年7月11日,重庆市委召开常委会议。"会议研究了关于为私立中国乡村建设学院恢复名誉的问题。会议认为,一九五〇年十二月,重庆市军管会在重庆解放不久,抗美援朝运动兴起的历史条件下,曾在报上宣布'平教会'为反动组织。其所属的乡建学院也被军事接管,并定该院负责人魏永清等为反革命分子。鉴于魏永清等人的案件已全部平反;晏阳初从事平民教育和乡村建设运动的成绩,也得到中央领导同志的肯定。现应当为'平教会'和乡建学院恢复名誉。办法是:以陶维全、詹一之同志名义写一篇回顾乡建学院的文章,由廖伯康、萧秧、张文澄、刘文权同志审定后,在《重庆日报》上发表,以澄清历史事实,消除不良影响,为乡建学院正名。"③

---

① 周谷城:《全国人大常委会副委员长周谷城欢迎晏阳初回国访问的邀请信》,宋恩荣总主编《晏阳初全集》(第3卷),天津教育出版社,2013年,第629页。
② 《邓颖超会见晏阳初博士》,《人民日报》1985年9月22日,第1版;《万里会见晏阳初博士》,《人民日报》1985年9月22日,第4版。
③ 中共重庆市委办公厅:《重庆市委常委会议纪要》,1986年7月14日。

1986年8月31日,《重庆日报》第二版以整个版面登载了陶维全、詹一之所写的《坚持为农民服务的思想 努力建设现代化新农村——晏阳初先生致力于中华平民教育和乡村建设的简略回顾》一文,实现了对平教会和乡村建设学院名誉的恢复。同年10月14日,《人民日报》(海外版)也将陶维全、詹一之所写的这篇文章进行了转载。其中指出"晏阳初博士从二十年代起就在中国倡导平民教育,是乡村建设运动的元老之一,是世界著名的平民教育家"[1]。青山遮不住,毕竟东流去。岁月沧桑,斗转星移,晏阳初及平教会成员曾经为中国平民教育运动、为中国乡村改造所付出的心血,所做出的贡献终于被公开肯定与认可。这正像1985年晏阳初第一次回国时邓颖超对他讲的那样:"您培养了不少人才,有的学生为中国的解放和建设事业作出了贡献,因此,一个人对人民做过好事,人民永远不会忘记他的。"[2]

二、晏阳初及平教事业的历史意义

(一)终身不懈的平民教育家

晏阳初(1890—1990),一个从四川省巴中县——大巴山区——走出来的中国平民教育家、世界平民教育之父。幼年接受四书五经等传统文化教育,小学、中学、大学接受新式教育,然后到美国耶鲁大学、普林斯顿大学留学,学成以后,以自己所学的知识和理论服务于中国的民众,服务于中国社会最底层的、最贫穷的亿万文盲。他以中华平民教育促进会这一教育组织为抓手,团结、笼络一批批志同道合的学者、教育家,开展平民教育,并最终以占人口绝大多数的乡村农民为教育对象,开展文艺教育、生计教育、卫生教育、公民教育,以解决愚、穷、弱、私等问题。以教育入手,以培养有知识力、生产力、健康力、团结力的现代公民为目的。

中华平民教育促进会总会的主要发起人是朱其慧、陶行知,晏阳初因在平

---

[1] 詹一之、陶维全:《晏阳初先生致力于中华平民教育和乡村建设的简略回顾》,《人民日报》(海外版)1986年10月14日。

[2] 郁晓民:《陪同晏阳初先生在国内考察》,载晏阳初纪念文集编辑委员会:《晏阳初先生纪念文集》,重庆出版社,1996年,第81页。

民教育实践上的显著成绩而被推选为总干事。1931年,作为董事长的朱其慧病逝后,平教会总会完全由晏阳初主持。活动经费完全由他一个人筹集,骨干人员由他一个人物色、聘请,活动计划由他负责设计,发展方向由他掌握,等等。中华平民教育促进会总会为晏阳初开展平民教育事业提供了难得的组织平台——显然比他之前的中华基督教青年会平民教育部有更广阔的施展舞台,使他成为平民教育领袖;另一方面,中华平民教育促进会总会也因为晏阳初的主持而持续不断地发展,特别是把该会的平民教育实验逐渐推向了高潮,而成为全国平民教育和乡村建设的主要教育社团,先后创立的定县实验区、华西实验区都是当时乡村平民教育和乡村建设的中心。

晏阳初认为人与人之间的人格本来平等,原无上下高低之分,但是,旧时代教育上的不平等造成了人与人之间存在着智愚、尊卑、贵贱、贫富之别,人格上不平等。"平等是人人所有的天赋的权利"[1],"唯有努力于教育机会的平等,使人人所蕴蓄的无限能力都有发展的机会。这样的人格不平等的原因就可以消除了"[2]。提倡平民教育(Mass Education),"平"者,就是旗帜鲜明地主张"平等"与"公正","平民"者,包括已过学龄期而不识字的男女和已识字而缺乏常识的男女,平民教育就是不分男女、老幼、贫富、贵贱、智愚和各种职业等,"使所有的人都能受教育","实行'均学'主义",[3]并且在时间、地点、课程、教法、管理,甚至制度上,"以求其能适合他们的需要"。[4]晏阳初特别对农民被排除在教育范围之外非常不满,认为"使人人觉悟读书识字是人类共有的权利,无论什么人都应享受"。平民教育是人人都可以参加、人人都有参加的可能,"受过教育的人,可以来教人,未受过教育的人,可以来受教"[5]。

晏阳初平民教育活动从1918年他在法国对中国参战华工的识字教育起步,取得成功——华工经过几个月的教育后能读写家信和阅读初浅的报纸——

---

[1] 晏阳初:《'平民'的公民教育之我见》,宋恩荣总主编《晏阳初全集》(第1卷),天津教育出版社,2013年,第39页。

[2] 晏阳初:《平民教育概论》,宋恩荣总主编《晏阳初全集》(第1卷),天津教育出版社,2013年,第80页。

[3] 晏阳初:《平民教育的真义》,宋恩荣总主编《晏阳初全集》(第1卷),天津教育出版社,2013年,第99-100页。

[4] 晏阳初:《平民教育原理》,宋恩荣总主编《晏阳初全集》(第1卷),天津教育出版社,2013年,第67页。

[5] 晏阳初:《平民教育概论》,宋恩荣总主编《晏阳初全集》(第1卷),天津教育出版社,2013年,第88页。

由此立下了终身从事平民教育的志向。1920年夏,晏阳初自普林斯顿大学毕业后,从家书中知悉母亲"体弱多病",决定提前回国。他先在中华基督教青年会全国协会所设平民教育部任事,在长沙、烟台、杭州、嘉兴等城镇对市民开展识字教育活动,"成绩昭著"。1923年8月,被朱其慧、陶行知推举为新成立的中华平民教育促进会总会的总干事,1924年8月,晏阳初正式就任中华平民教育促进会总会总干事,直到1950年12月,一直担任该职,主持中华平民教育促进会的活动。中华平民教育促进会成立初期,带领各省平教会在城镇创办平民学校,开展针对市民的识字教育。

从1926年起,晏阳初逐渐开展乡村农民识字活动,并于1927年在河北省定县翟城村设中华平民教育促进会总会办事处。1929年,办事处从翟城村迁至定县县城(原科举考试的贡院内),把识字教育的重心从城镇转到乡村,把教育的对象从市民转移到农民。晏阳初带领中华平民教育促进会同人举家从北平迁移到定县,并不断劝说一大批大学(包括专门学校)校长、教授放弃教职,下到定县乡村开展乡村平民教育。晏阳初、瞿菊农、陈筑山、陈志潜、冯锐、汤茂如、李景汉、傅葆琛、熊佛西、甘博(美国社会学家)、刘拓等人深入乡村,与农民打成一片,采取"以县为单位的实验方式",1933年7月,河北省县政建设研究院成立,平教会总干事晏阳初兼任研究院院长,把整个定县变成"实验区",打造成中国乡村社会改造的一个"社会实验室",再将研究实验之结果推广到全国各农村,试图把定县建成为一个改造中国乡村的"模范县"。1937年夏,由于日本侵占华北,晏阳初等人不得不停止在定县实验区的活动。全面抗战期间,中华平民教育促进会先转移到湖南长沙、衡阳,其平民教育暨乡村建设实验转战四川、湖南等南方地区,建立新都实验县,指导衡山实验县,训练湖南民众及地方行政干部。抗战后期,在重庆创办私立乡村建设学院,专门培养乡村建设方面的人才,并且在四川省政府的支持下设置巴璧乡村实验区(后扩大为华西实验区),继续和发展定县实验所形成的经验、思想。

(二)为了中华民族开一条新路而努力

晏阳初是怀着强烈的救国救世之心而开展乡村平民教育运动的,他认为挽救中国危亡的关键是"要先抓住国家的命根,治着它的症结,培养它的元气"。

自鸦片战争以来,中国屡遭外国列强的侵略,"国家日日都在危急存亡之秋",定县实验正在按计划不断推进之时,日本又发动了入侵中国东北的九一八事变。晏阳初认为中国志士仁人过去抱着救国的目的办教育,或者抄袭西洋式的舶来教育,或者沿袭中国式的古董教育,但结果总是"坐以待毙,束手无策",不仅不能达到"民族再造"的目的,反而陷入"民族速死"的悲惨境地。

晏阳初明确指出实现中华民族再造的根本在"人"。他认为解决当时中国的复杂问题,"非从根本上求一个解决方法"不可,这个根本的解决方法就在"人"的身上。因为社会的各种问题,"自'人'而生,发生问题的是'人',解决问题的也是'人'"。他说:"中国今日的生死问题,不是别的,是民族衰老,民族堕落,民族涣散,根本是'人'的问题。"[①]而"人"的问题的根本又在于广大民众,特别是占人口绝大多数的农民失去教育的机会而成为文盲,"欲根本上求解决的方法,还非从四万万民众身上去求不可"[②]。面对中华民族的生存危机,晏阳初认为要实现"民族再造"的使命,"最有效的方法,莫若'教育'"[③],而且必须发展以广大民众为对象的平民教育,"同仁等为除羞耻计,为图生存计,为解决国家种种问题计,……我四万万同胞当中,今日要以'除文盲,作新民'为最重要的事业。平民教育的运动,即应此要求而生"[④]。通过平民教育运动"从根本上唤醒民众"[⑤],唯有"唤醒民众",才能达到齐家治国平天下的目的。

晏阳初从欧战华工教育经验中认为"中国真正最大的富源"正是庞大的农民,因此,"要把农民智慧发展起来,培养起来,使他们有力量自动地起来改造,改造才能成功;自动地起来建设,建设才会生根;自动地起来运动复兴民族,民族才有真正复兴之一日"。教育就是要去启发农民的智慧,也就是"造人"的活

[①]晏阳初:《农村运动的使命》,宋恩荣总主编《晏阳初全集》(第1卷),天津教育出版社,2013年,第255页。

[②]晏阳初:《十年来的中国乡村建设》,宋恩荣总主编《晏阳初全集》(第2卷),天津教育出版社,2013年,第81页。

[③]晏阳初:《农村运动的使命》,宋恩荣总主编《晏阳初全集》(第1卷),天津教育出版社,2013年,第256—257页。

[④]晏阳初:《平民教育的宗旨目的和最后使命》,宋恩荣总主编《晏阳初全集》(第1卷),天津教育出版社,2013年,第102—103页。

[⑤]晏阳初:《平民教育概论》,宋恩荣总主编《晏阳初全集》(第1卷),天津教育出版社,2013年,第85页。

动,"造人必须有造人的教育"①。在晏阳初看来,平民教育正是为了解决民族再造这一根本问题,因此,推行乡村平民教育"是生命攸关的问题",知识分子必须承担起中国平民教育的历史重任,并且主张知识分子"到农村去",深入到农民中去,推行乡村平民教育,绝不能远离乡村而待坐城市。

晏阳初的平民教育实验,特别是以农民为对象的乡村建设实践,着眼点在"人",在造就"新民"。"着眼于农村建设的同志,经过多年的经历,知道非从民众教育上着手,则缺少'人'的基础。努力民众教育的同志,亦知道非致力农村建设,则教育必致落空,不能达到改造生活的目的。"②他把乡村平民教育称作"实验的改造民族的教育",一种通过乡村建设达到"复兴民族""再造民族"的伟大目标,希冀为中华民族的复兴开辟一条新路,"近来许多主张民众教育目标'由乡村建设以复兴民族'的,这是近来对于国家民族前途的一种进步的认识。民众教育与农村建设在通盘计划之下进行,不仅民众教育有了确定的对象,农村建设亦有了'人'的准备。如其全国各方面共同努力,不但教育上可以取得一种新力量、新生命,中华民族也可以开一条新路"③。

(三)从平民教育实验中产生不朽的思想

晏阳初以定县为乡村实验县,并且提出文艺教育、生计教育、卫生教育、公民教育"四大教育",是因为他带领的工作团队通过调查发现在广大农民身上存在着愚、穷、弱、私这一乡村社会普遍性的"四大问题",并甘愿付出自己的一生去攻克这四大问题。不过,与晏阳初稍晚但差不多在同一时间在山东邹平开展乡村建设实验的梁漱溟先生,则批评晏阳初的平民教育缺乏理论。

1937年,梁漱溟在山东邹平乡村建设实验的基础上进行理论总结,撰写出版了《乡村建设理论》(一名《中国民族之前途》),第一次没有点名地批评晏阳初

---

①晏阳初:《中华平民教育促进会定县实验工作报告》,宋恩荣总主编《晏阳初全集》(第1卷),天津教育出版社,2013年,第267页。

②晏阳初:《关于民众教育的任务》,宋恩荣总主编《晏阳初全集》(第1卷),天津教育出版社,2013年,第311页。

③晏阳初:《关于民众教育的任务》,宋恩荣总主编《晏阳初全集》(第1卷),天津教育出版社,2013年,第311页。

的乡村社会的"四大问题"说。梁先生说:"作乡村运动而不着眼整个中国问题,那便是于乡村问题也没有看清楚,那种乡村工作亦不会有多大效用。……我们必须把握着中国问题所在,而后才有工夫好作。中国问题在那里?有人说是在'帝国主义与军阀';又有说是在'贫、愚、弱、私';这二说都不正确。""今日中国所患如果只在'贫',那事情早简单好办了。要知道今日中国不是贫的问题,而是不能富的问题,是贫而益贫的问题。同样地,中国今日不是愚的问题、弱的问题、私的问题,而是愚更往愚里去、弱更往弱里去、私更往私里去的问题。换句话说,今日正是日趋崩溃,向下沉沦。"梁先生不否认中国乡村农民存在穷、愚、弱、私问题,但那是病状,如果不找到病因,问题是解决不了的。他认为中国穷、愚、弱、私问题的病因"在其千年相沿袭之社会组织构造既已崩溃,而新者未立;或说是文化失调"①。

梁漱溟在晚年(1980年)口述时仍然坚持他四十多年前对同道晏阳初的批评,"晏阳初在头脑、思想方面,缺乏哲学的头脑"。"他说中国农民有四个毛病,'贫愚弱私',针对'贫愚弱私'搞'四大教育'。""我觉得他缺乏哲学头脑,'贫愚弱私'这个看法不高明。比如说'贫愚弱私'的'贫',当时的中国的问题,不是'贫'的问题。那么是什么?……我认为真实的问题是'贫而越来越贫'的问题。……就是说中国的社会在那个时候是向下沉沦的问题,向下沉沦,走下坡路,一定要把中国广大社会从走下坡路扭转为走上坡路才行。可是晏先生他缺乏这种看法。"②

梁先生的批评不虚,晏阳初确实没有从哲学上思考中国社会的病因、病根,即造成中国农民愚、穷、弱、私的根本原因是什么,这既非晏阳初之所长,或者说他的着力点不在于哲理上的思考,而在于教育实践、教育实验,在行动上。晏阳初带领平教会同人通过实地调查逐渐发现中国乡村广大农民存在的问题是什么,然后起而行之,而非坐而论道。在实验中探索解决问题的办法,这正是晏阳初平民教育实验的显著特色。晏阳初没从哲学上思考,并不妨碍他在定县实验中逐渐形成自己的一套独创性的平民教育思想。他发现开发平民"脑矿"的

---

① 梁漱溟:《乡村建设理论》,上海人民出版社,2006年,第19—20页。
② [美]艾恺采访,一耽学堂整理:《这个世界会好吗:梁漱溟晚年口述》,东方出版中心,2006年,182—183页。

重要性,认为民众自身具有无限的潜力,平民教育就是将平民身上的潜能发扬出来,不是教育者外加给平民。他在定县实验中提出"四大教育"(文艺教育、生计教育、卫生教育、公民教育)、"三大方式"(学校式、家庭式、社会式),作为知识分子的教育者与农民打成一片,教育者先教育自己,向农民学习,"化农民",先自己"农民化"。他在菲律宾创办国际乡村改造学院时,进一步丰富和发展了在中国形成的平民教育思想,先后提出乡村改造的"九大信条""九项守则",于1988年逐渐形成为"乡村改造运动十大信条":深入民间;与平民共同生活,向平民诚心学习;共同计划,共同工作;从他们所知开始,用他们已有来改造;以表证来教习,从实干来学习;不是装饰陈列,而是示范模型;不是零零碎碎,而是整个体系;不是枝枝叶叶,而是通盘筹划;不迁就社会,应改造社会;不是救济,而是发扬。① 没有高深的理论,只是对他自己七十年来平民教育实践经验的总结,平实而不凡。

(四)提出了自成体系的平民教育与乡村改造的理论

晏阳初不是一位理论家,而是致力于解决社会现实问题的实践者、实验者、行动者。实事求是地说,晏阳初在长达七十年的中国与世界平民教育与乡村建设的实践探索中,形成了一套自成体系的理论。

1.继承和发展传统的民本思想,着力于养成"具有现代意识的合格公民"

"民为邦本,本固邦宁。"民本思想是中国传统文化中的一份宝贵遗产,为儒家所推崇并发展,绵延数千年而不衰,晏阳初正是以民本思想作为其一生从事平民教育与乡村改造运动的最高原则。但是,他不是简单地继承中国传统的民本思想,而是融合了西方现代民主思想,正如韦政通教授所论,晏阳初把传统文化中重要的思想符号与崇高的价值系统,经过"创造转化"的功夫,促成了"有效而又具有创造性的发展"。他运用与发展民本思想,从而发现中国文盲充斥是一个严重的社会问题。千百年的"无教"与"误教",使国民素质不能提高,空耗

---

① 晏阳初:《乡村改造运动十大信条》,宋恩荣总主编《晏阳初全集》(第3卷),天津教育出版社,2013年,第589—600页。

了多少宝贵的"脑矿"资源。他的救国之道即从"除文盲"起步,进而发展为全球性的乡村改造运动。传统的"民本"终于转化为有利于中国变革与世界进步的重要资源。

晏阳初的平民教育实验以"四大教育"为内容,"四大教育"以识字教育为起点,以公民教育为最终目标,提出"除文盲,作新民"的口号。"新民"是中国固有思想,但是,在中国儒家传统思想与封建政治哲学之中,所谓"新民",其实质无非是培养以服从封建统治、封建伦理道德的"顺民""臣民"为目的。晏阳初心目中的"新民"则是指受西方民主思想浸润、具有现代社会特点的"公民"。因此,晏阳初及其领导下的中华平民教育促进会在对他们所编写的识字课本中,着力于对教育对象进行公民意识的教育。现代公民社会理论中的公民意识是指公民个人对自己在国家中的地位的自我认识,也就是公民自觉地以宪法和法律规定的基本权利和义务为核心内容,以自己在国家政治生活和社会生活中的主体地位为思想来源,把国家主人的责任感、使命感和权利义务观融为一体的自我认识。其核心是主人意识、参与意识、平等意识、权利意识、自由意识、公德意识等。譬如,《市民千字课》(第2册)第一课"平民",在解释何为"平民",就用浅显的文字讲明"平民"的主人意识、参与意识、平等意识、权利意识、公德意识等思想,"平民,平民,民国的主人。主人不努力,国家不太平。我四万万同胞,职业虽不同,人格皆平等。国家兴亡,大家都有责任。要自立,要自新,先固国家的根本,合群策,合群力,共谋世界的和平"。①《市民千字课》(第3册)第一课"平等"解释了"平等"的人格平等、机会平等、法律平等等三种意思:"第一,不问男女老幼,不分士农工商,人格是同等的尊贵,这是人格平等。第二,不问天资的智愚,不分境遇的好坏,都有发展的机会,这是机会平等。第三,不问宗教种族,不分贫富贵贱,都受法律的同样保护,这是法律平等。"②

值得注意的是,晏阳初"除文盲,作新民"的平民教育实践把传统的民本理想从理论的层面推展为实时实地的培育人,重塑国民,改造社会,促进社会发展的实际运动,从而改变了传统知识分子在民本问题上坐而论道或仅限于为民请命这种旧的格局。

---

①《市民千字课》(第2册),中华平民教育促进会总会,1932年,第3页。
②《市民千字课》(第3册),中华平民教育促进会总会,1932年,第3页。

晏阳初由民本思想,进而衍生出一系列令世人警醒的论点,如:"免于愚昧无知"的"人类第五自由"的论点;普及基础教育与同时注重失学青年教育的观点;将科学简单化,架起科学通向乡村的桥梁,使农民科学化的观点;矫正知识分子不了解人民力量的"民盲"症,号召知识分子回到民间去的"博士下乡运动",为贫苦农民服务,帮助农民走入"现代文明""现代社会"的观点;等等。这些都是极具新意的进步思想,至今仍有非常积极的现实意义。

2.宏观教育观与整体改造思想

晏阳初及其领导的中华平民教育促进总会认识到社会是一个由政治、经济、文化、教育多方面因素交互影响的动态系统。他的乡村改造工作,是一种从经济、政治、文化、心理、人口素质等方面进行综合治理的社会改造事业。在这一庞大的改造工程中,教育既是一种手段,又是一个过程。它着眼于提高人的素质,最终目标是通过高素质的人民振兴民族与国家。这样,教育就成为社会改造、社会建设的一个关口。它为改造与建设准备人才条件与人文环境。不通过教育过一关,改造与建设就无从谈起。只有教育成功,一切建设才有希望。所以"教育建设",在整个社会改造与乡村建设工作中,占了极为重要的地位。以教育的总动员,引发并开展其他方面的工作。教育与建设两者之间是一而二、二而一的关系。就"人的基础"的建设来说,是教育;就社会生活的改造来说,是建设。教育是完成建设的必要条件,建设活动也就成为教育的过程与内容。

晏阳初把社会改造视为一种大的系统工程,提出了整体改造的思想。认为生活是整个的,不能片断式地分割,人生的需要是多方面的,不能零碎地解决,应当统筹规划。乡村的改造,需要从发展生产、兴办教育、健全社会组织、提高思想觉悟、改变传统观念与移风易俗等多方面着手。乡村改造运动中的教育,出发点不是现成的学校制度,而是社会的现状与问题;注重的不是课堂书本知识的传授,而是实际建设力量的训练与培养。这种从宏观上整体认识并把握教育与社会、教育与人、教育与文化、教育与政治经济关系的思想,对我们重新认识教育的社会功能以及综合治理中国的乡村问题,是极具启迪意义的。它告诉人们:中国的社会改造与社会建设,必须依靠教育。从这个意义上讲,教育为建设之本。

3.具有实践性科学性的方法论思想

任何社会改造的教育实践都离不开一种理论原则的指导,而理论的建设又必须具备一种科学的方法论基础。晏阳初的"十大信条",就表现了他的社会科学方法论,具有鲜明的实践性与严肃的科学性。

平民教育与乡村改造,不是预先拟订出一套计划来框定社会,而是从基本国情出发,制定改革方案。如"十大信条"所说:"深入民间的目的是为了认识问题,研究问题,协助人民大众解决问题。"[①]定县实验的目的就是教育者(知识分子)放下自己的架子,与农民共同生活,诚心、虚心向农民学习,"农民化",从而在农民的生活里发现问题、探索问题,并找到解决现实问题的办法,即运用"四大教育"完成农民所需的教育与乡村的基本建设。20世纪20年代,在晏阳初的支持下,中华平民教育促进会的李景汉、冯锐等人以定县为基地,采用社会学系统的科学方法展开以中国社会基本单位——县为单位的实地调查。晏阳初强调社会调查必须以整个社会改造为目标。它具有两重意义,一为教育的意义,二为社会科学的意义。社会科学不能依葫芦画瓢般地抄袭应用,必须先知道中国社会是什么样的,然后才能着手于科学系统之建设。因此,他希望社会调查对中国的社会科学研究做出贡献。他反对脱离实际的"民盲",反对坐而论道的空谈;提倡做彻底深入民间、深入实际的"民友";反对坐而论道的旁观者,提倡做起而行的改革者。他以科学系统的实地调查所得出的结论,作为平民教育与社会改造的依据,"本会在定县的社会调查工作,在平教运动的立场上,是要以有系统科学的方法调查县内的一切社会情况,然后将根据调查所归纳之各种结论及建议,分别供给有直接关系之四大教育与三大方式的主持者,使计划实现推行各该种教育时有参考之材料,及可靠之根据"。[②]在几十年的乡村改造的实践中,他不仅始终坚持这些信条,而且为保证各项工作的科学性,还特别注重对乡村改造工作者的教育与训练,以确保研究主体具备从事社会改造的基本素质。

---

① 晏阳初:《乡村改造运动十大信条》,宋恩荣总主编《晏阳初全集》(第3卷),天津教育出版社,2013年,第592页。

② 晏阳初:《中华平民教育促进会定县实验工作报告》,宋恩荣总主编《晏阳初全集》(第1卷),天津教育出版社,2013年,第269页。

(五)晏阳初平民教育思想的当代启示

一百多年以来,中国人民不断探索着现代化的进程,现代化的核心是人的现代化。中国是一个人口大国,其中农民占大多数,因而中国现代化的核心和关键在于农民的现代化。如何提高农民的素质,建设现代化的乡村是中国现代化征程中不可忽略的问题,尤其是当下,中央已明确了"三农"(农业、农村与农民)的重要性地位,先后制定了一系列新农村建设、乡村振兴的方针、战略。现在的发展离不开对过去经验的总结与借鉴,回眸历史,晏阳初的平民教育思想内涵丰富,涵盖了基础教育、职业教育、成人教育、继续教育等多种教育形式,在一定程度上为当下中国特色社会主义新农村建设、乡村振兴提供了重要的历史镜鉴与经验启示。

1. 坚守以人为本的理念,提高民众整体素质

自古以来,中国即有"民为邦本、本固邦宁"的文化传统,民众是国家的基础,人民的生活得到了稳定,国家与民族才能得以稳固。晏阳初的平民教育思想始终把人的生存与发展放在首位,坚持平民是教育的出发点和归宿。因而,当下中国应始终不忘坚守以人为本的理念,提升民众的整体素质,建设现代化的新农村。

2. 树立"大教育观"思想

晏阳初平民教育思想涵盖了各个层级的教育形式,如基础教育、职业教育、成人教育、家庭教育等,可以说是一个较为完整的教育体系。"大教育观"是晏阳初教育思想中非常明显的观念,从其所采用的学校式、家庭式、社会式三大方式便可看出。当前中国教育条割化较为严重,学校教育、社会教育、家庭教育之间的联系弱,且更偏重于学校教育,而社会教育、家庭教育没有得到足够的重视。如果要想培养出一个"完整的"人,那么这三类教育都是不可缺失的,而且是相互联系、共同作用的。因而,当前的农村教育中,既要充分发挥学校教育的主体作用,也要加强家庭教育的基础作用,还要重视社会教育的补充作用,使得这三者之间得以有效的配合。

3. 鼓励大学生返乡工作，反哺农村教育

平民教育运动是一场由晏阳初等知识分子深入乡间开展的科学运动，其中的"博士下乡"为大家所熟知。晏阳初带领了一批洋博士、大学校长、大学教授、大学生深入定县，开展乡村建设实验，这种深植乡村的爱国爱民精神值得被当代学者、大学生群体借鉴。当前我国高等教育正在向普及化迈进，大学生的数量居世界前列，但是大学生就业压力大，大学毕业生大都只选择留在大城市工作，不愿回到农村，导致城市人才过度，而新农村建设人才奇缺。因而，国家与高校在动员大学生回乡工作方面应有所作为，如国家提供大学生回乡工作补贴，当地政府为回乡工作大学生提供基本的生活工作环境，高校针对农村籍大学生实行学费减免或提供奖学金等措施，同时，社会、学校积极宣传在农村工作的大学毕业生的先进典型事迹。这些措施能够促使大学生怀抱感恩之心，强化家国情怀，返回农村，利用自身所学的知识，为新农村建设做出贡献。

4. 精神遗产

20世纪50年代后，由于十分复杂的原因，晏阳初身居海外，但是，他丝毫也没有放弃他的平民教育事业。中华平民教育促进会终结后，他以先后成立的新的教育社团——国际平民教育委员会（International Committee of the Mass Education Movement，ICMEM）/Int'l MEM / IMEM）、晏阳初乡村改造促进会（Jimmy Yen's Rural Reconstruction Movement，JYRRM）为依托，继续争取美国的实业家、慈善家的捐助，募集资金，在世界欠发达国家开展乡村改造运动。经过几年的考察、比较、实验，他首先选择与菲律宾政府和乡村改造促进会合作，并且于20世纪60年代初在菲律宾创建国际乡村改造学院（The International Institute of Rural Reconstruction，IIRR），为菲律宾、南越、泰国、哥伦比亚、危地马拉、加纳等亚非拉国家或地区专门培养乡村建设人才，晏阳初担任第一任院长，亲自授课。晏阳初经常以定县实验的理论、原则、方法为内容发表系列讲座，进行田野考察，参观国际乡村改造学院与菲律宾乡村改造促进会所建立的乡村建设实验中心。晏阳初还多次赴南越、泰国、哥伦比亚、危地马拉、印度、加纳考察和指导乡村建设实验，帮助创建乡村建设组织（如哥伦比亚乡村改造促进会、危地马拉乡

村改造促进会)。国际乡村改造学院存在至今,为其他国家培养了大批乡村建设专门人才。他以国际乡村改造学院为中心,把自己在中国形成的平民教育暨乡村建设所形成的经验、方法介绍到世界欠发达国家或地区,直至1990年病逝为止,他才依依不舍地离开他终身服务的平民大众,以实际行动实践了他的"天下一家,世界大同"的理想。

为表彰晏阳初一生为平民教育而始终不渝追求的精神,1987年10月15日,美国总统授予他"杜绝饥饿终生成就奖"。1996年,中华人民共和国全国人民代表大会常务委员会副委员长雷洁琼称赞晏阳初是"国际乡村改造运动及平民教育运动的奠基人"[1]。

1943年,晏阳初提出著名的"第五种自由:即免于愚昧无知的自由"观点:"平民教育将使每一个人造就成为一个完整的人,到那个阶段,他就是任何其他人的好兄弟,我谦恭地相信世界需要这一为世界民主、和平的教育。这样,我们不仅能拥有四大自由,而且还能获得第五种自由——这是最伟大的自由。没有它,我们就不能获得其他四大自由?这就是免于愚昧无知的自由。"[2]随后,这一思想被联合国粮农组织所接受。[3]

晏阳初在从事数十年的平民教育实践后提出"免于愚昧无知的自由"思想,即唯有首先消除人类的文盲,人人都必须受教育,人人都必须平等地受教育,才能消除人类的贫困与饥饿。以教育为基础,把识字、生计、健康、公民等教育合为一个整体,教育与建设有机结合,晏阳初终其一生的平民教育思想与实践,给中国,也给世界留下了一份宝贵的精神遗产。

---

[1] 宋恩荣总主编:《晏阳初全集》(第4卷),天津教育出版社,2012年,第632—632页。
[2] J. P. McEvoy, Jimmy Yen: China's Teacher Extraordinary. Reader's Digest, Nov. 1943, P2—8.
[3] 宋恩荣、孙邦华:《晏阳初全集序》,宋恩荣总主编《晏阳初全集》(第1卷),天津教育出版社,2012年,第19页。

附录

一、中华平民教育促进会章程(1923年)

第一章　总纲

第一条　本会定名为中华平民教育促进会。

第二条　本会宗旨在适应失学人民的实际生活,研究并实验平民教育学术,协助国家教育民众,培养全民修齐治平的真实能力,发扬中国文化,促进世界大同。

第二章　会务

第三条　本会会务为左(下)列各项:

一、调查事实　举行社会调查、经济调查及教育调查,征集各种事实,作平民教育研究之根据;

二、研究学术　根据调查所得之结果,按照实际生活的需要,研究平民教育上一切学术;

三、实验学术　根据研究所得之结果,实地集中试验,以求产生平民教育社效率最大、应用最广的各种材料方法及方案;

四、编制工具　根据研究试验所得之结果,编辑各种教材读物、学术丛书,并制造一切应用之教具;

五、训练人才　集合各种学术专家调查研究试验,编制各种的经验与发明,

创设平民教育学院,培养平民教育学术上与行政上各种人才;

六、协助推行　政府实施民众教育,社会团体或个人举办平民教育,本会应集各种教育学术专家的经验及平日研究试验所得的结果,随时协助推行。

第三章　组织

(甲)董事会

第四条　本会设董事会,以左(下)列各种资格之董事组织之:

一、本会最初创办人对于本会经济上、学术上继续确有贡献者,为基本董事;

二、对于本会有特殊贡献者,由执行董事二人以上之提议,经董事会之同意,为被选董事;

三、本会会员继续五年以上履行会员义务者,由执行董事二人以上之提议,经董事会之同意为被选董事;

四、对于平民教育有特别学术才能者,由执行董事五人以上之提议,经董事会之同意为被选董事。

第五条　本会董事名额以三十五人为最高额。

第六条　本会董事继续两年不履行董事职权者,认为自行解职。

(乙)执行董事会

第七条　本会设执行董事会,以执行董事七人组织之。干事长为当然执行董事,其他六人,由董事会就近本会所在地之董事中公选之。

第八条　公选之执行董事任期六年,每二年改选三分之一。唯第一次选出者任期二年、四年、六年各三分之一,由执行董事会第一次开会时签订之。

第九条　执行董事之改选,由现任执行董事照定额加倍从董事中推举候选人,经董事会按照定额就候选人中选定之。

第十条　执行董事会设董事长一人,会计一人,文牍一人,由执行董事会就执行董事中推任之。

第十一条　执行董事会遇必要时得酌设各种委员会。

第十二条　执行董事在一年以上放弃职权者,认为自行解职。

(丙)本会干部

子、干事长

第十三条　本会干部设干事长一人,由执行董事会就董事中推举,由董事会聘任之,商承执行董事会主持全会一切事宜。干事长得酌设中西文秘书。

丑、各部科

第十四条　本会干部分设左(下)列各部各科:

一、总务部;

二、市民教育部;

三、农民教育部;

四、华侨教育部;

五、士兵教育部;

六、平民文学科;

七、平民艺术科;

八、生计教育科;

九、公民教育科;

十、健康教育科;

十一、妇女教育科;

十二、教育学术科;

十三、社会调查科。

第十五条　本会干部各部各科设主任一人,并得酌设副主任及专门干事若干人,由干事长聘任之。

第十六条　本会干部遇必要时得酌设各种委员会。

寅、会议

第十七条　本会干部设左(下)列各种会议:

一、行政会议　由各部科主任组织之,议决本会一切重大问题,干事长为当然主席;

二、教务会议　由教育方面各部主任组织之,议决本会教育行政方面一切问题,由各部主任公推一人为主席;

三、总务会议　由总务部所属各主任组织之,议决本会总务方面一切事宜,总务主任为当然主席;

四、学术会议　由各科主任组织之,议决本会学术方面一切问题,由各科主任公推一人为主席。

(丁)学院

第十八条　本会设立平民教育学院,设主任一人主持之,并得酌设副主任。

第十九条　学院正副主任由行政会议就专门干事中推举,由干事长决定聘任之。

第二十条　学院重要院务须经行政会议议决办理。

第二十一条　学院主任得出席于干部各种会议。

(戊)试验区

第二十二条　本会为实验全部或一部平民教育学术得设试验区,其组织办法由行政会议另定之。

第四章　职权

第二十三条　董事会之职权如左(下):

一、规定会务进行方针;

二、选举执行董事;

三、聘任干事长;

四、筹募经费;

五、保管基金;

六、核定预算及决算。

第二十四条　前条董事会之职权,除(二)、(三)两项外,由执行董事会执行之。

第二十五条　干事长之职权如左(下):

一、主持全会进行事宜;

二、编订会务进行计划;

三、编订预算决算;

四、聘任职员。

第五章　会员

第二十六条　凡公私机关团体或个人，赞成本会宗旨，自愿尽维持之责者，经执行董事会之认可，得为本会会员，其分类如左(下)：

甲、机关会员

(一)国立机关年出会费一百元以上者；

(二)公立机关年出会费五十元以上者；

(三)私立团体机关年出会费二十元以上者。

乙、个人会员

(一)赞助本会，年出会费在二十元以上者；

(二)对于教育著有贡献，年出会费五元者。

丙、名誉会员

(一)在本会服务五年以上成绩显著者；

(二)在学术上或经济上赞助本会者；

(三)外国个人或团体机关，在学术上或经济上协助本会者。

第二十七条　会员有享受本会定期学术刊物及会务报告之权。

第二十八条　会员继续在五年以上者，有被选为董事之权，但名誉会员不适用此条。

第二十九条　会员会费有延欠一年以上者，其会员权责认为自行解除。

第三十条　会员有损坏本会名誉之行为者，经执行董事会议决后得取消其会员资格。

第六章　经费

第三十一条　本会经费为左(下)列各项：

一、基金；

二、出版物收入；

三、补助费；

四、特别捐；

五、会费；

六、其他。

第七章 会期

第三十二条　董事会每年开会一次。

第三十三条　执行董事会每年开会一次,但遇必要时得由董事长召集临时会。

第八章　会址

第三十四条　本会总事务所设在北平,遇必要时得设分事务所。

第九章　附则

第三十五条　本会章有修改之必要时,得由董事五人以上之提议,由董事会三分之二以上之出席,出席人三分之二以上之赞成修改之。

第三十六条　本会章自公布之日施行。

(《中华平民教育促进会章则一览》,中华平民教育促进会,1935年)

二、中华平民教育促进会总会董事会执行董事名单(1923年)

民国十二年(1923)八月,在北京清华学校召集第一次全国平民教育大会,议决设立总会。由各省代表选出全国董事40人,并推定驻京执行董事9人,组织执行董事会。熊夫人朱其慧(熊朱其慧)被举为董事长,阳初被聘为总干事。兹将执行董事会诸先生姓名开列于左(下):

熊朱其慧　董事长　　中国女界红十字会会长、全国妇女联合会会长
周作民　　董事、会计　北京金城银行总经理
陶知行　　董事、书记　中华教育改进社主任干事
张伯苓　　董事　　　　南开大学校长
蔡廷干　　董事　　　　前外交总长、全国税务督办
蒋梦麟　　董事　　　　北京大学校长
陈宝泉　　董事　　　　前教育次长、现任教育部普通司司长
周贻春　　董事　　　　前北京清华学校校长、现北京中孚银行总经理、
　　　　　　　　　　　财政整理会秘书长
张训钦　　董事　　　　前财政次长

(中国第二历史档案馆,宋恩荣主编《晏阳初全集》(第1卷),天津教育出版

社,2012年,第437页;《中华平民教育促进会总会执行董事一览表》,中国第二历史档案馆编:《中华民国档案资料汇编·第三辑教育》,江苏古籍出版社,1991年,第814页。

三、中华平民教育促进会总会早期组织人事

中华平民教育促进会总会

董事会

熊朱其慧，董事长

周作民，会计

陶知行，书记

张伯苓　　　蒋梦麟

张训钦　　　蔡廷干

陈宝泉　　　周贻春

晏阳初，总干事

总务部	统计调查科
汤茂如（代理）	冯锐（代理）
乡村教育部	甘　博
傅葆琛	**农民生计科**
城市教育部	冯　锐
汤茂如	**市民生计科**
公民教育科	刘　拓
陈筑山	**直观教育科**
平民文学科	郑　锦
瞿世英（瞿菊农）	

（宋恩荣总主编《晏阳初全集》（第1卷），天津教育出版社，2012年，第436页）

四、中华平民教育促进会定县实验区暂行章程(1930年)

第一章 总 纲

第一条　本区根据本会章程第二十二条而设立。

第二条　本区以定县全县为范围。

第三条　本会为集中本区实验全部工作起见,暂将会务并入本区进行。

第二章 区 务

第四条　本区区务划分为左(下)列各项：

一、学术行政　关于文艺、公民、生计、卫生,各种教材教具之计划、调查、编制及设计试验属于此项。

二、教育行政　关于学校式、社会式及家庭式各方面的教育之计划、实施调查和推广属于此项。

三、训练行政　关于平民教育一般的讲习、师资的养成,及学术上、行政上人才的训练属于此项。

四、学术研究　为辅助前三项行政起见,所需要的各种专门学术之纯粹研究属于此项。

五、事务执行　关于总务、秘书、会计一类的事务属于此项。

六、附属设置　关于图书馆、医院、经济农场、印刷所、工厂一类的设置属于此项。

第三章 组 织

(甲)事务总揽组织

第五条　一、本区全部事务由本会干事长直接总揽之。

　　　　二、干事长设秘书处佐理事务。

(乙)学术行政组织

第六条　本区为处理学术行政设左(下)列各部：

一、平民文学部；

二、农业教育部；

三、公民教育部；

四、卫生教育部；

五、社会调查部；

六、艺术教育部；

七、产业合作部。

第七条　右(上)列各部职员之设置及聘任，适用本会简章第十五条办理之。

(丙)教育行政组织

第八条　本区为处理教育行政设左(下)列各部：

一、学校式教育部；

二、社会式教育部；

三、家庭式教育部。

第九条　右(上)列各部职员之设置及聘任与第七条同。

(丁)训练行政组织

第十条　本区为处理训练行政应时需要，设左(下)列训练机关：

一、青年农民社；

二、平民教育讲习会；

三、平民教育师范院；

四、平民教育研究院。

第十一条　右(上)列训练机关职员之设置及聘任，适用本会简章第十八条、十九条办理之。

(戊)学术研究组织

第十二条　本区应工作上实际之需要,得设各种学术研究委员会。

第十三条　各种学术研究委员会之设置,由直接有关系之部提出计划于干事长,经区务行政会议议决之。

第十四条　各种学术研究委员会设主席一人,委员若干人,各由干事长聘任之。

(己)事务执行主席

第十五条　本区为执行事务行政设左(下)列两处:

一、总务处;

二、会计处。

第十六条　右(上)列各处设主任一人,干事若干人,由干事长聘任之。

(庚)附属设置

第十七条　左(下)列各种附属设置,在区务行政会议未有特别规定时,由属于关系之各部处主持之。

一、图书馆　　　属于秘书处;

二、医院　　　　属于卫生教育部;

三、经济农场　　属于总务处;

四、印刷所　　　属于总务处;

五、工厂　　　　属于总务处。

第四章　会　议

(甲)会议种类

第十八条　本区设左(下)列各种会议

一、区务行政会议　以左(下)列职员组织之,干事长为主席。

a.学术行政、教育行政、训练行政、事务行政各部分主任。

b.干事长从各种学术研究委员及专门干事中选定之人员,名额至多以五人为限。

c.秘书处主任为主持本会会议,记录列席。

二、学术行政会议　由学术行政各部主任组织之,其主席由各主任中公推一人,每年改推一次。

三、教育行政会议　由教育行政各部主任组织之,其主席由各主任中公推一人,每年改推一次。

四、训练行政会议　由训练行政各机关主任组织之,其主席由各主任中公推一人,每年改推一次。

五、事务行政会议　由总务、秘书、会计三处主任组织之,公推一人为主席,每年改推一次。

六、各种联席会议　由各部分主任临时组织之,公推一人为主席。

(乙)会议职责

第十九条　本区各种会议之职责如左(下):

一、区务行政会议之职责

a.协议区务进行计划;

b.协议学术教育训练各种行政总方案;

c.制定全区各种规程;

d.审定各部分互相关系之办事细则;

e.协议其他关于全区重要事件。

二、学术行政会议之职责

a.协议学术行政各部互相关系之事件;

b.协议学术行政各部工作之连锁。

三、教育行政会议之职责

a.协议教育行政各部互相关系之事件;

b.协议教育行政各部工作之连锁。

四、训练行政之职责

a.协议训练行政各机关互相关系之事件;

b.协议训练行政各机关工作之连锁。

五、事务行政会议之职责

a.协议事务行政各处相互关系之事件;

b.协议事务行政各处工作之连锁。

六、各种联席会议之职责

a. 协议各该联席部分相互关系之事件；

b. 协议各该联席部分工作之连锁。

(丙)会议期数

第二十条　区务行政会议　每半年始终各开例会一次(其日期及日数由干事长应议案之多寡酌定)，随时遇有重要事件经会员五人以上之提议，由干事长认可召集。

第廿一条　学术教育训练事务各种会议　每两月开例会一次，遇有必要时得由主席召集开临时会议。

第廿二条　各种联席会议　会期无定，应随时之需要举行之。

第五章　附　则

第廿三条　本章程所未规定之事项适用本会章程。

第廿四条　本章程之修改以区务行政会议会员三分之二之出席，出席员三分之二之赞成议决之。

第廿五条　本章程自公布之日施行。

(《中华平民教育促进会章则一览》，中华平民教育促进会，1935年)

五、中华平民教育促进会定县实验区组织大纲(1934年)

本会定县实验六年计划第一期已将结束,第二期正待开始,兹制定组织大纲如左(下)。

第一条 定县实验区以左(下)列各部处委员会组织之。

一、总务处;

二、平民文学部;

三、艺术教育部;

四、生计教育部;

五、卫生教育部;

六、公民教育部(暂缓设置);

七、学校式教育部;

八、社会式教育部;

九、家庭式教育部(暂缓设置);

十、教育心理研究委员会;

十一、戏剧研究委员会。

第二条 本区全部事务由本会干事长直接总揽之,干事长设秘书处佐理机要事务,秘书处设秘书长一人,秘书若干人。

第三条 各部处委员会各设主任一人,并得酌设副主任及专门干事若干人,由干事长聘任之。

第四条　本区为襄助干事长主持研究实验事务,设研究委员会。

研究委员会以各部委员会主任及干事长指派之委员组织之。研究委员会设主任委员一人,由干事长就专门干事中指派之,并得酌设副主任。

第五条　研究委员会之职责如左(下):

一、关于研究实验设计事项;

二、关于各部委员会工作连锁事项;

三、关于研究实验之人员分配及预算审核整理事项;

四、关于学术团体或机关研究实验合作事项;

五、关于研究实验结果之预告及审核整理事项;

六、关于图书管理事项;

七、其他关于研究实验事项。

第六条　本区为襄助干事长主持训练事务,设训练委员会。

训练委员会以各部委员会主任及干事长指派之委员组织之。训练委员会设主任委员一人,由干事长就专门干事中指派之,并得酌设常务委员一人至三人,分掌教务实习等事项。

第七条　训练委员会之职责如左(下):

一、关于训练设计事项;

二、关于训练实习程序之制定及分配事项;

三、关于学术团体或机关之训练合作事项;

四、训练结束后之继续辅导事项;

五、其他关于训练及实习事项。

第八条　本区设行政会议以左(下)列人员组织之,干事长为主席。

一、秘书长;

二、研究委员会主任委员;

三、训练委员会主任委员;

四、各部委员会主任;

五、总务处主任;

六、干事长指定人员。

第九条　本大纲所未规定之事项,适用本会章程及定县实验区暂行章程。

第十条　本大纲经干事长公布之日起施行。

(《中华平民教育促进会章则一览》,中华平民教育促进会,1935年)

六、中华平民教育促进会会章(1940年)

第一章 总纲

第一条 本会定名为中华平民教育促进会。

第二条 本会宗旨在适应失学人民的实际生活,研究并实验平民教育学术,协助国家教育民众,培养全民修齐治平的真实能力,发扬中国文化,完成三民主义的建设。

第三条 本会为完满贯彻第二条之宗旨,得与国内外有关系之机关团体合作。

第二章 董事会

第四条 本会最高立法机关为董事会以左(下)列各种资格之董事组成之。

一、本会最初创办人对本会学术上、经济上继续有贡献者。

二、对于本会有特殊贡献由董事二人以上之提议,经董事会之同意者。

三、对平民教育有特殊学术才能由董事五人以上之提议经董事会之同意者。

第五条 本会董事名额九人,互选董事长一人,书记一人,会计一人。

第八条 董事会得聘请名誉董事并得聘会计、顾问若干人筹划关于本会经费各项事宜。

第七条　董事会之职责如左(下)：

一、规定会务方针；

二、选举董事；

三、核定预算决算；

四、筹募本会常年经费及基金。

第八条　董事会开年会一次，如果必要时得开临时会，由董事长召集之以过半数为法定人数。

第九条　董事继续两年不履行其职责者认为自行解职。

第三章　职员

第十条　本会设干事长一人，由董事会之书记兼任之，设专门干事及干事若干人，由干事长聘任之。

第十一条　干事长对内总理会务，对外代表全会。

第十二条　本会干事得分科办事，其规程另定之。

第十三条　本会因工作之需要得设特种教育机关或特种委员会，其组织及办法另定之。前项特种机关，如有设理事、校董或委员之必要时得由本会聘请之。

第十四条　本会在有实验或推广工作之地得分别设通信处或实验区其组织及办法另定之。

第十五条　本会设行政会议每年举行两次，由干事长及专门干事组织之。干事于必要时得列席，以干事长为主席，议定左(下)列事项：

一、关于本会研究实验事项；

二、关于本会农村工作之表证及推广事项；

三、关于本会训练计划事项；

四、与其他机关团体合作事项；

五、建议董事会事项；

六、内部各种章则之订立及修改事项；

七、核准或追认各地办事处陈请及报告事项；

八、干事长提交各事项。

第十六条　本会各地通信处及附设机关得分别举行会议,其议决案须送请行政会议核准或追认。

第四章　会员

第十七条　凡在本会服务一年以上经干事长之认可的为本会会员。

第十八条　会员年会于每年8月本会成立之纪念日举行之。

第十九条　会员有享受本会学术刊物及会务报告之权。

第二十条　会员有损坏本会名誉之行为者由干事长取消其会员资格。

第五章　附则

第二十一条　本会章有修改之必要时得有行政会议决议提请董事会核议修改之。

第二十二条　本会章程呈报教育部备案实行。

(中国第二历史档案馆藏档案:全宗号:十一　案卷号:7340)

七、中华平民教育促进会现任董事(1940年)

张伯苓(董事长)

蒋梦麟

张群

卢作孚(会计)

周贻春

周作民

黄炎培

陈光甫

晏阳初(书记)

熊芷

(中国第二历史档案馆藏档案:全宗号:十一 案卷号:7340)

八、中华平民教育促进会负责人员名单（1940年）

<table>
<tr><td colspan="9">中华平民教育促进会负责人员名单</td></tr>
<tr><td>职务</td><td>姓名</td><td>性别</td><td>年龄</td><td>籍贯</td><td>出身</td><td colspan="2">略历</td><td>附注</td></tr>
<tr><td>干事长</td><td>晏阳初</td><td>男</td><td>46</td><td>四川</td><td>留美</td><td colspan="2">河北省县政建设研究院院长，最高国防参议会参议员</td><td>现任国民参政会参政员</td></tr>
<tr><td>专门干事</td><td>瞿菊农</td><td>男</td><td>41</td><td>江苏</td><td>留美</td><td colspan="2">清华大学教授，湖南大学文学院院长</td><td>现任行政院县政计划委员会委员</td></tr>
<tr><td>专门干事</td><td>姚石庵</td><td>男</td><td>42</td><td>山西</td><td>留美</td><td colspan="2">北平大学教授、湖南省地方行政干部学校技术辅导员班副主任</td><td>现任全国农产促进会专门委员</td></tr>
<tr><td>专门干事</td><td>黎锦舒</td><td>男</td><td>42</td><td>湖南</td><td>留德</td><td colspan="2">国民革命军总司令部教育股长，国立中山大学教授</td><td>现任中国乡村建设学院筹备委员</td></tr>
<tr><td>专门干事</td><td>孙伏园</td><td>男</td><td>46</td><td>浙江</td><td>留法</td><td colspan="2">国立中山大学教授</td><td>本会秘书主任</td></tr>
<tr><td>专门干事</td><td>汪德亮</td><td>男</td><td>41</td><td>广东</td><td>留美</td><td colspan="2">国立武汉大学教授</td><td>现任中国乡村建设学院筹备委员</td></tr>
<tr><td>专门干事</td><td>陈志潜</td><td>男</td><td>42</td><td>四川</td><td>留美</td><td colspan="2">北平协和医学院教授</td><td>现任四川卫生实验处处长</td></tr>
<tr><td>专门干事</td><td>彭一湖</td><td>男</td><td>49</td><td>湖南</td><td>留日</td><td colspan="2">河北省县政建设研究院秘书长，衡山实验县县长</td><td>现任湖南省立衡山师范学校校长</td></tr>
<tr><td>专门干事</td><td>陈筑山</td><td>男</td><td>52</td><td>贵州</td><td>留美</td><td colspan="2">中国公学校长，贵州省政府委员，四川省政府秘书长</td><td>现任四川省政府建设厅厅长</td></tr>
</table>

(续表)

职务	姓名	性别	年龄	籍贯	出身	略历	附注
专门干事	孙恩三	男	41	山东	留美	基督教青年协会文化组主任	现任中国乡村建设学院筹备委员
专门干事	谢扶雅	男	46	浙江	留日留美	岭南大学教授	现任中国乡村建设学院筹备委员
专门干事	熊佛西	男	41	江西	留美	北平艺术学院教授	现任四川省立音乐戏剧专科学校校长
专门干事	霍俪白	男	48	广东	留日留美	定县实验县县长,四川省设计委员会秘书长	现任江西省立中正大学筹备委员
专门干事	孙廉泉	男	41	山东	留日	山东第二区专员,湖南第五区专员	现任四川第十区专员
专门干事	马博菴	男	42	江苏	留美	金陵大学教授	现任江西省立中正大学筹备委员
专门干事	张鸿钧	男	41	北平	留美	燕京大学教授	现任中国乡村建设学院筹备委员

(中国第二历史档案馆藏档案:全宗号:十一 案卷号:7340)

主要参考文献

(一)档案资料

1.IIRR Collcetion. Material of Y.C James Yen and the International Institute of Rural Reconstruction (IIRR) (1919-1993) Correspondence, 5 boxes(A, B, C, D, E); Arranged correspondence & other records, 161 boxes(1-161); Printed materials, 4 boxes(162-166); Blueprints, plans, photographs & maps, flatbox 284. In Rare Book and Manuscript Library of Columbia University in New York(晏阳初与国际乡村改造学院档案资料,书中简称"IIRR Collcetion",收藏于美国哥伦比亚大学图书馆珍稀图书与手稿图书馆)。

2. Material of Y.C James Yen and the International Institute of Rural Reconstruction (IIRR). In IIRR. Silang, Cavite, Philippine.

3.《中华平民教育促进总会档案》,中国第二历史档案馆。

4.《华西实验区档案》,重庆市璧山县(区)档案馆。

5.《中华平民教育促进会档案》,重庆市档案馆,电子档案。

(二)电子及数据库资料

1.民国期刊全文数据库

2.大成老旧期刊数据库

3.CADAL民国书刊数据库

4.《大公报》数据库

5.《申报》数据库

(三)民国时期中英文报刊

1. The China Press(《大陆报》)
2. The Shanghai Evening Post and Mercury(《大美晚报》)
3. 《华工周报》(巴黎)
4. 《大公报》(天津版)
5. 《大公报》(汉口版)
6. 《大公报》(重庆版)
7. 《大公报》(上海版)
8. 《大公报》(香港版)
9. 《大公报》(桂林版)
10. 《申报》
11. 《益世报》(天津版)
12. 《益世报》(北京版)
13. 《益世报》(上海版)
14. 《民国日报》(上海)
15. 《京报》(北京)
16. 《顺天时报》(北京)
17. 《新闻报》(上海)
18. 《晨报》
19. 《中央日报》
20. 《青年友》
21. 《兴华报》
22. 《新中华报》
23. 《台湾日日新报》
24. 《台湾民报》
25. 《锡报》(无锡)
26. 《时报》
27. 《晨报七周增刊》

28.《晨报副刊:社会》

29.《进步日报》

30.《西安日报》

31.《民间》(北平)(中华平民教育促进总会办)

32.《农民》(旬刊,中华平民教育促进总会办)

33.《市民》(旬刊,中华平民教育促进总会办)

34.《大公晚报》

35.《民报》(上海)

36.《世界日报·平教特刊》

37.《新闻前锋》

38.《前线日报》(1938.10—1945.9)

39.《国立中山大学日报》

40.《正报》

41.《立报》

42.《铁报》

43.《评论报》

44.《和平日报》

45.《中美周报》

46.《立报》

47.《时事新报晚刊》

48.《诚报》

49.《中华时报》

50.《金融日报》

51.《力报》

52.《罗宾汉》

53.《珠江报》

54.《独立评论》

55.《青年进步》(上海,中华基督教青年会)

56.《新民众》

57.《新教育》(北京)

58.《新中华》

59.《新教育评论》

60.《教育丛刊》(北京师范大学)

61.《教育与人生》

62.《实业公报》

63.《时事年刊》

64.《教育与民众》

65.《兴华》

66.《中华教育界》

67.《教育杂志》

68.《南洋周刊》(上海)

69.《山东教育月刊》

70.《河南教育公报》

71.《华北水利月刊》

72.《国闻周报》

73.《河北省政府公报》

74.《江苏教育》

75.《民教半月刊》

76.《农村经济》

77.《农村复兴委员会会报》

78.《中国乡村建设学会会友通讯》

79.《中华周刊》(武昌中华大学)

80.《孔教会杂志》

81.《平民教育》(北京高等师范学校)

82.《北京高师周刊》

83.《沈阳高等师范学校周刊》

84.《通俗旬报》

85.《北京大学日刊》

86.《北京女子高等师范文艺会刊》

87.《学生杂志》(商务印书馆)

88.《社会学界》(北京)

(四)文献资料

1.詹一之、陶维全:《请求复查重庆市军官会1950年对乡村建设学院实行接管的报告》,1986年4月18日,影印件。

2.中共重庆市委办公厅:《重庆市委常委会议纪要》,1986年7月14日,影印件。

3.晏阳初:《檀香山华侨与中国平民教育》,中华平民教育促进会总会,1927年。

4.晏阳初:《农民抗战与农村建设》,中华平民教育促进会总会,1938年。

5.汤茂如:《平教总会的组织和工作》,中华平民教育促进会总会,1928年。

6.汤茂如:《平民教育实施的试验》,中华平民教育促进会总会,1928年。

7.汤茂如:《城市平民教育大纲》,中华平民教育促进会总会,1928年。

8.汤茂如:《平民教育运动史略》,中华平民教育促进会总会,1928年。

9.冯锐:《中华平民教育促进会总会华北试验区工作实况》,中华平民教育促进会总会,1929年。

10.汤茂如:《定县农民教育》,中华平民教育促进会总会,1932年。

11.中华平民教育促进会总会编《中华平民教育促进会章则一览》,中华平民教育促进会总会,1935年。

12.中华平民教育促进会总会编《中华平民教育促进会二十五年度工作概览》,中华平民教育促进会总会,1936年。

13.河北省县政建设研究院、中华平民教育促进会编《定县农村教育建设:河北省县政建设研究院定县实验区表证师范各村教育建设工作参考材料》,中华平民教育促进会,1935年。

14.中华平民教育促进会总会编《定县的实验》,中华平民教育促进会总会,1935年。

15.中华平民教育促进会总会编《定县实验工作提要》,中华平民教育促进会总会,1934年。

16.瞿菊农:《定县教育文录》,民间社,1937年。

17.张世文:《定县农村工业调查》,中华平民教育促进会总会,1936年;成都:四川民族出版社,1991年重版。

18.张世文:《农村实地调查经验谈》,友联社,1935年。

19.李景汉:《定县社会概况调查》,中华平民教育促进会总会,1936年。

20.张锡昌:《农村社会调查》,黎明书局,1935年。

21.杨开道:《农村调查》,世界书局,1930年。

22.中华平民教育促进会总会:《中华平民教育促进会总会华北试验区工作实况》(1926年10月—1929年5月),中华平民教育促进会总会,1929年。

23.中华平民教育促进会:《湖南的实验县——衡山》,中华平民教育促进会,1937年。

24.中华平民教育促进会总务处编《中华平民教育促进会总务处办事细则》,中华平民教育促进会,1935年。

25.郑世兴:《我国近代乡村教育思想和运动》,正中书局,1947年。

26.姜书阁:《定县平民教育视察记》,察哈尔教育厅编译处,1932年。

27.毛应章:《定县平民教育考察记》,提拔书店,1933年。

28.国民政府军事委员湖北地方政务研究会调查团编述《调查乡村建设纪要》,国民政府军事委员湖北地方政务研究会调查团,1935年。

29.佚名:《定县平民教育农村运动考察记》,出版社及出版时间不详。

30.余牧人编《农村建设讨论会报告书》(1933年4月7日-22日,河北定县),广学会,1933年。

31.熊佛西:《熊佛西论剧》,新月书店,1931年。

32.中华平民教育促进会编《农村戏剧与农村教育》,中华平民教育促进会,1933年。

33.陈翰笙等编《解放前的中国农村 第1辑》,中国展望出版社,1985年。

34.宋恩荣总主编《晏阳初全集》(1—4卷),天津教育出版社,2013年。

35.重庆市璧山区档案馆、四川大学中国西南文献中心:《民国乡村建设:晏阳初华西实验区档案选编:综合》,西南师范大学出版社,2017年。

36. 重庆市璧山区档案馆、四川大学中国西南文献中心:《民国乡村建设:晏阳初华西实验区档案选编:教育建设实验》,西南师范大学出版社,2018年。

37. 重庆市璧山区档案馆、四川大学中国西南文献中心:《民国乡村建设:晏阳初华西实验区档案选编:经济建设实验》,重庆:西南师范大学出版社,2018年。

38. 重庆市璧山区档案馆、四川大学中国西南文献中心:《民国乡村建设:晏阳初华西实验区档案选编:社会调查》,西南师范大学出版社,2018年。

39. 重庆市璧山区档案馆、四川大学中国西南文献中心:《民国乡村建设:晏阳初华西实验区档案选编:卫生建设实验与编辑宣传》,西南师范大学出版社,2018年。

40. 傅应明主编《中华平民教育促进会华西实验区档案史料选录》,国家图书馆出版社,2019年。

41. 璧山县(区)档案馆编《晏阳初与华西实验区档案史料丛刊》(1—17辑),璧山县(区)档案馆印,2012—2016年。

42. 中国第二历史档案馆:《中华民国史档案资料汇编 第五辑 第一编 教育》,江苏古籍出版社,1994年。

43. 宋恩荣编《晏阳初文集》,教育科学出版社,1989年。

44. 宋恩荣编《平民教育与乡村建设运动》,商务印书馆,2014年。

45. 詹一之编《晏阳初文集》,四川教育出版社,1990年。

46. 戴自俺主编:《陶行知全集》,四川教育出版社,2005年。

47. 陶行知:《行知书集集》,安徽教育出版社,1983年。

48. 晏阳初、[美]赛珍珠著,宋恩荣编《告语人民》,广西师范大学出版社,2003年。

49. 陈侠、傅启群编《傅葆琛教育论著选》,人民教育出版社,1994年。

50. 晏阳初纪念文集编辑委员会编《晏阳初纪念文集》,重庆出版社,1996年。

51. 四川省政协文史资料委员会、巴中县政协文史资料委员会编《平民教育家晏阳初》,四川大学出版社,1990年。

52. 《河北文史资料选辑》(第11辑),政协河北文史资料研究委员会,河北人民出版社,1983年。

53. 李景汉:《实地社会调查方法》,星云堂书店,1933年。

54. 洪大用、黄家亮组编《李景汉文集》(1—6卷),中国人民大学出版社,2019年。

55. 李文海主编《民国时期社会调查丛编·二编·文教事业卷》,福建教育出版社,2004年。

56. 黄立人:《卢作孚书信集》,四川人民出版社,2003年。

57. 凌耀伦、熊甫编《卢作孚集》,华中师范大学出版社,1991年。

58. 唐文光、李萱华等编《卢作孚文选》,西南师范大学出版社,1989年。

59. 周永林、凌耀伦主编《卢作孚追思录》,重庆出版社,2001年。

60. 中国社会科学近代史研究所中华民国史组编《胡适来往书信选(下)》,中华书局,1980年。

61. [美]艾恺采访,梁漱溟口述《这个世界会好吗——梁漱溟晚年口述》,一耽学堂整理,东方出版中心,2006年。

62. [美]艾恺、梁漱溟:《吾曹不出如苍生何——梁漱溟晚年口述》,上海人民出版社,2010年。

63. 章元善、许仕廉编《乡村建设实验》(第一集),中华书局,1934。

64. 章元善、许仕廉编《乡村建设实验》(第二集),中华书局,1935。

65. 章元善、许仕廉编《乡村建设实验》(第三集),中华书局,1936。

66. 梁漱溟:《乡村建设理论》,上海人民出版社,2006年。

67. 中国文化书院学术委员会编《梁漱溟全集》,山东人民出版社,2005年。

68. 千家驹、李紫翔编著:《中国乡村建设批判》,新知书店,1936年。

69. 田彤编《中国近代思想家文库·陈序经卷》,中国人民大学出版社,2015年。

70. 《陈独秀文章选编》(上册),读书·生活·新知三联书店,1984年。

71. 朱文通等编《李大钊全集》(第2卷),河北教育出版社,1999年。

72. 欧阳清晏:《在国际乡村改造学院的日子里》,《师范教育》1991年第5期。

73. 沙兰芳编选《晏阳初为创办农村建设育才院致孔祥熙函稿》,《民国档案》1989年第4期。

74. 沙兰芳：《晏阳初请赞助在晋省开展平教运动致孔祥熙函稿》，《民国档案》1989年第4期。

75. 孙修福译：《斯诺与晏阳初往来书信一组》，《民国档案》1990年第3期。

76. 赵冕：《晏阳初和抗日战争时期的平教会》，中国人民政治协商会议全国委员会文史资料研究委员会编《文史资料选辑》（第四十三辑），中华书局，1963年。

(五)研究著作、论文集

1. 吴相湘：《晏阳初传——为全球乡村改造奋斗六十年》，岳麓书社，2001年。

2. 吴相湘：《晏阳初传——为全球乡村改造奋斗六十年》，时报文化出版事业有限公司，1981年。

3. 宋恩荣、熊贤君：《晏阳初教育思想研究》，辽宁教育出版社，1994年。

4. 晏鸿国：《晏阳初传略》，天地出版社，2005年。

5. 杜学元、郭明蓉、彭雪明等编著：《晏阳初年谱长编》，上海交通大学出版社，2017年。

6. 詹一之等编著：《科教兴农的先行者——晏阳初华西实验区》，四川省晏阳初研究会印，2001年。

7. 重庆市北碚区地方志研究会、西南师范大学校史编委会、乡村建设学院校史研究会合编《中国乡村建设学院在北碚》，西南师范大学出版社，1992年。

8. 郑大华：《民国乡村建设运动》，社会科学文献出版社，2000年。

9. 宋恩荣主编《教育与社会发展——晏阳初国际学术研讨会论文集》，湖南教育出版社，1991年。

10. 徐国琦：《一战中的华工》，上海人民出版社，2019年。

11. 荣恩荣：《教育星空下的艰难探索》，人民教育出版社，2020年。

12. 熊贤君：《晏阳初画传》，山东教育出版社，2015年。

13. 张守广：《卢作孚年谱长编》，中国社会科学出版社，2014年。

14. 许汉三编《黄炎培年谱》，文史资料出版社，1985年。

15. 王先明:《走近乡村:20世纪以来中国乡村发展论争的历史追索》,山西人民出版社,2012年。

16. 湖南省武冈师范学校主编《晏阳初教育思想研究》(第一集),湖南教育出版社,1988年。

17. 湖南省武冈师范学校主编《晏阳初教育思想研究》(第二集),湖南教育出版社,1990年。

18. 湖南省武冈师范学校主编《晏阳初教育思想研究》(第二集),湖南教育出版社,1998年。

19. 孙诗锦:《启蒙与重建:晏阳初乡村文化建设事业研究》,商务印书馆,2012年。

20. 詹一之、李国音:《一项为和平与发展奠基工程——平民教育之父晏阳初评介》,四川教育出版社,1994年。

21. [美]黄宗智:《华北的小农经济与社会变迁》,中华书局,1986年。

22. [美]马若孟:《中国农民经济——河北和山东的农民发展(1890—1949)》,史建云译,江苏人民出版社,2013年。

23. [美]李怀印:《华北村治——晚清和民国时期的国家与乡村》,中华书局,2008年。

24. [美]王国斌:《转变的中国——历史变迁与欧洲经验的局限》,李伯重、连玲玲译,江苏人民出版社,2010年。

25. 李伟中:《20世纪30年代县政建设实验研究》,人民出版社,2009年。

26. 祝彦:《"救活农村"——民国乡村建设运动回眸》,福建人民出版社,2009年。

27. 王景新、鲁可荣等:《民国乡村建设思想研究》,中国社会科学出版社,2013年。

28. 王先明:《走近乡村——20世纪以来中国乡村发展论争夺战历史追索》,山西人民出版社,2012年。

29. 吴星云:《乡村建设思潮与民国社会改造》,南开大学出版社,2013年。

30. 任金帅:《聚同道于乡野:华北乡村建设工作者群体研究(1926—1937)》,山西人民出版社,2013年。

31. 李金铮：《传统与变迁：近代华北乡村的经济与社会》，人民出版社，2014年。

32. 王先明：《乡路漫漫：20世纪之中国乡村（1901—1949）》（上、下册），社会科学文献出版社，2017年。

33. 陈三井：《华工与欧战》，（台北）"中研院"近代史研究所专刊，1986年。

34. 李志会：《晏阳初在定县的足迹》，河北人民出版社，2008年。

35. 矗之：《协和医脉》，中国协和医科大学出版社，2014年。

36. 李小红：《中国乡村治理方式的演变与创新》，中央编译出版社，2012年。

37. 费孝通：《乡土中国》，上海人民出版社，2007年。

38. 黄兴涛、夏明方：《清末民国社会调查与现代社会科学兴起》，福建教育出版社，2008年。

39. 郑杭生、李迎生：《中国社会学史新编》，高等教育出版社，2000年。

40. 陈志让：《军绅政权——近代中国的军阀时期》，生活·读书·新知三联书店，1980年。

41. 许纪霖、陈达凯主编《中国现代化史 1800—1949 第1卷》，上海三联书店，1995年。

42. 吴申元主编《中国近代经济史》，上海人民出版社，2003年。

43. 吴承明：《帝国主义在旧中国的投资》，人民出版社，1955年。

44. 杜恂诚主编《中国近代经济史概论》，上海财经大学出版社，2011年。

45. 李新主编《中华民国史》（第一卷，下），中华书局，2001年。

46. 许涤新、吴承明主编《中国资本主义发展史》（第2卷），人民出版社，2003年。

47. 黄逸平、虞宝棠：《北洋政府时期经济》，上海社会科学院出版社，1995年。

48. 虞和平：《20世纪的中国——走向现代化的历程（经济卷 1901—1949）》，人民出版社，2010年。

49. 闻钧天：《中国保甲制度》，商务印书馆，1935年。

50. 郑学檬主编《中国赋役制度史》，厦门大学出版社，1994年。

51. 刘五书：《二十世纪二三十年代中原农民负担研究》，中国财政经济出版社,2003年。

52.赵兴胜、高纯淑、徐畅、杨明哲:《中华民国专题史·第八卷 地方政治与乡村变迁》,南京大学出版社,2015年。

53.陈瀚笙:《陈瀚笙文集》,复旦大学出版社,1985年。

54.从翰香主编《近代冀鲁豫乡村》,中国社会科学出版社,1995年。

55.刘世仁:《中国田赋问题》,商务印书馆,1935年。

56.汗血月刊社编《田赋问题研究》(上),汗血书店,1936年。

57.朱其华:《中国农村经济的透视》,中国研究书店,1936年。

58.罗克典:《中国农村经济概况》,民智书局,1934年。

59.刘学照:《话语与观念:近代中国思想文化的演进》,商务印书馆,2016年。

60.舒新城编《近代中国教育史料》,中国人民大学出版社,2012年。

61.黄见德:《20世纪西方哲学东渐史导论》,首都师范大学出版社,2002年。

62.[美]约翰·杜威:《民主与教育》,俞吾金、孔慧译,[美]乔·安·博伊兹顿主编:《杜威全集 中期著作(第9卷)》,华东师范大学出版社,2012年。

63.[美]乔·安·博伊兹顿主编《杜威全集·中期著作》(第11卷),华东师范大学出版社,2012年。

64.[美]乔·安·博伊兹顿主编《杜威全集·中期著作》(第12卷),华东师范大学出版社,2012年。

65.[美]乔·安·博伊兹顿主编《杜威全集·中期著作》(第13卷),华东师范大学出版社,2012年。

66.杜威讲述《平民主义与教育》,常道直编译,商务印书馆,1922年。

67.[美]约翰·杜威:《我们怎样思维·经验与教育》,姜文闵译,人民教育出版社,2005年。

68.顾红亮编《中国心灵的转化——杜威论中国》,华东师范大学出版社,2017年。

69.张国清编《民主之为自由——杜威政治哲学与法哲学》,华东师范大学出版社,2017年。

70.袁刚、孙家祥、任丙强编《民治主义与现代社会——杜威在华讲演集》,

北京大学出版社,2004年。

71. 吴俊升:《教育与文化论文选集》,(台北)商务印书馆,1972年。

72. 沈益洪编《杜威谈中国》,浙江文艺出版社,2001年。

73. 简·杜威等:《杜威传》(修订版),单中惠编译,安徽教育出版社,2009年。

74. 单中惠、王凤玉编《杜威在华教育讲演》,华东师范大学出版社,2016年。

75. 欧阳哲生编:《胡适文集2》,北京大学出版社,1998年。

76. 刘放桐主编:《杜威哲学的现代意义》,复旦大学出版社,2017年。

77. 田光远:《科学与人问题——论约翰·杜威的科学观及其意义》,复旦大学出版社,2006年。

78. 张允侯、殷叙彝等编《五四时期的社团》(二),生活·新知·读书三联书店,1979年。

79. 中共中央马恩列斯著作编译局研究室编《五四时期期刊介绍》(第一集),生活·新知·读书三联书店,1978年。

80. 费正清:《观察中国》,傅光明译,世界知识出版杜,2001年。

81. 韦政通:《儒家与现代中国》,(台北)东大图书股份有限公司,1984年。

82. 范伟达、王竞、范冰:《中国社会调查史》,复旦大学出版社,2008年。

83. 阎明:《中国社会学史:一门学科与一个时代》,清华大学出版社,2010年。

84. 熊明安、周洪宁:《中国近现代教育实验史》,山东教育出版社,2001年。

85. 杨善发:《中国农村合作医疗制度变迁研究》,南京大学出版社,2012年。

86. 孙邦华:《身等国宝 志存辅仁——辅仁大学校长陈垣》,山东教育出版社,2004年。

(六)当代报刊

1.《人民日报》(海外版)

2.《人民日报》

3.《新华日报》(重庆)

4.《重庆新民报日刊》

5.《团结报》

6.《河北日报》

7.《星岛日报》

(七)英文著作

1. Y.C.James Yen, The Mass Education Movement in China. North China Press, Hsi Ho Yuan, Peking, 1924.

2. Y.C.James Yen, The Mass Education Movement in China. The commercial press, Shanghai, 1925.

3. Y.C.James Yen, New Citizens for China. Chinese National Association of the Mass Education Movement, Ting Hsien, 1929.

4. Y.C.James Yen, China's New Scholar-Farmer. Chinese National Association of the Mass Education Movement, Ting Hsien, 1929.

5. Y.C.James Yen, The Ting Hsien Experiment 1930-1931. Chinese National Association of the Mass Education Movement, Bulletin No.3, Ting Hsien, 1931.

6. Y.C.James Yen, The Ting Hsien Experiment. Chinese National Association of the Mass Education Movement, Peiping, 1934.

7. Sidney D. Gamble, Ting Hsien: A North China Rural Community. Stanford: Stanford University Press, 1954.

8. Pwarl S. Buck, Tell the People. Silang, Cavite, Philippine, IIRR.

9. John C K King edited, Y C James Yen: His Movement for Mass Education and Rural Reconstruction, 1976.

10. Rural Reconstruction: A Manual on Programming and Procedures. New York, International Committee of the Mass Education Movement, INC, 1955.

(八)学术论文

1. 刘又辛:《晏阳初的真面目》,《人民教育》1957年第6期。

2. 徐秀丽:《中华平民教育促进会扫盲运动的历史考察》,《近代史研究》2002年第6期。

3. 徐秀丽:《民国时期的乡村建设运动》,《安徽史学》2006年第4期。

4. 孙诗锦:《现代卫生观念在乡村的移植——以20世纪20、30年代平教会的定县卫生实验为例》,《广东社会科学》2013年第6期。

5. 王志祥:《中华平民教育促进会的定县平民教育实验》,《教育研究与实验》1988年第1期。

6. 高宁:《论平教会在定县的生计教育》,《河北北方学院学报》2014年第4期。

7. 蒋伟国:《抗战时期平教会的农民抗战教育》,《民国档案》1996年第1期。

8. 李在全:《抗战时期湖南的乡村建设运动——以平教会为中心》,《湖南师范大学学报》(教育科学版)2006年第2期。

9. 李在全:《国难中的乡村事业:抗战时期四川的乡村建设运动——以平教会为中心的考察》,《天府新论》2006年第2期。

10. 李在全、游海华:《抗战时期的乡村建设运动——以平教会为中心的考察》,《抗日战争研究》2008年第3期。

11. 张艺英、李军:《外来主体与近代乡土社会——以中华平民教育促进会的"新都实验"为例》,《上海大学学报》(社会科学版)2018年第1期。

12. 张艺英、温铁军:《从平民教育、县政实验到土地改革——论中华平民教育促进会的"乡村改造"道路》,《开放时代》2018年第3期。

13. 谭重威:《中华平民教育促进会华西实验区的乡村建设实验》,《四川师范大学学报》(社会科学报版)1994年第1期。

14 谢健:《中华平民教育促进会在华西实验区的乡村建设实验》,《重庆交通大学学报》(社科版)2013年第6期。

15. 谢健:《华西实验区乡村建设运动述论》,《北京教育学院学报》2013年第6期。

16. 谢健:《抗战后的平民教育运动——以平教会华西实验区为中心》,《西华师范大学学报》(哲学社会科学版)2016年第4期。

17. 谢健:《国家政策与社团实践——平教会华西实验区农地减租问题考察》,《史学月刊》2016年第5期。

18. 阎书钦:《民国学界对美国社会学理论的选择与融会:对民国时期社会学中国化一个侧面的考察》,《近代史学刊》2013年第10辑。

19. 杨榴红:《社会调查学家——李景汉》,《中国人民大学学报》1989年第1期。

20. 王志刚、李江涛:《晏阳初"定县实验"对当今乡村教育改革的启示》,《甘肃农业》2005年第8期。

21. 陶诚:《30年代前后的中国乡村调查》,《中国社会经济史研究》1990年第3期。

22. 陈树德:《重读〈定县社会概况调查〉》,《读书》1983年第11期。

23. 张祝平:《〈定县社会概况调查〉与当下中国乡村社会研究》,《浙江社会科学》2014年第3期。

24. 李孝悌:《河北定县的乡村建设运动"四大教育"》,《近代史研究所集刊》1982年第11期。

25. 李金铮:《定县调查:中国乡村社会调查的里程碑》,《社会学研究》2008年第2期。

26. 宣朝庆:《地方精英与农村社会重建——定县实验中的士绅与平教会冲突》,《社会学研究》2011年第4期。

27. 曹书杰:《中华平民教育促进会在定县的乡村平民教育实验》,《教育与职业》1989年第12期。

28. 鲁振祥:《三十年代乡村建设运动的初步考察》,《政治学研究》1987年第4期。

29. 郑杭生、张春:《晏阳初:平民教育从中国到世界的历程》,《江苏社会科学》2004年第2期。

30. 宋恩荣:《晏阳初对中国教育现代化与本土化的思考》,《河北师范大学学报》(教科版)1998年第2期。

31. 宋恩荣:《重提"平民教育"的现实意义》,《河北师范大学学报》(教科版)2008年第9期。

32. 李文珊:《晏阳初梁漱溟乡村建设思想比较研究》,《学术论坛》2004年第3期。

33. 周逸先:《晏阳初平民教育与乡村改造方法论初探》,《高等师范教育研究》2002年第3期。

34. 邓红:《中国乡村建设思潮的个案解析:论"定县主义"》,《河北大学学报》(哲学社会科学版)2005年第4期。

35. 潘家恩:《重思乡村建设与乡村革命》,《开放时代》2018年第3期。

后记

对晏阳初及其平民教育史的研究,如果从新世纪初我开始协助宋恩荣先生整理编辑直至出版新版《晏阳初全集》(天津教育出版社2013年)算起,已走过近20年的春秋。其间,有关这一领域的学术研究,最主要的活动就是收集和整理编辑晏阳初文献以及主持国家社科基金研究项目"晏阳初平民教育史研究"。史料是历史、教育史研究的不可或缺的条件,收集、筛选、整理文献是历史、教育史研究者的基本功,也是每一项课题的研究中最耗精力的环节。编辑新版《晏阳初全集》时,宋恩荣先生请设在菲律宾的国际乡村改造学院(The International Institute of Rural Reconstruction,后文简称IIRR)提供了一批20世纪70至80年代的原始档案复印件,大都是关于晏阳初在该院对来自亚洲、拉丁美洲、非洲一些欠发达国家乡村改造工作者培训班上的报告、讲话(英文)。我随即带领自己的研究生进行翻译、整理。几年前,当获悉重庆市璧山县(区)档案馆发现了完整保存的平民教育华西实验区档案(中文)时,我又带着在读博士和硕士研究生杨燕、张睦楚、王浩、任杰、罗勤等前往查阅。在得到傅应明馆长的允许和其他工作人员的支持下,我们利用数码相机挑选出一些急需的档案进行拍照,并且有幸获赠傅馆长编选的内部连续出版物《华西实验区档案史料丛刊》(陆续出版了17期)。后来,又请张少敏、汪昊宇、张硕等硕士研究生前往重庆市档案馆查阅和复印中华平民教育促进会、私立乡村建设学院、华西实验区等档案。

20世纪50年代后,由于众所周知的原因,身居海外的晏阳初把在中国大地形成的平民教育暨乡村改造思想通过IIRR等组织推广到了世界欠发达国家,

IIRR在美国纽约市的办事处则完整地保存了晏阳初在海外从事乡村建设运动的原始档案，这些档案在经过初步整理后，以"IIRR Collcetion. Material of Y.C James Yen and the International Institute of Rural Reconstruction (IIRR) (1919—1993)"为名称，于20世纪90年代被存放到了哥伦比亚大学图书馆中的珍稀图书和手稿图书馆，向全世界的学者全部开放。我和宋恩荣先生新编《晏阳初全集》时曾经多次商议如何利用存于哥大的晏阳初档案，想了多种办法，都不可行。终于在2011年，我申请到国家留学基金委（CSC）的资助，获得以高级访问学者的身份赴美访学六个月的机会。在北京语言大学进行一个学期的英语培训之后，我顺利通过国家公派出国留学英语考试，并且联系到美国纽约州立大学奥尔巴尼分校（SUNY）访学。在美国半年，有整整4个月是潜心在哥大图书馆，查阅晏阳初档案。该档案包括了1919至1993年晏阳初在法国办《华工周报》直至他逝世为止的平民教育活动文献，全部都是第一手的原始资料，保存之完整、数量之大、内容之丰富，十分令人惊喜！值得庆幸的是，这些原始档案都可以查阅，不仅可以使用数码相机拍成照片，而且拍照不限量。每天可以查阅和拍下1—2盒的资料，4个月查阅和翻拍了十分丰富的资料（绝大部分是英文资料），满载而归。

自美归来后，我从所收集的档案中首先着手挑选整理出了一部分中英文资料编入了随后出版的《晏阳初全集》，然后于2014年以《晏阳初平民教育史研究》为题获得了国家社会科学基金研究立项（课题批准号：14BZS090），该课题设计了两大研究内容（子项目）：《晏阳初年谱长编》和《晏阳初平民教育史》。随后立即带领我的研究生和访问学者从整理、翻译文献入手，特别是持续不断地翻译从美国收集回来的英文资料。挑选出资料后，分配给相关研究生翻译，请他们在每周的读书会上汇报翻译内容，集体讨论修改。同时，组织研究生尽可能地从民国时期的报纸、期刊、图书等出版物中收集和整理有关晏阳初暨中华平民教育促进会的资料。参与资料翻译和整理等学术活动的研究生、博士后有杨燕、张睦楚、赵洁、季鲁玉、翟淑环、颜芳、王浩、任杰、王少芳、陈谷鋆、阚溪朔、梁尔铭、王聪颖、张小娟、姜柏强、张少敏、汪昊宇、张硕、赵建、郭松、赵苏苗、张楠、陈梦越、高珺、刘畅、孟祥娇、唐婷婷、姚立强、王鼎、秦俊巧、唐玉秋、吴鑫鑫、白雪松、相羽辰、张冬冬、刘一、蒋倩、屈岳红、师睿遥、郭倩等，谨此感谢同学们

后 记

和访问学者们多年来所付出的一切！课题组经过整整5年的辛勤努力,最终成果于2020年上半年顺利通过国家科学基金管理办公室组织的专家验收而结题。

在国家社会科学基金项目研究过程中,时逢中国教育科学研究院储朝晖教授筹划和组织学者撰写一套《中国现代教育社团史》大型丛书,并且邀请我承担《中华平民教育促进会史》,我欣然接受。于是,我们决定把两项任务结合起来,从中华平民教育促进会与中国平民教育运动史的角度立论,并且请王聪颖、汪昊宇加入,共同完成。王聪颖在北京师范大学跟随我攻读博士学位期间在每周的读书会上都积极参与晏阳初文献的翻译,又经常同晏阳初研究前辈宋恩荣先生交流,请教相关学术问题,博士研究生学业完成后(入职扬州大学工作),在本课题的研究和本书的撰写中用力颇多,承担了10多万字的写作任务并亲赴南京市中国第二历史档案馆查阅档案,补充相关资料。汪昊宇在北京师范大学跟随我攻读硕士研究生期间,不仅参与晏阳初文献的翻译,并且以《社会调查在民国乡村教育实验中的作用研究——以定县实验为中心》为选题完成了硕士学位论文,顺利通过论文答辩,在专家匿名评审和答辩时都被评为优秀论文。因此,汪昊宇主要参与了平教会与定县实验部分的撰写。

本课题最初设想的有些问题由于各种原因还没有来得及研究,比如平教会的经费问题,由于大部分文献都是英文,量大、繁复,翻译、整理的任务还很漫长,有待后续再进行专门研究。

非常感谢储朝晖兄把本书列入《中国现代教育社团史》这套丛书之中！感谢审读专家的肯定和所提宝贵意见！感谢西南大学出版社投入巨大的人力、物力,为丛书和本书的出版而付出的辛勤劳动！

孙邦华于京师园
2021年12月

丛书跋

2012年完成自己主编的2012年度国家出版基金资助项目"20世纪中国教育家画传"后,就策划启动新的研究项目,于是决定为曾在中国教育现代化过程中发挥巨大作用而又少有人知的教育社团写史,并在2013年3月拿出第一个包含8本书的编撰方案。当初怎么也没想到这一工作一再积累后延,几乎占用了我8年的主要时间,列入写作的社团一个个增加,参加写作的专家团队、支持者和志愿者不断扩大,最终汇成30本书和由50多位专家组成的团队,并在西南大学出版社鼎力支持下如愿以偿地获得2019年度国家出版基金资助。

1895年中日甲午海战中国战败后,中国社会受到强烈震动,有识之士勇敢地站出来组建各种教育社团,发展现代教育。1895年到1949年,在中国传统教育向现代教育转化、嬗变的过程中,产生了数以百计的教育社团。中华教育改进社等众多的民间教育社团在中国教育现代化进程中都曾发挥过重要的、甚至是无可替代的作用,到处留下了这些社团组织的深深印记,它们有的至今还在发挥着潜移默化的作用,它们是中国教育智库的先声。

但随着时间的推移,知道这段历史的人越来越少。教育社团组织与中国教育早期现代化既是一个有丰富内涵的历史课题,更是一个极具现实意义的实践课题。挑选"中国现代教育社团史"这一极为重大的选题,联合国内这一领域有专深研究的专家进行研究,系统编撰教育社团史,既是为了更好地存史,也是为了有效地资政,为当今及此后教育专业社团的建立、发展和教育改进与发展提供借鉴,为教育智库发展提供独具价值的参考,为解决当下中国教育管理问题提供借鉴，从而间接促进当下教育质量的提升和《中国教育现代化2035》目标的实现。简言之，为中国现代教育社团修史是一项十分有意义的工作。

在存史方面，抢救并如实地为这些社团写史显得十分必要、紧迫。依据修史的惯例，经过70多年的沉淀，人们已能依据事实较为客观地看待一些观点，为这些教育社团修史，恰逢其时；依据信息随时间衰减的规律，当下还有极少数人对70多年前的那段历史有较充分的知晓，错过这个时期，则知道的人越来越少，能准确保留的信息也会越来越少，为这些社团治史时不我待。因此，本套丛书担当着关键时段、恰当时机、以专业方式进行存史的重要责任。

在资政方面，为中国现代教育社团修史是一项十分有现实意义的工作。中国教育改革除了依靠政府，更需要更多的专业教育社团发展起来，建立良性的教育评价和管理体系，并在社会中发挥更大的作用。社团是一个社会中多种活力的凝结和显示，一个保存了多样性社团的社会才是组织性良好的社会，才是活力充足的社会。当时的各个教育社团定位于各自不同的职能，如专业咨询、管理、评价等，在社会和教育变革中以协同、博弈等方式发挥出巨大的作用。它们的建立和发展，既受到中国现代新式教育发展的制约，又影响了中国现代新式教育发展的进程。研究它们无疑会加深我们对那个时期中国新式教育发展过程中各种得失的宏观认识，有助于从宏观层面认识整个新式教育的得失，进而促进教育质量和品质的提升。现今的教育社团发展不是在一张白纸上画画，1900年后在中国产生的各种教育社团是它们的先声。为中国现代教育社团修史将会为当下及未来各个社团的建立发展和教育智库建设提供真实可信而又准确细致的历史镜鉴。

做好这项研究需要有独特的史识和对教育发展与改革实践的深刻洞察，本丛书充分运用主编及团队三十余年来从事历史、实地调查与教育改革实践研究的专业积累。在启动本研究之前，丛书主编就从事与教育社团相关的研究，又曾做过一定范围的资料查找，征集国内各地教育史专业工作者意见，依据当时各社团的重要性和历史影响，以及历史资料的可获取性，采用既选好合适的主题，又选好有较长时期专业研究的作者的"双选"程序，以保障研究的总体质量，使这套丛书不仅分量厚重，质量优秀，还有自己的特色。

本丛书的"现代"主要指社团具有的现代性,这样的界定与中国教育现代化进程相吻合。以历史和教育双重视角,对中华教育改进社等具有现代性的30余个教育社团的历史资料进行系统的查找、梳理和分析。对各社团发展的整体形态做全面的描述,在细节基础上构建完整面貌,对其中有歧义的观点依据史实客观论述,尽可能显示当时全国教育社团发展的原貌和全貌,也尽可能为当下教育社团与教育智库的建立和发展提供有益的历史镜鉴。

为此,我们明确了这套丛书的以下撰写要求:

全套丛书明确史是公器,是资料性著述的定位,严格遵循史的写作规范,以史料为依据,遵守求真、客观、公正、无偏见的原则,处理编撰中的各类问题。

力求实现四种境界:信,所写的内容是真实可靠的,保证资料来源的多样性;简,表述的方式是简明的,抓住关键和本质特征经过由博返约的多次反复,宁可少一字,不要多一字;实,记述的内容是有实际意义和价值的,主要体现为内容和文风两个方面,要求多写事实,少发议论,少写口号,少做判断,少用不恰当的形容词,让事实本身表达观点;雅,尽可能体现出艺术品位和教育特性,表现为所体现的精神、风骨之雅,也表现为结构的独具匠心,表达手法的多样和谐、图文并茂。

对内容选取的基本标准和具体要求如下:

(1)对社团的理念做准确、完整的表述,社团理念在其存续期有变化的要准确写出变化的节点,要通过史料说明该社团的活动是如何在其理念引导下开展的。

(2)完整地写出社团的产生、存续、发展过程,完整地陈述社团的组织结构、活动规模、活动方式、社会影响,准确完整地体现社团成员在社团中的作用、教育思想、教育实践,尽可能做到"横不缺项,纵不断线"。

(3)以史料为依据,实事求是,还原历史,避免主观。客观评价所写社团对社会和教育的贡献,不有意拔高,也不压低同时期其他教育社团。关键性的评价及所有叙述要有多方面的史料支撑,用词尽可能准确无歧义。

(4)凸显各单册所写社团的独特性,注意铺垫该社团所在时代的社会与教育背景,避免出现违背历史事实的表述。

(5)根据隔代修史的原则,只记述中华人民共和国成立之前的历史。对后期延续,以大事记、附录的方式处理,不急于做结论式的历史判定。

(6)各书之间不越界,例如江苏教育会与全国教育会联合会之间,江苏教育会与中华教育改进社之间,详略避让,避免重复。

写法要求为:立意写史,但又不写成干巴、抽象、概念化的历史,而是在掌握大量资料的基础上,全面、深刻理解所写社团的历史细节和深度,写出人物的个性和业绩,写出事件的情节和奥秘,尽可能写出有血有肉、有精气神的历史,增强可读性。写法上具体要求如下:

(1)在全面了解所写社团基础上,按照史的体例,设计好篇目、取舍资料、安排内容、确定写法。在整体准确把握的基础上,直叙历史,不写成专题或论文,语言平和,逻辑清晰。

(2)把社团史写得有教育性。主要通过记叙社团发展过程中的人和事展示其具有的教育功能;通过社团具有的专业性对现实的教育实践发生正向影响,力求在不影响科学性、准确性的前提下尽量写得通俗。

(3)能够收集到的各社团的活动图片尽可能都收集起来,用好可用的图,以文带图,图文互补,疏密均匀。图片尽可能用原始的、清晰的,图片说明文字(图题)应尽量简短;如遇特殊情况,例如在正文中未能充分展开的重要事件,可在图题下加叙述性文字做进一步介绍,作为一个独立的知识点。

(4)关键的史实、引文必须加注出处。

据统计,清末至民国时期教育社团或具有教育属性的社团有一百多个,但很多社团因活动时间不长、影响不大,或因资料不足等,难以写成一本史书。本丛书对曾建立的教育社团进行比较全面的梳理,从中精心选择一批存续时间长、影响显著、组织相对健全、在某一专业领域或某一地区具有代表性、典型性的教育社团进行深入研究,在此基础上做出尽可能符合当时历史原貌和全貌的整体设计,整体上能够充分完整地呈现所在时代教育社团的整体性和多样性特征,依据在中国教育现代化进程中所发挥的作用大小选择确定总体和各部分的研究内容,依据史实客观论述,准确保留历史信息。本丛书的基本框架为一项总体研究和若干项社团历史个案研究。以总体研究统领各个案研究,为个案研究确定原则、方法、背景和思路;个案研究为总体研究提供史实和论证依据,各个案研究要有全面性、系统性、真实性、准确性、权威性、实用性,尽量写出历史的原貌和全貌,以及其背后盘根错节的关系。

入选丛书的选题几经增减,最终完稿的共30册:

《中国现代教育社团发展史论》《中华教育改进社史》《中华平民教育促进会史》《生活教育社史》《中华职业教育社史》《江苏教育会史》《全国教育会联合会史》《中国教育学会史》《无锡教育会史》《中国社会教育社史》《中国民生教育学会史》《中国教育电影协会史》《中国科学社史》《通俗教育研究会史》《国家教育协会史》《中华图书馆协会史》《少年中国学会史》《中华儿童教育社史》《新安旅行团史》《留美中国学生联合会史》《中华学艺社史》《道德学社史》《中华教育文化基金会史》《中华基督教教育会史》《华法教育会史》《中华自然科学社史》《寰球中国学生会史》《华美协进社史》《中国数学会史》《澳门中华教育会史》。

本丛书力求还原并留存中国各现代教育社团的历史原貌和全貌,对当时各教育社团的发展历程、重要事件、关键人物进行系统考察,厘清各社团真实的运作情况,从而解决各社团历史上一些有争议的问题,为教育学和历史学相关领域的发展提供一定的帮助,拓展出新的领域,从而传承、传播教育先驱的精神,为当今教育改革和发展提供历史借鉴和智慧资源,为今后教育智库的发展提供有中国实践基础的历史参考,在拓展教育发展的历史文化空间上发挥其他著述不可替代的作用。在写作过程中严格遵守史的写作规范,以史料为依据,遵守求真、客观、公正、无偏见的原则,处理编撰中的各类问题。

这是一项填补学术空白的研究。这个研究领域在过去70多年仅有零星个别社团的研究,在史学研究领域对社团的研究较多,但对教育社团的研究严重不足;长期以来,在教育史研究领域没有对教育社团系统的研究;对民国教育的研究多集中于一些教育人物、制度,对曾发挥不可替代作用的教育社团的研究长期处于不被重视状态。因此,中国没有教育社团史的系列图书出版,只有与新安旅行团、中华职业教育社相关的专著,其他教育社团则无专门图书出版,只是在个别教育人物的传记等文献中出现某个教育社团的部分史实,浮光掠影,难以窥其全貌。但是教育社团对当时教育的发展发挥了倡导、引领、组织、管理、评价等多重功能,确实影响深远,系统研究中国现代教育社团是此前学术界所未有过的。该研究可以为洞察民国教育提供新的视角,在今后一段时期内具有标志性意义,发挥其他著述不可替代的作用。

这是一项高难度的创新研究。它需要从70多年历史沉淀中钩沉,需要在教育学和史学领域跨越,在教育历史与现实中穿梭,难度系数很高、角度比较独特,20多年前就有人因其难度高攻而未克。研究过程中我们将比较厚实的历史积累和对当下教育问题比较深入的洞见相结合,以史为据,以长期未能引起足够重视的教育社团为研究对象,梳理出每个社团的产生、发展、作用、地位。

这是一项促进教育品质提升的研究。中国当下众多教育问题都与管理和评价体制相关。因此,我们决定研究中国现代教育社团史,对中国教育现代化进程中发挥过重要作用的诸多教育社团的历史进行抢救性记述、研究,对中国教育体系形成的脉络进行详尽的梳理,记录百年中国教育现代化进程中教育社团所起的重大作用,体现教育现代化过程中的"中国智慧",为构建中国教育科学话语体系铺垫史料、理论基础,探明1898到1949年间教育社团在中国教育现代化发展中的作用,为改善中国教育提供组织性资源。

这是一项未能引起足够重视的公益性研究。本研究旨在还原并留存各教育社团的历史原貌和全貌,传承、传播教育先驱的精神,为当今教育改革和发展提供历史借鉴和智慧资源,拓展教育发展的历史文化空间,需要比较厚实的历史积累和对当下教育问题比较深入的洞见。本研究长期处于不被重视状态,但是其对教育的发展确实影响深远,需要研究的参与者具有对历史和现实的使命感。

这个研究项目在设计、论证和实施过程中得到业内专家的大力支持、高度关注和评价。中国教育学会教育史分会原会长田正平先生热心为丛书写了推荐信,又拨冗写了总序,认为:"说到底,这是当代中国教育改革的需要和呼唤。教育是中华民族振兴的根基和依托,改革和发展中国教育,让中国教育努力赶上世界先进水平,既是中央政府和各级政府义不容辞的职责,也必须依靠广大教育工作者的自觉参与和担当。从这个意义上讲,中国近代教育会社团体与中国教育早期现代化研究,既是一个有丰富内涵的历史课题,更是一个极具现实意义的重大问题。"中国现代教育社团史的课题,"从近代以来数十上百个教育社团中精心选择一批有代表性、典型性、产生过重大影响的教育社团,列为专题,分头进行了深入的研究。我相信,读者诸君在阅读这些成果后所收获的不仅仅是对教育社团的深入理解和崇高敬意,也可能从中引发出一些关于当代中国教育改革的更深层次的思考"。

北京师范大学教育学部原部长、清华大学教育学院院长石中英教授在推荐中道:"对那些历史上有重要影响的教育社团进行研究,既具有非常重要的学术价值,也具有非常强烈的现实意义。""当前,我国改革开放正在逐步地深入和扩大,激发社会组织活力,在整个社会治理体系建设中具有重要作用。现代教育治理体系的建设,也迫切需要发挥专业的教育社团的积极作用。在这个大背景下,依据可靠的历史资料,回溯和评价历史上著名教育社团的产生、发展、组织方式和活动方式等,具有现实意义和社会价值。""总的来说,这个项目设计视角独特,基础良好,具有较高的学术价值、实践价值和出版价值。"

1990年代,中央教育科学研究所张兰馨等多位前辈学者就意识到这一选题的重要性,曾试图做这一研究并组织编撰工作,终因撰写团队难以组建、资料难以查找搜集等各种条件限制而未完成。当我们拜访80多岁的张兰馨先生时,他很高兴地拿出了当年复印收藏的一些资料,还答应将当年他请周谷城先生题写的书名给我们使用,既显示这一研究实现了学者们近30年未竟的愿望,也使这套书更具历史文化内涵。

西南大学出版社是全国百佳图书出版单位、国家一级出版社、全国先进出版单位,承担了多项国家重大文化出版工程项目、国家出版基金资助项目、重庆市出版专项资金资助项目,具有丰富的国家、省市重点项目出版与管理经验。该社出版的多项国家级项目受到各级主管部门、学界、业内的一致好评。西南大学的学术优势为本书的出版提供了学术支撑。

本项目30余位作者奉献太多。他们分别来自中国人民大学、北京师范大学、华东师范大学、中山大学、首都师范大学、浙江师范大学等多所高校和研究机构，他们长期从事相关领域的研究，具有极强的学术责任感，具备了较好的专业基础，研究成果丰硕，有丰富的写作经验。在没有启动经费的情况下，他们以社会效益为主，把这项研究既当成一项工作任务，又当成一项对精湛技术、高雅艺术和完美人生的追求，以高度的历史使命感和现实的使命感投入研究，确保研究过程和成果具有较高的严谨性。他们旨在记录中国教育现代化过程中教育社团所起的重大作用，体现教育现代化过程中的"中国智慧"，写出理论观点正确、资料翔实准确、体例完备、文风朴实、语言流畅，具有资料性、科学性、思想性，经得起历史检验的，有灵魂、有生命、能传神的现代教育社团史。

这套丛书邀约的审读委员主要为该领域的专家，他们大多在主题确定环节就参与讨论，提供资料线索，审读环节严格把关，有效提高了丛书的品质。

本人为负起丛书主编职责，采用选题与作者"双选"机制确定了撰写社团和作者，实行严格的丛书主编定稿制，每本书都经过作者拟提纲—主编提修改意见—确定提纲—作者提交初稿—主编审阅，提出修改意见—作者修改—定稿的过程，有些书稿从初稿到定稿经过了七到八次的修改，这些措施有效地保障了这套丛书的编撰质量。尽管做了这些努力，仍难免有错，敬希各位不吝赐正。

十分感谢国家出版基金资助。本丛书有重大的出版价值，投入也巨大，但市场相对狭窄。前期在项目论证、项目启动、资料收集、组织编写书稿中投入了大量的人力、物力。多位教育专家和史学专家经过八年的努力，收集了大量的资料，研究的深度和广度都大大超出此前这一领域的研究。各位作者收集了大量的历史资料，走访了全国各大图书馆、资料室，完成了约一千万字、数百幅图片的巨著。前期的资料收集、研讨成本甚高，而使用该书的主要为教育研究者、教育社团和教育行政人员。即便丛书主编与作者是国内教育学、教育史学领域的权威专家，即便丛书经过精心整理、撰写而成，出版后全国各地图书馆、研究院所会有一定的购买，有一定的经济效益，但因发行总数量有限，很难通过少量的销售收入实现对大量经费投入的弥补，国家出版基金资助是保障该套丛书顺利出版的关键。

教育在实现中华民族伟大复兴中发挥着不可替代的作用。完整、准确、精细地回顾过去方能高瞻远瞩而又脚踏实地地展望未来，将优秀传统充分挖掘展现、利用方能有效创造未来，开创教育发展新时代。在中国教育现代化进程中众多现代教育社团是促进者。中国人坚定的自信是建立在5000多年文明传承基础上的文化自信。中国现代教育社团的发起者心怀中华，在中华民族处于危亡之际奔走呼号，立足弘扬中华优秀文化传统提倡革新。本丛书深层次反映了当时中国仁人志士组织起来，试图以教育救国的真实面貌，其中涉及几乎全部的教育界知名人物，对当年历史的还原有利于挖掘中华优秀传统文化的强大生命力和在民族危亡关头的强大凝聚力，弘扬中华优秀传统文化，为构建中华优秀传统文化传承发展体系添砖加瓦。研究这段历史，对于推动中华优秀传统文化创造性转化、创新性发展，对于促进教育智库建设，发展中国教育事业，发挥教育在促进中华民族伟大复兴中的作用具有重要意义。

愿我们所有人为此的努力在中国教育现代化进程中生根、发芽、开花、结果。